斯蒂芬斯的一幅肖像，来自 1854 年在伦敦重印的《中美洲、恰帕斯和尤卡坦旅行纪事》。卡瑟伍德拼凑了一个缩略版的斯蒂芬斯对他们旅行的描述，并以这幅肖像为版首插图，声称它来自斯蒂芬斯的一张银版照片。这张照片很有可能是他们 1842 年在尤卡坦考察期间，卡瑟伍德本人拍摄的。作为长期与斯蒂芬斯一起旅行的伙伴，卡瑟伍德非常熟悉斯蒂芬斯的长相，因此这张肖像也许是仅存几幅中最准确的一幅。它捕捉到一种拥有坚定决心的表情，卡瑟伍德一定觉得，这是两年前去世的朋友的典型特征。

接下来的插图选自卡瑟伍德的《中美洲、恰帕斯和尤卡坦古迹图册》。1844 年，他在伦敦和纽约出版了这部大对开本的图册。卡瑟伍德只印了 300 本这样的对开本，每本有 25 幅平板印版，其中 250 本以浅蓝色或棕色为底色，剩下的 50 本为手工着色，如今已极为罕见。

科潘石雕

金字塔和雕刻碎片，科潘

断裂的石雕，科潘

石雕和祭坛，科潘

帕伦克全貌

宫殿庭院，帕伦克

乌斯马尔全貌，斯蒂芬斯在指挥工人

乌斯马尔“总督宫”和鸽窠（House of Pigeons）全貌

乌斯马尔“总督宫”的精美装饰和拱门

卡瓦（Kabah）全貌，斯蒂芬斯在指挥工人搬运准备运到纽约的过梁

拉博纳（Labná）拱门

乌斯马尔“女修道院”装饰门面局部

乌斯马尔“女修道院”建筑局部

卡瓦主建筑内部的装饰台阶

博隆琴（Bolonchen）的洞穴

奇琴伊察（Chichén Itzá ）的主金字塔

奇琴伊察装饰精美的建筑

通往城堡的台阶，图卢姆

图卢姆的神庙，右边拿着皮尺的是卡瑟伍德，左边是斯蒂芬斯或卡伯特（Dr. Samuel Cabot Jr.）

尤卡坦伊萨马尔（Izamal）的巨大灰泥头像

[美] 威廉・卡尔森　著
William Carlsen
朱鸿飞　译

# 石像、神庙与失落的文明

## 改写世界文明史的玛雅发现之旅

The Extraordinary Journey of John L. Stephens and Frederick Catherwood, and the Discovery of the Lost Civilization of the Maya

# Jungle of Stone

新世界出版社
NEW WORLD PRESS

北京版权保护中心引进书版权合同登记号：图字 01-2019-7678 号

**图书在版编目（CIP）数据**

石像、神庙与失落的文明 /（美）威廉·卡尔森著；朱鸿飞译．—北京：新世界出版社，2020.4
ISBN 978-7-5104-7004-2

Ⅰ．①石… Ⅱ．①威… ②朱… Ⅲ．①玛雅文化－通俗读物 Ⅳ．① K731.2-49

中国版本图书馆 CIP 数据核字 (2020) 第 010262 号

**石像、神庙与失落的文明**

**作　　者**：[ 美 ] 威廉·卡尔森（William Carlsen）
**译　　者**：朱鸿飞
**策　　划**：中资海派
**执行策划**：黄　河　　桂　林
**责任编辑**：贾瑞娜
**特约编辑**：羊桓汶辛
**责任校对**：宣　慧
**责任印制**：汪勋辽　　王宝根
**出版发行**：新世界出版社
**社　　址**：北京西城区百万庄大街 24 号（100037）
**发 行 部**：(010) 6899 5968　(010) 6899 8705（传真）
**总 编 室**：(010) 6899 5424　(010) 6832 6679（传真）
http：//www.nwp.cn　　http：//www.nwp.com.cn
**版 权 部**：+8610 6899 6306
**版权部电子信箱**：nwpcd@sina.com
**印　　刷**：深圳市福圣印刷有限公司
**经　　销**：新华书店
**开　　本**：787mm × 1092mm　1/32
**字　　数**：530 千字　　**印　张**：17
**版　　次**：2020 年 4 月第 1 版　　2020 年 4 月第 1 次印刷
**书　　号**：ISBN 978-7-5104-7004-2
**定　　价**：79.80 元

建筑、雕塑、绘画，所有这些美化生命的艺术在这片繁茂的森林里大放异彩；演说家、战士和统治者，美丽、野心和荣耀，所有这些来了，又走了……

——约翰·劳埃德·斯蒂芬斯（John Lloyd Stephens）

Jungle of Stone

献给凯瑟琳·奥谢（Kathleen O'Shea）

Jungle of Stone

# 权威推荐

**刘华杰　北京大学教授、博物学文化倡导者**

为玛雅文明和中美洲探险史、殖民开发史提供了一种优美、引人入胜的描述。中文世界中讲述中南美洲故事的图书相对匮乏，新冠肺炎疫后中国人到中南美洲旅游，行前阅读此书会有巨大收获。

**《科克斯书评》(*Kirkus Reviews*) 星号书评**

《石像、神庙与失落的文明》是一部振奋人心的历史佳作……讲述了一个关于两个男人戏剧性地改变了世界对西半球人类历史的理解的故事，极具吸引力。

**《图书馆杂志》(*Library Journal*)**

卡尔森令人信服、组织巧妙的双重传记，成功描述了无畏的先驱者们寻找失落文明的迷人故事……这个冒险故事甚至使印第安纳・琼斯略逊一筹。

**《书单》(*Booklist*)星号书评**

《石像、神庙与失落的文明》这本书真是生动有趣……既很好地调查了斯特芬斯和卡瑟伍德的事迹，又动人地描述了他们之间的友谊，卡尔森对描写失落文明的题材做了示范性的贡献。

**《出版人周刊》(*Publishers Weekly*)**

充满热情与活力……卡尔森娓娓道出卡瑟伍德和斯蒂芬斯探险面临的挑战和他们发现的奇迹。

**《华尔街日报》(*The Wall Street Journal*)**

卡尔森是个迷人的导游，在丛林里如鱼得水……他的描述里令人手不释卷的地方数不胜数。

**《探险家杂志》(*The Explorers Journal*)**

卡尔森的这部著作让著名探险家重归瞩目的中心，这是他们理所应得的。

**《普罗维登斯日报》(*Providence Journal*)**

《石像、神庙与失落的文明》是一个巨大的成功……它可读性极强，并有着让读者欲罢不能的历史叙事模式。

**《圣何塞水星报》(*San Jose Mercury News*)**

《石像、神庙与失落的文明》是一个引人入胜、信息丰富的历史故事。

**《坦帕湾时报》(*Tampa Bay Times*)**

《石像、神庙与失落的文明》是关于两个男人的故事，跟他们一比，印第安纳·琼斯简直成了宅男，书中随处可见惊人的冒险和动人心魄的发现。卡尔森在书中将他的研究能力和叙事天赋体现得淋漓尽致，故事扣人心弦。

**《密苏里人》(*The Missourian*)**

卡尔森详细、忠实地记录了斯蒂芬斯和卡瑟伍德的探险，让我们了解了一段发生在探险黄金时代的美妙故事。

Jungle of Stone

# 目 录

# 绪 言

## 改写世界文明史的丛林探险

渡过危地马拉（Guatemala）最大的湖泊，在接近伊萨瓦尔[①]（Izabal）的时候，我不敢相信眼前这片稀稀落落的煤渣砖房和散布的小屋是 19 世纪中美洲的主要出海港。曾经雄居山顶、壁垒森严的部队驻地已成一堆乱石，中心广场成为一块荒废的足球场，墓地杂草丛生，踪迹无觅。

我来到这座村庄，欲目睹约翰·劳埃德·斯蒂芬斯（John Lloyd Stephens）和弗雷德里克·卡瑟伍德（Frederick Catherwood）当年登陆的地方。1839 年，斯蒂芬斯和卡瑟伍德的发现改变了世界对人类历史的理解。

在某些方面，他们两人一点都不般配，不像一对做出如此革命性探索的工作伙伴。一个是蓄着红胡子、爱交际的纽约律师，另一个是脸刮得干干净净、沉默寡言的英国建筑师兼商人。两人在一起探险之前，各

① 伊萨瓦尔，位于危地马拉最东部，又是该国唯一面对加勒比海的地区。——译者注（下文如无特别说明均为译者注。）

自去了希腊、巴勒斯坦和埃及的古代遗址，为即将开始的、不寻常的考古做准备。他们各有所长：斯蒂芬斯行云流水般的文字和卡瑟伍德惟妙惟肖的绘图，这两项技能配合得天衣无缝，所以他们是记录新发现的理想人选。

我选择的登陆日期与170年前他们选择的登陆日期是同一周。彼时雨季接近尾声，我经历了斯蒂芬斯和卡瑟伍德描述的那种令人窒息的酷热和浑身萎靡的疲劳。一百多年过去了，伊萨瓦尔周围的风景依然如故。小镇后的山脊是深入内陆的屏障，饱含雨水的山坡被密林覆盖。当地人世世代代依附在土地上，以自给自足的热带农业和伊萨瓦尔湖（Izabal Lake）的渔业为生，现在依然如此。许多人仍旧住在棕榈叶盖顶的草屋里。

我将追随斯蒂芬斯和卡瑟伍德的步伐，在危地马拉、洪都拉斯和墨西哥（Mexico）的山脉和丛林中穿行2 500英里（1英里 ≈1.61千米，下同）。当地人的代步工具是骡子，我的代步工具是一头未经驯化的野兽：一辆1985年产的蓝色丰田卡拉罗，它油漆斑驳，没有收音机和空调。当地人抱怨的是赶骡人的技术问题，担心的是牲口的健康；而今，卵石和泥泞铺就的丛林道路上布满车辙，能把人的骨头颠断。我驱车其上，想象着20年前，一队工人在日本的生产线上拧紧我的丰田车螺丝的情景，但愿他们活干得不赖。

虽然我们穿越中美洲的行程同样艰巨，但我到达的伊萨瓦尔已是一个因为斯蒂芬斯和卡瑟伍德的发现而被改变的世界。他们二人披荆斩棘，穿过最浓密的丛林，发现的常常只是一堆堆无法理解的石刻和看似杂乱无章的建筑。

相比之下，我即将到达的是若干已经被全面发掘和妥善保存的考古遗址，那里遍布辉煌的金字塔、庙宇和宫殿，里面还有揭示高级文明的艺术品和象形文字。促使我来到这里的原因是我想了解这两位探险家是如何在恶劣的条件下生存下来的，更让我好奇的是，究竟是何种不可抑制的渴望让他们做出如此疯狂而危险的行动。

我不知道他们当时的想法。他们到达的时间比达尔文出版《物种起源》（*On the Origin of Species*）早了 20 年。在西方，《圣经》（*Bible*）依然是基本历史规范，并且大部分基督徒相信世界历史不足 6 000 年。当克里斯多弗·哥伦布和追随他足迹的欧洲探险家们现身“新大陆”时，那里的原住民被看作不开化的野蛮人，比如星星点点的印第安部落只能靠土地勉强维生；偶像崇拜者延续着在石堆顶进行活人献祭的古老传统。

一直以来，美洲被看作是一片由原始的低等民族占据的土地。1839 年后，这样的世界观一去不返，同样一去不返的还有包含着文字、数学、天文学的建筑艺术。事实上，文明本身只能通过所谓的“传播”在“旧世界”内部由此及彼，从文明“旧世界”到达野蛮“新世界”。

斯蒂芬斯和卡瑟伍德的历史性探险改变了我们对人类进化的认识，在他们之后，人们开始将文明理解为人类文化进步的一个内在特征。也许这个特征就在我们的基因里，它让低级社会可以持续地、独立地发展为高级社会，这种情况就曾发生在遗世独立逾 1.2 万年的中美洲和西半球。然而，它们像“旧世界”的古老文明一样覆灭，只留下些许辉煌的遗迹。

斯蒂芬斯和卡瑟伍德一头闯入一个内战肆虐的地区。他们经历了炎热酷暑、死里逃生和各种磨难，终于渡过难关，平安返回并出版了两部畅销书。这两部图文精美、引人入胜的早期美国考古学作品被誉为经典之作，至今依然有售。

1839年，他们发现并解读了后来被称为玛雅文明的遗迹，得出的结论不仅挑战了当时的传统观点，还引发了持续一个半世纪、至今绵延不绝的发掘和研究。他们的图书出版后，中美洲的神秘石头遗迹、南美洲古代印第安的错综复杂的道路网、阿兹特克的纪念碑和神庙不再被看作消失的以色列部落、擅长航海的古代腓尼基人或消失的亚特兰蒂斯幸存者的遗迹。人们认识到，这些遗迹完全源自当地，是美洲原住民想象力、创造力和智慧的产物。

《石像、神庙与失落的文明》讲述了斯蒂芬斯和卡瑟伍德这两位不同寻常的行者及他们的艰苦旅程，本书将两人鲜为人知的生平经历贯穿在对他们的探险和其后不凡成就的描述中。19世纪是美国崛起的世纪，斯蒂芬斯先后两次胜过英国人，他的成功也是美国崛起的精神体现。

《石像、神庙与失落的文明》结合了探险史、自然环境和时代背景，也讲述了不期而至的与英国人的竞赛。在这场突如其来的竞争中，斯蒂芬斯和卡瑟伍德最先向世界展示了玛雅文明的艺术和建筑奇迹，卡瑟伍德现场绘制的插图是摄影术发明前对这个失落世界的第一份准确详尽的描绘。

那是一个大探险时代，人们想要揭示位于中非的尼罗河源头和位于秘鲁的马丘比丘，同时也向南北极派出了考察队。即使在那样一个时代，斯蒂芬斯和卡瑟伍德依然脱颖而出。今天的考古学家称他们是“玛雅研究的开创者”，其实他们的成就远远不止于此。

与后来的达尔文一样，他们打破了对历史的武断解读，帮助考古学打下了全新研究基础；他们捕捉到了探索发现的浪漫、神秘和诱人，激发了之后的探险家；他们向世界展示了一个古老的、美洲印第安文明的艺术和文化宝库。这些文明遗迹的魅力超出了人们的想象，每年吸引数百万计的游客前来参观，更重要的是，它们仍然有许多需要我们去学习、发现和探索的地方。

15 世纪后期，当克里斯托弗·哥伦布及其欧洲追随者来到所谓的“新世界”时，西半球尚存几个较为先进的文明：由阿兹特克人控制着的墨西哥中部；由印加人控制着的秘鲁安第斯山脉。但高度进化的玛雅文明已不复存在，成为历史。

从历史角度看，玛雅文明与阿兹特克和印加文明的距离不亚于后两个帝国与我们的距离。一度人烟辏集、光彩夺目的玛雅遗迹就这样消失在丛林中，城市领主、抄写员、天文学家、建筑师、艺术家、士兵和商贾随之消失。

然而，即便阿兹特克人与玛雅文明中心区在地理上仅隔几百英里，但是他们对这些古代玛雅人的历史仍不甚了解，也无法参透玛雅人留下的、用象形文字刻在倒塌遗址上的千年书面史。

公元 4 世纪至公元 10 世纪，玛雅文明一直独步美洲。即使考古学家不断发现很久以前的美洲原住民文化的踪迹，其中一些还早于玛雅人，但古典期[①]玛雅的政治、艺术、文字、数学和天文、建筑依然无人能及。

在玛雅文明的历史上，玛雅人建造了 40 多座重要城邦。据估计，多达上千万的玛雅人生活在尤卡坦半岛[②]（Yucatán Peninsula）和今危

① 玛雅历史分成前古典期、古典期（全盛期）和后古典期。

② 尤卡坦半岛，位于中美洲北部、墨西哥东南部的半岛，在墨西哥湾和加勒比海之间，将加勒比海从墨西哥湾中分离出。尤卡坦半岛大体上与玛雅文明的影响范围一致。直至今日，玛雅人及带有部分玛雅血统的混血儿仍然占据该半岛的很大一部分人口，并且玛雅语仍然被广泛使用。

地马拉、墨西哥、洪都拉斯及萨尔瓦多的低地热带雨林中。相比之下，曾为古代玛雅中心区域的一个名为佩滕省的地区，现居住人口刚过45万。

无论如何估算，玛雅文明都算得上是一个延续时间极长的文明。早在公元前1500年，玛雅人就来到太平洋沿岸和危地马拉高地，并向北扩张至低海拔热带湿地，在随后的1 000年里发展为复杂的农业社会。

玛雅人的食物有木薯、豆类、葫芦等，玉米是他们最重要的作物。到古希腊文化的兴盛期，玛雅人已经开始围绕中央广场建造金字塔和神庙。在几百年内，这些建筑的规模就达到了需要数百万工时及专门技术知识的程度。在没有金属工具和轮式器具帮助的情况下，他们开采了上千磅（1磅≈0.45千克，下同）重的石块，建造了高高矗立在丛林树冠之上的金字塔。

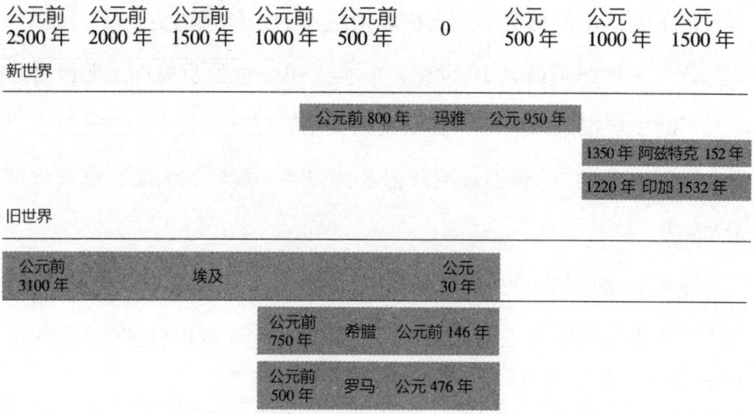


新世界与旧世界年份划定图

在随后的千年间，数十个城邦被建立。每个城邦由一个权力显赫的国王统治，一些大城邦的人口甚至超过了当时欧洲的任何一个城市。通常城邦之间由压碎的石灰岩铺成的类似马路的长长堤道连接起来。虽然城邦由互相征战不休的不同王朝统治，但玛雅人依然发展出协调统一的宇宙学、共同敬仰的神祇、创世纪传说和共同的艺术及建筑构想。

他们用灰泥和石块制作了纪念碑和浅浮雕，用精湛的技艺雕刻出人物和象形文字。他们给神庙涂上辉煌夺目的色彩，用石头镶嵌、装饰宫殿，绘制了栩栩如生的叙事壁画。

他们在天文台观测夜空，创造了世上最复杂的一套紧密联系的历法，计算出漫长的天文周期，发明了“0”的概念，并且用美洲唯一的文字系统记录了他们的历史。他们用自己的文字，记录着他们想说的任何话语。

这一切全都戛然而止。古代世界最复杂、最先进的文明之一——伟大的玛雅文明消失不见了。热带森林收回了玛雅人的成就，掩埋了林立的石碑，留待有朝一日，两位探险家为它们引来世界的关注，让世人有机会去解读玛雅出人意料的惊人故事。

# 序幕

## 丛林中的古城

斯蒂芬斯筋疲力尽。1852 年 4 月，他出任总裁[①]的第二个年头，公司正进行当时最冒险的事业之一：建设一条横贯巴拿马地峡[②]（Isthmus of Panama）的铁路，那里几乎无法穿越，地形狭长且险恶。发现或建设一条连接世界两大洋的纽带是探险家和商人几个世纪以来的梦想。

人们数度提出又放弃了运河设想，一是因为建造运河的成本巨大，二是当时未具备成熟的技术。19 世纪中叶，人们希望在中美洲某地贯通西半球的热切已达到顶点，提出如果不能建运河那就修建铁路。

彼时，美国加利福尼亚州的内华达山脉出现了淘金热潮，这是蒸汽船、铁路和电报的时代，是压缩时间和空间的时代。从技术上看，似乎没有什么是不可能的。

① 斯蒂芬斯时任巴拿马铁路公司（Panama Railroad Company）总裁。

② 巴拿马地峡（Isthmus of Panama）是美洲中部的一个地峡，从哥斯达黎加边界延伸至哥伦比亚边界，全长约 640 千米，连接南、北美洲。

1852年4月初，斯蒂芬斯积劳成疾，肝脏因为疟疾常年发作而严重受损，无以为继。他的铁路已经比计划落后了好几年。与那些生活在纽约的、舒适优裕的商业伙伴不同，过去3年斯蒂芬斯几乎都在巴拿马度过。他拥有虽非魁梧强壮但仍算坚强的体格。他在地球上疫病最肆虐的地区四处旅行，打败了每一种能够想象到的因素对身体的侵害。他对中美洲山脉和丛林的险恶了然于胸，但对阴暗恐怖的巴拿马热带雨林还有些陌生，这里的晦涩和恶劣超出了他所知的一切。

几乎每件事从一开始就出了差错。他们最初计划从巴拿马地峡中部修建铁路，那里地势高、气候干燥，地理条件更好。但结果是他们被迫从加勒比海沿岸红树林沼泽中的一座小岛开始。他们不得不从那里一寸一寸在丛林中开辟通往太平洋的道路，工人们不得不涉过鳄鱼和毒蛇横行的、齐胸深的水面。红树林沼泽之后紧接着是流沙和泥泞的地面，携带疫病的蚊群遮天蔽日。热带雨林的降水量大到超出大家的认知，只有无法忍受的骄阳偶尔打断连绵不绝的雨天。

有时候，这里似乎是疾病和死亡的代名词。疟疾和其他热带疾病合起来有一个令人恐惧的总名称，叫作“查格里斯热”，这些疾病造成大量伤亡。维持一支工队变成了难以完成的任务，工人暴动时有发生。严重的时候整个团队要么尽数死亡，要么人员病得无法继续工作，落得一辈子的后遗症。有些人疯了，有些人溜到加利福尼亚金矿区，有些人为了逃出这里，宁可自付回家的路费。1852年，霍乱再次席卷巴拿马地峡，短短几周之内，瘟疫又夺去数百条生命。

铁轨穿过填平的沼泽，延伸了20英里。工程顺利的时候，这个疯狂的想法似乎行得通。但几个月前，资金开始枯竭。斯蒂芬斯越来越觉得他在独力承担整个事业。在给朋友的信中，他预计这条铁路将于 1852 年突破大陆分界线，延伸至巴拿马城和太平洋。毕竟这整段距离还不到 50 英里。但是经过 3 年的艰难施工，他们只完成了不到一半的距离。这之后，斯蒂芬斯不再做任何预测。查格里斯河这道让人生畏的障碍尚待跨越。每逢雨季，奔涌的河水就像天神的怒火，作为大西洋和太平洋分水岭的山峰依然高悬在数英里之外。

斯蒂芬斯很少抱怨，只是偶尔会悲观地暗示说，他希望能活着看到西半球第一条横贯大陆的火车穿梭在大海之间。那年他 46 岁，身体已不如从前硬朗。他已经数不清自己在地峡来往了多少次。又一个雨季就要来临，施工进度会逐渐减慢甚至停止，该回家了。

我们没有关于斯蒂芬斯登上轮船、返回纽约时的确切健康状况的记录，但出发前不久，他在写给父亲的信中承认："年岁渐长，挫折和艰苦的工作让我心力交瘁。不过所有的劳作、焦虑和担心都是必须承担的责任。"他还说，他将很快见到父亲。

横跨巴拿马的铁路将成为现实。斯蒂芬斯对此确信无疑。他克服了重重障碍。他是个梦想家，从未输给中美洲。他在那里见识了鲜有人知的事物，做出了惊人的发现，带回了世人不敢相信的故事。他带回的报道改变了世界对人类历史的看法，也让他名利双收。

现在，他又有了一个新的梦想，一个典型的美国梦：待雨季结束，任何事物都阻止不了他重回巴拿马完成剩余的工作。

# 第一篇
# 探寻未知之境

# Jungle of Stone

## 石像、神庙与失落的文明

# 第 1 章
# 南下，1839 年

13 年前的一个黎明，约翰·劳埃德·斯蒂芬斯登上一艘英国双桅横帆船，开始了他一生中最勇敢、最不同寻常的旅程。天蒙蒙亮，潮水开始沿着纽约哈德孙河沿岸的码头退去，“玛丽·安号”离泊启航。出发那天没有风，船帆松松垮垮地挂着。“街道和码头一片沉寂，”斯蒂芬斯写道，“放眼望去，炮台公园一片荒凉。不知为何，当我要离开这里，开始一段不知归期的航行时，我觉得它比之前任何时候都要美丽。”这天是 1839 年 10 月 3 日。

“玛丽·安号”趁着退潮绕过古堡花园，这里曾经是炮台公园外的一座水上要塞。接着，它与一艘驶向太平洋的大型捕鲸船一起经过总督岛[①]（Governors Island）。与斯蒂芬斯一起登上“玛丽·安号”的只有一个旅伴，他就是英国画家兼建筑师弗雷德里克·卡瑟伍德。这一年，斯蒂芬斯即将满 34 周岁，卡瑟伍德比他大 6 岁，比他高，也

① 总督岛，美国纽约市上纽约湾的一个岛屿，位于曼哈顿岛以南约半英里处，在行政区划上属于曼哈顿区。

比他瘦。这是一对奇怪的组合，他们是朋友，但是在许多方面都截然相反，并且是通过一纸书面协议成为工作伙伴的。律师斯蒂芬斯亲手起草了他们这份不同寻常的合约。

几个朋友一直陪他们到布鲁克林的尽头纳罗斯才告别离船。一小时后，纽约港的引航员也下了船。现在，陪伴他们的只有“玛丽·安号”船长和一小群船员。斯蒂芬斯和卡瑟伍德等着起风。过了一会，帆开始鼓起，推动这艘双桅运输船缓缓向东驶向大西洋。最终，他们绕过桑迪胡克（Sandy Hook），两人看着新泽西州的高地和太阳一起慢慢落到西方地平线下。

次日上午，他们已经在一望无际的大海上向南驶往洪都拉斯湾。那时，大部分北美人还不知道洪都拉斯湾。美国通往南方的贸易航线主要集中在远在洪都拉斯湾以东的加勒比海诸岛，例如西印度群岛、古巴、牙买加等。再往南，这些航线会穿过加勒比海，避开南美东端

曼哈顿鸟瞰图，1851 年

突出部分，南下合恩角，绕过美洲最南端，进入太平洋。

洪都拉斯湾水域呈三角形，在墨西哥以南切入中美洲一侧，它不在美国贸易航线上是有充分理由的。300 多年前的 1502 年，哥伦布在到达新世界的最后一次航行中穿过洪都拉斯湾水域，自那之后，从墨西哥以南、围绕中美洲和南美洲的大片陆地便竖起了一道巨大屏障。

追随哥伦布足迹的西班牙征服者和国内统治者切断了西班牙的美洲殖民地与世界的联系。18 ~ 19 世纪之交，欧洲发生政治动乱，这一形势才开始改变。法国大革命和拿破仑·波拿巴的崛起开启了打破西班牙殖民地的进程。西班牙的美洲殖民地一个接一个脱离西班牙，那道屏障也逐渐消散，这块神秘的南方土地终于向北美敞开怀抱。

美国商人没有抓住时机，他们的竞争者——一直在开疆拓土的英国人抢先一步，沿洪都拉斯湾的一侧获得了一个立足点：英国人在尤卡坦半岛旁边争得一席之地，建立了一个名为伯利兹（Belize）的殖民地。伯利兹地处一长串珊瑚礁和小岛的后方，几百年来，英国海盗正是凭借这一有利地势掠夺往来于中美洲和西班牙间的盖伦帆船。

呈三角形的洪都拉斯湾在伯利兹以南、尤卡坦半岛根部收窄，那里的杜尔塞河吞吐了西班牙进出口中美洲的大部分贸易。斯蒂芬斯和卡瑟伍德将从那里进入内陆，而后赶往最终目的地：西班牙的前中美洲殖民地首都危地马拉城。时任美国国务卿的约翰·福赛思（John Forsyth）给斯蒂芬斯下达了新任务。

作为马丁·范布伦（Martin Van Buren）总统任命的外交代办兼私人代表，斯蒂芬斯得到的指示是会见不久前成立的中美洲联邦共和国的领导人，达成一项贸易协定。这项任务十分艰巨，因为他们到达的是一个因内战而四分五裂的地区，斯蒂芬斯得以完成外交任务的希望非常渺茫。

除此之外，斯蒂芬斯和卡瑟伍德还有另一项任务。早在斯蒂芬斯接到总统任命的前几个月，他们就细致规划了这次行动。此前，他们读到过关于掩埋在中美洲丛林中的精细石刻的模糊报告，这些报告引起了他们的兴趣和好奇心，他们觉得这些遗迹也许并不是随意丢弃的石头，也许是一个隐藏的未知世界的标志。因此两人决定，在斯蒂芬斯履行官方职责之后，一定要进入那片丛林一探究竟。

斯蒂芬斯和卡瑟伍德首次会面的具体时间地点尚不清楚。两人都没留下关于首次见面的任何记述，我们也没有找到能准确描述那次会面的人。世人一直认为他们于 1936 年夏天在伦敦初识，比他们登上“玛丽·安号”早了 3 年。

事实上，卡瑟伍德一直在伦敦工作，斯蒂芬斯则在欧洲、埃及和近东游历了两年后才回纽约，途径伦敦。1936 年初，在游览圣城耶路撒冷（Jerusalem）的时候，斯蒂芬斯见到一张由卡瑟伍德绘制出版的该市地图，这是他与那个艺术家的第一次“相遇”。

那年夏天在伦敦，斯蒂芬斯和卡瑟伍德等探险家组建了一个小团体，因此外界推断出他们是在此时相识的。但近期发现的轮船旅客名单表明，在斯蒂芬斯到达伦敦前，卡瑟伍德已经与家人离开这里，搬到纽约。所以他们很可能是在 1936 年下半年或次年在纽约结识。

再者，考虑到纽约虽小但艺术家和知识分子的圈子却在不断扩大，他们有相同的兴趣，经历了极为相似的冒险。他们都曾走过难以穿越的中东土地，探索过众多类似的古代史迹（卡瑟伍德的冒险比斯蒂芬斯早了近十年），而且两人都安然度过了中东地区不友好的政治和自然环境下的旅程。似乎两人多年来循着平行的轨道，注定将会相遇、相识。

卡瑟伍德年轻时在伦敦学习建筑测量，后辗转至罗马和希腊继续完成学业，于 1824 年来到开罗。那一年，让 - 弗朗索瓦·商博良（Jean François Champollion）向世界宣布，他借助罗塞塔石碑破解了古埃及象形文字的秘密。当时的欧洲兴起古埃及热，在随后的十多年中，卡瑟伍德参加了两次尼罗河探险，考察和绘制了那里的金字塔和神庙。他熟练掌握了阿拉伯语，戴起包头巾。有时为了记录伊斯兰圣地，卡瑟伍德会冒着生命危险，装扮成本地人进入禁地。

斯蒂芬斯也曾穿上开罗商人的服装，这一伪装助他顺利穿过西奈沙漠，到达该地区最危险的遗址——佩特拉（Petra）古城。佩特拉与世隔绝，由骁勇的贝都因部落成员守护，这是斯蒂芬斯能够找到的与舒适的纽约律师生活相隔最遥远的目的地。

无论他们是在何种情形下结识的，两人都被沙漠中的一些东西深深吸引，但两人不是那种为了探险完全不计后果的人。实际上，他们在许多方面都很传统。卡瑟伍德是职业建筑师，已婚，有三个孩子，很顾家。斯蒂芬斯是执业律师，拥有自己的产业，启程赴欧洲和中东前涉猎政治近十年。然而，两人似乎都在沙漠中感染上了某种“病毒”，即一种近乎病态的、向前推进和尝试极限的冲动，这种刺激难以摆脱且从未褪色。纽约的生活虽然舒适但似乎少了点什么。

在纽约生活了三年后，卡瑟伍德和斯蒂芬斯读到关于中美洲丛林中发现的神秘纪念碑刻和石头建筑遗迹的一些煽动人心的资料，以及关于其意义的空洞猜测。这些有可能是某个被埋没在丛林下的、已经消失的古老文明（不像他们此前见到的屹立在沙漠中的古埃及废墟）的遗迹吗？希望似乎很渺茫，这一想法却令人着迷。旧时的渴望、冒险的欲望、危险的气息和无法满足的好奇心统统涌上心头。

不过，他们还得先解决一些家事。1836 年，举家搬到纽约后，卡瑟伍德很快找到一份建筑师的工作。不到一年时间，他开始建造一个又大又深的“全景”展厅用以展示他描绘中东的巨幅油画。这项事业很快启动并且收获了稳定的利润。

斯蒂芬斯出版的两本书大获成功。在这之前，他从未撰写过任何比案情摘要和合同更“有趣”的文件。从欧洲回国后，斯蒂芬斯尝试写出他在欧洲和中东的探险之旅，发现自己很有讲故事的天分。他的第一部书《埃及、阿拉伯佩特拉和圣地旅行纪事》（*Incidents of Travel in Egypt, Arabia Petraea, and the Holy Land*）刚出版就成为畅销书。

按亚斯特坊广场图书销售人约翰·罗素·巴特利特（John Russell Bartlett）的说法，“在纽约，没有哪本书比它更能引人注目……”首部作品的成功让斯蒂芬斯立即着手创作第二部作品，这本书描述了他在希腊、土耳其、俄罗斯和波兰的探险之旅。

斯蒂芬斯在两年时间中写出两部总计数千页既叫好又叫座的作品，书中不乏一些令时人耳目一新的文字。此时的斯蒂芬斯已将法律抛到九霄云外，为另一次探险和下一部作品做好了准备。他明白，如果能在下一部作品中融入卡瑟伍德的艺术才华，将会获得更大的成功。两人开始制订中美洲的旅行计划。就在这时，美国派驻该地区的专员辞世，他的继任者也在不久之后离世。斯蒂芬斯利用这个机会，通过民主党内的老关系赢得来自范布伦总统的外交任命。

对卡瑟伍德而言，长途旅行并非易事，他有家人和一桩新生意要照料。因图书版税而收入颇丰的斯蒂芬斯向卡瑟伍德开出条件。双方于 1839 年 9 月 9 日签署了一份《协议备忘录》，协议要求卡瑟伍德随斯蒂芬斯一起到中美洲，待斯蒂芬斯完成美国政府委托的官方职责后再去往指定的“城市、地方、地点和纪念物的遗迹”。

卡瑟伍德绘制的图画供斯蒂芬斯“独家使用和获益”。作为对价，斯蒂芬斯支付旅行期间卡瑟伍德的所有花费，外加 1 500 美元酬劳（这在当时是笔巨资）。卡瑟伍德在外期间，斯蒂芬斯每周会付给卡瑟伍德夫人 25 美元，从那 1 500 美元中支出。出行前，卡瑟伍德将全景展示厅交由一个合伙人经营。

至于这份《协议备忘录》是否反映了两人间缺乏熟悉和信任，抑或是反映了其他更正式、更典型的 19 世纪做法，这一点就不得而知了。可以确定的是，斯蒂芬斯依然是个律师，有着律师思维和律师对合同价值的重视。两人在随后的岁月里很少向外界透露他们的个人关系，虽然两人的共同旅行家喻户晓，但关系依然是个谜。

他们接下来的冒险为世界带来了超过 1 800 页的故事和配图，书中甚少有描述卡瑟伍德的内容。卡瑟伍德既没有留下画像，也没有银版照片。有时候斯蒂芬斯会在信里去掉“先生”二字，但他在斯蒂芬斯的著作里永远是“卡瑟伍德先生”或“C 先生”。

时值维多利亚时代即将到来之际，两个男人在公开场合的克制和礼仪似乎也合情合理。以此观之，两人表面上的拘谨与当时其他著名旅伴，如梅里韦瑟·刘易斯（Meriwether Lewis）与威廉·克拉克（William Clark）、亚历西斯·德·托克维尔（Alexis de Tocqueville）与古斯塔夫·德·博蒙（Gustave de Beaumont），或弗里德里希·威廉·海因里希·亚历山大·冯·洪堡（Friedrich Wilhelm Heinrich Alexander Baron von Humboldt）与艾梅·邦普兰（Aimé Bonpland）等这些人间的关系并无多大差别。

其实从斯蒂芬斯的作品中可以看出卡瑟伍德天性不苟言笑，古怪幽默，是个极为矜持的完美主义者。在某种程度上，作为建筑师特别是画家，卡瑟伍德接受的训练让他甘居幕后，让口若悬河、八面玲珑的斯蒂芬斯站到台前。

虽然个性截然相反，但在随后13年的合作和友谊中，他们一次又一次地表现出对彼此的忠诚和尊敬。他们喜爱历史，都无可救药地迷恋着古迹，同时有着令人难以置信的勇气和坚持，这些共同点帮助他们通过最艰巨的考验。

他们出发的时间并不适合南下的航行。飓风季尚未结束，那个年代没有天气预报。他们虽然意识到这次航行潜藏巨大风险，但还是凭着勇气和盲目自信，于夏末秋初驶向加勒比海水域。不到八天“玛丽·安号”已航行在古巴和伊斯帕尼奥拉岛（Hispaniola）[①]之间，他们在这里遭遇了一场热带风暴，这艘小双桅横帆船只能直接向西驶向洪都拉斯湾。经过18天的艰苦航行，在风暴尾声渐弱之际，小船终于安全驶进伯利兹的避风港。

映衬着深绿色的椰树和丛林，这座破败的边远小镇像碧波上升起的一条超过一英里长的平坦白线。前一夜，一个港口引航员的儿子来到船上指引他们安全穿过犬牙交错的珊瑚礁。“玛丽·安号”停泊在几艘装着红木的筏子旁，这种木材是这片殖民地的主要出口产品。有十几艘船泊在那里，有横帆船、纵帆船，旁边还有一艘旧蒸汽船。这片附着在尤卡坦半岛边缘的沿海殖民地看上去不像一个地区，更像一座岛。

从海盗时期开始，伯利兹逐渐发展成一个主要贸易港口，分发运往洪都拉斯、危地马拉和莫斯基托海岸再经内陆转运到中美洲各国的欧洲货物。几乎无法穿越的密林将港口仓库、住宅、6 000余名居民

① 伊斯帕尼奥拉岛又名海地岛，是加勒比海中第二大岛，仅次于古巴。

与内陆隔绝开来。一条名为“老河”的河流将镇子一分为二，它是进入内陆的唯一通道，河水深入热带雨林，其源头一直是个谜。

由于经常下雨，许多街道积着没脚深的淤泥。为了获得一点微风，减轻令人窒息的午后湿热，一些屋子用木桩架高，四周围绕着敞开的走廊。充作人行道的木板与热带鲜花、棕榈叶挤在一起。老河上架着一座木桥，连起镇子两端。镇子南端是被白色护墙板覆盖的公共建筑群：英国领事官邸、法庭、办公室、医院、监狱和免费学校，中间矗立着一座好像从英国乡间直接移来的带高高尖顶的石砌教堂。

后来斯蒂芬斯记录说，初来乍到的他还不熟悉总统交给他的外交职位以及随之而来的高规格礼仪和特权，上岸后受到的礼遇更是让他大吃一惊。上岸后他立即被请到政府官邸会见殖民地领事亚历山大·麦克唐纳（Alexander MacDonald）上校，接着搭乘港内那艘老蒸汽船沿海岸南下。

在去危地马拉的时候，斯蒂芬斯发现，为了让他能在伯利兹多待些时日，蒸汽船代理居然愿意让蒸汽船推迟几天出发。“在国内习惯了服从蒸汽船代理的蛮横规定，”斯蒂芬斯写道，“这似乎是比受到领事阁下的邀请还要高的荣耀，但是我不想太高调，所以只要求蒸汽船延迟一天。”

另一个与国内形成对比的是，英国所有的殖民地已于五年前取缔了奴隶制度，但斯蒂芬斯发现奴隶制度从未在伯利兹立足。那里的居民三分之二是黑人，大部分白人是遭遇海难或退休的英国海盗后裔，这样的种族融合让他惊讶不已。

“到伯利兹还不到一个小时，”斯蒂芬斯写道，“我发现，种族融合这个在国内颇有争议的话题已经在这里悄悄进行了几代。”他记录了在伯利兹的第一顿饭：在一名商人家与商人夫妇、两位英国军官及另外两人一起吃早饭。斯蒂芬斯说那另外两人是衣冠楚楚、受过良好教育的黑白混血儿。“他们谈论了自己的红木制品、英格兰、打猎、马、女士和葡萄酒。”

斯蒂芬斯住在纽约，是美国北方人，他的外祖父约翰·劳埃德（John Lloyd）法官去世前一直是新泽西州的奴隶主，斯蒂芬斯耳濡目染，非常熟悉和了解奴隶制度。他在作品中甚少提及童年经历，不过从他对伯利兹见闻的反应来看，他的同情给了哪一方显而易见。

斯蒂芬斯对种族平等的描述震惊了一些美国读者，他的字里行间都充满着掩盖不住的快乐。例如，在一次到访该殖民地的法庭期间，他应邀坐上空着的法官席。就座的五名法官中，一个是黑白混血儿，还有两名陪审员也是。坐在斯蒂芬斯旁边的法官说，他知道美国的种族态度，但是在伯利兹，这位法官说：“在政治生活中，除了任职资格和个人品格外，没有其他任何差别；在社会生活中，即便是婚姻的缔结中也很难找到区别。”

斯蒂芬斯觉得伯利兹的另一个风俗也很有趣，他认为这个风俗会刺激他后来的读者，至少会刺激他非常熟悉的一小撮人。“那里没有一个律师，也从未有过，即便没有律师，法庭也运转良好。”他写道，“而且虽然法官会审理与巨额商业交易有关的民事争议，但法官都没有法律背景。五位法官中一位是红木砍伐工，两位是商人，那个黑白混血儿是医生。”

第五位法官是殖民地的秘书帕特里克·沃克（Patrick Walker）。他带斯蒂芬斯和卡瑟伍德游览了整个殖民地，还安排了沿老河进入丛林的短途航行。浓密的丛林在河面上空合拢，完全遮蔽了阳光，斯蒂芬斯立即被它的神秘吸引。

“我们进入完全杳无人迹之境，这里似乎远离人类居住区数千英里。”斯蒂芬斯写道。遗憾的是当天水势高涨，船夫需要拼尽全力才能对抗水流，为安全起见他们提早返回。

到达政府官邸时，殖民地领事麦克唐纳上校给斯蒂芬斯留下了深刻印象。按照斯蒂芬斯的说法，他是“正飞速消失的群体中的一员”。麦克唐纳上校在 18 岁时作为青年军官加入英国陆军，参加过半岛战争，之后在滑铁卢战役中指挥一个团，获得英国国王和俄国沙皇颁发的作战奖章。与身高 6 英尺（1 英尺 ≈0.30 米，下同）、严格保持军人姿态的麦克唐纳交谈，“就像在阅读一页历史”。斯蒂芬斯写道。

麦克唐纳上校热情迎接了斯蒂芬斯和卡瑟伍德，还召集地方官员和军人组织了一次聚餐。麦克唐纳上校的殷勤周到让斯蒂芬斯动容，他得到的指示是不讨论关于外交使命的事情，尤其是与新的中美洲联邦共和国谈判贸易协定这件事。但是他和卡瑟伍德似乎被上校迷住，他们谈到想要寻找掩埋在洪都拉斯、危地马拉和墨西哥森林中的古老文明遗迹，并用测量和绘画技术将他们在这里的发现记录下来。

斯蒂芬斯和卡瑟伍德离开的那天下午，麦克唐纳上校又安排了一场宴会。席间他们为维多利亚女王和范布伦总统干杯，接着一轮又一轮地敬酒。酒足饭饱后，麦克唐纳上校与斯蒂芬斯携手走过政府官邸外的宽阔草坪，来到河边，一艘小艇正等着带他们登上那条在港内冒着黑烟的蒸汽船。麦克唐纳上校转向斯蒂芬斯，再次提到中美洲正在发生政治动荡和血腥暴乱。

他对斯蒂芬斯说：“如果遇到危险，你就集合危地马拉城的美国人和欧洲人，挂出国旗，派人来通知我。”斯蒂芬斯深知前方的危险，觉得这个提议令人安慰。“我知道这些不仅仅是客套话，”斯蒂芬斯写道，“考虑到我即将前往的国家的状态，我感觉到身边有这样一个朋友的价值。”

这是一个辉煌的时刻，与他们静悄悄地、近乎偷偷摸摸地离开纽约完全不同。斯蒂芬斯和卡瑟伍德乘小艇渡过海湾时，陪伴他们的是 13 声礼炮的轰鸣，政府官邸、城堡和法庭升起的国旗。整个场面是英帝国主义的一次典型展示，如此秩序井然的文明前哨与蛮荒、阴暗、几乎从未被征服的丛林形成鲜明对比。这是两人在随后日子里能够回味的、最后一刻的舒适和安全。

“我到访过很多城市，”斯蒂芬斯写道，“这是第一次用升国旗和礼炮向世界宣布我要离开。我是外交新人，只能努力装出对此类礼仪规格习以为常的样子。但是我的心在狂跳，自豪感油然而生，因为这些致敬是献给我的国家而不是给我的。”

登上“韦拉帕斯号”放好行李后，斯蒂芬斯在自己的舱室安顿下来。当晚他们聚集在甲板上喝茶。晚上 10 点，船长来到他们旁边，问他是否有命令需要下达。斯蒂芬斯说直到那时，他才开始理解人们为什么会接受官方任命的责任。“我有我的抱负，但从未料到可以向蒸汽船船长发号施令。尽管如此，我还是要装作已经司空见惯，不动声色地说出我想要到访的地方，然后回舱睡觉。”

斯蒂芬斯和卡瑟伍德关于寻找遗迹旧址计划的讨论被麦克唐纳上校听到了。回到政府官邸后，麦克唐纳上校立即开始工作。他叫来帕特里克·沃克和一名叫约翰·赫伯特·卡迪的陆军中尉，后者是驻扎在该殖民地的皇家炮兵军官。

麦克唐纳命令两人组织一支考察队沿老河上行，深入佩滕的丛林，然后穿过尤卡坦半岛到一个名叫帕伦克（Palenque）的墨西哥城镇，

北美和中美洲：星标为纽约港和伯利兹城[①]

对那里的旧址遗迹做一次全面勘查。卡迪中尉是个有才华的画家，在此之前，他因绘制当地风景素描而吸引了麦克唐纳的注意。

卡迪将利用美术功底和作为军事工程师接受的专业训练把他们在帕伦克的发现绘制成一份记录和一幅测量地图。沃克将与卡迪一起领导考察队并负责起草书面报告。

虽然斯蒂芬斯和卡瑟伍德正南下危地马拉和洪都拉斯赶往另一个方向，麦克唐纳还是明确表示这是一次紧急任务，沃克和卡迪一刻也不能耽搁。雨季尚未结束，河水高涨，河上塞满了危险的原木和其他残骸。超过 100 英里的河段水流强劲，会严重阻碍他们的航行，但两

①此书插图系原书插图，全书同。

人还是毫不犹豫地接受了这个任务。

两周之内，沃克和卡迪备好了充足的面粉、朗姆酒、猪肉、药品等必需品，还有27个随行人员和两艘掏空的独木舟，整装待发。然而，一直催促考察队尽早出发的麦克唐纳在此时犯了一个之后令他后悔不已的重大错误。

# 第 2 章
# 初涉杜尔塞湾

“韦拉帕斯号”离开伯利兹驶向危地马拉。它先沿尤卡坦半岛海岸向南，再斜插过马纳比克半岛（Manabique Peninsula）弯曲狭长的齿形海湾。深绿色的山脉像一堵矮墙，在他们前方慢慢隆起。远处，白色浪花在青绿色背景前破碎散开，汽化的水花与丛林中升起的薄雾混成一片，周围的空气越显凝重。碎浪线内，一块块沙滩标记出一片挤满山脉、雨林和沼泽的地区的边缘。从那里通过的白人很少，其中之一是著名的西班牙征服者埃尔南·科尔特斯（Hernán Cortés）。

16 世纪初期，因为成功而飘飘然的科尔特斯率一小股军队经陆路前往洪都拉斯，目的是去教训一个反叛的下级。其实科尔特斯对前路一无所知，只是带着一大群随从和手下离开文明的墨西哥中部高地，指望向东南出发快速通过尤卡坦半岛。

六个月后，科尔特斯筋疲力尽，手下许多人因为饥饿和疾病，不是死了，就是瘦得皮包骨头，大部分马匹也没了。最终，科尔特斯走出佩滕的荒野，穿过密林，来到“韦拉帕斯号”现在正驶向的海岸。

杜尔塞河（卡瑟伍德作）

这是一片土地的边缘，很少有人在这里对抗大自然的蛮力，白人就更少了。斯蒂芬斯和卡瑟伍德接近海岸时，一堆乱糟糟的植物横亘在眼前，似乎无路可入。继续往前，一道缺口出现在似乎是实心的一堵绿墙上，到近处才发现是一条河的两岸。“韦拉帕斯号”穿过浅滩，拐入河床，高居右岸[1]的一群小屋映入眼帘。斯蒂芬斯短暂考虑过在此停靠。

依附在海岸线外围的加勒比人和西印度群岛黑人的居住区占据了关键位置，因为这里是进入中美洲的少数河口港之一。这个房子群落叫利文斯顿，是为了纪念一位前纽约市长及国务卿爱德华·利文斯顿（Edward Livingston）。利文斯顿有很多成就，其中一项是他革新了路

① 河流右岸为面向下游时的右手一侧，从进入河口的方向看，右岸在左边。

易斯安那州的民事、刑事和刑罚法典。现在，中美洲联邦政府正在复制这些改革，企图用其压制住农业人口的强烈抗议。

斯蒂芬斯指示船长驶近河岸。盖着棕榈叶的草房子坐落在大蕉和椰树丛中，被午后的酷暑烤得无精打采的居民俯视着他们。已是下午4点，他们想在日落前到达内陆锚地，现在停船为时已晚，所以汽船再次拐回河中央。

一道垂直的防御墙高耸在他们前方，“韦拉帕斯号”慢慢转入一条美不胜收的弯曲水道。水道两侧是高达数百英尺的、墙壁似的绿叶，热带植物从石灰岩缝隙里伸出来。藤蔓从高高的树冠直拖到水面，树枝和藤蔓上覆满了凤梨和兰科植物，空气清新芬芳。穿过这段九曲回肠的水道，再转过一个弯，他们又一次被包围在墙壁似的丛林中。在一片阴暗中，他们既看不到入口，也看不到出口，好像水道在他们身后合并了。

伯利兹只是拉开了序幕。在这里，包围他们的是触摸得到的丛林，它能引起幽闭恐惧，能让人精神错乱，是一条既壮观又让人浑身无力的热带狭长峡湾。他们听说过这条河，听说过它令人无法抗拒的美，但这怎么会是中美洲大量贸易流经的入口呢？

来自危地马拉雾林的清澈河水闪着波光，从他们下方流向大海。有一小段距离，一股令人窒息的硫黄味从河边喷涌而出的温泉散发出来。随着他们继续前进，湿热的午后越来越令人难以忍受，只有岸边深深的阴影能给人凉爽的错觉。

一开始，他们看到的唯一鸟类是鹈鹕。猴子被“韦拉帕斯号”发动机发出的“非自然的咆哮”赶得在藤蔓上爬来荡去。发动机的吵闹和明轮的划击声打破了寂静，鹭和鹦鹉从悬崖和大树上惊起，在他们上空盘桓。

“这是那个通往火山地震频发、因为内战而四分五裂的土地的入口吗？”斯蒂芬斯写道，“它明明是一个将精美和壮观完美结合的神话场景。”

上行九英里后，河面展宽成一片小湖。湖面上点缀着座座小岛，湖边岸线上生长着一片片芦苇、睡莲和一丛丛红树，水平如镜的潟湖就藏在它们的后面，所有这一切都被绿色群山环绕。继续上行，湖面在杜尔塞河上游再次收窄，夕阳在水面上投下道道金光，“韦拉帕斯号”缓缓驶入渐浓的暮色中。

凌晨某个时刻，他们经过风景如画的小型石砌要塞圣费利佩城堡，它看上去就像小孩为玩具兵设计的。城堡横跨在一片几乎阻断河面的岬角上，远看坐落在水面和丛林间，被苔藓覆盖的斑驳墙壁上耸立着幽灵似的雉堞和塔楼。穿过岬角，河面再次展开为宽阔的湖泊。这个要塞于1595年竣工，是在一个塔楼的基础上建成的，是天然的防守阵地，也是这里抵抗英国海盗的唯一守备力量。

过去，海盗们溯河上驶至此来袭击湖上的西班牙仓库。虽然这里数度扩建，增加了防御工事和大炮，最后还修建了护城河和吊桥，但还是一次又一次地被英国袭击者攻破和掳掠。

清晨，斯蒂芬斯和卡瑟伍德的船在伊萨瓦尔镇外锚泊，这是进入危地马拉和大部分中美洲地区的主要港口。这片水域名为杜尔塞湾，是危地马拉最大的水体，今称伊萨瓦尔湖。与伯利兹殖民地一样，伊萨瓦尔镇既是一个主要贸易基地，又是挤在水域和丛林间的一个独立居住点。周围陡峭的山脉被密林覆盖，贸易路线从这里向上延伸，穿过密林，翻过山脉，进入内陆。

斯蒂芬斯和卡瑟伍德上岸寻找一个能签署他们护照的机关，与他们同行的是在伯利兹雇来的一位叫奥古斯丁（Augustin）的仆人兼厨师。镇上只有一栋木结构房屋，其余都是土墙竹料搭成的棚屋，屋顶盖着棕榈叶，约有 1 500 名居民。最终他们找到镇上的负责人胡安·佩诺尔（Juan Penol）。佩诺尔刚刚接手指挥一支 30 人的部队，这些男人和男孩光着脚，穿着白色棉衬衫和裤子，装备着生锈的滑膛枪和旧刀剑。三周前，佩诺尔代表的一方在内战中占据优势，他的前任刚刚被赶下台。

这位新负责人表达了些许不安，他不知道在内战结束前，自己还能在指挥位置待多久。这里完全没有斯蒂芬斯在伯利兹受到的那种隆重礼遇。佩诺尔勉强承认了斯蒂芬斯的官方职位，他解释说，他只能代表危地马拉签证，因为中美洲其余省份仍处于动荡状态。

随着日头西移，酷热变得越发难耐。19 世纪大部分时间里，热带地区的湿热和升腾的雾气（或沼泽和潟湖散发的瘴气）依然顺理成章地被看成北部白色人种发热或死亡的原因。斯蒂芬斯曾收到警告，说伊萨瓦尔是个特别危险的地方，通过它就是到鬼门关走一遭。

过去几年，几乎没有哪位派到中美洲的美国外交官顺利通过伊萨瓦尔。实际上，向中美洲派驻外交使团是一个勇敢又鲁莽的行动，需要坚定不移的决心和不断增长的勇气。

1824 年，中美洲各省宣布脱离西班牙独立，同年美国向该地区派出第一名外交官。在此后任命的八名外交官中，只有两人到达危地马拉城。其中一位是前美国参议员，一位是众议员。这两人也许比其他人更适合这份工作，因为他们能从早期美国的政治混战中存活下来。其余四名外交官不是在路上，就是在到达后不久，甚至在离开美国前死去。还有两名在到达伊萨瓦尔后不久就打道回府。似乎某种由疾病、死亡或恐惧构成的、无法逾越的障碍堵住了该地区的入口。

成功到达危地马拉城的两人之一是纽约州的前众议员查尔斯·G. 德威特（Charles G. De Witt）。1833 年，他接受了这个职务，但磨磨蹭蹭直到五个月后才订了前往中美洲的船票。在某个时刻，他被伊萨瓦尔容易致病的传闻和到达危地马拉城必须经历的漫长艰苦的内陆旅行吓住了，决定航行一大圈，绕过合恩角，从太平洋一侧进入危地马拉。

这个想法没有得到安德鲁·杰克逊（Andrew Jackson）总统的赞同。在新奥尔良战役中打败英国军队的杰克逊是个不屈不挠的战斗英雄，他可不是因为谨小慎微或意志薄弱得到"老核桃"这个绰号的。杰克逊通过国务卿利文斯顿向德威特表明，德威特计划的经太平洋抵达危地马拉的路线是不可接受的。

利文斯顿在写给德威特的信中称："中美洲几乎就在我们家门口，你要航行到南太平洋，绕过合恩角再到达那里，（总统）无论如何都不会批准这样的计划。另外，当你到达（智利）瓦尔帕莱索（Valparaiso）时，你离目的地的距离要比现在远一倍。"

受到这番训斥后，德威特很快预订了到达危地马拉路程最近的船票，紧接着又病倒，所以耽搁了五个月才出发。

尽管开始时慢慢吞吞，但德威特很不寻常地在危地马拉工作了五年。任期末，他屡次请求允许他回国，哪怕放个短假回国照料纽约的病妻。但因为那次不愉快的开始，他与国内的关系还未完全恢复。德威特得到指示，要等到美国与危地马拉间的贸易条约展期之后他才能离开。

在此之后，德威特的书信内容变得越来越绝望。有一次，他描述印第安游击队短暂占领了危地马拉城，杀死城内居民，处决了共和国副总统，他躲在两个寡妇家里。他说曾有人警告他，要他离开危地马拉城。但他大言不惭地写道："我无一例外地回答说，如果我必须死，就让我死在这个被称作北美公使馆的屋子里，死在美国国旗下。"

一年后，随着政治局面的恶化，危地马拉的形势日益危险，德威特没有完成条约延期就启程回国。到达美国时，美国国务院命令他立即回到危地马拉完成职责、敲定条约，但是他没有这样做。1839 年 4 月 12 日，德威特在纽约州纽堡市对面哈德孙河上的一条蒸汽船上自杀，殁年 49 岁。

关于危地马拉死亡和失败的传言像一群秃鹫在外交使团上空盘旋，这些本该让任何理性的人退避的任务却吸引了一位名叫威廉·莱格特（William Leggett）的人，他被任命为德威特的继任者。意想不到的是，莱格特成了这一职位的继任者中最短命的一个。他是著名作家、激进民主党人和反垄断主义者，与威廉·卡伦·布赖恩特（William Cullen Bryant）合作编辑了《纽约晚邮报》（*New York Evening Post*）。

莱格特煽动性的社论在 19 世纪 30 年代影响极大（并且帮助奠定了后来自由意志学说的基础）。由于在海军服役时感染了黄热病，这位受人欢迎的 38 岁编辑饱受病痛折磨，这也更应成为他推脱任职危地马拉外交官的理由。

常被莱格特的文章刺痛的温和民主党人范布伦总统之所以任命他接替德威特，是应莱格特朋友的要求。他的朋友们异想天开地认为气候的改变对他的身体有好处。一个月后，即 1939 年 5 月，莱格特在准备去危地马拉期间去世。驻中美洲外交代办成了一个受诅咒的职务。

范布伦总统接下来任命了望眼欲穿的斯蒂芬斯。不同于莱格特那样的煽动者，斯蒂芬斯与总统一样，是忠于杰克逊政策的民主党人，两人在纽约州的民主党内都有很深的根基。加入杰克逊总统那届政府前，范布伦是一位很有权势的州议员和州长，后来成为继杰克逊之后的第八任美国总统。在欧洲旅行之前和之后，斯蒂芬斯在纽约民主党的政治圈子里特别活跃，但他的任命不仅归功于党内关系，也要归功于他作为一个作家的成功。

斯蒂芬斯的旅行图书不仅大受欢迎，而且赢得社会各界的高度赞扬。恰巧杰克逊总统也特别喜好文学。身材矮小，因政治策略的才华被称为“小魔术师”的范布伦没上过大学。终其一生，范布伦都有智力上低人一等的自我感觉，为此他通过寻求与文人的联系缓和这一点。

华盛顿·欧文（Washington Irving）和威廉·卡伦·布赖恩特是范布伦的密友，他还任命纳撒尼尔·霍桑（Nathaniel Hawthorne）和历史学家乔治·班克罗夫特（George Bancroft）担任政府职位。

不管动机如何，范布伦似乎认为斯蒂芬斯是这个职务的合适人选。显然，斯蒂芬斯在智力上胜任这一挑战，他丰富的旅行经验从某种程度上也说明其身体足够强壮。同样重要的是，斯蒂芬斯似乎疯狂地想要得到这个任命。那时，他和卡瑟伍德已经在热火朝天地规划南下线路。

傍晚，伊萨瓦尔令人疲惫的酷热开始消退，斯蒂芬斯出发去找詹姆斯·香农（James Shannon）的坟墓。香农是肯塔基人，曾任美国派驻中美洲联邦的第六任使节。与斯蒂芬斯同行的是一位当地向导，他们穿过伊萨瓦尔简陋的广场，沿着一条出镇的小道，几分钟后来到一条深沟，一场暴雨刚过，水沟里流水湍急。

斯蒂芬斯踩着跳板走到水沟对面，爬上一座山，进入一片可以俯瞰伊萨瓦尔湖的阴暗树林。向导指出混在一堆简单标记里的香农墓。墓上没有碑，只能勉强与坟墓周围的地面区别开来。看到这个，斯蒂芬斯心里一沉。

1932 年夏，香农来到伊萨瓦尔，比德威特最终到达这里的时间早了一年多。出于乐观抑或是天真，他带来了妻子、儿子查尔斯（Charles）和外甥女谢尔比（Shelby）小姐。上岸后不久，香农和外甥女都因感染黄热病离世。

“我很伤感，一个为祖国服务、死在他乡的人就这样被随便埋葬在荒山野岭，连块墓碑都没有。”斯蒂芬斯写道。回到镇上后，他安排人给香农立了块墓碑，在墓地周围筑了一道围栏。当地神父允诺会在墓上种一棵椰树。

此时，卡瑟伍德正在探望“韦拉帕斯号”的机师拉什（Rush），他是卡瑟伍德的英国同胞。拉什在航行中患病，现在躺在吊床上，镇上的人围在他身边。“拉什身高约 6 英尺 4 英寸（约 193 厘米），身躯庞大。”斯蒂芬斯写道，但躺在棚屋里的他“像孩子一样无助”。这不是个好兆头。

# 第3章

## “死亡之溪”

第二天早上7点，斯蒂芬斯和卡瑟伍德带着行李加入一支人牲集聚的大军，排队准备翻越米科山，这场面打消了此前一切耀武扬威地骑着高头大马走过危地马拉乡间的浪漫想法。他们将骑骡完成这趟旅程，这种牲畜脚步稳健，负重耐劳，是中美洲崎岖小道上的主要交通工具。

他们眼前一片混乱：众人从仓库拖出货物装到骡背上，由二三十名赶骡人照料的近百头骡子排成一眼望不到头的长队。斯蒂芬斯和卡瑟伍德的独立队伍由五头骡组成，他俩和新雇的厨师奥古斯丁各骑一头，其余两头驮行李，他们还雇了四名当地人负责徒步携带额外补给和照料牲口。

从美国出发前的几周时间里，斯蒂芬斯想方设法搜集科学设备。在一封给国务卿约翰·福赛思并抄送总统的信件中，他询问如果从政府请领六分仪、望远镜、袖珍精密计时器、地平仪和两台高山气压表，会不会显得有些“过分”。毫无疑问，斯蒂芬斯的要求遭到拒绝。最后他只弄到一只玻璃气压表，还是自己出的钱。现在，他把它放在背后，不敢交给那些背东西的印第安人。这次考察顶多算一次三流科学行动。

考虑到19世纪早期标测量设备已取得巨大进步，可以说这支两人队伍带来的是最差的技术装备。举个例子，早在40年前，斯蒂芬斯崇拜的博物学家亚历山大·冯·洪堡男爵在徒步穿越南美的旅行中带了天蓝仪、雨量计、摆、磁力计、空气纯度测定仪和原电池，以及常用的六分仪、温度计、罗经、地平仪、精密计时器和气压表。

斯蒂芬斯和卡瑟伍德在伊萨瓦尔开始爬山的同一天，美国海军一支小船队正锚泊在萨摩亚的阿皮亚湾。他们正驶往澳大利亚，准备冲击南极洲（如果有这么个地方的话），美国人正与法国人竞赛，看谁能首次登上那个尚未发现的洲。

虽然那次名为“美国探险考察队”（U.S. Exploring Expedition）的行动规模不大，但依然配备了当时最先进的科学设备。而国务院给斯蒂芬斯的出征令只关乎贸易，与科学无涉。彼时，“考古学家”一词尚未问世，他和卡瑟伍德只能将外交任务之外的考察当成古文物研究自由职业者的一次私人冒险。

卡瑟伍德是位多才多艺的职业画家，有丰富的野外工作经验。他

1860年的伊萨瓦尔港

知道自己需要什么，而且他只需要各种素描本、纸张及素描和油画工具。他携带的最先进的工具是一只“投影描绘器”。这种光学装置发明于1807年，在没有照相机的年代，画家用它绘制实际比例的物体。

“投影描绘器”由一个安在小架子上的反射棱镜组成，架子固定在画板上。将棱镜以正确角度对准物体是个需要耐心的复杂操作。对准之后，画家就能透过玻璃看到物体的轮廓，就像它是投影到画纸表面一样，这样画家就可以临摹那个物体了。

卡瑟伍德还带了一只计算经度的老式精密计时器和考察队仅有的两件测量仪器：一只罗盘和一条带刻度的长带子。他曾用后者测量埃及的神庙和纪念碑。

对于负责撰写文字的斯蒂芬斯来说，准备工作要简单些，他带来了铅笔、钢笔和空白笔记本，用于快速记下每日见闻。毕竟这是一个故事，而且斯蒂芬斯知道什么样的故事能吸引人。鉴于自己同时也是美国派来的外交代办，斯蒂芬斯带了一件定制的外交礼服。衣服用纽约州最好的蓝布裁制而成，装饰着大量金纽扣，他将礼服细心叠放在一只包里。虽然很少穿，但毕竟是一国公使的必备服装，需妥善放置。

他们还带了必不可少的药箱，二人都富有艺术气质和情感，但对于一个处于动荡时期的陌生国家，两人都很理智。斯蒂芬斯写道，他们“武装到牙齿”：每人都有两条挂着手枪、子弹的背带，斜挎的皮带上系着巨大的猎刀。奥古斯丁配了一把手枪和一把刀。

早晨8点，他们比骡队晚一小时出发，直接走向米科山和一条叫国王路的西班牙旧公路。这条通往危地马拉城的公路蜿蜒进入内陆120英里，是中美洲大部分贸易的必经之路。然而它一点也不像美国国内的道路或公路，只是一些陡峭的山间小道。

这里的 6 月到 11 月是雨季，每逢此时路上就布满防不胜防的泥坑、狭窄湿滑的冲沟和深壑，裸露的树根横跨在路面以上三英尺或更高。他们冒着暴雨骑行，很快被青色的烂泥和难耐的酷暑折磨得狼狈不堪，只能勉强挤过那些沟沟壑壑。

出发后的前几个小时是对两人友谊的巨大考验。截至目前，虽然经历了惊涛骇浪，他们的旅程还算顺利。斯蒂芬斯的骡子首先摔倒。

“我从它背上飞出去，飞过了树根和树干，却没飞过污泥。”他写道，“我逃过了一个更大的危险：我的匕首被甩出鞘，刀柄扎在淤泥里，竖着一英尺长的裸露刀口。”紧接着，卡瑟伍德也摔倒了，他摔得太重，一时失了矜持，大声诅咒斯蒂芬斯把他拽到这个鬼不生蛋的地方。

随着两个裹满泥浆的人挣扎着起身，所有对话都停止了。丛林越来越茂密，山路越来越险峻。大树和森林植物把他们包围得严严实实，只有一点点日光透进来。他们透过微弱的光线向前张望，终于赶上了正沿着石底河床向上攀登的骡队。一些货物从骡背上掉落，一些牲口摔倒了，赶骡人的咒骂和喊叫在森林里回响。

斯蒂芬斯和卡瑟伍德下骡试着步行，无奈石头和树根太滑，根本站不住脚。他们挣扎着向山上走了好几个小时，这时奥古斯丁的骡子陷入泥坑，向后摔倒。有那么一刻，他们觉得要失去他了。

骡子往下翻滚时，奥古斯丁蹬着被压住的脚想从骡子身下把脚抽出来。骡子从他身上滚过，将他整个人盖住。斯蒂芬斯心想他们的厨师身上的骨头肯定全给压断了。这时，奥古斯丁和骡子一起站了起来，浑身淤泥。令人不可思议的是，他的身体没有大碍。

下午 1 点，雨终于停了，斯蒂芬斯一行人也到达米科山山顶。在黏乎乎的热气中休息了几分钟后，他们继续前进，没过多久就走到骡队中间。下山和上山一样湿滑危险，赶骡人不停地打骡，似乎一心想着尽快赶路。在某处，一头摔倒的骡子堵住前进的路，后方的骡子纷纷向他们挤来，斯蒂芬斯和卡瑟伍德差点摔倒在一条窄沟里。

按照斯蒂芬斯的说法，这还不是最坏的情况。在八小时热火朝天的艰难行进中，他们大部分时间只是努力不从骡子身上掉下来。不知道走了多久，他们遇到一条荒僻的山涧，它有个恰如其分的名字——“死亡之溪”。

从出发到现在，他们还没来得及吃口东西，肚子饿得咕咕作响。在树荫下稍作休息，喝了一些溪水后，他们又重新振作起来。斯蒂芬斯回忆道：“我们谈到对铁路、城市和酒店的鄙视。”

这时奥古斯丁打开了他们的给养：够吃三天的面包、烤禽肉和煮鸡蛋。“这个场景太令人震惊，即便是心理最强大的人都禁受不住。”斯蒂芬斯写道。原来是奥古斯丁误将纸卷火药和食物放在一起，纸卷破开，食物“全都沾上了这种新型调味品”。

“周围的美景，我们的镇定，一切的一切，瞬间烟消云散，只剩下极好的胃口。”的确，他们还遇到了其他挫折。考察队唯一的气压表没能走完这段小路。自从试过不从骡子身上掉下来失败后，斯蒂芬斯确信这个玻璃设备放在徒步登山的当地人身上更安全。

搬运工小心翼翼地把气压表背在身上，与挂在他皮带上的瓷罐放在一起。每次摔倒后，搬运工都会骄傲地举起气压表，表明他胜任这一任务。事实上，这位搬运工带着完好无损的气压表顺利翻过了米科山，但他们发现表内水银封得不够严实，流得精光，这个设备也完全不能使用了。

经过十小时骑行（斯蒂芬斯称其为经历过的最艰难的行程），他们才走了 12 英里。薄暮渐近，他们穿过一片呈拱形的棕榈树林到达一块开阔的草地，这里只有一间小屋，他们将在那里过夜。让他们恼火的是，驮行李的骡子跟着骡队走到前面，他们连衣服也没得换了。

现在，斯蒂芬斯一行人已经进入危地马拉超过 12 英里，眼前是一条壮丽的峡谷。流过峡谷的莫塔瓜河是连接内陆中部高地与洪都拉斯湾的重要水道。到达河边意味着他们已成功翻越米科山，再次下降到近海平面高度。峡谷向东北方向展宽为一片延伸至海边的冲积平原；峡谷在最西端收窄，像一把轻剑直刺这个破碎共和国的心脏——危地马拉城。危地马拉城坐落在一个高出海平面 5 000 英尺的高原上，距此还有 100 多英里。

他们即将进入的峡谷比刚刚越过的荒山野岭要热闹些，人烟更多，牧场和小块低洼农地点缀在两岸。和中美洲大部分地区一样，路上少有向旅行者提供的舒适设施，也没有客栈、酒店或饮食机构。

中美洲大部分地区依然是未开化之地，与当时的美国西部别无二致，穿过它的旅行要靠撞大运。如果你得到合适的指点或碰上好运，在当地人家里借宿也是有可能的，市政厅和教堂也给旅行者提供住处。偶尔，你也可以花上几个便士，睡在用竹杖和泥墙建成的草棚里。

食物是另一个难题。斯蒂芬斯和卡瑟伍德在伯利兹商定雇用奥古斯丁时，两人都认为他脑子不大灵光。尽管二人对那次火药事件犹有余怒，但没过多久，他们还是改变了看法。

奥古斯丁在加勒比海的伊斯帕尼奥拉岛出生，父母分别是西班牙人和法国人。他在洪都拉斯北部沿海港口城镇奥莫阿长大。奥古斯丁多才多艺，有抱负且自尊心极强。

一路上，他总是变戏法似的在恰当的时刻拿出鸡、蛋、巧克力、豆子和玉米粉圆饼，提供所需的供给。他应该很年轻，虽然斯蒂芬斯从未提及他的准确年龄，也没描写过他的样貌。他不会说英语，但从小受到的法语 - 西班牙语教育最终发挥了关键作用。旅行开始的时候，斯蒂芬斯和卡瑟伍德对西班牙语的掌握可以忽略不计，所以奥古斯丁用法语与他们交流，同时担任他们的西班牙语翻译（当地大部分人都说西班牙语）。

次日下午，他们顶着酷热到达莨塔瓜河。在斯蒂芬斯描绘得近于梦境的一个场景中，他和卡瑟伍德终于第一次脱下被汗水浸透、泥浆凝成块的衣服。太阳落山时，他们跳进河里，斯蒂芬斯称之为只有爬过米科山的人才能体会的奢侈。

他们站在河里，让清澈凉爽的河水淹到脖子。远处群山环绕，茂密的热带植物在岸边一字排开，成群的鹦鹉和其他羽色鲜艳的鸟儿鸣叫着掠过头顶。两人如痴如醉，直到奥古斯丁从对岸下来叫他们吃饭，他们才回到现实。

他们爬上岸，突然想到行李还在骡队那里。看着“丑陋”的衣服，“我们只有一个选择，那就是光着身子。”斯蒂芬斯写道，“但是，因为这似乎违背了生命礼仪，我们很不情愿地抓起衣服，穿戴起来。”

当晚，他们与一家人住在一个简朴的棚屋里。主人邀他们把吊床挂在主屋，主人夫妇和 17 岁女儿的床也在这间屋。斯蒂芬斯已经看到主人夫妇不同程度的裸露状态。

夜里，他几次被钢敲在火石上的声音吵醒，睁眼看到睡在他旁边床上的某个人点燃雪茄。仔细一看，发现是那个少女侧坐在他吊床下方的床上抽雪茄，身上除了围系在胸上的布和一串珠子外，什么也没穿。

“一开始，我以为那是我在梦里凭空想出的什么东西。”斯蒂芬斯回忆说，“我曾经与希腊人、土耳其人和阿拉伯人同室而眠。现在，我在一个完全陌生的国家开始一段新的旅行，我有义务遵从这里的风俗。我只能做好最坏的打算，安心接受发生的一切。”

莫塔瓜谷是中美洲最热、最干燥的地区之一。每年雨季，落到谷床的雨量只有 20 英寸（约 508 毫米），相比之下，周围山区的降雨量是它的六倍。长满刺的灌木和仙人掌是少数几种能在这片干裂土地上生长的植物。与尼罗河一样，河两岸常年覆盖着茂盛的植物。现在雨季临近结束，整个河谷一片碧绿。

斯蒂芬斯和卡瑟伍德顺着大路向西南走，先沿河边穿过树木围成的长廊，再走上一条俯瞰河谷的开阔山脊。路边有几只牛悠闲地踱步，还有几个带着弯刀在田里干活的印第安人。

最终，他们穿过一片开阔平原进入瓜兰镇。这是迄今为止，他们在这个国家遇到的最大城镇。没有一丝风，火辣辣的太阳徘徊在他们头顶。“我迷迷糊糊，”斯蒂芬斯说，“昏昏沉沉，感觉自己被晒得中暑了。”接着他们感觉到轻微地震，还有随之而来的隆隆声，这是他们在危地马拉遇到的第一场地震。

三天后，斯蒂芬斯和卡瑟伍德带着一个新向导和新换的骡子走在拉斯米纳斯山的阴影下，这里离扎卡帕镇很近。拉斯米纳斯山直插天际，在云中若隐若现，山里有珍贵的玉石层。路边的树和灌木上覆盖着红色和紫色的鲜花，瀑布从远处的山边倾泻而下，让斯蒂芬斯想起了瑞士。

扎卡帕是个比较大的城镇，有一座雄伟的摩尔风格教堂，洁白的房子，整齐的街道。进入镇子后，他们直接去拜访镇上的重要人物唐·马里亚诺·杜兰特（Don Mariano Durante），准备提交一封介绍信。唐不在家，一个仆人牵过他们的骡子，把他们请到一个大接待室。

“我们让仆人点上蜡烛，一点也不觉得拘束。”斯蒂芬斯写道，“一位先生走进来，摘下剑和马刺，将手枪摆在桌上。起初我们以为他也是客人，于是请他就坐。晚饭端上来后，我们请他一起进餐。直到上床睡觉时，我们才发现他是这家的主人之一。”

随后两天里，斯蒂芬斯了解了扎卡帕的政治状态和道路情况。不同政党派系的人员给他的描述互相矛盾，但所有提供消息的人都同意一件事：通往首都的道路危机四伏，常有匪帮和印第安游击队出没，走这条路将面临巨大危险。

现在，他们在中美洲面临的危险已经不再是抽象的，而是实实在在、迫在眉睫的。穿行乡间，欣赏美景的乐趣将不复现。有人告诉他们，通往首都的唯一道路上充斥着最可怕的暴力，那就是原住民对外国人的仇恨和由此引发的暴力。

面对不容乐观的形势，两人很快想好了一个变通计划。他们将推迟前往危地马拉城，但不会在扎卡帕坐等到政治动荡平复。他们计划转而向东，进入洪都拉斯。

斯蒂芬斯接到的指示是进入危地马拉城，但他对路线有足够的话语权，除了安全因素，这次绕道还有另一个原因。一个叫科潘的村庄就在边境对面的洪都拉斯境内。他和卡瑟伍德曾在书中读到，有人发现科潘附近的丛林里散落着石刻和许多年代不明的建筑。很大程度上，是这个信息吸引斯蒂芬斯和卡瑟伍德来到中美洲。此时此刻，他们离它很近。据当地人介绍，去科潘需要三天。于是斯蒂芬斯打定了主意。

11 月 12 日上午，他们从扎卡帕出发，朝东向科潘进发。至于那个方向会不会更安全点，没人可以告诉他们。

# 第 4 章
## “无政府”小镇

去科潘的路线是向南翻越一道山脊到达奇基穆拉，再向东翻过一个山口进入洪都拉斯。

上山的时候地貌从莫塔瓜谷的枝繁叶茂变成布满梨树和仙人掌的干枯山岭；下山走向奇基穆拉的途中，地貌又转为浓密植被。在点缀着玫瑰色合欢树的青山间，他们望见一座白色教堂的轮廓。这栋白色建筑最初是西班牙人在奇基穆拉修的教堂，现已废弃，屋顶也在地震中倒塌。随后几天里，他们将看到许多这样的荒废建筑，它们是燥动的大地和战争的牺牲品。

教堂废墟在镇子边缘。多年前，它们在一场地震中倒下，周围散落着巨大的石块和灰浆，有的有一人高。教堂旧址的一部分现在是座墓地。斯蒂芬斯有善于发现不协调的敏锐眼光，他注意到，镇上富裕居民的坟墓位于教堂中殿，历任神父的尸骨则存放在教堂地下室，裂了缝的厚重墙壁将其围住。

教堂外面是普通人的坟墓，腐烂的尸体部分露在仓促挖出的浅坑外，周围地面和树枝上垂下的野花恣意生长。鹦鹉的叫声在空中飘荡，“无意义的啁啾”很不恭敬地打破了这片圣地的宁静。

两人在奇基穆拉中心广场一带闲步的时候，遇到一个漂亮的年轻女子。她请他们到她位于街角的屋子过夜。考虑到时间地点，对于两个显眼的外国人来说，这是一份不同寻常的盛情。而对女人的魅力从来没有免疫力的斯蒂芬斯发现女主人尤其动人。在这个粗野的地方，她看上去像个正派的女士，穿着连衣裙、鞋子、长袜，细心地描了眉。斯蒂芬斯暗自希望这位女子还未结婚，没想到一开始以为是女主人父亲的男士其实是她的丈夫。

一群妇女在广场中央的喷泉边提水，阳光透过遮盖广场的棕榈树和蓝花楹树洒在她们身上。宁静的午后让人难以想象暴力冲突正在撕裂这个国家。这时，几百名士兵开始集合，排成一个晚间阅兵的巨大队列。

战争，令他们耳朵都听起了老茧的战争，第一次切切实实地存在

奇基穆拉的教堂（卡瑟伍德作）

于眼前。斯蒂芬斯觉得那些士兵样貌凶恶，像一帮匪徒，但是看到犯人透过监狱的铁窗向外张望，他又感到一丝宽慰，“这个场景让我觉得，在这里犯罪同样可以受到惩罚。”

奇基穆拉镇位置偏北，远离危地马拉城和现联邦首都圣萨尔瓦多之间拉锯战的直接战线，但镇子周边地区依然在内战中遭到摧残。该地区忠于联邦当局，和叛军的派别之间壁垒分明。有时无法律、无政府的情况比激战更糟糕。

与此同时，一种令人不安的平静笼罩着这片土地。该地区的叛军由一个 24 岁的名叫拉斐尔·卡雷拉（Rafael Carrera）的前牧猪人领导，他曾带领印第安游击队数次攻占危地马拉城，现在完全控制着这座都城。同年早些时候，他夺取了奇基穆拉地区的控制权，任命一位名叫弗朗西斯科·卡斯卡拉（Francisco Cáscara）的职业雇佣军平靖该地区。卡斯卡拉曾是萨丁将军，他的指挥技术是在拿破仑领导的法国陆军那里学到的。

斯蒂芬斯和卡瑟伍德看着这群稀稀拉拉的士兵在广场上排成队，时年 62 岁的卡斯卡拉在一个副官的陪同下骑马走在队列前面。斯蒂芬斯注意到卡斯卡拉脸色苍白，似乎病得很重。检阅过后，他们跟着这位老将军回到他的办公室，斯蒂芬斯随即递上国书。

卡斯卡拉当即起了疑心，对这两人走的路线也不满意。哪个脑子正常的人会在内战期间穿过乡间，直奔科潘那样的小村庄？卡斯卡拉担心他们的真实目的是去圣萨尔瓦多会见联邦当局，但他还是承认了斯蒂芬斯的公使身份，而且科潘不在他管辖之内。卡斯卡拉签署了护照，允许他们在该省安全通行，同时提醒他们将要面临的风险。他的签证不是安全保证，他警告道。

第二天上午，斯蒂芬斯和卡瑟伍德出发。刚走出奇基穆拉不远，他们就路过一座一年前被联邦士兵摧毁的村庄。村里的教堂没了屋顶，已经荒废。离开大路，他们转向一条人迹罕至的小道，翻过一座山，其中一些路是在雾林和雨中走过的。然后他们下到一条像蛇一样弯曲绵延十多英里的河谷。

走了一会，他们来到河边一个叫圣胡安埃尔米塔的村子。赶骡人说今天已经赶了很多路。但时间才两点，而且一队蛮横粗暴的士兵占了镇上仅有的泥棚，这一点足以说服斯蒂芬斯决定继续前进，赶骡人只好骂骂咧咧地服从。他们穿过沿谷底生长的三角叶杨树林，走在一条与石质河床平行的路上。

乡间地形崎岖，植被茂盛。陡峭的山脉林立两边，一些山呈锥形，山顶直插云霄。沿河谷继续上行，海拔逐渐升高，他们可以看到上面山坡的松林。这里的土壤是浓重的铁锈色。雨断断续续地下着，他们浑身湿透，这让他们想起了米科山。

小屋散落在远处山边，数量多到可以称得上是个小村庄，每个小村庄都有一座刷得雪白的教堂或礼拜堂，点缀在深绿色的山坡上。最后，他们到达卡莫坦村镇。一路走过去，他们看到了当天遇见的第七座教堂。“在一个破败不堪的地区、在人们从未尝试改进的山路边碰到它们，它们的宏伟和奢华令人惊讶。”斯蒂芬斯写道。

卡莫坦教堂前的小广场只是块长满杂草的泥地，一个人也没有。事实上，整个小镇上似乎都没有人烟。斯蒂芬斯和卡瑟伍德骑到教堂对面的“市政厅”，撬开门，开始从骡背上卸下货物。被派出去找食物的奥古斯丁只带回一只鸡蛋，不过他在找蛋的过程中好像唤醒了整个镇子。

一群村镇官员，包括拿着代表镇长职务的银头手杖的镇长都赶过来一探究竟。斯蒂芬斯给他们看了护照和签证，说明了此行目的。官员们听后离开了，走前解释说，镇上没有多余的食物给他们。

考察队很快就安顿妥当，那只鸡蛋和他们带的面包、巧克力，还有镇长送来的一罐水就是晚饭。市政厅相当宽敞，长 40 英尺，宽 20 英尺，墙上还有给旅行者挂吊床的钉。晚饭没吃饱，加上白天的劳累奔波，他们立即挂起吊床准备睡觉。

卡瑟伍德爬上吊床，斯蒂芬斯衣服脱到一半，就在这时，门突然打开，冲进来二十几个人。按斯蒂芬斯的描述，他们中有镇长、助手及“士兵、印第安人、西班牙人与印第安人的混血儿，他们衣衫褴褛，样貌凶恶，带着官杖、剑、棍、火枪和砍刀，举着熊熊燃烧的松枝”。

众人一时被吓傻了。一切太突然，斯蒂芬斯和卡瑟伍德根本没机会拿起手枪，而且这样的举动无异于自杀。

这时一个年轻军官走上前。后来他们得知，他是卡斯卡拉某部上尉。他戴着一顶滑皮帽，佩把大刀，一脸假笑。上尉瞪着斯蒂芬斯和卡瑟伍德，醉醺醺的镇长要求再次查看他们的文件。拿到护照后，镇长转手交给上尉。他仔细检查一番后，断然声称护照无效。

斯蒂芬斯穿好衣服，在奥古斯丁的帮助下，解释了他们此行的目的，还特别指出伊萨瓦尔的佩诺尔长官和弗朗西斯科·卡斯卡拉将军的签证批注。上尉对此不感兴趣，不屑一顾。他说以前见过一本护照，比斯蒂芬斯这本小得多。

更重要的是，护照应该盖危地马拉政府的章，而不是奇基穆拉省的章。上尉说，他不会对他们做什么，但他们必须待在卡莫坦直到他们把信送到奇基穆拉，收到将军直接发来的命令。

斯蒂芬斯不愿接受这样的安排。他曾在污泥和雨水中艰难跋涉，忍受了骡背上的辛苦旅行才弄到护照上的签证批注。后来出于私人目的，他绕开到危地马拉城执行外交任务的最近路线，其实内心一直对此心怀愧疚。

现在，他要被一个纪律严明的傻军官耽搁，他绝不容许这样的事发生。斯蒂芬斯拿阻碍美国政府代表的后果威胁，并未奏效。斯蒂芬斯又表示他会立即回到奇基穆拉，但上尉和镇长都说他哪里也不能去。

上尉命令斯蒂芬斯把护照交给他。斯蒂芬斯拒绝了，他宣称，这是政府签发的护照，是美国财产。这时，平常沉默寡言的卡瑟伍德发表了一通关于“国际法”和大使法律权利的长篇大论，还说上尉处在将“北方国”（美国）政府的怒火引到自己身上的巨大危险中。上尉依然不为所动，斯蒂芬斯再次提出回到奇基穆拉，必要时由军人押送。不论他们如何谈判，上尉坚称他们哪里也不准去，既不能向前，也不能后退，而且必须交出护照。

听到这话，斯蒂芬斯将护照放到背心里，严严实实地扣上胸前的纽扣。上尉嘲笑说，他们可以强行夺走它。根据斯蒂芬斯的描述，在对抗不断升级的过程中，两个“恶狠狠的家伙”坐在附近一张长凳上，警惕地端枪对着他的胸口，枪口离他只有三英尺。其余的人则把手放在砍刀或剑上站着。

燃烧的松枝将摇曳的人影投到墙上，一个熟悉的声音从房间黑暗的角落传出，打破了这剑拔弩张的沉寂，是奥古斯丁。他拿出手枪，用法语请斯蒂芬斯下令开火，他说自己只要一枪就能赶走他们。

后来斯蒂芬斯回想起那一刻的天真：“如果我们在那个国家多待一些时日，我们应该会更惊慌。当时我们还不知道那个民族的嗜血特征，外加整个过程太无礼、太令人难以忍受，所以在我们心中激起的愤慨超过了恐惧。”

就在这时，一个戴着滑皮帽，穿着宽松的短外套的人从后面走上前。他要求看看护照，斯蒂芬斯据此判断他的职位要高于这帮人，于是小心地从背心里掏出护照，紧紧夹在指间，举到明晃晃的火炬下。

按卡瑟伍德的要求，那个人大声读出护照内容。当护照上的官方口吻语言文字传进屋里人的耳朵里时，人群中发出一阵嗡嗡低语声，先前的紧张似乎被赶到屋外。

斯蒂芬斯后来想到，很有可能那个上尉和镇长都不识字。他们不再要求收回护照，只是命令斯蒂芬斯一行不得离开。

斯蒂芬斯坚持要求派信使给卡斯卡拉送信。在斯蒂芬斯说明这趟旅行的代价后，上尉和镇长才同意。卡瑟伍德和斯蒂芬斯立即用意大利语起草了一封简短的书信，信中描述了他们被关押的情况。

据斯蒂芬斯回忆，"卡瑟伍德先生作为秘书直接签了那封信。因为我们没带官印，所以背着所有人，用一枚新的美元硬币盖上封印后交给镇长。封印上的鹰展开双翅，星星在火炬下闪着光。所有人都围过来查看，然后离开，把我们锁在市政厅。12 个人拿着剑、火枪和砍刀守在门口。走的时候，那个军官对镇长说，如果我们在夜里跑了，他要用脑袋负责。"

那帮人终于走了，他们该怎么做？他们向外看去，看守坐在门前，围着一堆火抽雪茄，武器就在手边。可以确定的是，一切逃跑的企图都是致命的。前景不容乐观，他们牢牢拴上门。为了平复情绪，他们打开在伯利兹时麦克唐纳上校送的那瓶葡萄酒，为上校的慷慨干杯。最后，他们筋疲力尽地倒在吊床上。

半夜，门再次被撬开，之前那群人又涌进来。然而这一次，年轻的上尉不在其中。整个事件来得快，去得也快。镇长把斯蒂芬斯那封盖着美元银币的信原样交还，没有一句解释。镇长告诉他们，如果愿意，他们可以走了。后来回想这段插曲，斯蒂芬斯不明白他们为什么突然改变了主意，他猜想是激烈的自卫起了作用，也可能是那个印章，那个美元银币上的鹰。

镇长和手下走后，斯蒂芬斯和卡瑟伍德进退两难。如果继续深入内陆，他们很可能遇到类似甚至更糟糕的局面。他们再次倒在吊床上，不料又被镇长和手下惊醒。他们说这次来是为了表示歉意。镇长解释说昨晚的纷争完全是因为那位上尉，现在上尉一行人已经离开镇子。

斯蒂芬斯和卡瑟伍德又振作起精神，决定继续前进。早晨，吃过巧克力后，他们套上骡子。他们这次探索的中心地区科潘就在不到十英里外的地方，兴许他们还能发现某些古老或消失事物的证据。

他们备好骡子，离开卡莫坦时，这座小镇看上去和他们来时一样人烟稀少，似乎一切没有改变，连一粒灰尘都没挪过地方。两人比以往更小心翼翼，他们绑上武器，深吸了一口气。随着他们走出镇子，空荡荡的卡莫坦又恢复了让人窒息的平静，只有早起鸟儿的啁鸣偶尔打破寂静。

11 月 14 日下午，皇家炮兵约翰·赫伯特·卡迪中尉一行人推船离岸，驶入老河。行进到一段岸边布满大蕉和无花果树的舒缓河面，卡迪点起一支“地道的哈瓦那”雪茄，他漫不经心地抽着雪茄，命令各船驶向上游。船工们奋力划桨，以每小时不到四英里的速度逆着强劲的水流前进。

这支英国考察队已离开伯利兹城 24 小时。他们得到的命令是调查在帕伦克发现的大型遗址，通过出版他们的发现和详细配图报告来打败斯蒂芬斯和卡瑟伍德。麦克唐纳上校为卡迪中尉和考察队在政府官邸举行了欢送宴会，宴会上的小差池差点让考察队推迟出发：西班牙语翻译诺德（Nod）先生不见了。直到午宴结束，两个警察才发现烂醉如泥的诺德，把他塞进领头的独木舟。

除卡迪和共同领导考察队的约翰·沃克外，这支队伍还包括西印度群岛第二团的 15 名士兵、翻译，一个充任卡迪私人助手的炮兵和 9 名专门雇来的船工，一共 28 个人。这些人分乘两条平底独木舟，其中一条装行李，沃克和卡迪坐另一条。领头独木舟长 40 英尺，宽 5 英尺，由一棵红木树掏挖而成，是这条河上最大的平底独木舟之一，舟后部有一块帆布篷顶为卡迪和沃克遮挡火热的太阳。

就在他们出发前，麦克唐纳写信给伦敦的殖民部大臣约翰·罗素（John Russell）伯爵："过去一段时间，我一直想向国务大臣提出这个问题，即关于帕伦克的遗迹是真的像报告那样巨大且不同寻常，还是只是被夸大其辞，那个地方实则根本不值得现代旅行者去关注。我建议，为了得到令人满意的答案，应对帕伦克做一次考察。"罗素要在几个月后才能收到信件，而收到回信又要几个月。

对于促成这次匆忙考察的原因，该殖民地的周报《伯利兹广告报》（*Belize Advertiser*）更为坦率。"我们高兴地看到，卡瑟伍德先生的计划引来我们殖民地的嫉妒，并引发了同一地点、怀着同样目标但行经不同路线的一次考察。"文章还提及了考察中的危险。"我们担心，先前从这里出发的两位先生选择了老河方向，再踏上经佩滕的陆路，他们选择了一个不合宜的时期，将遇到巨大阻碍。"作者还在文末加了典型的英国式鼓励："他们有着坚决的心……克服万难，同时增长个人阅历。"

斯蒂芬斯和卡瑟伍德在卡莫坦为麦克唐纳干杯的那晚，沃克和卡迪在老河某处弯道边的一幢政府小屋里舒适地度过了考察的第一夜。

小屋附近的空地上种着果树，这将是他们最后几个舒适的夜晚之一。卡迪一行人的下一个宿营地设在贝克斯河岸，他们将吊床挂在帆布和网搭的篷子下。

卡迪在部队接受的是工程兵和炮兵训练，不仅富有艺术才华，在语言方面也很有天赋。“蚊子令人难以忍受，要不是有篷子，我们就要大失血了。”卡迪在 11 月 14 日的日记中写道，“它们连续不断的嗡嗡声吵得我几乎一夜没睡。莎士比亚说‘让嗡嗡作响的蚊虫催你入眠’，他肯定没受过这些夜间音乐家的滋扰。”

次日，他们又不幸遭遇了更狠毒的吸血“瓶腰”苍蝇和“医生”苍蝇，两条平底独木舟拼命划向上游的时候，致命的毒蛇和原木粗的鳄鱼在泥泞的河岸虎视眈眈，这是对船工的艰巨考验，他们全力操控庞大笨重的独木舟对抗洪峰期的强劲水流。

有一次，他们接近地图上标注的一个瀑布，但一直没有找到它，后来才发现是因为河水涨得太高，两条独木舟不知不觉通过了瀑布的位置。在河道浅水拐弯处，船工收起桨，改用篙。“舵手的工作难度很大。”卡迪写道，“因为平底独木舟太长，如果他不把船头对准水流，水流起作用，将船冲横过来，那会浪费许多时间和力气，船还有被冲翻的危险——这种情况一点也不罕见。”

河道虽然凶险，威力强大，但河上景色如画，越往上行，越是美不胜收。金色和绯红色胸脯的犀鸟咂吧着嘴，发出类似“打响板的声音”，卡迪写道。在炽热的阳光下，橙色和黑色的金黄鹂似乎着了火；翠绿色的美洲鬣蜥在岸边的红木碎片上摇摇摆摆地走着。河岸边耸立着卡迪从未见过的粗壮而狂野的大树。有时候，遒劲的树根会伸到河面上，十分危险。树枝上挂着松萝、兰花和藤蔓，像船上索具里的编织绳一样密密麻麻，盘根错节。

11 月 16 日上午，他们从一条旧的平底独木舟下驶过，这条船悬在他们头顶上方 20 英尺的藤蔓中。雨季，这条河可以暴涨暴落，一天之内涨落可达 40 英尺。这条独木舟显然是被急流冲下来，最后底朝天卡在一团乱麻的藤蔓中。

他们找不到一丝有关船上人员下落的迹象，这对两条独木舟上的人来说是个不祥之兆。他们知道，连续几周的降雨，而且后面雨天更多，没有哪个脑子正常的人会选择在这个季节沿河旅行。每年的这个时候，能否在老河上安全航行全靠运气。

麦克唐纳命令他们抢在卡瑟伍德和斯蒂芬斯之前赶到帕伦克。即使在理想的天气条件下，他们的路线也充满艰辛。从海上过去会容易很多，但帕伦克是鲜有人知的神秘之地，人们尚不清楚它距离海岸到底有多远。而荒凉的佩滕是尤卡坦半岛凶险的腹地。他们的路线是直接向西穿越佩滕，大部分与科尔特斯 300 年前的考察路线重合，只是方向相反。三个世纪后，情况依然没有改观，丛林地形同样艰难残酷，险象环生。

卡迪有服从命令的天性。1801 年，他出生在加拿大魁北克，父亲是英国炮兵上尉，希望他继承衣钵。他在加拿大长大，1812 年开始的美英战争让他明白武装冲突的残暴。

三年后，14 岁的卡迪被送到英国，进入桑赫斯特皇家军事学院学习。与沃克共赴帕伦克的卡迪已是一名陆军老兵，从候补军官到军官，他已经在皇家炮兵服役近 25 年，然而他身上看不出一点刚强战士的迹象。

一幅保存下来的罕见肖像显示他有一张柔和圆润的娃娃脸，长着一双雌鹿般的大眼睛。卡迪从未参加过战斗，有一阵他是某个将军的秘书；职业生涯的某个时期，他又成为一名优秀的水彩画家。

在河上，卡迪展示了一名英国军官的全部特权。他随身带了一名私人助理，喝的是马德拉白葡萄酒。在河岸边停靠期间，他用双筒猎枪打猎消遣，一饱口福。除沃克外，他把身边所有人都看成下等人。和斯蒂芬斯一样，他对细节十分敏锐。

卡迪一行人继续上驶，通过劳作溪，在河狸坝停船过夜。卡迪又猛吸起哈瓦那雪茄。“为了驱走苍蝇，我们几乎一整天都在抽烟。”他写道，“但它们似乎对烟雾不敏感，只有那些胆大妄为来攻击我们脸的，才会时不时被烟喷下来。”

# 第5章
# 追风的猴子

在莫塔瓜河谷的东南边，平行走向的山脉高高隆起，只有险要的深谷才能将它们撕裂。这种地形是地壳的两大板块：巨大的北美板块和加勒比板块互相挤压而成。几天前，斯蒂芬斯和卡瑟伍德走过河谷时通过的就是这两大板块相接的断裂带。从上空俯瞰，南北两边的山脉就像从狭长平坦的河谷上挪开的深绿色的褶皱床单。

一亿多年前，加勒比海沿这条断裂带将北美与南美隔开。成百上千万年后，中美洲陆桥开始从海中隆起，狭长的巴拿马地峡将其与南北美洲连接起来。这次会师将两洲的动植物种群融为一体，为这个星球上最丰富的生物展示搭好了舞台。

在此以西，排名第三的地质学庞然大物科科斯板块（Cocos Plate）[①]躲在太平洋下方，在中美洲沿海边缘下向东、向北挤压。因为这三块漂浮板块的碰撞，中美洲成为地球上地质活动最剧烈的

① 科科斯板块，以位于其中的科科岛命名，是位于中美洲西岸外的太平洋中的一个大洋板块。

地区之一，不仅频遭地震冲击，而且被沿西海岸全线排开的猛烈火山钻得千疮百孔。

大自然的力量实在粗暴，以至有时候，中美洲看上去像退回到时间起点的原始状态。彼时，斯蒂芬斯和卡瑟伍德穿越这陡峭起伏的地形继续东行。

离开卡莫坦不到一天，他们第一次看到了在山谷间蜿蜒流淌的科潘河（Copán River）。他们数次涉过这条河，爬上山坡旁的石头路。在狭窄滑溜的小道上，他们可以俯视急速流动的河水。现在，他们身陷一片潮湿、浓密，没人能穿越的雨林。

终于，一行人决定在一座木板盖顶的简朴庄园歇脚。不同于前一晚受到的搅扰，这次休息给他们带来某种程度的宁静。在这个庄园唯一的屋子里，他们与九名男女老少一起过夜。“周围是忽明忽暗的小火球和雪茄烟雾，”斯蒂芬斯写道，“一个接一个，等这些都熄灭了，我们也睡着了。”

次日上午，他们过境进入洪都拉斯，实际上那里没有任何指示边境的标志。不一会儿，他们已经在俯视科潘谷（Copán Valley）。这里距离他们上岸的伊萨瓦尔正南方向不超过40英里。他们已经骑行两周，艰难地走了超过100英里的路程。

科潘河从山谷另一端穿过一片漫滩，流下加利内洛山（Sierra del Gallinero）。那片漫滩形成了海拔近2 000英尺的谷底。这条河逆着他们来的方向，一路向西，最终注入莫塔瓜河，一起奔向大海。

虽然河谷土地肥沃，两岸植被丰茂，松树和亚热带森林夹杂在山坡上，但这里出人意料地荒无人烟。这里已经几百年不见人迹了。然而一千多年前，这里一块块富饶的冲积土壤一度养育过稠密的人口，科潘河也成为一个伟大文明的命脉。

1839 年，斯蒂芬斯还不知道这些。这片河谷不寻常的历史尚不为人所知。斯蒂芬斯和卡瑟伍德不仅缺乏考古学观念和工具来揭示即将遇到的谜团，而且和时人一样，他们对哥伦布到达新大陆前的美洲原住民社会几乎一无所知。就像 20 年后，查尔斯·达尔文在《物种起源》中讲述的那样，地球不会把它的秘密一下子吐出来。

19 世纪上半叶，有关地球上的物质和人类历史的知识，许多尚不为人所知。当时，美国海军探险考察队正奔向南极洲——一个许多人认为不存在的大陆。

这次环球考察将带来宝贵的科学发现，收集到成千上万的生物标本、南太平洋诸岛文物、海图和地图，所有这些将形成史密森学会[①]（Smithsonian Institution）的最初收藏。最终向世界敞开怀抱的中美和南美历史是他们两人的下一站。这需要时间，斯蒂芬斯和卡瑟伍德也将跻身为它带来世界关注的先驱者行列。

他们坐在科潘峡谷边缘，向东望着峡谷。他们没有回头路，更重要的是，他们即将揭示的一切将改变世界对西半球人类历史的理解。

进入 20 世纪很久之后，一些著名人种学家和历史学家依然坚信，在欧洲人到达西半球前，那里存在着某种类型的自然天堂。那里的两个大陆遍布没有人烟的无尽森林、沙漠、丛林和草场。该地区被认为稀疏居住着一些小的原始部落，互相之间相隔遥远，不通往来，只有少数星星点点的半文明社会。再没有比这些更离谱的猜测了。

关于十五六世纪欧洲人与美洲原住民接触的早期报告凤毛麟角，

① 史密森学会是唯一由美国政府资助、半官方性质的第三部门博物馆机构。由英国科学家詹姆斯·史密森（James Smithson）遗赠捐款，根据美国国会法令于 1846 年创建于美国首都华盛顿。

错漏百出。在后来成为墨西哥、中美洲联邦共和国和秘鲁的地方，人们发现了一些城市。但在那些地区登陆的西班牙人只想着征服和黄金，从没想到去发现。有关这些地方的详尽历史或人文观察鲜有记录，先进的印第安原住民文化很少有在欧洲人的屠刀下存活下来的。

西班牙对中美洲的征服尤其野蛮。神像、纪念碑甚至整个城市都被摧毁；印第安人的图书等文字材料，其中一些记录了上下数世纪的历史，被收集成堆，付之一炬。

西班牙征服者发现的金字塔、宫殿和神庙是原住民社会高超的社会组织及技术能力的证明，但是很快被拆毁。这既是为之后在它们遗址上竖起的西班牙教堂和住宅提供材料，也是为了征服原住民。

西班牙人将印第安人看成沉溺于以人献祭和偶像崇拜的不开化异教徒，认为其文化和宗教遗产应该被彻底铲除，而印第安人应该转化为基督徒。根据随征服者行动的西班牙教士的说法，只有完全使其屈服才能拯救印第安人的灵魂。

问题是需要拯救的灵魂越来越少。旧世界带来的疾病和西班牙人施予的无异于杀人的非人道待遇快速削减了印第安人口。今天，学者间还在争论 1491 年有多少美洲原住民生活在西半球，以及因为欧洲人的出现而丧生的比例为多少。

伊斯帕尼奥拉岛、古巴和西印度群岛是西班牙在新世界的第一批殖民地，在这些地区，骇人听闻的屠杀、疾病和饥荒导致印第安原住民在被西班牙占领后的头一个 20 年内几乎消失殆尽。征服者开设的种植园对劳力的需求建立起了一个新的人类贸易网络，即为了给这些岛屿补充劳力而建立的横跨大西洋的非洲奴隶贸易。

直到 20 世纪中期，人种学家和历史学家依然相信，在 1491 年，从北极圈到火地岛[①]（Tierra del Fuego）的整个西半球生活着不超过2 000万印第安人。比这低得多的估计被广泛接受，最低的可至整个北美只生活着100万人。

人口统计学家将看作极大的低估。虽然无法得出准确数字，但他们估算，有多达1亿的“美洲印第安人”生活在西半球。如果这是真的，意味着在哥伦布首次远航时，美洲人口相当于或超过了欧洲人口。

然而到了1650年，短短160年后，印第安人口急剧减少到不超过600万，下降幅度达到95%。虽然最初人口数字和下降数量仍有争议，但是大部分学者认为，人类历史上最大的人口灾难几乎可以肯定是欧洲人对美洲的发现导致的。

“这次人口损失无疑是巨大且快速的。”得克萨斯大学（University of Texas）历史学家阿尔弗雷德·W. 克罗斯比（Alfred W. Crosby）写道。他是研究欧洲人对美洲的发现带来的生物学后果的专家，这一后果后来被称作“哥伦布大交换”(Columbian Exchange)。“结论是肯定的，哥伦布航海最初主要的影响是将美洲变成一间停尸房。欧洲人对新世界的入侵减少了人类物种的基因资源和文化资源。”

这次毁灭的首要原因是疾病。根据研究结果，所有美洲印第安原住民都是来自亚洲的一小群猎人的后代。他们通过上个冰川期出现的一条陆桥渡过白令海峡（Bering Strait），从今天的西伯利亚来到阿拉斯加，于1.7万～1.3万年前开始在美洲生活。

随着冰川期结束，冰川融化，海平面上升，陆桥再次被海水淹没。现在，猎人及其后代与亚洲远隔重洋，被困在北美。他们向南迁徙，

① 火地岛位于南美洲最南端。1520年10月，航海家麦哲伦发现了以他命名的麦哲伦海峡时，首先看到的是当地土著居民在岛上燃起的堆堆篝火，遂将此岛命名为“火地岛”。

找到大量富饶的土地，人口迅速增加，其中许多定居在墨西哥和中美洲气候宜人的区域内。他们的脚步最远到达了南美最南端。

对于与世隔绝成千上万年的美洲印第安人来说，他们没有抗体和免疫力来对付后来在亚洲、非洲和欧洲涌现的疾病。当西班牙征服者和其他欧洲殖民者带着天花、囊虫、流感、腺鼠疫、白喉、百日咳、水痘和肺结核到来时，某种形式的生物学种族灭绝突然降临。一波又一波疾病席卷了土著居民，带来灾难性后果。

结果，来到美洲的欧洲人大大低估了印第安人口最初的规模。他们断定自己走入一片无人居住的空旷土地，实际上，他们带来的疾病正飞速前行。当殖民者到达土著定居的内陆区域时，居民数量已经大大减少。这让征服和殖民变得容易了些，尤其是对以少胜多的西班牙人而言。

例如，埃尔南·科尔特斯及其由550名征服者组成的队伍克服了巨大困难，征服了墨西哥中部的阿兹特克帝国（Aztec Empire），西方历史学家曾将他们捧为机智顽强的勇士。虽然那份吹捧背后有些残酷的事实，但1521年的一次天花击倒了许多阿兹特克首领和武士，对西班牙取得最终军事胜利有着至关重要的作用。如果没有天花，历史很有可能走向科尔特斯的反面。

天花等来自欧洲的疾病继续向南快速传播。10年后，当西班牙征服者进入秘鲁时，损害已经发生。1532年，弗朗西斯科·皮萨罗（Francisco Pizarro）到达南美地区时只带了168人，凭这区区几人挑战疆域横跨今厄瓜多尔、秘鲁、玻利维亚和智利，人口达500万的印加帝国（Inca Empire）。

在皮萨罗采取行动之前，天花杀死了伟大的印加首领瓦伊纳·卡帕克（Huayna Capac）及其指定的继承人和众多军队统领。他们的死引发了卡帕克另外两个儿子间的内战，进一步削弱了印加帝国的军力。皮萨罗抓住这个机会，在不到3年的时间内占领了大部分印加土地。

中美洲印第安人遭受了同样的巨大损失。专家估计，哥伦布航行后不久的1500年，该地土著人口近600万，到1680年时剧减到不足30万。当斯蒂芬斯和卡瑟伍德到达的时候，那里的人口逐渐恢复并接近100万，只及西班牙人登陆时的可能数量的六分之一。

科潘谷同样没有逃过那波毁灭。按早期西班牙历史学家的说法，该地区人口稠密，曾是原住民抵抗入侵者的一些最激烈战事的中心。成千上万印第安人在一个叫科潘·卡莱尔（Copán Calel）的强大首领带领下与西班牙人及其来自墨西哥的印第安盟军打了一场又一场战役。在双方都付出令人难以置信的流血牺牲后，西班牙人终于征服了卡莱尔及其武士。最终，失败的印第安人毁于"一场瘟疫"，这场极可能是天花的瘟疫很快消灭了当地大部分居民。

随后的几个世纪里，科潘谷一直是个隐秘的偏僻乡村。虽然气候温和，适于植物生长，但人烟稀少。不过该河谷还有一个与众不同之处，它曾经历过一场人口灾难，因而沦为人口稀少的鬼城。几个世纪以前，早在西班牙征服者到达前，一个位于东南边陲的文明古国就消失了。

斯蒂芬斯和卡瑟伍德即将遇到的河谷中仅剩的少数居民对脚下的遗迹一无所知。中美洲其他地方，征服者的棍棒清除了印第安人的记忆，同样做到这一点的还有时间和大自然。这里有奇怪的神秘石刻，当地居民知道它们，见过它们半埋在谷底的丛林中。经过漫长的变化，大自然抹去了它们的历史，抹去了它们记载的关于印第安人的天才和荣耀、失败和毁弃的宏大故事，几乎将记录抹得干干净净。

1839 年 11 月 15 日下午 2 点，斯蒂芬斯和卡瑟伍德走进科潘。这个小村庄只有五六间泥胚茅草屋。“我们的出现引发巨大轰动。”斯蒂芬斯写道。几个居民很快围拢在他们身边，可是没人能指给他们去遗迹的路。相反，他们被引到该地区最大的一座种植园。农场主是在当地颇有势力的唐·格雷格里奥（Don Gregorio）。

农场的女人友好地接待了他们并准备了食物。斯蒂芬斯和卡瑟伍德庆幸自己运气好，觉得这个国家热情好客的名声似乎名副其实。而且这里是他们寻找石头遗址的理想基地。

然而，这种热情只持续到午后，当农场主唐回家后，情形变得不同。唐 50 来岁，留着浓密的络腮胡子，一脸专横的怒容，看上去很不友好。他不喜欢他们的样子。

斯蒂芬斯和卡瑟伍德进退两难。唐对他们视而不见。那些女人、唐的儿子和从田间回来的工人很快会意。虽然受到无礼待遇，但两人如果想得到任何发现和探索遗迹的机会，他们就不能与这个“科潘大人物”决裂。他们是两个身份微妙且可疑的外国人。

两人压下自尊。他们无处可去，夜幕飞速降临。最终，一份心照不宣的停战协定生效。也许是为了避免“名声污点”，唐容忍他们留在这里，但他们只能睡在屋外一块逼仄的盖着顶棚的区域。

斯蒂芬斯描绘那个场面：“我们的三张吊床紧挨着，我只剩下一点空间，只能把身体弯成一条倒扣的抛物线，双脚几乎和头一样高。”令人不安的冷淡持续到次日上午，唐阴着脸现身。“我们没理他，自顾自在棚子下洗漱，但对来来往往的女眷保持了足够的尊重。”

最终，一个从村里叫来的向导领着他们去遗址。这支小队缓缓走下东南坡，沿 7 英里长的河谷中央走向现在所称的“科潘口袋”(Copán pocket)。这里的峡谷相对较窄，山脊之间不超过几英里。在海拔 2 000 英尺的高度，他们终于来到一个气候更温和的区域，摆脱了伊萨瓦尔湖和莫塔瓜周边低地令人窒息的湿热。

谷底长满了茂密的热带森林和阔叶林，其间点缀着--簇簇艳丽的九重葛和木槿等奇花异草。峡谷中散落的几座小屋被花园和在林中砍出的空地包围着，周围种着小块烟草和玉米。牛在用可可树、番木瓜和芒果树围起的田地里游荡。空气中弥漫着混有柠檬味的茉莉香和鸡蛋花香，一丛丛多香树中隐隐露出肉桂和肉豆蔻的踪迹。

峡谷后面的森林浓密阴暗，令人生畏。这片由淤泥和火山灰构成的低洼地，在河水和每年六七十英寸降雨的浇灌下，几乎任何植物都能生长。正值雨季末期，饱吸雨水的土地散发出浓重腻人的沃土气味，与灌木丛清新湿润的气味混成一片。他们停下休息了一会儿。听着鸟鸣和五彩金刚鹦鹉的尖叫，他们似乎可以感觉到身边植物的脉动。

向导何塞（José）带他们沿着一条距农场有段距离的小道前行，而后穿过一片玉米地。他们把骡子拴在丛林边。何塞有条不紊地用砍刀开出一条穿过灌木、进入森林的路。一段时间后，他们出现在科潘河东岸。渐走渐近，斯蒂芬斯和卡瑟伍德穿过树隙看过去。

眼前的一切让他们惊呆了。他们以为顶多能看到一些散落的石头遗迹，但对岸是一堵近百英尺高的巨大石墙。墙脚受河水侵蚀，一大段已经倒塌。尽管斯蒂芬斯和卡瑟伍德此前看过目击者对科潘遗迹的描述和一份模模糊糊提及遗迹的历史文献，但面前这堵石墙的规模之宏大还是让他们屏住了呼吸。

他们到过意大利、希腊和中东，见过金字塔和古城遗址，但这里被认为是原始人的地盘，是原始的美洲。没人想到这个已经消失的民族会沿河岸竖起一道延伸数百英尺的坚固石墙。

斯蒂芬斯和卡瑟伍德在一处浅河段渡过河，来到墙脚。两人发现这段墙面由切割平整、加工完好的石头砌成。他们爬上一段石阶，登上一个高于河面的小平台。许多地方的石阶被缝隙里长出的树根打乱推散，平台周围和上方则被树挤得满满当当，尺寸难以估量。何塞再次开始工作，他在水平地面砍出一条穿过地表植被的通道。很快，他们看出这个结构有点像金字塔的侧面。

他们跌跌撞撞地穿过树丛和灌木。一会儿后，他们碰到一个意想不到的东西。他们停下脚步，被眼前的景象惊呆了。那是一座高大的纪念碑，其规模之大，艺术技巧之纯熟，（斯蒂芬斯写道）足以媲美他们在埃及见过的最精美的雕塑。

斯蒂芬斯和卡瑟伍德冒着疾病和受伤的危险，在一片内战肆虐的土地上提心吊胆地穿行了 2 000 英里，所有这一切都出于可能有所发现的期望。这一块巨石雕塑已超出他们最大胆的想象——12 英尺高的巨大石像四面从上到下刻着深浮雕。

“正面是个人像，”斯蒂芬斯写道，“服饰古怪华丽，脸显然描绘了一个人，庄重、严肃，栩栩如生地表现了令人恐怖的形象。背面是另一个样式，不同于我们以往见过的任何物品。侧面刻满象形文字。看到这块出人意料的纪念碑，我们一下子全放了心，对美洲古迹特征的一切不确定性都不复存在。”

在光线昏暗的丛林中，何塞继续挥刀开出一条穿过凌乱藤蔓和灌木的小道。森林里生长着巨大的木棉和贪婪的寄生无花果，林深叶茂，有时很难看到远处。树顶形成一道密实的树冠层，遮挡了中午的阳光。

卡瑟伍德描绘的一座科潘石碑的正侧面，选自《中美洲、恰帕斯和尤卡坦旅行纪事》(*Incidents of Travel in Central America, Chiapas, and Yucatán*)

他们磕磕绊绊地爬过地表蜿蜒的树根和藤蔓。几乎每一根树干和树枝上都有苔藓、藤和附生植物。连熟悉当地情形的何塞都迷了路，好几

半埋的科潘石碑（卡瑟伍德作）

次把他们领到死路，撞上无法穿越的绿色植被大墙。

好在不久后，何塞带他们找到类似第一座石像的另外 14 座雕像：一些倒在地上，一些半埋半露，盖在匍匐植物和树根下。一座“被树枝紧紧抱住，几乎抬离地面”，斯蒂芬斯回忆道。“一座在它的祭坛前，被围绕它生长的小树林遮盖着，似乎把它当成一件圣物。在林间肃穆的宁静中，它似乎在庄严地悼念一个衰亡的民族。”

他们在稀疏的光线下继续寻找，逐渐辨出半埋的墙壁、巨大的圆形雕刻祭坛和其他石刻碎片。寄生无花果肥大的树根像巨蟒一样缠在断裂的檐口和一排排骷髅雕刻上。它们周围到处都是从巨大的破损建筑中生出的树木，大块大块的石头高悬在他们头顶。赭色的建筑石料上覆盖着一块块斑驳的灰绿色地衣，树干和树根将它们掀开、挤走，让这些切割精细的石块滚到金字塔脚下，堆成小山。

倒塌的科潘石碑（卡瑟伍德作）

虽然一派凌乱的颓败景象，但留下的部分依然展示了头像和人物的精美线条及复杂雕刻，还有那刻入石头为时间凝固的艺术技巧。它置身于无所不包的森林，既神秘又让人迷惑，没人能将它一览无余。

斯蒂芬斯和卡瑟伍德跟在何塞后面跌跌撞撞地穿过丛林，不敢相信自己的眼睛。但斯蒂芬斯立即意识到，他们眼前的一切不同寻常，很有可能改变人们对历史的理解。这些不是一个没有教化的无知民族的遗迹，而是艺术品，它证明了"曾经定居美洲大陆的民族不是野蛮人"，他写道。

斯蒂芬斯前所未有地敏锐，所有感官和神经都运用到极致。连寂静丛林中的低语都没逃过他的耳朵：

> 城市被静静地埋在地下。打破这宁静的只有猴子在树顶上蹿跳的声音和它们压断枯枝的噼啪声。它们排成长队，在我们头顶轻快地移动。大概有四五十只，一些大猴子的长臂上还缠着小猴子。
>
> 它们走到树枝尽头，用后腿抓住或用尾巴卷住树枝，跳向下一棵树的枝头，就这样一阵风似的刮向森林深处。这是我们第一次看到这些像人的可笑家伙，身边这些奇怪的纪念碑让它们看上去就像逝去种族的游魂在守卫先民遗迹。

他们爬过几座小山丘，终于看到之前在对岸经过的平地和平台。他们的眼睛也逐渐适应了透进来的光线，能依稀辨出这个平台似乎是个巨大的长方形广场。它四面围着台阶，就像一座古罗马竞技场。埋在台阶里的一尊巨大的雕刻头像从广场对面瞪着他们。他们向它走去，拾阶登上一个狭长的平台，低头看到了逾 100 英尺下方的科潘河。

他们终于来到几小时前在河对岸看到的那堵墙之上。头顶，两棵巨大的木棉树矗立在平台上方，光滑的灰色树干周长达 20 英尺，板根伸出数百英尺，像紧紧压住石块的章鱼触手。

斯蒂芬斯和卡瑟伍德身心俱疲，在广场边坐下，努力想弄清刚刚发现的一切。他们想知道，这些人是谁，是谁建造了纪念碑和金字塔？科潘谷的居民不知道。没有书面记录，也没有代代相传的口头描述。

“一切都是谜，隐在暗中，参详不透的谜。”斯蒂芬斯写道。在埃及，神庙立在沙漠上，明明白白，一清二楚。在这里，神庙和金字塔掩埋在浓密的丛林中，消失在时间和历史的长河里。斯蒂芬斯试图捕捉到它的神奇：

> 建筑、雕塑、绘画，所有这些美化生命的艺术在这片繁茂的森林里大放异彩。演说家、战士和统治者，美丽、野心和荣耀，所有这些来了，又走了，没人知道这些事物存在过，没人能说出它们的过去。
>
> 它横在我们面前，像大洋里的一条破船，没有桅杆，没有名字，没有船员，没人能说出它从哪里来，它属于谁，它航行了多远，或者是什么毁了它。

这个谜里隐含的意义令人震惊，但当时没有答案。斯蒂芬斯和卡瑟伍德在科潘发现了一个似乎很古老的高级文明的证据，而且它的遗迹还躺在中美洲的丛林深处，一个没人相信会有文明存在的地方。

他们立即看出面临的挑战：这不可能是该地区唯一的文明证据，

丛林中肯定还有其他古代聚居地的标志，还有尚待他们发现的其他遗迹。当它们的存在为世人所知时，好奇心会驱使人们去探索那些未解之谜，那些未说出的故事。

# 斯蒂芬斯

# Jungle of Stone

## 石像、神庙与失落的文明

## 令人不满的“情人”：法律

1804 年春末，黄昏。弗雷德里希·威廉·海因里希·亚历山大·冯·洪堡男爵出现在美国总统官邸门前。这位著名普鲁士博物学家在西班牙的美洲殖民地考察了 5 年，现在刚刚赶到华盛顿，来与托马斯·杰弗逊（Thomas Jefferson）总统做一番闲谈。洪堡总是行色匆匆，精力旺盛，一刻也闲不住。美国画家查尔斯·威尔逊·皮尔（Charles Willson Peale）招待他时，他告诉皮尔，自己从 11 岁时起就一直在旅行，从未在任何地方逗留超过 6 个月。

在费城（Philadelphia）上岸后，杰弗逊总统邀请洪堡去华盛顿谈论他在南美的发现。他欣然接受邀请。华盛顿哥伦比亚特区（District of Columbia）是最近才从马里兰州划出的一块荒地，人烟稀少，空旷的街道上满是泥泞的车辙。将在一个世纪后被西奥多·罗斯福（Theodore Roosevelt）总统称作白宫的总统官邸富丽堂皇，坐落在一座光秃秃的小山上，俯视着远处的波托马克河（Potomac River）。

未经通报，洪堡被领进客厅，发现总统坐在地板上，围在孙子孙女中间。杰弗逊没意识到洪堡站在门口，在与孩子们嬉戏，这是一个尴尬的时刻。看到洪堡后，杰弗逊立即起身与他握手。身材修长的总统站在矮小结实的洪堡面前，“你看看，我就像个傻瓜，男爵。”杰弗逊说。

在随后两周的造访期间，洪堡和杰弗逊成了好朋友。他们更像一对父子，61 岁的杰弗逊依然精力充沛，34 岁的洪堡活力四射。他们有许多共同之处。两人都深受启蒙运动影响，博览群书，品味高雅，都是科学家、哲学家和植物学家。一个在外交上获得巨大成功，一个在地理学上做出重大发现。他们以各自不同的方式成为大片地产的主人，拥有了西半球的大片土地。

杰弗逊刚刚于一年前用 1 500 万美元实现了这一伟业。他从拿破仑 · 波拿巴手里买下路易斯安那地区，凭借这次卓越行动将美国面积扩大了一倍。洪堡则靠着自己在贵族圈的人脉，于 5 年前说服西班牙王室，让他以科学为名对南美洲发起一次规模宏大、范围广泛的考察。马德里王室特别想让洪堡去调查殖民地的金银资源，他的采矿专家背景打动了他们，即使这意味着要向一个外国人敞开南美的大门。

1799 年 6 月，这个普鲁士人与助手艾梅 · 邦普朗（Aimé Bonpland）乘船驶向委内瑞拉。邦普朗是法国医生兼植物学家。他们随身携带了很多箱设备，包括当时每一种先进的科学测量工具。洪堡的母亲去世后，他继承了一大笔遗产，用这些支付了此次考察的费用。

随后几年里，洪堡和邦普朗历经千难万险，游历了南美大陆从未有人探索或从未有过记录的内陆地区。

1802 年某个时候，不知疲倦的洪堡创下一项世界攀登高度纪录（至少在西方人中）——爬上 19 700 英尺高的钦博拉索山（Chimborazo）[①]。厄瓜多尔这座休眠的火山当时被看作世界最高峰。5 年旅行期间，两人在赤道附近的丛林里收集了成千上万个标本，记录了无以计数的测量数据。在回欧洲的路上，于美国停留之前，二人又将墨西哥和古巴纳入他们的行程。

洪堡是典型的 19 世纪早期人物，首先是探险家，然后才是科学家。作为一个勇敢地投入未知世界的探险 - 科学家，洪堡创造的这一公共形象鲜有人超越。在他的时代，他几乎与拿破仑齐名。地球上还有大片未经探索的空白地区。

凭借科学仪器和似乎用不完的精力和勇气，洪堡成为后来自然科学巨人眼中一个高山仰止的人物。“你完全可以把他称作科考旅行家之父。”查尔斯·达尔文写道。30 年后，当达尔文乘“贝格尔号”（HMS Beagle）来到南美，发现进化的生物学基础时，随身携带了洪堡的游记。

在杰弗逊面前，洪堡激动得难以自已。他滔滔不绝地讲述了自己的考察详情，杰弗逊记下了每一个细节。早在国会通过路易斯安那购地案前，这位美国总统已经计划派一支考察队沿密苏里河（Missouri River）上驶，穿过西部未知地区，到达太平洋。

就在洪堡到达费城前三周，两名军官奉杰弗逊之命，带着一队以“发现军团”（Corps of Discovery）为名调集的老练边防战士离开了圣路易斯。这支探险队的指挥官就是美国陆军上尉梅里韦瑟·刘易斯（Meriwether Lewis）和威廉·克拉克（William Clark）。

---

① 钦博拉索山，位于南美洲的厄瓜多尔，是一座圆锥形的死火山，海拔 6 268 米，位于厄瓜多尔首都基多西南偏南 150 千米，是厄瓜多尔的最高峰。

洪堡回到欧洲一年多后，刘易斯和克拉克在哥伦比亚河（Columbia River）河口到达太平洋。1805 年 11 月 28 日，刘易斯和克拉克在寻找过冬营地，约翰·劳埃德·斯蒂芬斯（John Lloyd Stephens）则在什鲁斯伯里（Shrewsbury）出生。什鲁斯伯里位于纽约以南几十英里，是新泽西州的一个乡镇。

斯蒂芬斯出生在一个新世纪，对南北美洲的两次伟大探险是这个新世纪到来的标志。然而斯蒂芬斯那代人对刘易斯、克拉克和洪堡成就的了解将是一个缓慢的过程。两个美国探险家回到圣路易斯时，斯蒂芬斯只有 1 岁，到他 9 岁时，他们的正式报告才最终出版。考察队返回后，刘易斯接过起草报告的任务，但直到他 1809 年 10 月自杀身亡时，他一直没有开始这项工作。刘易斯去世后，起草报告的任务落到克拉克头上，1814 年，《刘易斯和克拉克上尉考察史》（*History of the Expedition under the Command of Captains Lewis and Clark*）终于出版。

在巴黎的洪堡也一直在赶他自己已经拖了很久的书。《刘易斯和克拉克上尉考察史》出版的同一年，洪堡将自己的探险经历以英文出版。之后，他陆续写了一卷又一卷关于这次探险的科学发现，总计将近 30 卷。最后一卷出版于 1834 年，那时，这位伟大的普鲁士人已经在该项目上花光了全部财富。

从求学之初到作为律师执业，斯蒂芬斯像许多同代人一样，是伴着这两个探索发现的传奇故事长大的。它们融入了他这代人的时代精神。它们令人激动，鼓舞人心，而且年轻的斯蒂芬斯在美国这个有助于培养少年探险梦想的地方长大。

1806 年，斯蒂芬斯一家离开什鲁斯伯里，来到纽约。这意味着 1 岁的小约翰·斯蒂芬斯生活的城市有来自世界各地的船只在它的港口进进出出，它所提供的了解世界的广阔视野不亚于地球上任何一个地方。虽然世界越来越小，但地球上依然有很多区域不被世人所知。

1806 年的纽约还是个小城市，以今天的标准，只相当于一个较大的镇子。它占据了狭长的曼哈顿岛的一小部分，7.5 万居民挤在岛南端几平方英里范围内。岛上大部分土地是农场和森林，今天的休斯敦大街（Houston Street）是当时城市的北边界，人们依然可以在边界以北的牧场和山上打猎。

费城人口更多，但纽约人口每 20 年就增加 1 倍。老镇狭窄街道两边的早期荷兰山墙屋正让位给当时更流行的联邦风格的二三层砖楼。附近的低洼地正在填平，街道上铺了鹅卵石。然而在某些地区，猪还在四处漫游。

纽约享有作为美国开国首都的殊荣。但美国政府很快搬到费城，同时新的联邦首都华盛顿正在马里兰州的波托马克河边规划建设。1789 年，乔治·华盛顿（George Washington）在纽约上任。20 年后，纽约人又有了另一项荣光。在约翰·斯蒂芬斯的学前时期，一座宏伟的市政厅正在建设。这座光彩夺目的建筑正面贴着白色马萨诸塞卵石，坐落在纽约最北部一个名为“公地”（Commons）的公园里。它历时 9 年建成，1812 年完工时，市政厅的花费高达 50 万美元。

市政建设宏图的第二个而且更大的标志是 1807 年一个特别委员会的任命。它将为纽约沿曼哈顿岛向北的扩张制定有序的发展规划，这是一个富有远见的举动。

1811 年，城市测量人员提交了规划，未来纽约的地理布局被刻在石头上（石头上准确标出了每个街角）。规划图在这个大部分没人居住的岛上画出由横长竖短的街道组成的边长 8 英里的方正网格，这个街道系统延续至今。该规划引发了狂热的土地投机，城市向北飞速扩张，整个曼哈顿岛在不到 100 年的时间内完成建设，投机也宣告结束。

在斯蒂芬斯生命的最初几年，纽约飞速发展，吸引了数以百计像他父亲本杰明·斯蒂芬斯（Benjamin Stephens）那样的商业新人。欧洲的拿破仑战争（Napoleonic Wars）[①]引起了对美国出口商品（主要是肉类、谷物、皮革、木材等）的庞大需求。1790 年到 1806 年，经纽约港出口商品的价值增长了 10 倍，进口的欧洲工业品也大量涌入。

早在 1796 年，本杰明·斯蒂芬斯就开始在什鲁斯伯里和纽约经商。1806 年，他在下格林尼治大街（Greenwich Street）的一幢楼里工作。工作地点是当时常见的商住两用布局，他和妻子、5 个孩子住在办公室楼上。格林尼治大街的路是几年前铺的，两边排列着高档住宅。

街道南端终点是炮台，约翰·斯蒂芬斯和兄弟姐妹把它当作游乐场。那是一大块开阔的填埋地，最初由荷兰人和英国人设作监视纽约港的防卫要塞。当斯蒂芬斯一家搬到这里时，它已经发展成一个种着成排榆树的散步好去处。

英国与法国战争期间，英国采取了强征美国水手加入皇家海军（Royal Navy）的政策，为此美国和英国的紧张关系日益升级。美国政府需要新的防守阵地，以备与英国发生冲突时使用。但军方没有在这块步行道上安装大炮，而是从 1808 年开始，在海岸外的一块岩石上建了一座环形砂岩要塞。要塞部署了 28 门大炮，通过一条 200 英尺长的木桥与炮台连通。在要塞逐渐成形和大炮定期测试期间，童年的约翰·斯蒂芬斯就在炮台这边好奇地看着。

① 拿破仑战争，指 1803—1815 年爆发的各场战争，这些战事可说是自 1789 年法国大革命所引发的战争的延续。它促使了欧洲的军队和火炮发生重大变革，特别是军事制度，因为实施全民征兵制，使得战争规模庞大、史无前例。

斯蒂芬斯的童年世界似乎与水有着密切的联系。林立的帆船桅杆和圆材几乎排满了每条大街的尽头。他家前院有类似公园的炮台，还有百老汇（Broadway）大街南端的滚球绿地（Bowling Green）周围的红砖人行道。小时候，斯蒂芬斯经常和好友在绿地附近打球，偶尔还会爬过铁栏杆拿回滚走的球。夏天，他们在炮台外的清澈海水里游泳，在通往砂岩要塞的木桥上钓鱼。

然而纽约经济的繁荣状况没能持续。本杰明·斯蒂芬斯一家搬到纽约后不久，他赖以维系经济前途的贸易突然停滞。1807 年末，为了迫使英国和法国尊重美国的中立态度及其水手在海上的权利，杰弗逊总统宣布全面贸易禁运。这次禁运最终被证实是一个极大的错误。它让整个国家尤其是纽约陷入衰退，使成千上万人失去工作，大批企业破产。

我们无法知道斯蒂芬斯一家是如何挺过经济低谷的，但可以确定的是他们住在附近的新泽西州农村，还有家族关系可以依赖。文件和本票显示，“斯蒂芬斯和利平科特公司”（Stephens and Lippincott）渡过了难关，在禁运最终解除后的头几年里执行了大量商业合同。接着，1812 年 6 月，战争爆发，英国的封锁再次打垮了纽约。

战争开始时，斯蒂芬斯只有 7 岁，他的小学教育由一位名叫博伊尔（Boyle）的老师负责。英国入侵在即，斯蒂芬斯和他的功课无疑将受到各种令他分心的考验。

到 1914 年，危险已经迫在眉睫，纽约人手忙脚乱地做着各种防守准备。他们预测英军会从加拿大沿哈德孙河打过来，所以大批志愿者在曼哈顿到布鲁克林段挖战壕、修掩体。成千上万的民兵涌入纽约。炮兵部队连日在周围要塞测试大炮。对一个 9 岁的孩子来说，这肯定是个令人不安又激动的时期。1815 年，美国参议院通过了《根特条约》，此条约使两个国家的关系大体回到了战前状态，纽约迎来经济转机。

本杰明·斯蒂芬斯的生意又恢复了往日的生机。来自中国的茶叶、丝绸和漆盒源源不断。1816年，斯蒂芬斯夫人得到一套昂贵的从利物浦（Liverpool）运来的瓷餐具，还有一条更昂贵的驼绒披肩。好景不长，变故接踵而至。

1817年初，约翰·斯蒂芬斯的外祖父约翰·劳埃德（John Lloyd）法官去世。5个月后，妈妈克莱门斯·斯蒂芬斯（Clemence Stephens）离世，年仅33岁。妈妈的离开对11岁的约翰·斯蒂芬斯一定是个极为沉重的打击，同时也带来了亲密无间的父子关系，他对父亲的深厚感情维持了一生。

克莱门斯·斯蒂芬斯去世的时候，本杰明·斯蒂芬斯已经为儿子定下了雄心勃勃的计划。约翰·斯蒂芬斯进入约瑟夫·纳尔逊（Joseph Nelson）的学校完成最后一年的基础教育。纳尔逊是个盲人学者，古典学专家，后成为罗格斯学院（Rutgers College，1924年后改名为罗格斯大学）著名语言学教授。

纳尔逊似乎是个恰当的选择，因为斯蒂芬斯准备进入的哥伦比亚学院（Columbia College，今哥伦比亚大学）不仅要求通晓拉丁文和希腊语，还要熟悉恺撒（Julius Caesar）的《高卢战记》（*Commentarii de Bello Gallico*）和《内战记》（*Commentarii de Bello Civili*），西塞罗（Cicero）的演说，维吉尔（Virgil）、李维（Livy）和荷马（Homer）的作品，以及《路加福音》（*Gospel of St. Luke*）、《约翰福音》（*Gospel of John*）和《使徒行传》（*Acts of the Apostles*），还要掌握算术、代数基本定理和现代地理学。纳尔逊的学校每周需学习6天，每年只放几周假。虽然有让他分心的战乱和母亲去世带来的创伤，但斯蒂芬斯依旧很勤奋。1818 年，他通过哥伦比亚学院的入学考试。那年他 13 岁，是学院历史上最年轻的学生之一。

哥伦比亚学院当时在公园区（Park Place）一幢灰泥粉刷的砖楼里，离斯蒂芬斯家不远。它的前身是 65 年前依据皇家特许权[①]成立的国王学院（King's College）。之前在这里求学的有：后来成为美国首任财政部长的亚历山大·汉密尔顿（Alexander Hamilton），最高法院第一任首席大法官约翰·杰伊（John Jay），协助起草《独立宣言》（*The Declaration of Independence*）的罗伯特·R. 利文斯顿（Robert R. Livingston）。国王学院在独立战争期间被迫关闭，战后重开，更名为哥伦比亚学院。

哥伦比亚学院以培养实际工作人才闻名，学生大部分是土生土长的纽约人，他们毕业后大多进入商业、法律和政治领域。虽然教职员队伍中有一些优秀教师，但比哈佛大学的或耶鲁大学的还差得很远。

不过有一位教授查尔斯·安东（Charles Anthon）却是例外。他本人也毕业于这所学院，1820 年被聘为教授，教希腊文和拉丁文。当时他才 23 岁，年轻、聪明，对斯蒂芬斯影响极大。安东在哥伦比亚授课期间出版的古典学著述被当作标准教科书，甚至被远在异国的剑桥大学和牛津大学采用。

"对于国内一流学术研究以及我们在古典学方面的国际声誉来说，这位先生所做的超过了国内任何一个人。" 1837 年，埃德加·爱伦·坡（Edgar Allan Poe）写道。斯蒂芬斯后来去希腊和土耳其旅行的时候总会充满自信地提及它们的历史和文学，那时他将会明白师从安东的这段时间是多么珍贵。

① 此处的皇家特许权指 1754 年英国国王乔治二世颁布的《国王宪章》。

在学院期间，斯蒂芬斯喜爱交际的天性完全显露了出来。一生都对人友善的斯蒂芬斯在哥伦比亚学院的同学中广受欢迎。学院的两个文学社他都加入了，这很不寻常，因为它们是竞争对手。社团喜欢举办演讲和辩论活动，斯蒂芬斯常被选为首席发言人。总的来说，他是个聪明但不够用功的学生，不过他顺利通过了学院四年的苛刻课程，包括古典学、修辞学、文学、数学、地理学、古文物学、英语语法、写作与评论、历史、微分学、化学、天文学、哲学和政治经济学。

大学生活结束后，斯蒂芬斯跻身纽约受过良好教育的精英阶层。1822 年，哥伦比亚学院只有 23 名毕业生，斯蒂芬斯位列第 4，考虑到他只有 16 岁，这是个非同寻常的成绩。他的毕业演讲《论东方及古希腊迷信对想象和情感的影响》（*On the Oriental and Classical Superstitions as Affecting the Imagination and Feelings*）为他的将来提供了一个线索。他每年的学费是 80 美元，这是一笔不小的开支。好在本杰明的生意越做越大，收益不断增长，支付学费绰绰有余。

虽有查尔斯·安东这样的文人导师，但这是一个讲究实际的时代，本杰明决定让斯蒂芬斯进入法律行业。毕业后不久，斯蒂芬斯开始在丹尼尔·洛德（Daniel Lord）的法律事务所工作。在那里，斯蒂芬斯认识了刚刚开始执业的耶鲁大学毕业生洛德。洛德之前在康涅狄格州利奇菲尔德法学院（Litchfield Law School）学习的经历启发了斯蒂芬斯的下一步行动。1823 年 6 月，他踏上去利奇菲尔德法学院求学的道路。

与纽约不同，利奇菲尔德坐落在康涅狄格州西部的青山间，白色尖桩篱笆和整洁的房屋构成了这个充满乡村气息的小镇。到达后，17 岁的斯蒂芬斯被小镇迷住了。利奇菲尔德法学院是美国第一所全日制法学院。当时美国大部分法学教育是通过在律师事务所实习进行的。

1784 年，塔平 · 里夫（Tapping Reeve）创办了系统传授法律原则和实践课程的利奇菲尔德法学院。阿龙 · 伯尔（Aaron Burr）是学院的第一个学生，他就是后来在一场决斗中打死亚历山大 · 汉密尔顿的那位美国副总统。在校期间，伯尔的姐夫塔平 · 里夫曾亲自指导他。

逾 1 100 名来自各州的青年或骑马或乘车，来到与世隔绝、风景如画的利奇菲尔德。仅斯蒂芬斯所在的班级，44 名同学中后来就有 7 名成为众议员，有超过三分之一的人成为州最高法院法官或州议员，包括一位在南北战争（American Civil War）初期为南方诸州起草脱离联邦法案的佐治亚州人。

塔平 · 里夫家旁边是座花园，学生们在一幢木质建筑内上课。学校要求学生每天都要详细记录课程笔记，每周都要在模拟法庭上提交案例。这段学习经历对斯蒂芬斯来说是痛苦而煎熬的。第一次离开家，再次成为班上最小的学生，他很快就思乡情切。他恳求父亲和兄弟姐妹给他写信，来看他。他不仅想家，还想念纽约的报纸，嘱托家人“来的时候带上报纸。”

与此同时，他也迷上了利奇菲尔德的田园风光，他甚至怀疑自己回家后能否忍受纽约的混乱和污浊的空气。他给父亲写信说：“我不要多少财产，只要哪个不知名的朋友能在纽约周边给我一小块地，让我可以种 150 英亩（约 60 公顷）地，盖一幢漂亮房子就好了。”

在随后 1 年时间里，每周 6 天，斯蒂芬斯会在早上 4：30 起床开始学习。他评论说，在哥伦比亚学院，“我们会以疏于学习为某种骄傲。在这里，‘勤奋的学生’才会被看成拥有最好的品质。”他总是友善开朗，喜欢到同学房间串门，参加舞会。新年这天他们还在上课，但晚上他参加了一个舞会。他写信给父亲说，虽然进去时他一个女孩也不认识，但“不一会后，我就与房间里所有的漂亮姑娘混熟了。”

每周日参加完圣公会（Episcopal Church）的宗教仪式后，斯蒂芬斯都会给家里写信。给父亲的每一封信，他都署上全名：“你亲爱的儿子，约翰·L. 斯蒂芬斯”，这个做法他保持了一辈子。信的内容是亲密且毫无保留的。他对姐妹的感情显而易见，他谈论她们的教育、健康，还谈到新近离开的管家马登（Madden）夫人。

六年前克莱门斯离世后，她成了一个类似母亲的人物。听说父亲不来看他时，斯蒂芬斯非常难过。但当弟弟不期来访时，他又觉得糟透了。“我得跟上笔记和功课，他觉得我对他不够关心。”而且他还在苦练书法，人人都说他写的字几乎认不得。他试过各种各样的书写风格，包括一种近乎平坦的字体。这种字体就算不比他想替换的字体差，至少也是半斤八两。“你很难想象改变笔迹这种看似微不足道的小事做起来有多难。”他解释说，“我叫手指这样写，它们偏要那样写。”

从这些信可以看出 17 岁的斯蒂芬斯对语言的掌握程度，这是展现他后来成就的一个迹象，也能看出他已经表现出对选择律师作为职业的强烈动摇，这种念头在他之后相对较短的法律生涯中持续困扰着他。斯蒂芬斯说，律师不仅被看作是一份体面的工作，而且能给他带来收入。丹尼尔·洛德曾说过当斯蒂芬斯回到洛德在纽约的法律事务所后所能拿到的薪酬。当父亲提到那个数额时，斯蒂芬斯表示怀疑。

“如果我没搞错，开业六七年后，他自己的业务带来的收入就算比那个数额多，也是少得可怜。”斯蒂芬斯写道。他还说，他听说现在进入法律行业的人比顾客还多。不过最后他也承认，他也许能以此为生，如果这个行业令“许多迟钝愚蠢的无知者都能兴旺发达，并且能很快过上好日子……尽管仅仅因为其他笨蛋成功了就指望获得成功是个令人羞愧的想法……"

对于是否继续法学院的学习，斯蒂芬斯犹豫不决。年轻、想家以及艰苦的学习都是干扰因素，但更重要的是，他觉得自己正在放弃年轻人的文学梦。

"这个职业不是一个可以让人全心投入、安心建造空中楼阁的仙境。"斯蒂芬斯告诉父亲。"顽固的事实，令人难以忍受地直盯着他的脸。他久久流浪在自己创造的世界里。这个世界里的他永远无法实现自己的梦想……并且向他展示了他的梦想大厦赖以竖立的脆弱基础。"

然而这件事并非斯蒂芬斯所能控制。他已经在法学院学习了几个月，原以为这么长时间已足够他为自己的担心找到依据，但是否继续学习最终还是得由父亲做决定。"我保证接受你的意见。"他写道。父亲要他完成学业，然后跟洛德实习。斯蒂芬斯顺从地接受了这个决定。现在，没有了怀疑和不安，他在 1823 年 11 月 30 日的一封信中总结道，"现在，我 18 岁零 2 天，离法律允许我考虑以它为生还有 3 年。"

斯蒂芬斯再也没有这样直白地袒露胸怀。他后来的信里偶尔会闪现真实的斯蒂芬斯，但他的书中很少揭示自己的内心生活。例如，在他上千页的著作和书信里找不到一丝值得一提的爱情迹象。即便是神秘的莎士比亚在诗里揭示的都比这多。斯蒂芬斯给读者的印象是既随和又刻板。虽然他的作品会帮助读者了解全面而独特的自己，但是最能展现他内心的还是他在康涅狄格州写的那些信。

斯蒂芬斯的父亲完好保存了大部分信件。这些通信揭示了斯蒂芬斯在写作风格上的挣扎，他有时采用后来广受欢迎的随意从容的风格，有时又笨拙地堆砌太多拉丁文和希腊文的辞藻。当时他已经意识到了这一点。在回应最小的妹妹克莱门斯的一封信时，他夸了她的文字和她用的“supremely”（极其）、“roaring fire”（熊熊烈火）、“bombazet frock”（邦巴塞特呢外套）等词语及其单纯朴实的风格。“这一切看上去如此自然，”他写道，“她就是把平时说的话写在纸上。”

斯蒂芬斯的法律学习生涯时断时续。1824 年夏末，他结束了利奇菲尔德法学院的学习。这段学习让他的头脑更加敏锐并且在以后的工作中受益良多，但他最终以法律为生的时间只有 7 年。甚至还没来得及续约纽约的职员工作，他就匆匆离开——这是后话。思乡之情消退后，他和表兄查尔斯·亨德里克森（Charles Hendrickson）勉强征得双方家庭的批准，开始了一段到伊利诺伊地区的长途“游览”。

表面上，他们是去拜访海伦娜·里奇韦（Helena Ridgway）姨妈。她是劳埃德法官的 5 个女儿之一，和当时的许多美国人一样，与丈夫凯莱布·里奇韦（Caleb Ridgway）迁到西部开创新生活，定居在伊利诺伊的草原小镇卡迈（Carmi）。对两个不到 20 岁的年轻人来说，这是一次不容错过的诱人冒险。

他们先来到匹兹堡（Pittsburgh），再坐龙骨船沿俄亥俄河（Ohio River）到达辛辛那提（Cincinnati），拜访了住在一栋单间木屋的劳埃德家的一个表兄弟。他们从辛辛那提旅行到地处“狂野西部”边缘的卡迈，沿途见到了一些简陋的农场和长途大马车，还遇到了印第安人。

亨德里克森在给妈妈的信里描述了这次旅行，按他的说法，里奇韦一家过着艰苦的开拓生活。斯蒂芬斯可能也写过信，可惜没有保存下来。亨德里克森到达后报告说，凯莱布姨父沦落到为别人做鞋子的地步。他计划在即将到来的冬季开一所可容纳 20 名学生的学校。“你知道，能把凯莱布姨父逼到那步田地的肯定是个艰难的时期。”亨德里克森写道。

两个多月的旅行后，亨德里克森承认他们已经看够了，迫不及待地想要回家。回家最快捷的路线是乘坐平底船沿密西西比河（Mississippi River）而下，再乘船绕回纽约。他妈妈特意写信提醒他们避开当时正在爆发黄热病的新奥尔良（New Orleans）。

亨德里克森请她宽心，说疫情在凉爽的天气会减轻。离开卡迈后，这对表兄弟通过人烟稀少的印第安人肖尼族（Shawnee）定居区，其中有一晚还枕着手枪在林中露宿。1824 年 12 月初，他们沿密西西比河下驶，1825 年初某个时期到达纽约。

回家后，斯蒂芬斯在乔治 · W. 斯特朗（George W. Strong）律师事务所做职员。跟着斯特朗学习两年后，他来到奥尔巴尼（Albany），于 1827 年获得律师资格。

随后 7 年里，斯蒂芬斯在纽约执业。关于这段生活的记录很少。他提到曾在地方民兵短暂服役，这个做法在当时的青年中很普遍。他也热心参与了地方政党政治。但他的法律生涯依然是个谜，甚至都没有文件表明他做的是哪种律师——刑事还是民事，抑或两者都有。

对他这段生活的唯一描述来自弗朗西斯 · 李斯特 · 霍克斯（Francis Lister Hawks）牧师，他在斯蒂芬斯去世后不久在一本纽约杂志上发了讣告。按霍克斯的说法，斯蒂芬斯“从未感觉到或表现出对职业追求的狂热或激情”。他的首要兴趣在政治，常在坦慕尼协会（Tammany Hall）①发表演说。毫无疑问，斯蒂芬斯在那里展现出他在哥伦比亚学院和利奇菲尔德法学院精心磨砺的辩论才能。

坦慕尼协会是个很有势力的政治组织，它曾凭借自己的影响力

① 坦慕尼协会建立于 1789 年 5 月 12 日，最初是美国一个全国性的爱国慈善团体，专门用于维护民主机构，尤其反对联邦党的上流社会理论。

将安德鲁·杰克逊（Andrew Jackson）扶上总统宝座。斯蒂芬斯在该组织发挥的作用尚不清楚，但他是忠于杰克逊的民主党人，肯定在演说中支持过他。霍克斯评论说，斯蒂芬斯发表了激情洋溢的反对垄断、支持自由贸易的演说。“他的演说发自内心，”霍克斯写道，“他态度真诚，每个听到他演说的人都能看出他是有感而发。”

1834 年，斯蒂芬斯的生活突然发生转折。这是一次奇怪的命运作弄，他染上了一场后来改变他生活轨迹的严重的咽喉疾病。

## 天生探险家

29 岁这年晚些时候，斯蒂芬斯丢下法律业务和这一年特别残酷的纽约政治，坐定期邮轮“查理曼号”（Charlemagne）到达法国勒阿夫勒（Le Havre）。此前一年，安德鲁·杰克逊总统践行承诺，关闭了美国第二银行（Second Bank of the United States）。此举引发 1834 年春的一场残酷的市长竞选活动。

选举期间，支持杰克逊和支持银行的派别间爆发冲突。那年夏季又发生了反对废奴主义者的骚乱，获自由不久的非洲裔美国人遭到血腥攻击。斯蒂芬斯在这些事件中发挥的作用未留下记录，但他很有可能因为与坦慕尼协会的关系卷入这些冲突。

1834 年夏末，斯蒂芬斯的喉炎严重恶化，被迫去看医生。医生建议他离开纽约，因为这个城市的冬天空气更加恶劣，同时推荐了气候温和宜人的地中海地区。对于经济没有负担的人来说，这是治疗喉炎和肺病的典型药方，斯蒂芬斯欣然接受。

斯蒂芬斯从勒阿夫勒抵达巴黎，接着到达罗马。1835 年 2 月，他渡过亚得里亚海（Adriatic Sea）来到希腊，沉浸在古希腊的一个又一个遗迹里。此时此刻，在哥伦比亚学院接受查尔斯·安东指导时见到的那些简单的文字和图像就呈现在他眼前的石头上。

斯蒂芬斯把“注意休息”的话抛到九霄云外。他爬上科林斯（Corinth）卫城看被白雪覆盖的帕纳塞斯山[1]（Mount Parnassus），参观迈锡尼（Mycenae）的狮子门（Lion’s Gate）和阿伽门农（Agamemnon）墓。

斯蒂芬斯还带着一本希罗多德（Herodotus）的《历史》（*Historiae*）爬上倒在马拉松平原（Plain of Marathon）的那位希腊士兵的坟，独自坐在那里阅读希罗多德对公元前 490 年那场波斯人和数量少得多的雅典人之间宏大战役[2]的描绘。

10 年前，希腊人发起反抗土耳其的起义，当斯蒂芬斯抵达雅典时，那里还是一片废墟。他数次爬上著名的雅典卫城（Acropolis）。“孤独、寂静、落日，离愁别绪的温床。”他这样描写最后一次参观。“我坐在帕特农神庙[3]（Parthenon）一块断裂的柱头上，猫头鹰在遗址间飞来飞去。”看着下方破败的城市，愁绪让位给纯粹纽约人的精明想法：

> 我告诉自己，“雅典需要建设!”这是个美丽的国家，气候温和，政府稳定，蒸汽船穿梭来往，世界各地的人在涌入，它

① 帕纳塞斯山，希腊中部山脉，临科林斯湾。在希腊神话中，帕纳塞斯山是太阳神阿波罗和文艺女神们的灵地，缪斯的家乡。古多利安人也以此山为傲。古希腊大洪水中的幸存者，善良而虔诚的丢卡利翁和皮拉夫妇，他们的船就停在帕纳塞斯山。
② 此处指马拉松战役，古希腊城邦联军对抗波斯帝国，最终由雅典与斯巴达领导的希腊联军获胜。
③ 帕特农神庙，兴建于公元前 5 世纪的雅典卫城，是古希腊奉祀雅典娜女神的神庙。它是现存至今最重要的古典希腊时代建筑物，也被尊为古希腊与雅典民主制度的象征，是举世闻名的文化遗产之一。

需要重新建设。我幻想自己买下一块适宜耕种的好地，在其间规划街道，划出我的柏拉图区、荷马区、华盛顿区和杰克逊大街，然后盖一排房子用以改善无人区的环境，再印上地图将它们拍卖。

可以说我是“孤注一掷”，因为我没有任何可以失去的东西。可惜希腊人远远落后于时代精神，对信用系统的美妙一无所知，你不能说服他们按“通常条件”（预付10%，余额以债券和抵押支付）放弃他们神圣的土地，因此我放弃了这个想法。我在黑暗中告别了雅典卫城遗址，起身回酒店。

抛开斯蒂芬斯的病情，这场旅行的确让他又充满了力量。本来他的目的地是意大利和希腊，现在爱琴海（Aegean Sea）又发出了召唤。他发现一条驶往土耳其沿海的双桅帆船，一时心血来潮，上了船。斯蒂芬斯先来到士麦那（Smyrna）[①]，再骑马南下，到达以弗所（Ephesus）古城遗址。他把一路上的所见所闻记在笔记本上，最后将他对旅行的描述集合成一封长信发给国内朋友。

在他不知道的情况下，纽约的《美国月刊》（*American Monthly Magazine*）编辑查尔斯·芬诺·霍夫曼（Charles Fenno Hoffman）注意到这封信，分四期连载在他的期刊上。斯蒂芬斯后来承认了这些信的发表对他一生的影响。“这封信得到的一些好评，”他写道，“产生了一些影响，促使我去写一本书。”这封信造就了一个作家，也因此结束了斯蒂芬斯的法律职业。

斯蒂芬斯的写作越来越得心应手。这封信的风格展现了他在学校时的华丽文风，他在坦慕尼协会的演说大概也是这种风格——充满了

① 今土耳其伊兹密尔（Lzmir）。

常见的华丽词藻。如早些时候，在准备离开希腊前，斯蒂芬斯参观了雅典最伟大的英雄之一地米斯托克利（Themistocles）的坟墓。

“2000 多年来，”他写道，“波浪差点冲上他的坟墓，阳光抚慰他，风儿从他身边呼啸而过。也许，他的灵魂已经与风的叹息、水的低语合而为一，一起痛惜长期遭奴役的同胞。也许，在他们刚刚过去的解放斗争中，他的灵魂在战场上像一阵清风掠过他们，与他们同在。现在，他在为自己热爱的国家站岗放哨。”这就是斯蒂芬斯当时的风格。这种诗一般的语言会逐渐消失，虽非一夜之间，但他的文字终将变得简洁而精辟。

斯蒂芬斯乘蒸汽船到达君士坦丁堡（Constantinople）[①]。“现在，加入我这场竞赛。”他告诉读者，“如果你的心脏没有在 8 ~ 10 英里/时的奔跑中垮掉，那么我会在一块最古老的土地上打败你……”彼时特洛伊（Troy）遗迹尚未出土，但是斯蒂芬斯知道它们躺在赫勒斯滂海峡（Hellespont）[②]以南的土耳其沿岸平原某处。船沿着土耳其海岸航行时，讲述海伦（Helen）和帕里斯（Paris）、埃阿斯（Ajax）和阿喀琉斯（Achilles）神话的《荷马史诗》在他脑海里回响。极目远眺，他看到了博兹贾岛（Tenedos），当年希腊人将舰队撤到这座岛，假装放弃围攻特洛伊，同时留下一个巨大的木马作为礼物。

经马尔马拉海（Sea of Marmara）接近君士坦丁堡时，清真寺和宣礼塔上“闪光的新月标志和金顶”看得斯蒂芬斯眼花缭乱。他乘的船绕过七塔城堡（Seven Towers）和王宫宫墙，进入两岸排列着一层

---

① 今伊斯坦布尔（Istanbul）。

② 今达达尼尔海峡（Dardanelles），是连接马尔马拉海和爱琴海的海峡，属土耳其内海，也是亚洲和欧洲的分界线之一，常与马尔马拉海和博斯普鲁斯海峡并称土耳其海峡，并且是连接黑海及地中海的唯一航道。

雅典卫城。斯蒂芬斯的《希腊、土耳其、俄国和波兰旅行纪事》(*Incidents of Travel in Greece, Turkey, Russia, and Poland*, *1838* 年)书中插图

层花园和东方王宫的金角湾（Golden Horn）①。

斯蒂芬斯不仅捕捉君士坦丁堡的神秘、肮脏和瘟疫，还描述了圣索菲亚大教堂（St. Sophia）穹顶和苏丹艾哈迈德清真寺（Sultan Achmet）及拜占庭（Byzantium）的美丽。他参观了一个由奴隶交易市场和苏丹马哈茂德二世（Sultan Mahmud II）②委托建造的一艘大船的下水仪式。奥斯曼帝国（Ottoman Empire）这位最高统治者也出席了仪式。

“我总会不由自主地去想这位苏丹曾经拥有过的权力和辉煌，”斯蒂芬斯写道，“就像上帝在地上的影子。我曾想把他看作杀人狂，认为他手上沾的鲜血超过了任何人。”结果，斯蒂芬斯说他发现这个“最

① 金角湾是伊斯坦布尔的一个天然峡湾，对昔日君士坦丁堡的防卫有着很大的作用，因此过去金角湾曾是拜占庭帝国的海军基地，拜占庭帝国还在金角湾沿岸修建城墙。

② 马哈茂德二世(1785年7月20日—1839年7月1日),是奥斯曼帝国第30任苏丹。

朴素、最温和、最友善”的人穿戴着“双排扣军礼服和红色塔布什帽，只有黑色的大胡子显出他的土耳其人身份”。

斯蒂芬斯在君士坦丁堡病倒了，也许是他的喉疾复发了。疾病将在随后的几个月里继续困扰他。然而在整个旅程中，他设法逃过了一种更严重和恐怖的疾病——鼠疫。当时他到达的几个港口鼠疫肆虐，包括君士坦丁堡。原本是有助于恢复健康的旅程反而将斯蒂芬斯置于更大的危险中。不过他表现得很谨慎。他本计划尽快乘船到埃及，但听说那里鼠疫肆虐后，他改变了自己的计划。

实际上，那时候亚历山大（Alexandria）和开罗每天都有上千人挣扎在死亡线上。那年夏末，鼠疫自行消退，它夺去了多达 20 万埃及人的生命。地中海沿岸许多港口悬挂着黄旗表明该地没有瘟疫，但也警告旅行者，他们将在名为“疫病院”（Lazaretto）的检疫站被扣押数周。而飘扬在亚历山大港的红旗则标志着鼠疫在那里蔓延。

斯蒂芬斯的病没耽搁他太久。几天后，他开始安排行程：骑马通过巴尔干地区（Balkans），再乘船沿多瑙河（Danube）上行，最后到达巴黎。然而事实是，一时心血来潮的斯蒂芬斯坐上一条离开君士坦丁堡的轮船，穿过狭窄的博斯普鲁斯海峡（Bosphorus Strait），再渡过黑海（Black Sea），驶向俄国。

三天后，船停在敖德萨港（Odessa）。黄旗在港口飘扬，一名俄国卫生官员来到船边。随后发生的事情是斯蒂芬斯和同行乘客有生以来第一次遇到的。卫生官员提出把信件带到城里，净化后寄出去。“按他的指示，”斯蒂芬斯写道，“我们将信放在甲板上，他用一把长长的铁煤钳将信放进一个铁盒里，盖紧，然后划船离开。”

上岸后不久，斯蒂芬斯和其他乘客一起进入疫病院，被隔离观察

伊斯坦布尔苏莱曼清真寺（Mosque of Sultan Suleyman）

14天。疫病院是个由宿舍、办公室及检查和净化楼组成的建筑群。斯蒂芬斯接受了体检，衣服及个人财产用含硫气体熏蒸，他和其他乘客的住处外还布置了看守。

隔离并非像他想象的那般不适。他的心态和以往一样，每天和其他乘客一起喝茶，在疫病所唯一的餐馆吃饭（“也许不算一流，但还过得去”），还能饱览海景。隔离期间斯蒂芬斯旧疾复发，其他人的建议和偏方让他应接不暇。大家都担心斯蒂芬斯的病也许会延误他们获释，幸运的是，1835年6月7日，他们被如期解除关押。

接下来，斯蒂芬斯经历了四个月苦中有乐的旅行。他舍弃了通往巴黎的捷径，取道一条穿过俄国和波兰的路线。“敖德萨，”他写道，“一个在沙皇控制下似乎一夜之间竖起的城市。”一开始，敖德萨的先进给斯蒂芬斯留下了深刻的印象，他忍不住拿俄国和美国比。“两个都是充满活力的年轻国家，”斯蒂芬斯写道，“都有像敖德萨这样平地而起的城市，罗彻斯特（Rochester）、布法罗（Buffalo）

和辛辛那提与它没什么两样。”

接下来斯蒂芬斯将越过俄国的大草原。黑海以北这些一望无际的草地是最漫长、最艰难的一段行程。斯蒂芬斯与一位在敖德萨遇到的英国人结伴同行，两人还雇了一个爱吵架的法国人做仆人兼翻译。他们乘马车快速驶过连绵不绝的草地，日夜兼程，途中只在驿马站做短暂停留用以换马和补充食物。他们在 15 天内走完到莫斯科的 900 英里，中途还在基辅（Kiev）①停留了 4 天。这是一段视野广阔又极为单调的旅程，斯蒂芬斯是最早走完这段路程的美国人之一，也是第一个详细描写它的人。

莫斯科克里姆林宫

在莫斯科，斯蒂芬斯数度踏上克里姆林宫的圣地。他被辉煌壮美的宫殿和穹顶教堂深深吸引，脑海里不断想象着 23 年前的 1812 年 9

① 基辅，位于乌克兰中北部第聂伯河中游，是乌克兰首都、基辅州首府及第一大城市。

月 14 日，拿破仑大军挺进莫斯科，它被俄国人抛弃时的样子：诡异，宁静，空旷。莫斯科被法军占领后的一天之内，城内多处烧起大火。不久后，这座以木质建筑为主的城市开始燃烧。

> 我知道脚下这座壮丽的城市曾是一片火海。拿破仑打马从市郊的兵营来到克里姆林宫，走上台阶，进入我正坐着的这道门。午夜，整个城市再次陷入火海。克里姆林宫的屋顶在燃烧……
>
> 他靠着的玻璃窗烧得烫手。拿破仑看着大火的走势，喊道："多么可怕的景象！他们是名副其实的斯基泰人[①]（Scythians）！"浓烟大火中，强烈的热气让他什么也看不见，护着脸的手被烧伤。拿破仑穿过大火围绕的街道，逃出这燃烧的城市。

就在那天的几天之前，拿破仑在离莫斯科不远的博罗金诺之战[②]（Battle of Borodino）中打败了俄国人，但他的辉煌胜利永远葬送在这场大火里。

斯蒂芬斯继续西行，来到波兰边境附近的一个十字路口。士气低落的拿破仑军队曾在这里遭到毁灭性的最后一击。他来自纽约，但知道这段历史。夏末，他和一个旅伴来到别列津纳河（Berezina River）的河畔小

① 这句话的意思是，被俄国抛弃的莫斯科是个烫手的礼物。斯基泰的三个主要部落传自 Lipoxais、Arpoxais 和 Colaxais 三兄弟。他们统治时期，纯金制成的一副犁、一个牛轭、一把斧头和一只碗从天上掉到斯基泰地区。三兄弟中的老大想拿走它们，但他走近时，金子开始燃烧。老二走近时，结果也是一样。这时最小的三弟走过去，火灭了，他拿走了黄金礼物。最后两个哥哥让小弟弟当了国王。从此以后，国王精心守护着黄金礼物，每年献上丰盛的祭品。

② 博罗金诺之战是所有拿破仑战争中最大和最血腥的单日战斗，超过 25 万士兵投入了战场，造成至少 7 万人死伤。

镇鲍里索夫（Borosoff）。在等待给马车换马的空隙，他们在广场上一幢木结构教堂附近的驿站吃饭，饭后漫步到跨河的桥上。

“这是个美丽的下午，我们在桥上散步。”斯蒂芬斯写道，“走过桥，我们沿对面河岸走向当年拿破仑大军搭桥渡河的地方。”1812年11月末，俄国人在这里屠杀了成千上万撤退的法军士兵。俄国人烧掉横跨河上的唯一桥梁，将拿破仑暂时困在鲍里索夫。而一支俄军从另一面赶来。法国士兵只能在冰冷的河水里夜以继日地搭建便桥。

那年夏季进入俄国时，拿破仑的大军团（Grande Armée）多达40万人，从莫斯科撤退途中不断受到骚扰，大军已经沦为一群疲惫饥饿的散兵。俄国早早入冬，酷寒步步逼近，他们只能为生存而战。在两支俄国军队夹击并将法军围困在河岸之前，拿破仑、帝国卫队（Imperial Guard）和三分之二的残兵渡过了别列津纳河。殿后的法军试图渡过便桥，却被俄军的大炮和滑膛枪火力消灭。

战役结束后，拿破仑剩下的战斗力尚存的3万人又损失过半。最悲惨的是掉队的法军士兵和随军平民。大部分人在尝试渡河的恐慌中淹死或是在河岸被哥萨克骑兵屠杀。拿破仑传奇尚在发展的时候，这个恐慌场面就深深刻在年幼的斯蒂芬斯的想象中。现在，他漫步在夏季午后宁静的河畔，想象着那场大屠杀和血流成河的土地。

几天前，斯蒂芬斯在圣彼得堡（St. Petersburg）遇到几名在那场战役中幸存的退役俄国军官，他们向他讲述了那场屠杀的生动细节。

到达华沙（Warsaw）后，斯蒂芬斯再次病倒。他只能乖乖吃药，靠着充沛的精力恢复过来。养病期间他参观了波兰的许多历史遗址。与俄国和希腊一样，波兰历史刚刚翻开新的一页。

四年前，波兰人起义反抗俄国占领者，但没过多久，起义遭到残酷镇压。斯蒂芬斯来到华沙城外的战场，成千上万抗击俄军进攻的波兰抵抗者倒在这里。他还参观了著名的沃拉（Vola）。根据传统，波兰贵族会在华沙城外五英里的地方安营扎寨，选出新的波兰国王。

“现在，”斯蒂芬斯写道，“波兰大部分领导人不是死了就是在流亡。在俄国人占领下，这个国家依然高傲的居民一个个都垂头丧气。”

> 在华沙时，我一直感觉，虽然这里的商店和咖啡馆还在营业，街上行人熙来攘往，但总有种阴郁的气氛悬在城市上空。如果有一瞬间这种感觉离开了我，那是因为我看到一队奏着狂放音乐的哥萨克骑兵走向另一个驻地，或者一名裹着军大衣的俄国军官坐在一辆敞篷四轮马车里驶过。他们提醒我，征服者的靴子依然踩在华沙人民的脖子上。

斯蒂芬斯的下一站是克拉科夫（Krakow），他的游记在那里戛然而止。他的这段旅行故事在 3 年后出版的《希腊、土耳其、俄国和波兰旅行纪事》一书中占据了超过 500 页的篇幅。

斯蒂芬斯没有留下随后几个月在中欧的旅行故事。我们只知道他在 1835 年秋天某个时间抵达巴黎，显然，最初他想从巴黎回纽约，但不知后来因为何事改变了主意：他没有回国，而是决定冒险去埃及。为斯蒂芬斯作传的维克托·沃夫冈·冯·哈根（Victor Wolfgang Von Hagen）猜测，这个新计划也许是因为他在巴黎发现了一本书。两名法国作者在那本书里描写了他们对位于今约旦南部的神秘佩特拉古城的考察。在巴黎期间，斯蒂芬斯得知埃及的鼠疫疫情已经消退。

彼时，他正要满 30 岁。对于那个时代的人来说，30 岁已经不再年轻。斯蒂芬斯的许多朋友已成家立业，虽然他还没有家庭的负担，但是像父亲那样传统而体面的生活前景就摆在他眼前。同样等待他的还有令他不满的“情人”——法律。从某种程度上说，埃及和佩特拉代表了最后一条逃避之路。

不管出于什么原因，斯蒂芬斯变更计划是一次重大事件，是他生命中的另一个转折点，并且他能成为一名探险家及作家，这一事件发挥的作用超过了之前的任何事件。“它也将改变美国考古学历史。”冯·哈根写道。斯蒂芬斯在马赛（Marseilles）①登上一艘驶往马耳他（Malta）②的蒸汽船。在马耳他，他再次进入一所疫病院，这次被隔离了一个月。1835 年 12 月，他终于到达亚历山大。

与在希腊、俄国和波兰的漫游一样，斯蒂芬斯在近东的冒险（沿尼罗河上行和徒步穿越西奈沙漠）将为之后出版的一本书提供丰富有趣的材料。19 世纪有许多像斯蒂芬斯这样的“绅士旅行者”，既是旅行观光的游客，也是异常敏锐的观察者和记录者。

当斯蒂芬斯坐下来将笔记变成图书时，他明白了取舍的价值。他意识到，读者感兴趣的是新奇，是跟随作者来到他们从未去过，或者以前没有在书中见过的地方。因此，虽然他关于英国、法国、意大利和德国的旅行记录有好几本，但他忽略了这些国家，转而介绍了少有人到过的国家，并且像记者一样描写了热点地区：与土耳其的战争结束不久后的希腊，反抗俄国人的波兰。还描写了不寻常的历史性人物：在开罗对穆罕默德·阿里帕夏（Pasha Muhammad Ali）的访问——这位权

① 马赛，是法国第二大城市和第三大都会区。它位于地中海沿岸，是法国最大的商业港口，也是地中海最大的商业港口。
② 马耳他，位于南欧的共和制的一个微型国家，首都瓦莱塔。素有“地中海心脏”之称。

倾天下的埃及帕夏当时正因为嗜血残忍闻名世界。

在这些地方，斯蒂芬斯发现自己也成了西洋景，成为刚刚开始出现在那些地方的美国人之一。他也将是第一个以美国人的视角向他的祖国报告所见所闻的美国人。

斯蒂芬斯将是第一个到达石城佩特拉的美国人。在决定去那里的时候，他明白其中的艰辛和危险。在此之前，只有少数几个欧洲人到过那些偏远遗址并活着出来。这个散落着古建筑的遗址在一条深谷里隐藏了近 2 000 年，由生活在周边沙漠旷野的贝都因部落（Bedouin tribes）占据和守卫。

1812 年，瑞士探险家约翰·布克哈特（Johann Burckhardt）终于“重新发现”了它。自那以后，只有另外 6 名欧洲人冒险到达那里。相比之下，沿尼罗河上行时，斯蒂芬斯是典型的观光客，只不过他是位先驱，他的著作将为成千上万的后来者开辟道路。

17 世纪至 18 世纪，埃及和阿拉伯半岛还在土耳其奥斯曼帝国的控制下，很少有欧洲人深入那里。直到 1798 年，拿破仑的大军在亚历山大港登陆。征服埃及时，拿破仑带了一大群法国学术界人士，包括著名科学家、语言学家、地理学家和艺术家。

在随后几十年里追随法国人步伐的是一群吃苦耐劳的早期考古学家、寻宝人，还有雅克·里福（Jacques Rifaud）、乔万尼·巴蒂斯塔·贝尔佐尼（Giovanni Battista Belzoni）、罗伯特·海（Robert Hay）等人，以及斯蒂芬斯后来的旅伴卡瑟伍德。他们用自己的作品向世人极为详尽地揭示了尼罗河一带的奇迹。

斯蒂芬斯知道自己走在已被别人走滥的土地上。到后来写作时，斯蒂芬斯明白，他能做的贡献不是学术或艺术上的，他要写一部让世人了解埃及的书。对大部分欧美人来说，埃及是一片神奇的异国土地。

在埃及，斯蒂芬斯记录了自己的各种经历：雇了一条船和十名船员；他的孤独和为了与人交流做出的努力；出人意料的寒夜和河上令人发狂的逆风；想要遇到说英语的旅客的期待，还有想要组织一支商队去撒哈拉沙漠（Sahara）的"大绿洲"，结果因旧病复发而搁置。斯蒂芬斯曾漫步穿过卢克索（Luxor）、卡纳克（Karnak）、菲莱（Philae）、埃德富（Edfu）等有丰富记录可查的遗址，爬到吉萨大金字塔（Great Pyramid at Giza）内的通风道深处，参观了孟菲斯（Memphis）附近的神鸟墓穴。像所有游客一样，斯蒂芬斯谈到了如何让旅途方便舒适，还提到了价格：

> 孤身一人，拖着病体，我经历了一些艰难的时刻，但我可以毫不犹豫地说，要是身边有个朋友，一条装备良好的船，还有书、枪和充足的时间……那么尼罗河上的航行将胜过我经历的任何一次：自由自在，不受任何约束，没有文明社会的羁绊，这是人生中一段激动人心的插曲。想想两个月不刮胡子，在尼罗河里洗衬衫，然后不经熨烫就穿在身上。你可以随时停船上岸，漫步穿过小村庄，途中会被阿拉伯人盯着看，你还可以沿着河岸走到夜色笼罩大地……这些乐趣都便宜得荒谬。
>
> 一条配十来名船工的船一个月只需三四十美元，一对家禽三比索（Peso）[1]，一只羊半美元到四分之三美元，鸡蛋几乎不要钱。你可以挂着自己的国旗航行，当沿河步行时，如果那些阿拉伯人看上去特别凶狠，你会感受到国旗带来的安全感。偶尔，

① 比索是一种主要在前西班牙殖民地国家所使用的货币单位。

你会听说好多天以前过去了一面法国或英国旗子。那种航行中与其他船只相见时的随意和亲热，在别的地方很难体会到。

这种讲述亲身经历的文章并非斯蒂芬斯首创。19 世纪中叶，这类平淡乏味的游记已经泛滥，但斯蒂芬斯的文字更自然生动。

参观佩特拉可不是金字塔边的闲庭信步。它是一次危险的旅行，激动人心，让人欲罢不能。这次冒险将重新界定斯蒂芬斯的生命，也有助于解释为什么几年后，他会在一场内战中途，站在中美洲丛林深处，站在科潘。

要到达佩特拉，斯蒂芬斯需要穿越开罗以东的严酷沙漠，然后冒着生命危险接触佩特拉的游牧民族，这些凶狠的贝都因部落成员抢劫杀人的名声并非凭空而来。他计划第一站到亚喀巴（Aqaba）①，再向北抵达佩特拉，穿过一个名为伊杜米亚（Idumea）的地区，到达最终目的地巴勒斯坦。穿过伊杜米亚构成另一个危险，斯蒂芬斯没有轻视它。

别人告诉他，穿过那里意味着拿性命挑战一个与《圣经》有关的诅咒。按希伯来先知的说法，居住在伊杜米亚的以东人（Edomites）因为激怒上帝被毁灭，他们的土地也被加上一道诅咒："永远没人可以通过这里。"斯蒂芬斯决心冒这个险。他对从加沙（Gaza）到耶路撒冷的安全路线不感兴趣，因为走那里将被迫忍受另一次漫长的隔离。

斯蒂芬斯曾向多名开罗当地人请教旅途注意事项，他们的意见都是不要轻易冒险，尤其是关于伊杜米亚的部分，这反而刺激了斯蒂芬斯的决心。最吸引他的是，以前到佩特拉的探险者没人冒险穿

① 亚喀巴，位于约旦南部、亚喀巴湾的尽头，与以色列埃拉特相邻，是亚喀巴省的首府，也是该国唯一的港口。

尼罗河上的船，开罗。《埃及、阿拉伯佩特拉和圣地旅行纪事》（1837 年）插图

越荒凉的伊杜米亚。与早先的旅程不同，这是一次夺得真正的第一的机会，只是成功的概率看起来不大。他的身体尚未完全恢复，路上还要对付冷漠的贝都因人，他也不会阿拉伯语。沙漠本就环境恶劣，凶险异常，而斯蒂芬斯身边只有一名来自马耳他的翻译保罗·努佐(Paolo Nuozzo)，“他不仅没有在我动摇时鼓励我、支持我，反而拿没来由的恐惧折磨自己，根本不想陪着我”。

所有这些困难都算不了什么。开创先河，直面危险甚至上帝的愤怒，这一切都太诱人了。这是斯蒂芬斯人生中一个重大的时刻。他可以选择做个游客打道回府，或者克服一切障碍继续前进，至少可以在历史上留下一个注脚。

在前往佩特拉之前，斯蒂芬斯觉得有必要先去个地方。为此他要绕道许多英里，但作为律师，这是他必须要绕的路。斯蒂芬斯花了 10 天骑骆驼穿越西奈半岛（Sinai Peninsula)，期间经历过昏天黑地的沙暴，几天没有水喝，也在红海（Red Sea）岸边宿营过。那里就是摩西（Moses）带希伯来人走过的分开海水的地方。终于，斯蒂芬斯来到上帝传下律法《十诫》（*Ten Commandments*）[①]的那座山。“这是真的吗，抑或只是一场梦？”站在西奈山顶，斯蒂芬斯惊奇地问。“这块光秃秃的岩石会是人和造物主间那次伟大会话的见证者吗？在电闪雷鸣和大山可怕的震动中，全能的上帝是在哪里将写着律法的珍贵石板交给他选定的民族……”

下一步，斯蒂芬斯来到亚喀巴要塞。他筋疲力尽，旧病复发。这一次，他病得很重，自己主动吃起药来。他把药箱翻了个底朝天，用了两倍的剂量。在要塞门前，他差点从单峰驼上摔下来，后来被人架到要塞内一个敞开的房间。前来看热闹的贝都因人络绎不绝：来看长着红胡子的白人。此前，接近位于红海东北支流尽头的亚喀巴时，斯蒂芬斯的阿拉伯向导警告说，他们正在进入危险的部落地区，必须“留神我们的武器”。

斯蒂芬斯打开一直随身携带的伪装：一套让他看起来像开罗商人的土耳其行头，包括一件罩在肥大的白色裤子上的红色丝袍，一块扭成包头巾的绿黄相间的条纹布，还有罩在红色鞋子内的黄色软底鞋。他腰上围着一条宽腰带，挂着一把刀和两把巨大的土耳其手枪。向导立即对他“改进”的外观赞不绝口。不过亚喀巴的贝都因人可不好糊弄。此前，他即将来到的消息已经不胫而走。待他到达要塞后，贝都因人你推我挤，像看受伤的怪异动物一样来看躺在病床上的斯蒂芬斯。

这时的斯蒂芬斯已经对继续沿这条路走到佩特拉感到疑惑，拖着病体的他更是完全泄了气。他曾经目睹一个土耳其人在去麦加（Mecca）

① 根据《圣经》记载，《十诫》是上帝耶和华借由以色列的先知和首领摩西向以色列民族颁布的律法中的首要的十条规定。以《十诫》为代表的摩西律法是犹太人的生活和信仰的准则，也是最初的法律条文。

朝圣的途中死在沙漠里，那时他还不知道自己是不是也会客死异乡。这是他旅行中的低谷。“我的身体和灵魂都病了。”斯蒂芬斯写道，“我离开罗有 10 天的路程，自己走回去是不可能的。如果我派人过去，即便能找到愿意前来医治的医生，到这里也是 25 ～ 30 天之后的事了。在那之前，我恐怕已经没救了。”

斯蒂芬斯熬过痛苦的第一晚，第二天早上感觉更糟了。他受着双份催吐药的煎熬，“看到二三十双严厉的眼睛瞪着我，实在让人恼火”。就在这时，阿勒因酋长（Sheik El Alouin）不知从哪里冒了出来。几周前，斯蒂芬斯曾在开罗见过他，这位部落首领答应斯蒂芬斯，如果他能到达亚喀巴，他会提供一支卫队护送他到佩特拉。

“阿勒因酋长看到我时，他似乎意外又震惊。”斯蒂芬斯写道，“不过，他还有点起码的判断力，虽然我觉得他没必要说得那么刺耳。他告诉我，如果待在那里，我会死掉……”斯蒂芬斯觉得与其在要塞多待一夜，还不如死在沙漠中的一顶帐篷里。酋长给斯蒂芬斯带来一匹最纯种的阿拉伯马，斯蒂芬斯听后精神为之一振。“再也没有比这更让人开心的消息了，一想到要再次爬上单峰驼，我就浑身没劲。”

出于谨慎，斯蒂芬斯只带了路上必需的现金，包括给酋长及其随行人员的报酬，这是为了感谢他们为他服务和租给他骆驼。然而离开亚喀巴的时候，斯蒂芬斯第一次感觉到自己的预算错了。

九年前，来佩特拉旅行的两个法国人给了亚喀巴的贝都因人大量黄金，所以当斯蒂芬斯让保罗给居民分发少量表示善意的现金时，他看到的是一张张不悦的脸。然而斯蒂芬斯最担心的还是酋长，因为他带来了十个人、六头骆驼和两匹马十天旅行所需的饲料。骆驼的费用在开罗时已经谈好，但酋长对他个人想要多少“酬金”闪烁其词，两人从未谈及数额。这成为他旅行中一个挥之不去的心腹之患，因为酋长屡次想从保罗那里打探斯蒂芬斯究竟带了多少钱以及他打算给自己多少酬劳。

第一晚，沙漠的空气促进了斯蒂芬斯的恢复。次日，他们向北穿过一片险恶空旷的大峡谷。峡谷两侧秃山林立，天气极好，马儿强壮，这一切让他欣喜万分。“要说与我的东方之旅有关的任何事物能让我欣喜，那就是对那匹马的回忆。”斯蒂芬斯写道，“爬上我的阿拉伯马马背，我觉得身轻如燕，神清气爽。按照我的实际健康状况，这真是令人难以置信。”他的身体日渐恢复。

关于当地贝都因人，包括那位酋长自己的部落，斯蒂芬斯听到的每份报告都令人心寒。布克哈特说一口流利的阿拉伯语，曾扮成阿拉伯人旅行，他说这条路是“生平走过的最危险的路”。据他描述，那些守卫佩特拉的人连他包裹受伤脚踝的破布都不放过。

1818年，4名在佩特拉考察的英国人说，在他们到访前一年，30名穆斯林朝圣者在那处遗址被杀害。斯蒂芬斯带的护卫队则以“最无法无天的民族里最无法无天的部落”之一而闻名。在他看来，他们是“迄今为止我见过的最野蛮，样貌最凶狠的人。黑眼睛闪着近乎残暴的光芒，体型干瘦但肌肉发达，胸脯鼓出，肋骨像骨架一样支出皮肉。”酋长穿着像斯蒂芬斯一样的红色丝袍，披一件大红披风，带着一把手枪、一把弯刀和一支两头都有钢尖、长12英尺的矛。

斯蒂芬斯没用多久就明白自己即将要面临的风险。在外面的第二夜，他们在一堆火边宿营，一行人遭到两名男子的袭击。

“一走到我们旁边，他们就拔出刀，拼命乱砍。”他写道。他只能“佩服这些家伙的胆大妄为，两个人走过来试图攻击我们十个人。一开

“带着手枪和刀的开罗商人。”斯蒂芬斯也是这么装扮自己的，连武器都一样

始对此不在意的酋长跳到他们中间，用长矛挡住对方的刀。他的披风从肩上滑下，黝黑的脸庞涨得通红。黑眼睛映着火光，声音盖过了武器撞击的声音。他喊出一连串刺耳的阿拉伯话，两人听后垂下刀，似乎羞愧得无言以对。”过了一会儿，斯蒂芬斯惊讶地发现其中一名袭击者在帮酋长的兄弟包扎伤口。接着他们都坐在地上，一起抽烟斗，喝咖啡。

斯蒂芬斯一行人在空旷的沙漠中又走了几天才进入通往佩特拉的山口。一路上，酋长喋喋不休地谈论路上的危险，对斯蒂芬斯“从看到的第一眼”就产生的友谊和忠诚，以及他愿意为斯蒂芬斯付出生命的意愿。“我怀疑他为了提高自己的服务价值，一直在夸大路上的危险。”斯蒂芬斯说。在他们离开大路，拐向佩特拉时，酋长向斯蒂芬斯解释说，他需要许多钱来买通那些住在遗址入口附近的、不友好的贝都因部落。

如果那里只有三四十个人，斯蒂芬斯可能要花上三四十美元，酋长说。但那里可能有两三百人，所以斯蒂芬斯应该把钱包给他，让他先去用小费摆平他们。斯蒂芬斯早已厌烦不停提钱的酋长，他拒绝了酋长的提议。当天晚上，他们在斯蒂芬斯的帐篷里摊了牌。斯蒂芬斯解释说，他的确带了一笔钱，但是所有这些都是他准备在旅程结束后付给酋长及其手下的。如果酋长执意在路上乱花钱，那么这些钱得从他的酬金里出。“他显然大吃一惊，”斯蒂芬斯写道，“并且对一个‘howaga’（绅士）的钱包也有用光的时候这件事大为意外，不过依然答应以后会节约。”

次日上午，酋长留下一半人看守行李帐篷，他带斯蒂芬斯、保罗和余人绕过何珥山（Mount Hor）山脚。摩西的哥哥亚伦（Aaron）就葬在山顶上。酋长的计划是从后门进入佩特拉，不过他没透露给斯蒂芬斯。进入佩特拉的主入口要壮观得多，但听到斯蒂芬斯昨夜

亚喀巴要塞

的警告后，酋长不想把酬金分给守卫主入口的贝都因人。斯蒂芬斯和酋长骑马走在前面，爬了一段陡峭的石径，来到石壁边的一串坟墓旁。终于，他们站在另一个无人看守的、进入佩特拉的入口。这座令人叹为观止的城市是公元前 2 世纪由纳巴泰人（Nabateans）在岩石中雕刻出来的。

几百年来，它一直作为来自红海的商队的交通枢纽，也是一个军事要地——石崖形成的天然山地要塞保护着它。几个世纪来，佩特拉的财富和重要地位使它成为一个诱人的目标。公元 106 年，它成为罗马人的地盘，之后被哈德良（Hadrian）定为行省首府。基督教派在那里繁荣了一段时间，但在阿拉伯人于 7 世纪征服该地区后，它逐渐沦为废墟，破败荒凉，在地震和侵蚀作用下慢慢倒塌。

走进构成城市中心部分的主要峡谷，斯蒂芬斯惊奇地看着那些神庙、住宅和公共建筑的精美门面，墓地、楼道和完美的立柱门廊，所有这些都直接从周围的石壁刻出来。早期探险者描述的进入佩特拉的主通道是一条狭窄峡谷，没从那里进入让斯蒂芬斯有些失望。他询问这是否是唯一进来的路，酋长坚称是的。然而骑马纵贯城市后，斯蒂芬斯发现了他读到过的入口，于是下马徒步走过去。这个入口看上去像一座宏伟神庙对面石壁上的一道裂缝，仅容两马并行的狭径蜿蜒穿过壮观的峡谷，两边陡峭的山壁高高耸起，于顶端会合，在通道上投下深深的阴影。两侧排列着墓穴的门道。

“野无花果树、夹竹桃和常春藤从头顶上方数百英尺的悬崖石壁生出，鹰在我们上空嗥叫。”他写道。在这条弯曲的过道走了近一英里后，酋长和手下从下面深沟追上来，边跑边喊：“阿拉伯人，阿拉伯人！”斯蒂芬斯这才明白酋长先前的做法。就在前面，如果再多走一点，

佩特拉附近的贝都因人

他就会碰上可怕的瓦迪穆萨（Wadi Musa）部落，他们住在入口外并将佩特拉看作私有财产。

斯蒂芬斯连忙回头，重新进入佩特拉。透过狭窄的峡谷壁间的缝隙，他看到别人描述过的惊心动魄的场面：对面神庙壮观的门面深深刻在玫瑰色的岩石内。

他走出通道，一小块空地对面矗立着阿拉伯人所称的卡兹尼神殿（Al Khazneh）。神殿门面以科林斯式（Corinthian）圆柱为框架，点缀着华美的古典图像。高逾130英尺的门面上装饰着鹰、骑士和有翅膀的雕像，所有这些都从玫瑰色的岩石里精确地凿出，看上去像全新的一样。斯蒂芬斯看得喘不过气来。

“进入这条狭径，”他写道，“它超凡脱俗的狂野和美丽深深地印在了我的心里，那辉煌门面给我的视觉冲击从此再也无法磨灭。”

斯蒂芬斯知道他最多只有一天来饱览这里的一切。酋长警告说，他们不能在遗址过夜，因为要冒巨大的生命危险。“我从一处匆匆赶到另一处，完全不觉得累。”斯蒂芬斯写道，“我爬上断裂的楼梯，在街道遗址间爬上爬下，看完一个洞穴，再继续下一个，再下一个，在这个荒废的城市转了一大圈。”最后，他和保罗在一个能容纳数千人的巨大露天剧场休息。

“我可以在那个剧场的台阶上徘徊数日，因为我从未到过一个让我如此浮想联翩的地方。”温暖的落日余晖照在峡谷石壁上，上方的悬崖闪亮着“一道道白、蓝、红、紫，间或鲜红和浅黄的条纹，彩虹一般穿过悬崖……我在别处从未见过的独特的美。”酋长在后面不耐烦地踱来踱去，坚称“乘着还来得及”赶紧离开。

斯蒂芬斯只能爬上他的阿拉伯马，众人策马穿过遗址，爬上来时走过的那个高高山口。走到峡谷外那排坟墓时，天色已晚。他们选了座空墓铺床过夜，斯蒂芬斯筋疲力尽，倒在地上。“我刚刚度过一生中最有趣的一天，”他写道，“看到了这个城市的非凡特色及其遗迹不寻常的美。”

几天后，他们进入希伯仑[①]（Hebron）。巴勒斯坦的这座南方边城也是世上最古老的城市之一。至此，斯蒂芬斯登过佩特拉的遗迹，爬上何珥山见过亚伦的墓，多次遭遇沙漠中的贝都因人，更重要的是打

① 希伯仑是巴勒斯坦中部历史悠久的城市。位于约旦河西岸南部、耶路撒冷西南部。因与《圣经》中的列祖亚伯拉罕、以撒、雅各和大卫有关，被尊为犹太教四大圣城之一和伊斯兰教圣城。

破了先知的诅咒，成为自上帝将曾经肥沃的峡谷变成废墟后，第一个走过伊杜米亚全境的非阿拉伯人。

现在，斯蒂芬斯只需应对酋长及其手下。希伯仑位于犹地亚地区(Judea)中心，这个到处是刷白建筑的城镇建在山边，是酋长与斯蒂芬斯的合约终止之地。希伯仑在土耳其的严密控制下，这里绝大部分城镇的居民都没有武器。斯蒂芬斯同意为酋长及其手下求得总督的保护。作为沙漠里的不法之徒，这些贝都因人都不愿入城，不过他们还是在酋长的带领下大摇大摆地进去了。

"将驮行李的骆驼留在城门，"斯蒂芬斯写道，"我们骑着马和单

佩特拉的卡兹尼神殿（莱昂·德拉博德（Léon de Laborde），复制自斯蒂芬斯的《埃及、阿拉伯佩特拉和圣地旅行纪事》）

佩特拉的墓

峰驼一路飞奔，穿过狭窄街道，来到城堡门前，用不是很温和的语气要求晋见总督。”“虽然土耳其人和阿拉伯人，”斯蒂芬斯评论道，“出了名的冷漠”，但他们的到来还是引发了一阵轰动。“男人停下手里的事务，咖啡馆里的懒汉纷纷起立，工人们扔下工具，跑出来看我们。看到一队无法无天、武装到牙齿的贝都因人从沙漠走进城里，大胆地走到城堡门前，这是令人惊讶的稀罕景象。”

他们一行人的突然造访惹怒了总督。所幸总督正生着病，看到一个西方人，他问斯蒂芬斯能不能给他点药。“我对总督的病情了如指掌，因为我看出他只是吃得太多，险些胀死而已，清清肠胃就好了。”斯蒂芬斯回忆说，“我有些催吐导泄药，它们够一个团吃的。”于是斯蒂芬斯和他的野蛮扈从被带到犹太人区，受到希伯仑拉比[①]（Rabbi）的热烈欢迎。“我永远不会忘记自己作为一个基督徒，在古

① 拉比，是犹太人中的一个特别阶层，是老师也是智者的象征，指接受过正规犹太教育，系统学习过《塔纳赫》《塔木德》等犹太教经典，担任犹太人社团或犹太教教会精神领袖或在犹太经学院中传授犹太教教义的人，主要为有学问的学者。

老王国的首都接受犹太人热情迎接时的场景。”

到达希伯伦后，斯蒂芬斯觉得是时候与酋长摊牌了。从亚喀巴到希伯仑，酋长不断追着他要钱，现在斯蒂芬斯可以将所有的钱都拿给他，只留下足够到贝鲁特[①]（Beirut）的。他在那里有张信用状。

“酋长和他的全部人马紧跟着我穿过狭窄的小巷和街道，一直跟到犹太教堂的大门。”斯蒂芬斯写道。“他们黝黑的身影、叮当作响的刀和冷峻的面容害得我少看了很多希伯仑少女的脸。我预计到分道扬镳时会有一场争吵，我没有失望。”他把雇骆驼的钱摆在桌上，另外摆上给每人的酬金，他们大吃一惊，“没人碰钱，都一声不吭，一会看看我，一会看看钱（数量大概是我在别处支付相同服务所的十倍）”。

他们很恼火。斯蒂芬斯据理力争，说付给他们的已经非常慷慨了，而且他还把帐篷和宿营设备、武器弹药全给了他们。斯蒂芬斯现在有了土耳其总督的保护，可以踏实地说出自己的想法，要是在沙漠里，他只能受制于人。

“在这次讨论中，我占上风，”斯蒂芬斯写道，“当我开始激烈争辩他贪得无厌的要求时，他退而低声下气地乞求一两个美元。他说得太动人，我实在没法拒绝。”最后，酋长堕落到索要斯蒂芬斯衣服的地步。斯蒂芬斯拒绝了。酋长勃然大怒，拿起斯蒂芬斯给他的钱，扔到地上，咆哮说再也不让外国人踏上他的地盘，然后冲出房间。

当然，事情还没有结束。不一会儿，酋长和他的兄弟又回来了。双方都后悔刚才的言行。斯蒂芬斯让步说，他会留下他的商人行头。酋长说，他只想要斯蒂芬斯的友谊和保护，以及一封给想造访佩特拉的任何西方人的推荐信。

---

① 贝鲁特，黎巴嫩的首都，位于贝鲁特省的地中海沿岸，是该国最大的海港。

第二天，他们商谈妥当。斯蒂芬斯给了他钱、衣服、推荐信和“几乎我拥有的一切，除了欧式服装，最后加上那支快要裂开的双筒枪，统统作为礼物给了酋长和他的兄弟。”酋长亲吻了斯蒂芬斯的双颊，说自己爱他像爱兄弟一样，说如果斯蒂芬斯回来皈依伊斯兰教，他会将部落里最漂亮的四个女孩给他为妻。说完酋长就离开了。

“我目送他们离开，直到身影从我的视线消失。”斯蒂芬斯回忆说。“听着他们盔甲碰撞的声音消失。以后我再也没有，也不想见到他们。”

在圣地四处旅行期间，斯蒂芬斯经历了几次疾病发作。他来到约旦河[①]（Jordan River），乘船从河上驶进死海（Dead Sea）。在耶路撒冷，他看着一个叫“F. 卡瑟伍德”的艺术家一年前出版的地图游览这座城市。斯蒂芬斯认出他的名字和其他人一起刻在尼罗河沿岸的纪念碑上。

四月末，斯蒂芬斯到达贝鲁特。“我在东方的旅行突然中断，”他写道，“在床上躺了十天。一个意大利庸医照料我。他穿着有巨大装饰纽扣的蓝色双排扣礼服，每次走近床边都把我吓得要死。这之后我登上第一条出海的轮船，驶向亚历山大。”随后，他从亚历山大去了热那亚[②]（Genoa），又到达伦敦，最终于那年夏天渡过大西洋。

在纽约，斯蒂芬斯的第一本书出版后立即引起轰动。回国一年后，即 1837 年，两卷本的《埃及、阿拉伯佩特拉和圣地旅行纪事》出版，收获了异口同声的热情赞扬，盛行一时，以至一年之内出了十个版本，包括两个在英国发行的版本。

“这两卷作品跻身我们读过的最可信的游记。”伦敦的《每月评论》

① 约旦河是西亚地区的一条河流，发源于黎巴嫩、叙利亚，流经巴勒斯坦、约旦，注入死海，全长 251 千米。在亚伯拉罕诸教历史上，被奉为最神圣的河流之一。
② 热那亚，意大利北部的港口城市，属于利古里亚大区，是该大区首府，也是意大利第六大城市。

（*Monthly Review*）杂志写道，“如果没有同一位作者的另两卷作品可资参考，我们也得不出这样的结论。他强调了每个对象在他心中唤起的情感，鲜明生动的描述使读者得以经历即使不尽相同，至少也接近作者本人亲历的激情。我们没看到任何刻意营造的效果，或者任何类型的夸大其词。”

对一个美国作者来说，这本书取得了史无前例的成功，尤其是这本书出版于美国建国以来最大的经济萧条时期，所以它的表现更显得惊人。但从其他方面看，斯蒂芬斯于 1834 年离开纽约，时隔两年后回到故地，这里早已不是他离开时的样子。

1835 年 12 月一个寒冷的冬夜，在斯蒂芬斯从埃及上岸的时候，一场大火席卷了曼哈顿，火势之猛，连远在康涅狄格州的纽黑文（New Haven）和宾夕法尼亚州的费城都看得到它的光亮。大火烧过纽约的商业区，离斯蒂芬斯长大的地方仅几个街区。从布劳得街（Broad Street）到伊斯特河（East River），从南部科恩蒂斯船台街（Coenties Slip）到北部华尔街（Wall Street），大火烧掉了 52 英亩（约 21 公顷）的建筑，摧毁了沿途的一切。

这场大火烧了两天，余烬在两周后才被彻底扑灭。这是自 1666 年伦敦大火和 1812 年莫斯科大火以来最大的一场城市火灾。到烈火熄灭时，674 幢建筑灰飞烟灭，纽约 25 家火灾保险公司中的 23 家破产。

至于斯蒂芬斯父亲的生意是否直接受到这次火灾的影响，我们目前找不到任何相关描述。斯蒂芬斯于 1836 年夏末回国，距离火灾发生不到一年的时间，一座新城正在灰烬上崛起。500 幢建筑有的正在建设，有的已经建成。曾经蜿蜒穿过这个地区的是 17 世纪荷兰人留下的狭窄弯曲的古巷，现在正拉直延展为由煤气灯照明的现代街道。

一场新的烈火正在肆虐：被飞速膨胀的纸币推动的房地产牛市。在斯蒂芬斯启程去欧洲时，曼哈顿地产的投机潮开始涌现，待他回来时已经爆发失控。因为一发不可收的重建浪潮，一些烧毁后清理出来的土地要价已远远超出之前建筑完好时的价格。

随后一切戛然而止。斯蒂芬斯回国仅 9 个月后，美国经济在令人色变的“1837 年恐慌”中崩溃。那年 5 月，纽约银行再也无力向存款人支付硬通货，即所谓的金银“硬币”。随着国内各地银行接二连三地破产，危机迅速蔓延，公司倒闭，失业率飙升至历史最高。

危机开始时，斯蒂芬斯的图书正接近完稿。回国后不久，他推掉全职律师工作，专心写作。朋友对他已出版的旅行书信评价不错，受此鼓励，他来到克利夫大街（Cliff Street）82 号。这是一幢朴实的砖结构大楼，位于华尔街以北七个街区中一个没受火灾影响的地区。斯蒂芬斯在这里见到了哈珀四兄弟中的老大詹姆斯·哈珀（James Harper），他们的哈珀兄弟出版公司（Harper & Brothers）是国内一流的出版社。

多年前，四兄弟从印刷商起步，很快转到出版行业。他们主要靠重印英国作家的作品发了一笔小财，这是一桩利润丰厚的生意，因为美国没有国际版权法规，他们无须向外国作者支付版税。斯蒂芬斯到访的时候，出版社正准备培养美国本土作家。

斯蒂芬斯问詹姆斯·哈珀，什么样的图书最好卖。“我们出版的书里，要数游记卖得最好。”詹姆斯说，“他们也许不像名家小说那样盛行一时，但卖的时间更长，到头来收获更大。”得知斯蒂芬斯出国旅行两年后，詹姆斯建议斯蒂芬斯写一本关于他的旅行见闻的书。

“从没想到这样的事，”斯蒂芬斯答道，“我只到过一些偏远地区，走马观花而已。”

"没关系。重要的是你走过的地方，看到的遗迹。我们有许多关于那些国家的书，随你挑，我会送到你家，你可以借鉴借鉴。"

次年夏天，斯蒂芬斯著作的第一套印版已备妥待印。但哈珀兄弟公司像纽约的其他公司一样深陷财务泥潭。繁荣期结束后，四兄弟大量削减了图书出版数量，从 1834 年的平均每周两本减到 1837 年夏的每月一本。斯蒂芬斯的手稿引发四兄弟的极大热情，他们决定继续付印。斯蒂芬斯自己也筹到 400 美元（可能是他父亲的，这在当时是一大笔钱），帮助支付印刷第一版的费用——这成为他最好的投资之一。

斯蒂芬斯不仅与出版社达成平分净利润的版税协议，而且协议规定，7 年后，他可以买下版权和以不超过铅版成本的价格购买印版。这本书将给他带来一大笔财富，它一直热卖到 19 世纪末，至今依然有售。

斯蒂芬斯全力投入到写作中，在不到 8 个月时间里完成了 522 页的两卷本图书。接着，受"写书不是绅士和专业人士的体面追求"观点的影响，他采用当时常见的传统做法，匿名出版了这本书。结果，第一版的作者仅仅被说成"一个美国人"。

匿名还有一个原因。斯蒂芬斯对书没有把握。实际上，出版日期临近时，他决定离开纽约，溯哈德孙河上行到奥尔巴尼（Albany）探访美国最富有的地主之一：史蒂芬·范伦塞勒（Stephen Van Rensselaer III）一家。即使来到纽约州北部，斯蒂芬斯还是没躲开图书出版的相关信息。

一天晚上，他坐在晚餐桌旁，一个仆人拿来最新一期的《奥尔巴尼晚报》（*Albany Evening Journal*）。一位年轻女士打开报纸开始看，她父亲问："有什么新鲜事吗？"她回答说有一本晚报认为非常吸引人的新书，"我想肯定很有趣，因为我相信这份晚报说的一切"。随后，她应要求读了那篇文章。大家都很喜欢，立即派仆人去当地书店买回一本。这家人还不知道，坐在桌旁的客人正是那本书的作者“美国人”。但斯蒂芬斯什么也没说，很快辞别了。

斯蒂芬斯查到《奥尔巴尼晚报》的编辑瑟洛·威德（Thurlow Weed）的住处，一会儿后出现在他家。威德曾作为熟练印刷工与哈珀兄弟合作，后来成为美国政界的重要力量。他通常会提前拿到哈珀兄弟的图书来写评论，后来他在自传中解释：“我精心撰写了一篇热情洋溢的评论，预测（斯蒂芬斯这本）书会热销，并且盛赞了未名作者。”

斯蒂芬斯来到他家，（威德写道）“情绪难以用语言形容”。斯蒂芬斯做了自我介绍，谈了刚刚发生在范伦塞勒家的事，他感谢了威德对自己的高度评论。

威德写道：“他说他离开纽约是因为心神不宁，不知道读者如何评价他的书。他担心，那些催促他出版本书的朋友是被友情蒙蔽了判断。”威德继续写道，斯蒂芬斯广受欢迎的写作风格来自他的长信，他认为这些信只有家人和朋友读到，而“这个事实给他的信注入更多活力和自由，这些构成他别具一格的魅力。斯蒂芬斯的谈话和文章一样有趣，我们成了很好的朋友”。

斯蒂芬斯的名字没有隐藏太久，因为许多人知道只有斯蒂芬斯能写出《埃及、阿拉伯佩特拉和圣地旅行纪事》。在10月期的《纽约评论》（*New York Review*）上，他收获了迄今为止最热烈的好评之一。

彼时，评论作家埃德加·爱伦·坡自己正努力让哈珀兄弟公司出版他的第一本小说。这位当时很有影响的评论家用17页篇幅详细分析了斯蒂芬斯的书，在第一节就指出这本书的作者是斯蒂芬斯。

“斯蒂芬斯先生带给我们的两卷图书具有非同凡响的吸引力：生

动的写作方式和男子气概的流露，两者都值得我们特别关注。”爱伦·坡写道。作为评论家，他有时是毫不留情的。他不惜笔墨讨论了斯蒂芬斯在伊杜米亚的旅行，先知的《圣经》诅咒和斯蒂芬斯逃过诅咒的能力让他兴趣盎然。但到最后，他被斯蒂芬斯的文字魅力和塑造的人物形象打动。

“总的来说，两卷书的写作风格洒脱、坦率，毫无忸怩作态，这些将赢得大家的尊敬和喜爱。最后，我们怀着敬意告别斯蒂芬斯。我们希望这不是最后一次听到他的消息。他是一个我们愿意与之踏上另一段旅程的行者。”

斯蒂芬斯挖到一座金矿。似乎人人都希望他的旅程继续下去，于是他很快“奉上”第二部两卷本作品：哈珀兄弟于次年出版的《希腊、土耳其、俄国和波兰旅行纪事》，同样收获了良好评价和可观的金钱。

“在斯蒂芬斯步入‘中年’前，”《南方文学信使》（*Southern Literary Messenger*）杂志在1839年8月刊写道，“他将从写作中积累足够的财富。美国作家职业史上一个不同寻常的事实，而且考虑到他接受的并不是文学教育，所以更引人注目。”显然，这位评论员是指斯蒂芬斯接受的是法律教育，但他没意识到斯蒂芬斯从查尔斯·安东身上学到了多少东西。

斯蒂芬斯已经没有兴趣回到法律行业。考虑到自己在之前的写作中已经用完了所有旅行素材，现在有什么能取代法律的位置呢？答案在纽约历史学会（New York Historical Society）给州议会的一份申请中。该学会提请州议会资助一次对纽约州和纽约早期殖民史的调查。

1839年5月，奥尔巴尼的州议员通过一项法案，拨款4 000美元用于从荷兰、法国和英国收回早期殖民文件。斯蒂芬斯和另外几名当地文人开始争取这个颇有声望的任命。但威廉·苏厄德（William Seward）州长是辉格党（Whig），斯蒂芬斯与民主党人尽皆知的联系妨碍了他获得这项任命。苏厄德最终任命有权有势的布利克（Bleecker）家族的一个成员。这个家族是最初来到纽约的荷兰殖民者后代。

这个挫折对斯蒂芬斯的影响非常短暂。当时他已经结识了卡瑟伍德，中美洲的遗址在召唤他。时任美国外交事务代办人员的查尔斯·德威特及其继任者威廉·莱格特的相继离世创造了这个机会。民主党总统马丁·范布伦最后一锤定音，任命斯蒂芬斯为派驻那个破碎共和国的特别代表。斯蒂芬斯兴奋不已。虽然前途未卜，危机四伏，但进入中美洲神秘腹地的旅行像另一个佩特拉一样在他面前若隐若现。

1839 年 6 月 20 日，手握新任命的斯蒂芬斯从华盛顿回到纽约，他给朋友丹尼尔·S. 迪金森（Daniel S. Dickinson，未来的美国参议员和纽约州司法部长）写信：

> 似乎命里注定我要离开这个国家。辉格党人阻止了我去英国和荷兰，或者按我的朋友《纽约先驱报》（*New York Herald*）对此事的说法："去求讨荷兰记录"。美德本身就是奖赏，我也荣任驻中美洲共和国外交代表。如果我说这远比那个奥尔巴尼项目投合我的脾气，也许你会觉得这是我的真话。然而我现在觉得，如果当初我成功得到了那个位置，那将是多大的不幸啊。
>
> 朋友们都来打趣，称我为"特使"，坚称地球上没有这样一个国家。幸好有一个来自那个地区的人描述了在该国四

处活动的革命军和一名进入首都的起义军将军，人们才注意到它。这次任务少不了会有一番波折，因为该国“政府”似乎在国内“捉迷藏”，并且此刻，本“特使”还不知到底在哪儿能找到它。让一个人盲目投入命运的洪流，这还不够吗？一次事件就改变了我的生命轨迹……

写完这些，斯蒂芬斯找裁缝量身定制了一件适合特使身份的、缀着金色纽扣的深蓝色外交礼服，这位特使将出发去寻找一个在美国鲜有人知的共和国。

# 第二篇
# 政　治

# Jungle of Stone

## 石像、神庙与失落的文明

## 第 6 章
# 50 美元的科潘

洪都拉斯对面，斯蒂芬斯和卡瑟伍德的脆弱营地以东，胡安·卡林杜（Juan Galindo）上校正准备作战。他坚信这是拯救共和国的最后战役。卡林杜是个转变为中美洲爱国者的爱尔兰人。

为了让伯利兹退回原来的边界，他曾代表共和国出使伦敦，但以失败告终，只能灰溜溜地回到国内。那次外交任务失败后，他花了很长时间来努力恢复名声。现在，在中央政府四面楚歌、他的第二故乡支离破碎之际，卡林杜明白，重新拿起武器保卫联邦共和国是他东山再起的唯一机会。

1802 年，卡林杜出生在都柏林（Dublin），最初他叫约翰·卡林杜。1827 年，年轻的卡林杜来到危地马拉，积极投身建立共和国的事业。1829 年，中美洲共和国第一次内战期间，卡林杜在战斗中负伤，新的自由党联邦议会授予他中美洲共和国公民权。随后 10 年里，卡林杜担任了一系列军队和政府职务，还出任过佩滕省省长。这个省位于危地马拉最北端，与伯利兹和墨西哥接壤。卡林杜对斯蒂芬斯和卡瑟伍德、沃克和卡迪此刻踏在脚下的那片土地了如指掌。

1831 年，他考察了位于墨西哥 - 危地马拉边境的帕伦克的石头遗迹。3 年后，危地马拉政府委托卡林杜调查位于危地马拉 - 洪都拉斯边境附近的一个神秘石群。1834 年 4 月，卡林杜来到科潘，比斯蒂芬斯和卡瑟伍德早了不止 5 年。

卡林杜抵达中美洲的具体日子依然是个谜。他母亲是爱尔兰演员，父亲是西班牙后裔，英国演员兼剑术教练。卡林杜的教育程度不明，但他应该上过文法学校，也许还受过一些高等教育。他相貌英俊，肤色较深，前额绕着黑色卷发，睫毛浓密，长着鹰钩鼻和几乎有些女人气的小嘴巴，还有一双大得夸张的眼睛。

卡林杜聪明，野心勃勃，思维缜密，对各种事物有强烈的好奇心。虽然他为军事和外交事务奔波忙碌，但他依然挤出时间加入伦敦的皇家地理园艺学会（Royal Geographical and Horticultural Societies）、美国文物学会（American Antiquarian Society）和巴黎地理学会（Société de Géographie），并且向每个学会提交了论文和报告。

1834 年 6 月，卡林杜在科潘起草了一份给危地马拉政府的报告，描述了他在科潘发现的石头遗迹。该报告的字里行间充满了沙文主义的骄傲。报告宣称，这些遗迹为美洲高级文明提供了证据，这个文明不仅在哥伦布到来前已经存在，而且表明美洲印第安人是地球上最古老的民族。实际上，卡林杜宣称美洲很有可能是人类文明的摇篮，这个大胆断言完全不符合当时知识界流行的观点。

虽然卡林杜没提出什么科学证据支持他的观点，但他的断言在某种程度上表明与科潘和帕伦克的接触可能会在欧洲人心中激起天花乱坠的想象。他的长篇大论虽然有错误，但对科潘遗迹清晰简洁的描述依然很有价值。

卡林杜描写了遗址上倒塌的雕像、石碑，坍圮的石阶、广场和神庙。他指出，建筑神庙的工人和雕刻精美纪念碑的艺术家是在没有铁制工具的帮助下完成工作的。同时也极有先见之明地猜测，他发现的象形文字至少部分属于一种表音文字，不是完全的表意文字。这个猜测很不寻常，虽然之后经过上百年研究才得出支持该猜测的证据，但他的看法最终被证明是对的。

卡林杜声称自己是第一个考察科潘的探险家，其实并非如此。当时的他并不知道，在西班牙的皇家档案馆（Royal Archives）里躺着另一份关于科潘的报告。直到 1858 年，卡林杜考察科潘之后多年，与此有关的斯蒂芬斯和卡瑟伍德都去世之后，这份报告才引起人们注意。报告写于 16 世纪后期，距离西班牙殖民者征服危地马拉和洪都拉斯的印第安武士仅 30 年。

迭戈·加西亚·德·帕拉西奥（Diego García de Palacio）是危地马拉皇家审计委员会的法官。1576 年，遵照西班牙国王菲利普二世（King Philip II of Spain）的命令，他从殖民地首都圣地亚哥（Santiago，今安提瓜危地马拉（AntiguaGuatemala）出发，去巡视征服的省份。

1530 年，帕拉西奥出生于西班牙阿斯图里亚斯[①]（Asturias），是个聪明、受过良好教育的政府官员。帕拉西奥很快意识到中美洲在西班牙帝国扩张宏图中的重要地位，他把该地区特别是洪都拉斯看作大西洋无敌舰队与羽翼渐丰的太平洋舰队间的联系要点。

其实帕拉西奥提议探索今属洪都拉斯和萨尔瓦多的内陆地区还出于一些个人原因——他想成为菲律宾总督，认为那个地区与他的野心

① 阿斯图里亚斯是西班牙的一个单省自治区，有 3 500 年的历史。

更为相称，并且觉得找到一条穿越中美洲的快捷通道可以帮助他梦想成真。然而，他似乎从未到达菲律宾，而是于若干年后在墨西哥撰写海军手册及领导一支追捕英国私掠船的沿海舰队。

弗朗西斯·德雷克（Francis Drake）是一个破坏西班牙的太平洋沿海运输的私掠船长。自那时起，帕拉西奥的名字就淡出了历史记忆，但他在历史上的一席之地已经牢不可破。早在1576年就到过科潘的帕拉西奥是研究玛雅文明石头遗迹的第一个非印第安人，也是用文字记下所见的第一人。

在一封写给他的国王，落款为1576年3月8日的信中，帕拉西奥写道："此地以前为一大国所在，人口之众，文明之盛，艺术之发达，从各种图像和建筑中可见一斑。"他概括描述了那些遗迹：六座男子雕像、两座女子雕像，还有祭坛、平台和一个类似罗马角斗场的巨大广场。"许多石刻作品技艺精湛，"他告诉国王，不可能是由"粗野如该省原住民的民族创作的。"他还说，当地居民对遗址的历史知之甚少。

这是一个仅有约850个单词的章节，附在他对旅程长篇描述的末尾，不知道西班牙国王有没有亲自读过这封信。它被淹没在堆积如山的、来自殖民地的各类情报中，后被移至某个王室档案室，躺了近3个世纪后，终于被一名美国外交官发现并且第一次被译成英文出版——这比斯蒂芬斯和卡瑟伍德考察科潘迟了20年。

与斯蒂芬斯和卡瑟伍德一样，卡林杜并不知道帕拉西奥这封书信的存在，所以他怀着自己是科潘研究第一人的想法，努力确保让世界了解他的发现。1834年6月19日，他完成了给危地马拉政府的报告，同时还起草了两篇他所谓的简短"评论"。

第一篇寄给了杂志《伦敦文学公报和美文、艺术、科学通讯》

（*London Literary Gazette and Journal of Belle Lettres, Arts, Sciences, etc.*），于1835年7月刊出。第二篇则出现在美国文物学会在马萨诸塞州剑桥市（Cambridge）出版的一本期刊的1836年期。还有一个配有绘画和地图的长篇报告被寄到巴黎的地理学会。

卡林杜本指望配有地图和绘画的长篇报告也会顺利出版。但不知出于什么原因，它被遗忘在危地马拉的政府档案里，直到几十年后才被发现。1920年，这篇报告由华盛顿的卡内基科学研究所（Carnegie Institution）出版，但地图和绘画从未现世。

1839年11月，考察报告的出版已经在卡林杜的想法中退居末席。在英国的外交失败后，他失去了联邦政府的宠信。现在，自由党人的事业危如累卵之际，卡林杜上校看到了自我拯救的机会，他摩拳擦掌，准备拯救中美洲共和国的最后战役。

虽然卡林杜出版的论述科潘的简短"评论"被完全湮没，但依然引来几个纽约古文物爱好者的关注并且传到斯蒂芬斯那里。它们就是斯蒂芬斯和卡瑟伍德现在身处洪都拉斯丛林的原因。"他是该国唯一关注古迹话题的人。"斯蒂芬斯写道，"这些描述虽然模糊粗陋，依然勾起了我们的好奇。虽然我也许该说，C先生和我还有点怀疑，但到达科潘时，我们是希望而不是料到会发现奇迹的。"

卡林杜平淡乏味的描述足以激发斯蒂芬斯和卡瑟伍德这类探险家的想象。最终让科潘出现在世界地图上的则是斯蒂芬斯生动饱满又不乏浪漫的文章，以及卡瑟伍德详尽准确、美得令人惊艳的绘画。

斯蒂芬斯和卡瑟伍德在脾气暴躁的唐·格雷格里奥家屋外的吊床上度过了到科潘的第二夜。"次日早上，"斯蒂芬斯写道，"那些人依然惊讶于我们的怪异举动，尤其是刷牙。"唐·格雷格里奥一如既往地不为所动，冷若冰霜。两人决心另找住处。

在此期间，两人用旅行药箱里的药医治了几个住在格雷格里奥家的人，得到一个“医师”的名声，尤其是卡瑟伍德。名声传开后，很快就有十来人过来求治。在他们准备去遗址的时候，一个衣着整洁的大个子男人走过来，自称何塞·马里亚·阿塞维多（José Maria Asebedo）。他交给斯蒂芬斯一沓文件，称遗迹在他的土地上，并拿出证明文件。斯蒂芬斯查看文件后开始施展社交魅力，他向阿塞维多保证不会动遗址一草一木。他还说，鉴于自己这段时间的叨扰，自己愿意在离开时补偿阿塞维多。

“所幸，”斯蒂芬斯写道，“他需要我们帮忙。我们的医生名声传到那个村，他希望我们给他的妻子治病。”为了抓住这个赢得阿塞维多好感的机会，斯蒂芬斯立即出发去那个村庄诊治这位地主的配偶，卡瑟伍德则带了几个雇来的工人去遗址。

那天下午又下起了雨，暴增的雨势中断了全部后续考察。卡瑟伍德和已与他会合的斯蒂芬斯只能在遗址近旁一所普通小屋避雨。住在

斯蒂芬斯和卡瑟伍德在科潘遗址附近住的小屋。（卡瑟伍德作）

小屋的一家三口好意邀请，叫他们在小屋一直住到离开科潘。小屋只有一个房间，半边对外敞开。那家人睡在一角的一张生皮床上，空的地方只够挂一张吊床，斯蒂芬斯见状便同意睡在玉米苞叶上。在那里，他们又给患严重间歇热的女主人和她生肝炎的儿子治疗。

那天晚上，斯蒂芬斯裹着一条毛毯，抽着小屋主人自种自卷的、由中美洲最有名的科潘烟草制作的雪茄，他突然萌生了一个想法——他想买下科潘。斯蒂芬斯不愧是商人的儿子，他向卡瑟伍德概述了自己的宏伟蓝图：他们将从遗址运走一些纪念碑，把它们立在纽约某个“巨大的商业中心”。毕竟，他说，科潘位于“河边，这条河流入的正是拍击纽约码头的同一片海洋”。

斯蒂芬斯的想法并非完全不着边际。当时，美国还没有非营利的公共博物馆，在纽约和费城有一些营利性质的博物馆。这些博物馆有动物标本、各种新奇的科学装置和印第安工艺品。约翰·斯卡德（John Scudder）在纽约开办的一家博物馆即属此类机构，不出两年，菲尼亚斯·泰勒·巴纳姆（Phineas Taylor Barnum）便收购了这家博物馆，将它转变为一个世界知名的、“怪诞”娱乐的展示中心。

斯蒂芬斯的想法并非完全冲着赚钱而去。他写道，他设想中的商业机构将成为“一所伟大的美国国家文物博物馆的核心”。甚至住在房间另一边的主人米格尔（Miguel）的评论也没有打消斯蒂芬斯的热情或文化沙文主义。米格尔说科潘河下游水流湍急，没法通过。

斯蒂芬斯说一些大的纪念碑可以割成小块运输，其余可以制成轻便的石膏模型。既然雅典的帕特农神庙模型可以在大英博物馆（British Museum）展出，那么这些科潘的石碑模型也可以在纽约展示，而且说不定他们在旅途中发现的其他遗迹更容易运输。“世界将很快得知它们的存在，发现它们的价值，欧洲科学和艺术界的朋友将把它们据为己有。”斯蒂芬斯解释说，“他们依法属于我们，虽然我们不知道自己还有多久会被撵走，但我打定主意，它们应该是我们的。”

几天后，斯蒂芬斯买下了科潘。过程很简单。格雷格里奥不放过任何一个在村里败坏斯蒂芬斯和卡瑟伍德名声的机会。格雷格里奥的目的达成了，连村长都担心他们两人的出现会引来军队，特意去小屋请他们离开。但一看到他们，村长就退缩了。“我们回小屋接待他，”斯蒂芬斯写道，“和往常一样，我们每人腰里别着两把手枪，手里还有一把枪。”

斯蒂芬斯还得争取阿塞维多。根据一份3年后失效的合同，他是6 000英亩土地的所有权人。幸好斯蒂芬斯有一封在内战中占上风一方的一个政客开的介绍信。第二天，一个印第安信使带着卡斯卡拉将军的信赶来。将军在信上为他们在卡莫坦被捕一事道歉。虽然这些打动了阿塞维多，但他依然犹豫不决。他担心如果把土地转让给外国人，政府也许会找他的麻烦。最终，斯蒂芬斯打开箱子，穿上缀着巨大金鹰纽扣的蓝色外交礼服。

“我戴着一顶吸饱雨水、泥浆点点的巴拿马草帽，穿着格子衬衫，白色马裤上的黄色泥浆直溅到膝盖。”斯蒂芬斯回忆说，“但我外套上的纽扣征服了阿塞维多。现在的唯一问题是应该由谁提供起草合同用的纸。也许读者很想知道中美洲的古老城市是如何出售的。我用50美元买下科潘。价格从来不是问题。我出的这个价钱让阿塞维多认为我只是个傻瓜。如果我出更高的价格，他也许会把我想得更坏。”

现在，斯蒂芬斯有了遗址的控制权，他们的考察得以紧锣密鼓地继续进行。在卡瑟伍德准备绘制纪念碑时，斯蒂芬斯和工人开始有条不紊地清理丛林。没过多久，卡瑟伍德就遇到了麻烦：那些纪念碑的雕刻太过神秘复杂，让人难以理解。

首先是光线问题。虽然那些独块巨石上刻的是高浮雕，但森林树冠层透进的昏暗光线淡化了一切，即便卡瑟伍德能透过藤蔓、树枝和树根看得清楚，但是人物形象和他们古怪的头饰及衣服下摆依然难以辨别。不过要解决这个问题并不难。斯蒂芬斯和工人砍掉灌木，伐倒周围许多树木，在树冠层打开一个天窗，让光线透进来。当乌云散去时，阳光强化了深雕刻的阴影，显出纪念碑怪诞离奇的面貌。

第二个问题更多的是思维上的而非视觉上的，解决起来没那么容易。这些雕像似乎来自另一个世界，装饰诡异，与众不同，而且覆盖着来自一个神秘而先进的文明的象形文字。作为一个西方人，一个像卡瑟伍德那样的欧洲人，该如何重现这些文字呢？两名经验丰富的旅行家都见识过埃及和近东的非凡奇迹，“现在”，斯蒂芬斯写道，他们站在一块“全新的土地”上。

卡瑟伍德在丛林的热气中眯着眼，想看得更清楚些。他迎来一个重要时刻。在到达科潘前的所有活动中，他接受的教育和从事的实践完全遵循从希腊到罗马再到欧洲文艺复兴，传承至今的西方艺术传统。

当卡瑟伍德经过突尼斯、埃及和黎凡特（Levant）时，他看到的和绘制的都是通过数个世纪的文化交流而有所了解的。在科潘，他陷入迷惘。他在森林中看到的遗迹与以往见过的格格不入，以至于一开始，它们在他脑海里没留下任何意义。在第一天的工作中，石像打败了卡瑟伍德。投影描绘器帮他将独石雕刻的轮廓透过半镀银镜面投射在熟悉的画纸上，现在连它都帮不上忙了。试画的素描让他生厌，他的技艺似乎描不出雕像上晦涩难解的复杂设计。

斯蒂芬斯在别处侦察时又找到了50个供搭档绘制的对象。回来后，

并列对比一座科潘石碑：今（左）和卡瑟伍德的描绘（右）

他看到垂头丧气的卡瑟伍德。“他两脚站在泥泞里，戴着手套在画画，怕手被蚊子咬了。”斯蒂芬斯写道，“一旁树上的两只猴子似乎在嘲笑他。我的心凉透了。实际上，我极为遗憾地打定主意，我们带不走任何用于文物投机的材料，必须打消那个想法。我们只能满足于亲眼见过它们。什么也夺不走我们的那份满足。”

第二天上午，一只防水靴的失而复得、一夜好觉和灿烂的阳光似乎让卡瑟伍德清醒过来。他站在一块油布上，双脚终于穿上干燥的靴子，画下了一系列草图中的第一幅，虽然不是很满意，但至少帮他恢复了一些信心。随着太阳西移，每画一个新的系列，他似乎都达到一个新的理解水平，从而可以越来越准确地描绘眼前的独石雕刻。这也许只是阳光投影带来的微妙的视角切换，卡瑟伍德似乎打破了某个认知障碍，虽不解其神，但可以把握眼见之形。

在他的完美主义驱动下，他的娴熟技艺又回来了。卡瑟伍德决心表现出眼前石刻的每一个复杂细节，不漏一笔，不添一画，不加任何扭曲。这也是斯蒂芬斯一直以来的意图："从一开始，我们最大的目标和努力就是获得原物的真实形象，不为画面效果作任何添加。卡瑟伍德先生用投影描绘器绘出所有图画的轮廓，将画纸划分成块，以此维持比例的绝对准确。"

这些比真人还大的雕像穿戴着荒谬滑稽的服饰，一些表面还残留着一块块红色颜料。画完雕像正面后，卡瑟伍德会移到侧面，再移到背面，在画纸上涂满神秘莫测的象形文字的丰富细节。他的绘画非常精准。多年后，考古学家终于可以解读玛雅象形文字，其中一些原物因侵蚀磨损而消失，庆幸的是卡瑟伍德用画笔复制了这些象形文字。

两人连续工作了几天。斯蒂芬斯清理丛林，测量神庙、金字塔和其他石头建筑，不停地记笔记。他要捕捉背景、轮廓和感觉，把它们带回家：

森林里的可见度不到10码（约9米），我们永远不知道接下来会碰到什么。有一次，我们停下来砍开覆盖在一个

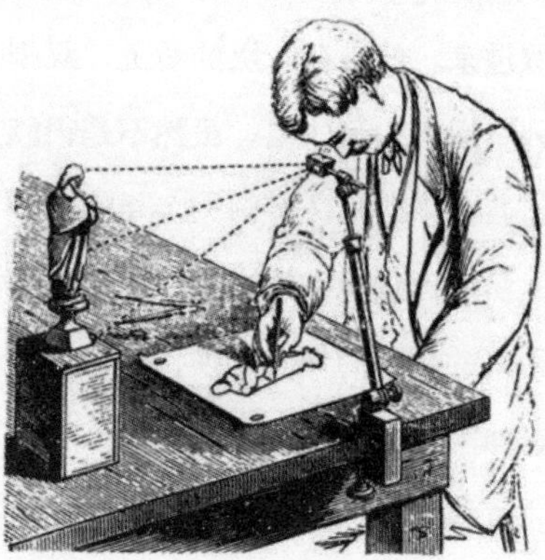

投影描绘器

雕像表面的树枝和藤蔓，接着四处挖掘，挖到一个雕像的一部分，雕像一角从地里伸出来。我屏住呼吸，俯身急不可耐地看着印第安工人挖出一个眼睛、一只耳朵或一只手。

雕像美得让人窒息，只有猴子攀爬的声音和鹦鹉的啁啾才能打破林子的肃静、古城的荒凉及笼罩在古城上空的神秘，所有这些构成的吸引力，超过了我在旧世界任何遗址间感受到的，如果可以这么说的话。

不善辞令的卡瑟伍德将让世界看到对这个被掩埋了多年的文明的第一份真实描绘，他的作品将为他赢得美誉和考古学史册里的不朽地位。他站在那里，忍受着蚊子、蜱虫、酷暑、雨水和泥泞，日复一日，艰苦地工作着。像围绕着他的丛林一样，这是他艺术生命中最绚烂丰美的时刻，他也将这个机会利用到极致。

斯蒂芬斯方面，他需要在几乎没有任何测量仪器的情况下完成工作。他们仅有一台能用的罗经、一把卡瑟伍德用于测量耶路撒冷和底比斯（Thebes）神庙的卷尺和一只帮助确定经度的地平仪。当卡瑟伍德想要配合六分仪使用时，发现地平仪被弄弯了，和破掉的气压表一样毫无用处。

他们躲开蝎子和蛇。为了不让蚊子钻进来，他们绕靴子扎紧裤筒，领口扣到下巴。米格尔的小屋害虫横行，他们将被单缝成睡袋，保护自己在夜里不受跳蚤侵扰。

一天，斯蒂芬斯和卡瑟伍德放下工作，穿过两英里高低起伏的地面和丛林，爬到与科潘河平行的山脊顶上。向导指给他们看采石场，那些巨大的石像和古城其他建筑用的石头就产自那里。

大型石块散落在周围，覆盖了灌木藤萝，它们应该是在许多世纪之前因为有什么缺陷或其他原因而被舍弃的。不远处，一块巨石横跨在冲沟上，似乎把它运到城市的工作只是暂时中止，不久后还会重启一样。两人忍不住在一块开采出来的空白石块上刻下大名。

斯蒂芬斯和卡瑟伍德回到遗址，当最终清出足够完成测量的大片丛林时，两人得出结论：这里曾经肯定是一座很大的城市，他们正身处其中，站在举行宗教仪式的中心区域内。该区域有金字塔样的神庙，有点缀着独石雕像和祭坛的广场，还有石阶围绕着形似竞技场的场地。远处，覆盖着树木和浓密植被的巨大土丘从这片裸露遗址的各个方向向外延伸，让人浮想联翩。他们只能猜测下面掩埋着什么财宝和后来人可能会发现什么。

实际上，斯蒂芬斯和卡瑟伍德无意中发现了一座城市。1 200 年前，这座城市依河而建，并延伸至科潘河两侧的山脊。在四分之一平方英里（约 0.6 平方千米）范围内，多达 9 000 位居民生活在这个城市的中心，另有 1 万人住在周边紧邻地区，更多的成千上万的人则住在周围乡间。

考古学家后来发现的陶器证据证明，这些村庄早在公元前 1100 年就开始形成。后来的研究表明，象形文字纪念碑始现于公元 5 世纪，刻在碑上的是随后 400 年里统治科潘的列代国王的故事。

20 世纪下半叶，随着学者逐渐解开科潘象形文字的含义，这段历史浮出水面。而解读象形文字的关键就是斯蒂芬斯和卡瑟伍德的发现，卡瑟伍德详尽描绘了一座 6 英尺见方、4 英尺高的整块石刻。石块顶端刻着象形文字，四面分别刻着四个坐着的人像。

当学者将那些象形文字进行解读后才发现，这些人像是科潘 17 位国王中的 16 位——始于公元 426 年的王朝创立者，终于公元 822 年去世的科潘倒数第二个国王。现在人们认为，科潘倒数第二个国王去世的时候正是这座城市崩溃和废弃的开始。

科潘石碑背面（卡瑟伍德作）

这些国王把他们的故事刻在高高的石碑上、广场上，写在宫殿、祭坛和神庙的门面上，写在球场上，写在巨大的象形文字阶梯上——迄今发现的、篇幅最长的象形文字就展现在这条阶梯上。每个统治者都雇用了大量建筑师和雕刻师，他们将科潘建成今人眼中古典时期最美丽的玛雅城市之一。科潘长成一座小山，因为历代国王都在上任的宫殿和神庙上加建，一层叠一层，而且加上了更多辉煌的精细艺术品。

斯蒂芬斯和卡瑟伍德知道面前的是极其复杂而先进的艺术和建筑，他们不知道的是，眼前所见是这座衰败城市最后的辉煌，覆盖其上的不仅有丛林，还有科潘波澜壮阔的漫长历史中的最后时代。当时的他们不明白是谁建造了这样一座城市，是谁住在这里。如此先进的社会究竟是如何横空出世又突然消失的，或者说，它的历史有多久。不过他们坚信，不管斯蒂芬斯写出多少描述这里的文章，他们能用来说服世界相信他们的所见所闻——不单是相信它的存在，还有它的独一无二和无与伦比的美的唯一方式是卡瑟伍德精益求精的绘画。可是按照目前的进度，即便再给他一个月的时间，绘画工作也无法完成。

到达科潘前，斯蒂芬斯和卡瑟伍德对遗迹范围和要面临的困难一无所知。他们起初预计只需在那里待几天，然而现在他们已经在这处遗址花了近两周的时间。

斯蒂芬斯担心自己正在逃避外交职责。“我觉得自己没有权利再待下去。”他写道，“我想到该国政府会穷追不舍。我担心待在这里是在自毁政治前途，连累政界朋友受责。我觉得还是出发去寻找其他遗址更安全些。”他们商讨了几次，虽然两人不愿分开，但最终决定让斯蒂芬斯和奥古斯丁先去危地马拉城，卡瑟伍德则留在科潘完成他的绘画。

科潘遗迹（卡瑟伍德作）

做出决定后，斯蒂芬斯立即着手准备骡子和补给。他先到格雷格里奥家，卡瑟伍德陪他走到半路。斯蒂芬斯很想对格雷格里奥的无礼发泄愤慨，但他意识到卡瑟伍德还要在这里停留一段时间，还在格雷格里奥的势力范围内，所以他只能让格雷格里奥结算他们这段时间食用的牛奶、肉和蛋，并全部付清了这笔总计两美元的账单。

斯蒂芬斯写道：“后来得知，我没有不付款就跑掉，这个举动大大提高了我在格雷格里奥心中的形象。”

# 第7章
# 人造炼狱

翻越大山的路大部分是在雨中走过的。途中，斯蒂芬斯和奥古斯丁多次听说叛军挡在前方路上。那些人出了名地喜欢滥施暴行，尤其喜欢针对外国人，两人只能绕路避开。几周后，当卡瑟伍德重走这条路时，从一个镇上的牧师那里听说本来有一次杀害或抢劫斯蒂芬斯的阴谋，因为斯蒂芬斯一大早就离开，让阴谋者始料不及，这才逃过一劫。

在另一个叫瓜斯塔托亚（Guastatoya）的地方，第二次所谓的抢劫阴谋被镇长和聚集的镇民挫败。他们半夜来找斯蒂芬斯，想借助他的武器去乡间追捕劫匪。他们对着夜空打了几枪，没找到一个劫匪。

仇恨外国人的野蛮叛军在乡间游荡已经让人很心烦，但斯蒂芬斯和卡瑟伍德发现，这个国家横行着各种各样的强盗和杀人狂。正如他们在卡莫坦的经历，即使与纯朴的小镇居民打交道也面临暴力危险。

两人越来越意识到，除了酷暑、丛林、高山和蚊虫，他们还面临着更多障碍。与20世纪初的极地探险或几十年后人类向珠穆朗玛峰发起的挑战不同，他们在动荡的中美洲进行的考察不仅仅是一次人类挑战自然的冒险。斯蒂芬斯和卡瑟伍德将进入一个丑恶的人造炼狱。寻找遗迹所要面临的现实障碍已足够令人生畏，而斯蒂芬斯还需冲进一个政治旋涡中心，去履行他的外交义务。

离开科潘十天后，斯蒂芬斯和奥古斯丁进入危地马拉城。这天距斯蒂芬斯离开纽约正好两个月。他写道："却似乎已经过去了一年。"在一个没有月亮的漆黑夜晚，他们来到这座都城边界，看到喝得醉醺醺的士兵成群围坐在火边，漫无目的地对着天空胡乱开枪。城墙内没有灯光，阴森的大街上几乎没有一个人来迎接这些筋疲力尽的旅行者，整个城市也没有一家旅馆。

在黑暗中磕磕绊绊地四处寻找住处无果后，斯蒂芬斯只得去求助英国副领事威廉·霍尔（William Hall）。他身上带着几封给霍尔的推荐信。霍尔把他迎进去，飞快地关上门。他对斯蒂芬斯能够穿过城市而没有受到袭击大感意外。霍尔说，当兵的没拿到薪水，一腔怒火，威胁要洗劫城市，市民惶惶不可终日。末了他邀请斯蒂芬斯和奥古斯丁在那里过夜。

"进入这个国家以来，"斯蒂芬斯写道，"我第一次有了一张好床和一套干净床单。"

第二天上午，斯蒂芬斯在城里转了一圈，对它的开阔和宏伟赞不绝口，把它与"意大利的一流城市"相提并论。危地马拉坐落在一个海拔 5 000 英尺高原上的一条峡谷里，高原被深谷环绕。虽然城市已经建设得初具规模，但以西班牙殖民地的标准，它依然是座较新的城市。66 年前，这里还是一个经营牧业的村庄，最漂亮的建筑是一座叫卡门（El Carmen）的女修道院。

1773 年，一连串毁灭性的地震夷平了距离小村庄以西仅 24 英里的中美洲前首都圣地亚哥。圣地亚哥今称安提瓜（老危地马拉），由16世纪初与科尔特斯一起入侵墨西哥的西班牙征服者建立，曾作为西班牙在整个中美洲和墨西哥南部部分地区的首都超过200年。圣地亚哥的整个历史都伴随着地震侵袭，但1773年7月的那场地震及余震太过剧烈，西班牙殖民当局忍无可忍，命令撤离圣地亚哥，幸存居民悉数搬到它东面的一条峡谷。

西班牙人通常以一个大广场为中心，沿北—南、东—西网格形式建城，危地马拉城也不例外。新城的广场比圣地亚哥的大得多，街道也更宽。整座整座的男子修道院、女子修道院和教堂从圣地亚哥搬到新首都，名字都没改。居民可以分到与他们在老城住所差不多面积的地块，最富有、最重要的家族住在中央广场附近。所有有价值的物品——艺术品、宗教雕塑、金银财宝甚至木梁和木柱都是从圣地亚哥的建筑上拆下然后运到新都的。

危地马拉城按传统的西班牙殖民地风格建造：刷白的房屋沿街边而建，打破这一片白的只有铁窗格和巨大的门洞。一些房子装饰成穆德哈尔（Mudéjar）风格，厚重的双重木门高到骑士不用下马也能进入。这些建筑仅一层高，墙壁厚到足以抵御大部分地震的威力。大广场一侧是一座庄严的大教堂，另一侧是政府所在地，市政建筑设在广场北侧。当斯蒂芬斯到达时，这个通称危地马拉城或简称危地马拉的城市已是一个兴旺的中心城市。

“我难得第一眼就对一个城市产生这么好的印象。”斯蒂芬斯写道，“在街上两个小时的溜达中，唯一刺痛我的是看到卡雷拉那些衣衫褴褛、蛮横无理的士兵。”

斯蒂芬斯最终找到了不久前去世的美国外交代办查尔斯·德威特的住处。房子大门紧闭，但它依然是美国使馆并且保存着使馆档案。入住后，斯蒂芬斯高兴地看到房子的巨大规模和典型的西班牙布局。

首次来访的人常常被临街低调的外墙误导，进来后就会大感意外。房子围绕一个铺着石块、种着鲜花的内院而建。这块空间外围着一圈有顶的走廊，还有几扇门通向内室，包括厨房、卧室和大厅。钉着栅栏的大厅窗户开向大街。大厅里，两架高大的书橱装着封在封套里的外交文件，排列在德威特的书桌两侧，书桌上挂着一幅《美国独立宣言》复制本。有那么一刻，斯蒂芬斯仿佛回到国内，回到他的法学院和法学院图书馆。房间的小细节让他想到德威特的悲惨下场，这个辛酸的场面让他打了个冷战。

根据外交礼仪，斯蒂芬斯需要尽快向驻在国中央政府递交国书。通常，这是一桩例行公事，但在当时的中美洲，没有什么事是确定的。作为美国总统的特别代理人，斯蒂芬斯接到了明确命令和一系列既乐观又现实，同时也是互相矛盾的指示。他的主要任务是安排重签最近失效的美国和中美洲联合省间的《友好通商航海条约》。但因为这个共和国的混乱状态，他也接到在完成条约签署后关闭美国使馆的命令。他将保护使馆档案，将这些记录运回美国，并正式辞别中美洲联合省政府。

往好里说，这是桩棘手的任务。身处政治军事动荡之中，斯蒂芬斯实际上需要尽快完成撤离目标。除达成贸易条约外，国务卿福赛思还指示他向中美洲联邦共和国外长递交一封信。他在信上解释了美国撤回使馆的原因，同时表达了美国对这个脆弱联邦的全面支持。

“与外长的交谈中，你可以，”给斯蒂芬斯的指示说道，“提出可能消除任何不良印象的额外解释，并且让他相信，促使美国总统采取这一步骤纯粹是出于便利方面的考虑，不牵涉任何对中美洲联合省的不友好态度。”他还要补充说明，一旦共和国的内部问题得到解决，美国将重启外交联系。

斯蒂芬斯出使时期，美国还不是国际舞台上的重要参与者，美国国务卿也没有他们今天拥有的对世界事务的影响力。1825 年，美国成为正式承认中美洲联合省的第一个非拉丁国家。在这之后，随着一个又一个美国外交官前赴后继，有的甚至没能到达这个新共和国设在危地马拉城的首都，美国在该国建立存在感的尝试成为一出悲喜剧。

现在，在勇敢的斯蒂芬斯住进德威特的前住所之际，他的英国同行，女王陛下外务部门的弗雷德里克·查特菲尔德（Frederick Chatfield）正在萨尔瓦多策马穿梭，发挥他的巨大影响力，竭尽所能分裂这个年轻的共和国。不消说，背后支持他的是强大的英国皇家海军。

大不列颠是 19 世纪地缘政治的强力参与者。虽然无意将整个中美洲并入其帝国，但它的帝国主义冲动依然很难抑止。除诱人的自然资源外，该地区还为英国制成品提供了一个现成的市场。

以伯利兹为立足点，英国寻求将它的影响力向西向南扩张到危地马拉，向东向南沿所谓莫斯基托海岸扩张到尼加拉瓜和哥斯达黎加。虽然中美洲在英国外交和殖民部门眼里是小事一桩，但对英国在该地区的两个干劲十足的代表，它不是无足轻重的地方。这两人就是麦克唐纳上校和拥有驻中美洲联合省全权公使正式头衔的查特菲尔德。

查特菲尔德曾在欧洲任职数年，后于 1834 年被派到中美洲。33 岁的查特菲尔德野心勃勃，暴躁，精明。因为伦敦和中美洲间的距离，通信往返一回有时需要四五个月，查特菲尔德常觉得他可以自行决定英国对这个新共和国的政策。和斯蒂芬斯一样，他的主要任务本是谈判达成一项通商条约，但他抗拒不了干涉新共和国内部事务的诱惑。

查特菲尔德的一个心腹大患就是胡安·卡林杜上校。因为查特菲尔德依然将卡林杜看成英国子民，卡林杜对中美洲联邦利益的热情激怒了他，尤其是卡林杜出使英美，要求伯利兹退回原边界一事更让他恼火。在卡林杜这边，因为他出生于爱尔兰，对不列颠并无多少好感，而且他痛恨不列颠的代表对他的第二故国的干涉。两人间的仇恨终于在 1838 年公然爆发。

卡林杜雇用的一个 14 岁的英国仆人声称遭到卡林杜毒打，寻求英国驻圣萨尔瓦多领事馆的保护。查特菲尔德收留了这个少年，此举激怒了卡林杜。第二天，卡林杜挑战查特菲尔德，要与他决斗。这位领事没有接受，但丑闻上了报纸。最后，中央政府出面解决了争端。

查特菲尔德起初支持中美洲共和国，认为一个单一联邦比五个不和的省份更容易对付。后因伯利兹和莫斯基托海岸引发的领土争端(麦克唐纳曾在洪都拉斯沿海几座岛屿被中美洲共和国占领后的一次战斗中亲自领导对这些岛屿的进攻)，查特菲尔德转而反对中央政府。当共和国总统弗朗西斯科·莫拉赞（Francisco Morazán）将军向英国和其他外国企业强征借款为他的军队提供资金时，查特菲尔德向伦敦上级报告，称支持反对派的时机已到。

斯蒂芬斯在科潘做考古学家的时候，查特菲尔德正在中美洲四处活动。查特菲尔德与分离主义派系达成协议，承诺英国海军会支持他们。然而实际上，英国外交大臣帕默斯顿子爵（Lord Palmerston）已经驳回了之前提出的武装干涉建议。

到 12 月中旬，当查特菲尔德走进危地马拉城时，斯蒂芬斯已经会见了保守党派系成员。现在，以混血叛军拉斐尔·卡雷拉将军为最高首领，保守党派系控制着危地马拉政府。斯蒂芬斯没有发现自由党共和主义者或联邦政府在危地马拉城留下的一点痕迹。他特别注意到教士对危地马拉新政府的高压控制。拜访政府议会时，斯蒂芬斯发现聚集在灯光昏暗的老议会大厦的30名代表中，一半是穿黑袍戴黑帽的牧师。这让他想到一次“宗教法官会议”，他说。这些代表正忙着恢复之前被自由党人粗暴剥夺的教会特权。

那些与政府关系密切的人建议斯蒂芬斯将国书正式递交给卡雷拉新任命的危地马拉政府首脑马里亚诺·里韦拉·帕斯（Mariano Rivera Paz），同时分别递交给其他中美洲省份的首脑，这样他就不用递交给现驻萨尔瓦多的联邦政府。但他认为这个建议很“荒谬”，因为他只有会见中央政府的正式授权。但斯蒂芬斯也明白，那个建议意味着他在危地马拉行事必须非常谨慎。虽然他和美国政府的政治观点明显倾向于自由党人多过保守党人，但因为共和国的未来依然悬而未决，他至少应该表现得不偏不倚。

斯蒂芬斯付了奥古斯丁工资，打发他回家，随后安排一支护卫队去科潘接卡瑟伍德。卡雷拉不在城里，但到处都是他的士兵。斯蒂芬斯曾与他们有过一次紧张的对峙。租给美国使馆房子的女房东住在街对面，一天夜里，斯蒂芬斯到她家吃晚饭。就在他离开主人家、准备在黑暗中过街时，街道尽头的一个哨兵大喊着要他回口令。

当时，斯蒂芬斯还不知道口令是什么。哨兵的声音极为尖锐，“像一颗子弹穿过我，也许再过那么一会儿，子弹也会跟过来。这时，一位年长的女士提着灯笼，从我刚才离开的房子里冲出来，大喊着，‘Patria Libra’”。斯蒂芬斯见状赶紧走进他的门道里。后来他听说，不久前，一个哨兵开枪打中了一名妇女——只是因为她没能足够快地报出口令。

卡雷拉回城后的第二天，斯蒂芬斯很想见识这个掌握着整个危地马拉的前牧猪人，所以他决定前去自报家门。有人建议他穿上外交礼服，因为尽管卡雷拉住在一条小巷的一所小屋里，生活简朴，但这个游击队领导人迷恋这类外在装饰。到达时，斯蒂芬斯看到守在卡雷拉门外的八到十名卫兵。不同于他衣冠不整的军队，卫兵都衣着光鲜，穿着红色短上衣，戴着格子呢帽。斯蒂芬斯跟人沿一条走廊走过一排锃亮的滑膛枪，再被领进客厅旁的一个小房间，看到卡雷拉坐在桌旁数钱。

“我们进去时，他站起身，”斯蒂芬斯写道，“把钱推到桌边，并且，许是出于对我的礼服的尊敬，礼貌地迎接了我，让我坐在他旁边的一把椅子上。”他穿一件黑色细羊毛短上衣，紧身裤，身高不超过五英尺六英寸（约 168 厘米），较浅的印第安人肤色，没有胡子。斯蒂芬斯惊讶地发现他看上去非常年轻，估计不超过 21 岁。斯蒂芬斯说到他的年轻，卡雷拉回说他 23 岁（实际 25 岁）。他知道那一点看上去不同寻常，继续解释了他如何以不超过 13 人起家，他们如何用雪茄给古老的黑火药滑膛枪点火开枪。他指着身上的八处伤疤，说体内还留着 3 粒滑膛枪弹丸。

他想纠正几个关于他的谎言，他说，他不是强盗或杀人犯，而且在过去两年里，他改变了对外国人的看法。他认识了几个外国人，他说，其中一位，一个英国医生，从他体侧取出一颗滑膛枪弹丸。他们是仅有的不会骗他的人，他解释说。

斯蒂芬斯回应说，他在报上看到对他最近一次进入危地马拉城的报道，其中一篇美国报纸文章赞扬了他的克制和他阻止手下部队劫掠

拉斐尔·卡雷拉，与斯蒂芬斯会面后若干年的画像

和屠杀的努力。斯蒂芬斯告诉他，考虑到他的年纪，卡雷拉似乎还有很长的政治生涯，还可以为他的国家做很多贡献。听到这里，卡雷拉手按胸口，在一阵出乎斯蒂芬斯意料的激情迸发中，说他会为祖国献出生命。

斯蒂芬斯深受感染。“虽然他有许多缺点，犯下许多罪行，”他写道，“但从没人说他表里不一或言不由衷。我与他的会面比我原本指望的有趣得多。他年轻、出身低微、幼年贫苦，也许还有毫不做作的冲动，但无知、狂热、残忍，而且沉溺暴力不能自拔。”

斯蒂芬斯还看到另一个品格：天生的聪敏机智。虽然看起来很孩子气，斯蒂芬斯写道，卡雷拉从没露出微笑。他极为严肃，虽然没有炫耀，但对他的权力有很强的意识。他说他正在自学写字，现在可以不用章，自己签名了。斯蒂芬斯建议他到其他国家转转，那会大有收获。“他对我的国家在什么地方有个非常模糊的概念，他只知道它叫‘北方国’，问了路途和到达那里要坐的交通工具，说战争结束后，他一定设法访问‘北方国’。”

离开的时候，斯蒂芬斯很有先见之明地感觉到卡雷拉的潜力。“我认为他注定要对中美洲事务发挥重要的甚至是决定性的影响。”他写道。然而卡雷拉是个很难看透的人。他不贪财，不要薪水，只在需要时才为自己和军队要钱。这些钱全部加起来也只及危地马拉贵族和商人维持联邦军队所花费用的一小部分。对于危地马拉政府给他的准将头衔，他既觉得荣耀，又认为理所当然，并且认为自己是在执行政府的命令。

实际上，斯蒂芬斯注意到，他依然变幻无常，目无法纪。那天上午回家后，斯蒂芬斯看到一队士兵在一个国民代表大会成员的屋前列队。他们在搜屋捉拿这个不识时务反对卡雷拉的人。“是卡雷拉命令他们这样做的，政府方面一点也不知情。”斯蒂芬斯补充说。

虽然与卡雷拉的会面很成功，但斯蒂芬斯的日常生活并无变化，他还在焦急地等待卡瑟伍德的到达。作为一个喜欢伙伴和社交的人来疯，在这个实际上的孤城，斯蒂芬斯实在忍受不住每夜困在使馆官邸。躺在床上，他能听到士兵哔哔叭叭打枪的声音和沿街道传来的广场枪炮齐鸣的回响。

到忍不下去的时候，他风风火火踏上旅程，来到附近乡间。此刻这里在卡雷拉控制下，似乎相对平静。他的第一站是附近一个大农场，他在那里看到牛被圈起，打上烙印。对一个纽约人及东海岸商人的儿子，这是个很新奇的场面。伴着一群年轻贵族妇女，他跟一支宗教游行队列穿过城市，再向北来到一个正举行年度节庆的印第安村庄。

离圣诞节还有一周，还没听到卡瑟伍德的消息，他决定再次外出。以往的所有旅行中，他从未见过太平洋。现在，它在南边只有不到 100 英里。他穿过安提瓜古城，看到许多教堂和其他建筑还保持着 1773 年地震后的废墟状态，不少还原封不动地躺在倒下的地方，感触大发。

安提瓜南面矗立着一座巨大的锥形火山。阿瓜火山（Volcan de Agua）有高低不平的火山口，山坡上覆盖着玉米地和深绿色的森林，山顶云雾缭绕。它对斯蒂芬斯的诱惑力实在太大了。经过一整夜休息，他开始艰难地攀登陡峭的山坡，上到海拔 12 300 英尺（约 3 700 米）的山顶。

在刺骨的严寒中，云雾和水汽在蛰伏的火山口里打着转。在火山口底下，他发现了写在岩石上的几行字。他呵气活络冻僵的手指，抄下来自俄国、英国和美国费城的三名旅行者留下的信息。他们描述了一起喝香槟的情景，无疑是在庆祝登顶。

几天后，他到达太平洋。“我横穿了美洲大陆。”他写道。浑身叮满了蚊子和沙蝇，他把骡子丢在丛林边缘，坐独木舟渡过一条河，到达对面覆盖着黑色火山砂的海滩。港口是个开放的锚地，一条来自波尔多（Bordeaux）的船锚泊在一英里外上下起伏。

斯蒂芬斯一丝不苟地在笔记本上记下他的小探险。他的好奇心极强，是个典型的报道者。他决心用文字为他的北方同胞尽可能全面地描绘中美洲的生活图画。一路上，他参观胭脂虫养殖场和糖厂，到教堂拜访牧师，还遇到一个住在农场的纽约同胞。他将用一段安提瓜历史和对西班牙征服者的评论串起这八天的旅程，把它们都写进书里。那些征服者就是在他脚下的海岸装备舰队，怀着对黄金的无尽欲望驶向秘鲁。

回到首都后，斯蒂芬斯收到卡瑟伍德写来的一封让人揪心的信。信上说他遭到抢劫，生了病，被迫离开遗址，来到令人讨厌的唐·格雷格里奥家。虽然历经磨难，但他正在赶往首都途中。这天是圣诞节前夜。“我心情糟透了。”斯蒂芬斯写道，“我打定主意，休息一天后就出发去找他。”

那天晚上，他出席前中美洲联合省驻英公使家的圣诞晚会，在那里第一次见到弗雷德里克·查特菲尔德。他在斯蒂芬斯外出期间到达危地马拉城。斯蒂芬斯还不知道，查特菲尔德到达后就在密谋这个共和国的最终灭亡。听说斯蒂芬斯被派来拜会中央政府，查特菲尔德解释说这个任务没有意义，因为作为一个有效实体的共和国已经不复存在。

斯蒂芬斯凌晨 3 点才回到家。迟迟醒来，他听到敲门声。骑着骡子进来的卡瑟伍德“武装到牙齿，苍白消瘦，到达危地马拉城后高兴万分，但依然不及我见到他的一半开心”。

火辣辣的太阳照在皇家炮兵约翰·卡迪中尉的宽边巴拿马草帽上，他举起双筒猎枪。在达克朗（Duck Run）离开伯利兹河（Belize River）以来，他当起了考察队猎手头目，随时准备射下哪怕是最难吃的动物。跨着他的灰色矮脚老马，穿着绿色猎装和蓝色斜纹哔叽裤，他领着一支由马、骡子和骑手组成的队伍，从圣安娜（Santa Ana）村出发，走上到达佩滕伊察湖(Lake Petén Itzá)的最后一段。这片湖位于佩滕中部，卡迪一行穿过尤卡坦半岛的艰难行军现在已经走了近一半。

几周前，卡迪将平底独木舟、船工和在七天的溯河上行中陪伴他们的大部分第二西印度群岛团士兵打发回伯利兹城。现在，余下的陆路队伍由卡迪、考察队共同领导帕特里克·沃克、翻译诺德先生和五名士兵组成。离开达克朗时，他们还找了向导、几个赶骡人和几名扛行李的印第安人。

接下来两周，他们西行进入佩滕腹地，这是卡迪和沃克经历过的最艰苦的旅程。小道穿过遮天蔽日的茂密丛林，他们还要奋力渡过高涨的溪流，走过几乎无路可通的沼泽和湿地。有时候，他们被迫在沼泽地宿营，那里的泥泞深达几英寸，蚊虫肆虐，更糟的是还有名为“garrapatas”的蜱虫。它们钻到人的皮肤下，带来无法忍受的奇痒。

“而且沼泽洪水泛滥，”沃克在给麦克唐纳上校的正式报告中写道，“连续五天，马几乎都是走在齐肚子深的泥水里。另外，有些地方的小道完全封闭，以致我们不得不用砍刀在灌木丛中开路。”

他们没有或只有很少猎物可吃，食物已经极度匮乏多日。卡迪打到他发现的所有动物：几只鸟、偶尔一头野猪、一只小狐狸和一条扔在小道上等死的皮包骨头的奶牛。一次他在日记中记载，原住民有一种独特的烹调和熏制猎物的方法，他们称之为“烧烤”。

走到第八天，卡迪的私人侍从，一个只知其名为列兵 I. 卡尼克（I. Carnick）的炮手发起高烧，没法再往前走。耽搁了一天时间，卡迪给他用上各种药、盐和发汗的热粥，卡尼克的病大有起色，可以继续走了。然而两天后，卡尼克虚弱到连马背上都快待不住了。“我只能让人牵着他的马。”卡迪写道，“再派个人走在他旁边，防止他摔下来。”

12 月 12 日，令人筋疲力尽的两个星期后，他们走出森林，进入“一块高低起伏的壮丽平原。极目所见，一片连绵不绝的开阔牧场上零散点缀着一丛丛树木”。卡迪写道：“我永远忘不了当时体会到的喜悦感觉，实际上，每个人都感觉到了。”

他们走到一个牧牛场，占据了牧场的主要建筑。虽然荒废肮脏，但它给他们的感觉像一家豪华酒店。然而卡尼克恶化的病情破坏了他们的情绪。现在，除了发热外，他又染上了痢疾，对水极度渴望。卡迪把他的病归因于他们路上被迫喝的脏水，说它们的样子就像沥青。

第二天，一个叫托里比奥（Torribio）的混血儿来访，提出将卡尼克带到他离这儿不远的家里，由他会说英语的妻子和女儿照料护理，直到恢复健康。沃克和卡迪认识到炮手病得太重，再也走不动，就同意了。他们先发出一封告知信，通知佩滕伊察湖的危地马拉当局，说他们一行正在赶来，打算继续向墨西哥进发。

六天后，他们到达佩滕伊察湖。卡迪惊叹它的美："一汪碧水在灿烂的阳光下闪着波光，环绕着湖心岛上的弗洛雷斯镇（Flores）和几座更小的仙境般的岛屿。"沃克估计弗洛雷斯镇与湖岸间隔着半英里宽的水面。他在日记中讲述了他了解的这个湖的历史。它是玛雅印第安人抵抗西班牙人的最后据点。

直到 1697 年，危地马拉被征服逾 150 年后，伊察的印第安人才最终战败。西班牙人先修了一条穿过这片稀树草原和丛林，直通佩滕伊察湖的路，又在湖岸边打造了一支直接攻岛的小船队。最终，西班牙的技术优势——大炮、滑膛枪和火药占了上风。随后，西班牙人按他们的传统做法，着手摧毁了能找到的所有神庙、偶像和纪念碑，并且在废墟上竖起一座巨大的教堂。

卡迪和沃克到达时，岛上只生活着约 500 人，房屋和街道年久失修，镇上教堂的草屋顶已经塌落。一座荒废的大兵营和一个破败的修道院排列在中央广场一侧。

剩下 7 人的考察队已经走了超过一个月，但走过的路从伯利兹城算来直线还不到 150 英里。众人筋疲力尽，日子也快到圣诞节了，他们很容易地融入当地的庆祝活动中去。地方长官为他们举办了舞会及一次当地女士的游行。这时他们得到一条给他们的娱乐蒙上阴云的消息：列兵卡尼克死了。

考虑到卡尼克作为卡迪的私人侍从与后者的密切接触，卡迪很奇怪地没在日志中提到卡尼克的死。也许这件事太令人痛苦。我们只从沃克的正式报告里得知这桩事件。“从我一路在此人身上所见，”沃克写道，“他似乎是个非常可敬的人。”沃克给当地神父写了封信，附上一笔费用，请他为卡尼克的灵魂祈祷。

# 第8章
# 危地马拉之殇

"至于我的公务，"斯蒂芬斯写道，"我完全不知所措。"

斯蒂芬斯在危地马拉城没有找到中美洲联合省政府。那里众口一词的说法是：中美洲联合省已不复存在。斯蒂芬斯推测，在这个问题上对立双方势均力敌。有三个省份依然忠于中美洲联邦：萨尔瓦多、洪都拉斯（通过武力）和新分裂出去的克萨尔特南戈省(Quetzaltenango)。另一方是尼加拉瓜、新近宣布独立的远在东部的哥斯达黎加，以及中美洲人口最多、最强大的省份危地马拉。

斯蒂芬斯确信，整个平衡可以迅速改变。共和国领导人弗朗西斯科·莫拉赞将军还没有输掉军事斗争，即便是卡雷拉在他面前都只有逃跑的份。现在，两人正为最后的对决集结军队。他们像两头你来我往的雄狮，隔着边境虎视眈眈，等待对方露出软肋。然而决定这场角逐结果的不仅有卡雷拉和莫拉赞的军事才华，还有中美洲本身依然搏动的心脏——农民。他们是斯蒂芬斯和卡瑟伍德来此寻找的失落文明的幸存者，从数世纪的征服、摧残和奴役中醒来的玛雅人正奋起夺回对自身命运的掌控权。

内战始于两年半前，危地马拉城外的乡村爆发了一场霍乱。自由党牢牢控制下的危地马拉政府下令隔离疫区，派医生治疗病人。不幸的是，当时采用了不恰当的治疗方案，而人们对它的理解像霍乱本身的神秘来源一样错误。这些疗法包括放血和限制水分摄入（霍乱病人死于极度脱水）、喂服白兰地和鸦片酊。正因如此，许多霍乱病人相继死去，有时在医生手里甚至死得更快。

1837 年 5 月 6 日，拉斐尔·卡雷拉带领近 2 000 名愤怒的群众去质问马塔克斯昆特拉镇（Mataquescuintla）的卫生官员。该镇位于首都以东 40 英里的一座山上。大部分群众认为霍乱是危地马拉统治阶级投到他们井里和溪水里的毒药，目的是消灭他们，好让外国公司来开发他们的土地。

群众们宣称，那些医疗官员是被派来分发有毒药品的，最终目的是消灭他们。到那天结束，人群迫使一两名医生（记录不清楚）吃掉他们正分发的全部药品。吃下那么大剂量的鸦片酊是致命的，医生的死更坚定了群众们认为那些药是毒药的想法。紧接着，武装反抗在乡间爆发，最后在对政府的一系列不满中达到高潮。

马塔克斯昆特拉事件是卡雷拉在公共舞台上第一次有记录的出现。用不了多久，这个几年前在联邦军队当鼓手的牧猪人开始领导一小支起义军，以山区为基地突袭政府军。他的名声也越传越神。虽然卡雷拉多次被子弹打伤，但他的印第安追随者开始相信他是打不死的，而且是上天派来拯救他们的。

1838 年 2 月，起义开始 9 个月后，卡雷拉领导着一支由印第安人和混血男子组成的军队。年仅 23 岁的卡雷拉正一步步成为中美洲最有权力的人。只有一个人挡在他前进的路上——弗朗西斯科·莫拉赞，中美洲联邦共和国强大的领导人。

莫拉赞的故事始于15年前。中美洲从西班牙获得独立后不久，5个原西班牙殖民地联合组成一个联邦共和国，但共和国很快因为激烈的权力斗争而削弱。这场斗争的根本原因是保守势力和日益壮大的自由主义思想家阶层间的分歧。保守派掌控着强大的天主教会和富有的贵族家族。自由主义者主要是一些有抱负的克里奥尔人，他们受过科学和启蒙教育，深受美国和法国革命的鼓舞，希望限制教会权力，打造一个联盟，发展地区经济。

莫拉赞生于1792年，父亲是小商人，意大利后裔，母亲祖上是西班牙人。他在偏僻守旧的洪都拉斯长大，难得有接受正规教育的机会。但是莫拉赞非常聪明，学习能力很强。十八九岁时，他已经开始在特古西加尔巴（Tegucigalpa）[①]一家公证处学习法律。西班牙独立后，莫拉赞在新的政治体系内快速爬升，从最开始的职员到1824年任洪都拉斯省秘书长。

1826年，莫拉赞成为省议会的自由党领导人。他时髦、英俊，又不乏政治上的精明。同一年，莫拉赞迎娶了玛丽亚·何塞法·拉斯蒂里（Maria Josefa Lastiri），传闻她给这场婚姻带来了金钱。

1827年，危地马拉城的保守党人夺取了联邦政府控制权，随后派联邦军队进攻由自由党控制的萨尔瓦多和洪都拉斯。莫拉赞逃到邻省尼加拉瓜后组织了一支自由党人的小军队，发起反攻。

在随后一系列令人咋舌的战役中，面对训练有素的庞大联邦军队，这个前乡巴佬职员、没有军事背景、未经考验的指挥官领导了

① 特古西加尔巴，洪都拉斯共和国首都，弗朗西斯科-莫拉桑省首府。

特里尼达战役（Battle at Trinidad），莫拉赞的第一场胜仗（一张现代钞票上的图案）

弗朗西斯科·莫拉赞。他的生日是洪都拉斯的一个全国性节日（钞票另一面的图案）

一个又一个让人惊叹的成功突袭。莫拉赞亲自策马在战场上冲锋陷阵，以此鼓舞手下。作为军事领导人，他勇敢而富有感召力，在纷飞的战火中拥有超人的冷静。他凭着出色的组织能力聚集起一支由洪都拉斯人、萨尔瓦多人和尼加拉瓜人组成的生力军，于1829年横扫危地马拉，夺取首都。

莫拉赞恢复了自由党的危地马拉省政府，放逐了16名保守党高层领导人。接着，根据他的命令，大主教和数百名方济各会（Franciscan）、多明我会（Dominican）及奥斯定会（Augustinian）的修士被流放到沿海，驱逐出国。政府通过了取消圣职和没收教会房产的新立法，将这些房产中的一部分改为学校及政府建筑。

借助战场上的英勇举动和人格魅力，莫拉赞在两年时间里，从相对默默无闻一跃成为中美洲联邦共和国的最高领导人。他很快当选为共和国总统，并在随后十年里与执政的其他自由党领导人制定了现代化联合省的规划。但他们走得太远太快，尤其是在危地马拉。

“危地马拉自由党人实际上是在一个以封建制度为主的国家发起一次资本主义革命。”历史学家拉尔夫·李·伍德沃德（Ralph Lee Woodward）解释说。伍德沃德写过一本关于那个时期的杰出专著。新的经济繁荣并没有惠及民众。白人统治阶级，即自由党人和保守党人只占危地马拉人口的一小部分，绝大多数群众由玛雅印第安人及混合种族下层文盲构成，除了被迫服兵役和劳役外，他们中很少有人能参与这个国家的政治或经济生活。

在旧的西班牙殖民制度下，这些农民达到了某种程度上的稳定。他们从西班牙的残忍征服中幸存下来，在祖先世代耕种的贫苦村庄过着艰难的生活。经过逾 300 年的殖民统治，他们接受了强加给他们的天主教信仰，将它融进社会和自己的精神生活中。他们也许愿意接受任何能够实际改善生活的措施。对于他们来说，脱离西班牙的独立仅仅意味着换了个主人。

当时，这些农民被迫停止耕种土地，或为新的刑罚制度建造监狱，或担任陪审员，还有人加入修路犯人的队伍。随着进口纺织品在新贸易政策下进入国内，本地纺织业遭到重创。当政府一方面征收人头税为自由党的项目提供资金，一方面向外国投资者开放未利用的印第安土地时，农民们的不公平感也因此日益滋长。他们虔诚信仰宗教，教会领导人被镇压激怒了他们。

事实上，保守党人并没有彻底消失。许多保守党人隐藏起来，一些流亡的人抱着夺回政权的决心偷偷回到国内。大批牧师因职业关系并未受到驱逐，后来成为保守党人的主要合谋者。随着自由党人有组织地解除教会在政治和教育中的传统角色，将它限制在单一的宗教领域，这些牧师走乡过户，试图煽动大众对政府的仇恨。他们告诉印第安人，每一次地震或歉收都是上帝惩罚夺得权力的魔鬼的信号。他们说，外国人被请来占领印第安土地。

1837 年，危地马拉城的自由党人规定，政府可以批准离婚，婚姻可由民事契约缔结。这是对教会最神圣不可侵犯权威的直接进攻。这些法令差点把保守党人和教会领导人逼疯了。对牧师和他们的大部分教众而言，这成了压垮他们的最后一根稻草。与此同时，霍乱危机肆虐危地马拉。

许多与卡雷拉同时代的人都以为他是印第安人，部分原因是他作为印第安人起义首领的角色，也因为他的深色皮肤和乌黑的头发。实际上，他父母是混血儿，他于 1814 年出生在危地马拉城的一个贫民区，父亲是赶骡人，母亲是女佣。人们对卡雷拉的童年了解很少，只知他没上过学，不会读书写字。12 岁时，他离开贫民区，作为鼓手加入保守党人领导的联邦军队，据说在 1827—1829 年的内战期间升为下士或中士。

内战结束后，十几岁的卡雷拉在危地马拉乡间不安分地四处漂泊，做过仆人，干过一些卑贱的工作，直到 1832 年才在马塔克斯昆特拉安定下来。起初他去乡下买猪，然后把它们赶到集市上。

到 1836 年，他积累了一些财产，迎娶了当地一个大农场主的女儿彼得罗娜·加西亚·莫拉莱斯（Petrona Garcia Morales）。她对年轻丈夫发挥了多少政治影响尚不清楚，但在随后的日子里，傲慢暴躁的加西亚将成为卡雷拉最亲密的知己。她能熟练使用长矛和手枪，经常陪丈夫上战场。加西亚后来因为嫉妒心被世人知晓，她会吹嘘自己是如何残害丈夫的情人、摧毁她们的容貌。

卡雷拉的身体不算魁伟，个子不高，但体格结实，宽阔的肩膀下蕴藏着充沛的精力。一个照顾过他的医生惊讶于他异于常人的体格。卡雷拉也因多次负伤不死和惊人的快速恢复能力闻名。卡雷拉的追随者确信他是打不死的，据说他本人也开始相信这一点。

卡雷拉还有一个特征，就是他令人无法抗拒的活力和与生俱来的强烈吸引力，凭此他得以控制手下和军队。他是一触即发的暴力、狡诈和勇气的混合体。

马塔克斯昆特拉事件之后，危地马拉政府迅速以无情的军事力量作为回应。卡雷拉和他的小股叛军只能躲到山里打游击战。危地马拉政府的军队洗劫了村庄，卡雷拉和叛军以牙还牙，在城镇间流窜，刺杀政府官员和法官。随着印第安人、印第安 - 西班牙混血和黑白混血人种联合起来反抗白人统治阶级和外国人，这场以宗教圣战开始的斗争不可阻挡地发展成一场阶级和种族战争，战斗口号也变成“消灭外国人！”“宗教万岁！”

几年前，在圣萨尔瓦多的总部，将联邦政府搬到萨尔瓦多的莫拉赞试图与卡雷拉和谈，但为时已晚。卡雷拉已经把他的乌合之众打造成一支具有相当规模的叛军。1838 年，他们向危地马拉城进发，进攻守城的自由党人。经过五天巷战，卡雷拉胜利进入市中心。恐慌的居民躲在家里，做好了最坏的打算。

当时依然驻在当地的美国外交官德威特在一封给美国国务卿福赛

思的信中描述了这次进攻："（1月）29日周一，夜里1点，战斗开始了。西门附近的步枪突突响了一个小时……从这时起，直到周五上午，以街角和兵营为主战场的战斗日夜持续，中间只有长短不一的间歇。

1月31号星期三，卡雷拉带300名印第安士兵从东门入城。他们犯下许多恶行。周四下午，他们在副总统何塞·格雷格里奥·萨拉萨尔（José Gregorio Salazar）的家人面前将其杀害，当时他正抱着婴儿在客厅踱步。"

一周内，卡雷拉和他的农民军队走了。自由党人的政权被推翻，卡雷拉的主要目标已经达到，他似乎不知道留在首都还有什么事情可做。惊魂未定的保守党人和市政官员很快向卡雷拉的手下移交了新步枪，任命他为中校，管辖他的家乡马塔克斯昆特拉地区。

虽然卡雷拉和他的暴民军队撤走了，但是按照德威特的说法，恶魔已经出笼。德威特写信给福赛思："理智的人现在最害怕的是，自该国被征服以来，印第安人第一次发现他们可以用武力迫使白人和印第安 - 西班牙混血群体屈服。自此之后，他们将在受到哪怕是最轻微的刺激时就会回来重复他们的暴行。他们的人数是其他阶层的10倍。"

随后，莫拉赞带着1 500人的联邦军队从圣萨尔瓦多赶来，恢复了自由党人政府，并在之后的18个月里发起了一场平叛运动，意在抓住或击毙卡雷拉，消灭他的党羽。联邦军队几乎赢得了每一场战役，但是大部分叛军逃走了，也没有抓到卡雷拉。"莫拉赞能管到的只有他的军队所及之处。"德威特写道。叛军继续从首都以东的山区据点发动一打就跑的袭击。双方的屠杀行动不断升级。

莫拉赞在危地马拉打击卡雷拉的行动期间，尼加拉瓜、洪都拉斯和哥斯达黎加的保守党人夺取了政权，组成一个以解散联邦为目的的联盟。1839年初，他们向圣萨尔瓦多进军。德威特在最后几封信中总结了形势。“共和国的组织，”他写道，“是一盘散沙。人民完全不适应一个共和政府。这个机构没用。”随着联邦开始在身边四分五裂，莫拉赞成了共和国的孤家寡人。

战争在中美洲各地相继爆发，莫拉赞被迫带着他的军队主力返回萨尔瓦多控制局势。卡雷拉赢得这一场消耗战。

1839年4月13日，卡雷拉兵不血刃进入危地马拉城。他下令恢复保守党人和一些政治温和派的权力。作为回报，他们授予这个前鼓手准将军衔，任命他为危地马拉军队总司令。这一次，卡雷拉或他的一个代理人将留在城里。

在危地马拉城以东几百英里外的圣萨尔瓦多，莫拉赞又一次在他最擅长的领域取得成功：赢得战役。1839年5月初，他打败了两倍于己的洪都拉斯 - 尼加拉瓜联军，在战斗中，他的右臂受了严重枪伤。这场胜利不是决定性的。他带领的这支由自由党追随者组成的小部队无力继续。此时的莫拉赞四面楚歌，连他的故乡洪都拉斯都转而反对他。联邦议会也被解散。莫拉赞统一中美洲的梦想分崩离析。

紧接着，危地马拉脱离联邦，邀请大主教回到危地马拉，恢复罗马天主教为国教，恢复了圣职，同时废除了民事婚姻法律。在卡雷拉的密切关注下，危地马拉政府重新回到殖民时期的旧制度。

1839年9月，也就是斯蒂芬斯和卡瑟伍德准备从纽约出发的时候，卡雷拉听到莫拉赞即将进攻的传言，立即赶到圣萨尔瓦多边境查探。在那期间，一小股萨尔瓦多部队向他开火，一颗滑膛枪弹丸打进他的胸口。

卡雷拉在圣萨尔瓦多康复期间，被孤立包围的莫拉赞不断打退来自洪都拉斯的入侵者。这时一场强烈地震袭击了圣萨尔瓦多，造成重大破坏。洪都拉斯将军弗朗西斯科·费雷拉（Francisco Ferrera）要求莫拉赞在24小时内投降。莫拉赞则带着他的萨尔瓦多军队余部北上，在圣佩德罗佩鲁拉潘（San Pedro Perulapán）对阵洪都拉斯军队。

战斗形势岌岌可危之际，再次以少战多的莫拉赞亲自领导最后冲锋，指挥手下进攻。这个决定性时刻扭转了战役进程。他们打伤了费雷拉和另一位洪都拉斯的高级军官，缴获了大量武器弹药，包括费雷拉的刀。这些都大大羞辱了费雷拉，这位洪都拉斯将军被迫随士兵步行逃跑。未尝败绩的莫拉赞再次称雄战场。

斯蒂芬斯没有在危地马拉城浪费时间。作为一个锐敏的观察者，他仔细评估了政治形势，鄙视他在社交和正式聚会上遇到的公共人物。他不赞同他们的政治观点。他们是富有的特权阶层，在多年流放后拿回了他们的财产和政治权力。斯蒂芬斯注意到他们为了达到自己的目的而迎合卡雷拉和印第安阶层，通过教士操纵他们，利用他们的无知煽起他们对宗教的狂热。

斯蒂芬斯写道，在“他们对自由党人的仇恨中，他们正在招惹一个可能将他们全部摧毁的第三方力量，与一头可能随时翻脸将他们撕成碎片的野兽狼狈为奸。在动荡形势下，他们需要一个足够勇敢的人，凭着名声和地位，将这个国家坚强而诚实的人团结到身边，重组这个破碎的共和国。只有这样才能将他们从屈从一个没受过教育的无知印第安男孩的耻辱和危险中解救出来。遗憾的是，他们中间没有这样的人。”

斯蒂芬斯最后总结道，他唯一负责任的做法是去萨尔瓦多。届时他可以自己确定，有没有一个合法形式的中央政府能有成功的机会。但此次前往走陆路是不可能的。卡瑟伍德回危地马拉城是绕道走的海路。

停在萨尔瓦多的一艘法国船的船长德努韦勒（De Nouvelle）也是历经千辛万苦才来到危地马拉城的。德努韦勒报告了不少沿途遇到的暴行，包括发现三具被毁容的男尸。这位船长没有从陆路返回，而是派信使传令将他的船开到危地马拉港口伊斯塔帕（Iztapa），同时提出在返回萨尔瓦多时带上斯蒂芬斯。

这时，城内 38 座教堂和男、女修道院的钟声宣布了 1840 年及新时代的到来。商店大门紧闭。天空晴朗，鲜花在庭院盛开，青山和火山围绕着一座沐浴在和煦阳光下的城市，与 1 月第 1 天纽约的冰雪和寒冷真是天壤之别。当“莫扎特的音乐在走廊里汹涌”时，斯蒂芬斯参观了大教堂，看到卡雷拉直接坐到讲坛前，身边坐着政府首长马里亚诺·里韦拉·帕斯。

仪式结束后，人群让出一条路，卡雷拉“动作僵硬地走过走廊，双眼盯着地面，或者在偷偷看着什么。这么多关注的目光似乎让他很不自在”。当他出现在俯视中央广场的教堂台阶上时，斯蒂芬斯看到成千上万“样貌凶狠的士兵排在门前。迎接卡雷拉的是一阵疯狂的音乐，那些人的脸上闪耀着对他们首长的热爱”。

## 第9章
# 致死的疾病

1840年1月5日，斯蒂芬斯启程赴伊斯塔帕。同行的卡瑟伍德计划只陪他到海边，然后返回危地马拉城。毕竟他的合同上没写任何关于寻找政府的事。他们下午离城，中途停在一座湖边过夜。

夜里某个时刻，斯蒂芬斯突然病重。疟原虫正在他体内扩散。一两周前，他正在游览海岸的时候，一只雌按蚊叮过他。微小的疟原虫随蚊子唾液进入血液循环，停留在肝脏上。在吞噬了几天的细胞、增殖至4万倍时，它们突然爆发，进入红细胞，在那里继续大量分裂，导致红细胞膨胀到超过破裂点。不知不觉中，斯蒂芬斯感染了疟疾。

“次日早上醒来，”斯蒂芬斯回忆说，“头痛欲裂，骨头酸疼。”虽然病得很重，他还是坚持旅行。在随后的几个夜里，他持续发着高热。一天早上，他疼得连续几个小时没法动弹。走在路上的最后一夜，他的病情急转直下。“卡瑟伍德先生，”他写道，“因为在科潘没治死一个人，所以对自己的治病水平产生了极度自信，让我吃下大量药片。快到早上的时候，我睡着了。”

次日，他们到达伊斯塔帕港。斯蒂芬斯告别卡瑟伍德，登上德努韦勒的船。凉爽的海风让他恢复了活力。那一夜，船乘着晚风驶向萨尔瓦多。他的舱室里蚊虫飞绕，他大概想不到其中一些蚊子肯定携带着导致他发病的疟原虫。

次日，他高烧又起，并且一天没退。到达萨尔瓦多海岸时，斯蒂芬斯因为病得很重而无法上岸。德努韦勒有事在身，只能继续前进。他承诺一旦斯蒂芬斯的身体能够上岸，他会安排车马。那天下午，斯蒂芬斯到甲板上透气，发现沿岸有六座火山。当天夜里，斯蒂芬斯坐在甲板上惊讶地注视着伊萨尔科火山（Volcan Izalco）炽热的山顶，这座火山熊熊燃烧的金色熔岩成为远在海上航行的水手的指路明灯。

次日早晨，斯蒂芬斯感觉身体有所好转，可以上岸了。萨尔瓦多的主要港口是个荒凉的地方，只有一片沙滩，几个士兵，一些荒废的西班牙仓库。几所小屋里有一所是港口长官的，还有一排棚屋。虚弱的斯蒂芬斯摇晃着来到一间棚屋避暑。“那里又闷又热，”他写道，“但不久我就开始要求所有能得到的被盖。”此时的他正在经历疟疾发作时的典型症状——浑身冷得发抖，转而变成高烧。他渴望水。

“我头重脚轻，疼痛难当，在那些破陋的小屋间游荡，只觉得脑子快烧掉了。模模糊糊记得我跟一些印第安妇女说英语，求他们弄匹马来让我骑到松索纳特（Sonsonate）。她们中有人在笑，有人同情地看着我，有人把我领到阴凉的地方，让我躺在树荫下。下午 3 点，那条船的大副来到岸上。当时我正趴着睡觉，差点被晒干。”

大副想把斯蒂芬斯带回船上，但斯蒂芬斯坚持要骑马赶到松索纳特镇，他在那里可以得到医疗护理。好在他的身体已经恢复了不少，能骑马在酷热中走上三个小时，赶在天黑前到达镇上。

在松索纳特郊外，斯蒂芬斯无意中撞到他一直在寻找的联邦共和国。他写道：“我遇到一位鞍韂齐备的先生，一块大红色的秘鲁培纶披在他的马鞍下。看到他，我吃了一惊。我们互相鞠躬致意。”斯蒂芬斯后来才知道，那位先生是联邦共和国副总统迭戈·比希尔·科卡尼亚（Diego Vigil Cocaña），也是该政府仅存的依宪法设置的官员。“在我离开危地马拉去寻找联邦共和国的时候，我万万没有想到会在路上遇到它。”

即使认出那位骑手的身份，当时的斯蒂芬斯也无力处理公务。他的第一站是德努韦勒船长兄弟的家。他在那里得到一个房间，花了几天时间复原。一感觉身体好了点，他立即去找联邦共和国政府，并且出乎意料地被引见给比希尔。这个45岁的洪都拉斯人又高又瘦，双脚部分麻痹，受过良好教育，是莫拉赞的亲信。自莫拉赞一年前在第二个总统任期内辞职，成为萨尔瓦多省长并领导军队以来，比希尔一直担任这个破碎共和国的代理总统。

在随后的商谈中，斯蒂芬斯解释说，他正赶往科胡特佩克（Cojutepeque）去递交他的国书。在等待遭受地震破坏的圣萨尔瓦多重建期间，科胡特佩克是中美洲联邦共和国的临时首都。他也坦率地告诉比希尔，如果联邦不再存在，他不想走“错步”。

斯蒂芬斯明白，递交美国国书将赋予共和国政府弥足珍贵的合法性，保留不交一来显得“无礼”，二来表明了对叛变省份的支持。“我的处境相当尴尬。”斯蒂芬斯写道。比希尔向他保证，合法政府确实以他本人为代表存在，但鉴于斯蒂芬斯的窘境，他并没有索要外交文件。

比希尔解释说，各省来的代表此刻正在洪都拉斯开会解决宪法危机。二人达成共识。比希尔说，他有信心重组共和国，如果斯蒂芬斯愿意，他可以等到正式宣告后再行动。然而在不久后给国务卿福赛思的一封信中，斯蒂芬斯根据他在危地马拉的经历，对前景表示悲观。

“我自己的意见，”他写道，“那个会议无济于事。”不过他觉得，他接到的指示是尽一切努力完成使命，因此他需要等到会议结束。这个僵局令人沮丧。他急于完成自己的外交使命，这样就可以早些回去与卡瑟伍德寻找更多遗址，这是他们来到中美洲的根本动机。幸运的是在等待过程中他看中了一个机会。几天后，他开始沿海岸南下，驶向遥远的哥斯达黎加省。

虽然国务院没有明确指示斯蒂芬斯去调查，但他清楚美国政府对开辟一条从加勒比海经圣胡安河（San Juan River）到达太平洋的航道的兴趣。圣胡安河流经尼加拉瓜和哥斯达黎加边境，连接加勒比海和尼加拉瓜湖①(Lake Nicaragua)。如果再从尼加拉瓜湖挖一条短运河，船就可以开到太平洋。这条路线曾有人研究过，它的最大障碍是横亘在尼加拉瓜湖和太平洋间的狭窄高地。斯蒂芬斯希望亲身调查。从放弃外交职守可能导致贸易条约无法确定的结果来看，这个决定是冒险的。但是现在的他已经逃离疟疾的魔爪，不想在中美洲解决自身问题时无所事事。

自驶向东印度群岛的哥伦布意外闯入西半球以来，开发一条穿越中美洲水道的想法吸引着每一位船长、冒险家和企业家。16 世纪后，

---

① 尼加拉瓜湖，位于尼加拉瓜境内的一个淡水湖，是中美洲最大、世界第 21 大的湖泊。

人们提出各种路线，最终给予挖一条运河的可行性的某种科学依据的人是洪堡。

1804 年，这位伟大的博物和地理学家就曾向杰弗逊总统提到过圣胡安河路线。多年后，安德鲁·杰克逊总统派出一个特别代理人前去调查尼加拉瓜和巴拿马路线，胡安·卡林杜也被牵扯进来。1835 年 6 月，去英国的路上，卡林杜停经华盛顿，身上带着勘查记录、历史记述及其他与尼加拉瓜运河可行性有关的文件。他将这些文件的副本留给了国务院。斯蒂芬斯也知道这段历史。

斯蒂芬斯的第一站是哥斯达黎加首府圣何塞（San José）。他在那里短暂会见了省长布劳略·卡里略(Braulio Carrillo)。卡里略 50 岁，个子不高，身材壮实。他是在一场政变中成为头号政客的。从他身上，斯蒂芬斯知晓了中美洲联邦共和国面临土崩瓦解的原因之一。"卡里略极端仇视莫拉赞将军和联邦政府，"斯蒂芬斯写道，"强烈秉持哥斯达黎加可以自立的观点。确实，这是中美洲所有政客的分歧所在：根本没有民族感情这回事。"

斯蒂芬斯来这里是想察看哥斯达黎加和尼加拉瓜间的圣胡安河。但于 2 月初到达后不久，他便开始牙齿打战，嘴唇发绀，疟疾再次发作。他在一个女修道院躺了几天，调查圣胡安河的计划泡了汤。现在，他远离危地马拉 600 英里，孤独失意，疾病缠身。

斯蒂芬斯本打算病愈后立即乘船返回萨尔瓦多，但两件事改变了他的主意。健康恢复后，他感到涌动不安的能量，而且他买到了圣何塞最好的一头骡子："一头公骡，花不了一个大子儿，但它是我骑过的最好的牲口。"这显然言过其实，因为亚喀巴的酋长送给他阿拉伯马的时候斯蒂芬斯也说过同样的话。不过这头"公骡"确实特别。在后来的旅程中，他和它建立了深厚的感情。

斯蒂芬斯决心至少考察一下设想中的运河的太平洋一端。他和公骡沿海岸北上，穿过荒野，宿住沿路简陋偏僻的种植园。进入尼加拉瓜后，他来到一条流向太平洋和南圣胡安港（San Juan del Sur）的小河。港口的马蹄形海湾排列着足以保护船只的高高崖壁，因此能为运河提供极好的出口。但港口和周边地区没有人烟，已经多年没有船进入。“把它当成一个庞大商业计划的中心，想象一座城市从森林中平地而起，原本荒凉的港口舳舻相接，成为万国通衢的大枢纽，”斯蒂芬斯写道，“似乎有点荒谬。”

那天下午，斯蒂芬斯在海岸散步。他支起帐篷，在海里洗了澡。“景色美极了，”他写道，“这也许是我一生中最后一次见到太平洋了。”

第二天，他离开海湾，考察了最有可能的运河路线。这条路线穿过丛林，越过山脊，再穿过一片开阔平原，到达中美洲最大的淡水湖尼加拉瓜湖。从海岸到尼加拉瓜湖的距离稍稍超过 15 英里，崎岖不平，难以逾越。然而与几乎横跨整个纽约州的伊利运河（Erie Canal）流经的路程相比，这点距离算不了什么。这里与斯蒂芬斯的家乡完全不同。

在他面前，湖心的岛上高高矗立起蔚为壮观的两座完美的锥形火山。到达尼加拉瓜湖北端的旧西班牙殖民城镇格拉纳达（Grenada）时，他惊喜地发现通往太平洋的航道行得通。到他进城时，他已经走了近两个星期，而且因为病势缠绵，他的身体依然虚弱，几乎一点力气都没有了。

这时命运又有了另一个转机。在格拉纳达，斯蒂芬斯遇到一位英国工程师，后者完成了迄今为止最全面的对运河路线的勘察。约翰·贝利（John Bailey）受中美洲联邦共和国雇用，来进行这次勘测。内战爆发时，他已经完成了绝大部分工作。由于联邦政府垮台，贝利从未收到报酬，只能作为英国海军军官靠半薪在尼加拉瓜维生。贝利很乐意把全部地图和测量数据给斯蒂芬斯看，让他随便复制他的图书需要的材料。后来，在一名纽约工程师的帮助下，斯蒂芬斯估算，开挖一条运河和疏浚圣胡安河需要 2 500 万美元。

后来在巴拿马，斯蒂芬斯证明了他是那个时代最伟大的发展贸易鼓吹者之一。他是商人的儿子，生在一座用桅杆代替树木的城市。

“目前”，斯蒂芬斯写道，一条运河的想法“还没有在公众思想里牢牢扎根。大家会讨论它、反对它、嘲笑它，指责它是不切实际的空想”。他写到这样一条运河带来的是毋庸置疑的贸易发展和旅行便利，但他脑子里想的远不止经贸利益：

> 它将使动荡不安的中美洲国家安定下来；它将正在饮血的剑转变为修剪树枝的剪刀，通过促进与各国人民的紧密联系打消居民的偏见；它将给他们提供努力工作的动力和回报，用收益激发他们。虽然赚钱有时被指下作，但它对文明发展和世界和平做出的贡献超过了其他任何影响。
>
> 世界商业将为之一变……轮船将航行在智利、秘鲁、厄瓜多尔、格林纳达、危地马拉、加利福尼亚、俄勒冈地区和白令海峡边的属于俄国领地的富饶沿海。新市场将为工农业产品开放，无数种族间的对话和交流将融合和增进文化传递。整个世界都与这项工作息息相关。

虽然斯蒂芬斯致力于探索过去，但他的目光也看到了未来。在一本讲述发现古老文明的书中，他毫不掩饰地提出了一个未来可能性的乌托邦前景。因为他的书取得了巨大成功，在向公众灌输大洋通道的观念方面，他的所作所为超过了当时任何人。

斯蒂芬斯的读者群包括资本家和投资人，尤其是纽约企业家，他们拥有对此采取行动的商业本能和手段。以后，他们将成为他的同事和竞争对手。在他修筑一条横穿巴拿马的铁路时，他的竞争对手企图损害这个项目，坚称尼加拉瓜路线更好并且派蒸汽船沿圣胡安河上行来证明自己的观点。

事实上，1840 年，当斯蒂芬斯翻越山脊线，看到梦幻般的荒凉火山矗立在尼加拉瓜湖面时，他的热情里还没有商业动机。受那个时代纯朴的美国乐观主义驱动，他相信，人可以改变世界，进步不仅是必然的，而且肯定是好事。

帕特里克 · 沃克是第一个到达帕伦克遗址的英国考察队成员。而约翰 · 卡迪中尉还“不情愿”地躺在距遗址五英里的圣多明各村（Santo Domingo de Palenque）。卡迪中尉的腿被蜱虫咬伤，痛得没法走路，更别提骑马了。沃克则在一名当地向导和两个印第安人的陪同下，跨过纵横交错的溪流、跑过连绵起伏的草原，从东北方向走到遗址。

他们的北边是林木茂盛的山脉，古城遗址位于从山麓伸向平原的一块平坦的急坡上。上到这块高地需要爬很陡的坡，一堆堆石头和倒塌建筑的不规则碎片上生长着浓密的丛林，让攀登更加艰难。沃克注意到岩石中流出一道湍急的溪水，似乎出自地下引水渠。顺着石渠，他看到一只石刻鳄鱼头从地下流中露出来。

沃克下马，努力保持脚下平衡，小心翼翼地爬了 60 英尺，爬上松动的巨大石堆。在石碓顶上，他发现了一幢建筑的实心墙，墙的侧面是精心修筑的过道。沃克写道，“看到它，顿时觉得之前旅途中的所有艰难困苦都有了回报。”经过两个半月的艰难穿行，他们最终来到帕伦克遗址。

“这座建筑的特殊结构和辉煌的外部装饰立即给它打上了伟大文物的印记。”沃克继续写道。难得在正式报告中诗意大发的沃克在这里忍不住了：“再往下看，‘云雾缭绕的高楼，华美的宫殿和庄严的神庙’，虽然失去了原来的光泽，但在漫长岁月的洗礼后依然保留了足够的辉煌。这些建筑表明这里曾经生活着一个民族，伟大且强大，艺术精湛，这是文明进步的象征。”走马观花看过一圈后，日影渐长，沃克匆匆赶回圣多明各村，把自己的发现告诉了卡迪。

自离开佩滕伊察湖湖心岛上的弗洛雷斯镇以来，考察队已经连续行走了三周多，其中一半时间是骑马穿过佩滕的密林及人烟稀少的草原。最后一程是先乘独木舟沿乌苏马辛塔河（Usumacinta River）下驶，再骑马到圣多明各村。在某个地方，他们越过了没有标志的边界，离开危地马拉，进入墨西哥恰帕斯州[①]（Chiapas）。“我一直被蚊子和蜱虫叮咬，痛苦不堪。”卡迪写道，“我的腿自膝盖以下红肿疼痛，不忍直视。”即便身体有诸多不适，在从乌苏马辛塔河到圣多明各的路上，卡迪仍一直担任猎手，用猎枪打下不少黄头鹦鹉。他评论说它们可以做成很好的炖肉。

在圣多明各，他们很容易就得到了地方当局关于参观遗址的许可。这一点让他们如释重负，因为一路上，他们听到传言说外国人不可以

① 恰帕斯州，是墨西哥东南部的一个州，是连接墨西哥和中美洲的重要桥梁，东邻危地马拉，南临太平洋。

去那里。许可参观的唯一条件是他们必须从镇上带一个向导，确保他们不损坏或拿走任何物品。

听着沃克讲述他的发现，卡迪越来越激动。这一整天，他都在吊床上用一种叫“malbi”的由当地多种植物调制的混合物擦腿。这种药效果很好，几天之内，卡迪就可以和沃克、考察队其他人一起带着足够补给来到遗址安营扎寨。陪伴他们的是一名叫唐胡安（Don Juan）的兼职墨西哥陆军中尉，他也是沃克第一次参观遗址时的官方向导。

随后两周里，他们查探了丛林，清除了一些植物，丈量了主要建筑。卡迪大部分时间都在细致精确地绘制建筑及墙面的浅浮雕，粗略制作中心遗址的整体地图和名为“宫殿”的主建筑平面图。他还在绘画里捕捉到人物形象旁的一些象形文字。主殿建筑群是他们碰到的最大建筑，他们夜里就住在里面。

除主建筑群外，他们还勘察了建在附近碎石堆上的另外几座类似神庙的建筑。他们找到的大部分建筑上长满了植被，许多建筑在时间和自然力量的作用下被损坏、崩裂或推倒。这些建筑紧邻一面将它们完全包围的陡峭的密林山坡。他们查看了周边地区，发现了他们认为曾属于大量其他建筑和神庙的断瓦残垣，推断这也许是一座绵延数英里的城市。

卡迪中尉关于遗址的最终报告主要由干巴巴的事实描述和测量数据构成，非常简短直白。生动的个人细节和有趣的题外话在他的旅行日记里俯拾皆是，然而出于某种原因，也许是他对待这项工作的严肃态度，这些在他的报告里难得一见。他的绘画也是简单如实地再现，由于范围有限，只注重关键特征。其中一些确实值得一观，这批绘画让读者第一次获得帕伦克遗迹的真实印象。

然而，即便在他最广泛的陈述中，他也没就帕伦克遗址的起源得出任何结论，只是谨慎保守地总结了他们的发现："遗迹范围大，倒塌的建筑覆盖方圆数英里。依然挺立的建筑规模宏伟。精美的浮雕或刻在石上或铸入灰泥，内外装饰美轮美奂。所有这些均表明它是该国古代民族最不寻常、最有趣的艺术遗迹，并且证明在某个久远年代，这里养育着一个人口众多、文明昌盛的种族。"

这份与日志分开记录的5 000词的报告没表达出任何发现遗址的热情，只是一篇毫无生气的官方报告。也许卡迪考虑到这份报告的读者是殖民官员、学者和文物爱好者，这样的文风比较得体。卡迪似乎对打猎活动更感兴趣，这些构成了他的日记中最快乐、最兴奋的部分。时间将证明，他在帕伦克发现的遗址给他留下了深刻印象，他将把它看作生命中重要的事件之一。

另一方面，沃克的正式报告中关于遗址的内容只有寥寥数页，他后来很后悔当时没有多记录一些，麦克唐纳上校更是如此。不过沃克也在报告中坦言，他们花的时间太少，没能收集到更多信息，对此他很遗憾。沃克认为完全探索遗址至少需要一年的时间，但是他们穿过佩滕到达帕伦克的路上花了太多时间，他很担心当地人对他们有看法，因此决定终止调查，他"认为是明智的"。

最终，匆忙离开的决定只是加深了他们失败的程度。在这次超过三个月的旅行中，他们只留给任务目标两个星期的时间。在正式报告中，沃克甚至都搞不清这次考察的真正意图。他给予佩滕的农业、地理和政治的篇幅远远超过了遗址。他们留下的遗址相关的描述文字和图画太少。

更重要的是，遗址在其他探险者心中激起的惊奇或渴望告诉世界的急迫感在他们的报告里鲜有表达。这一点也反映出，他们不同于斯蒂芬斯和卡瑟伍德，都不是这次探险的始作俑者。他们是麦克唐纳上校为这项计划招来的，不管为执行任务历经了多少艰辛，他们只是在服从命令。

不过他们还是带着明确的目标离开了遗址。他们决定不走来时的路返回伯利兹，它太艰难了。相反，他们计划顺乌苏马辛塔河下行到墨西哥湾，从海路绕过尤卡坦半岛回到伯利兹。出于尚不清楚的原因，最后连这个返程计划也失败了。

# 第10章 希望与背叛

胡安·卡林杜上校死了，粉身碎骨。斯蒂芬斯到达格拉纳达后不久听到了这个消息。根据传言，在洪都拉斯城市特古西加尔巴附近发生了一场战役，上校在那里倒在了印第安人的砍刀下。怀着拯救共和国的愿望，这个爱尔兰人加入了自由党的何塞·特立尼达·卡瓦尼亚斯（José Trinidad Cabañas）将军的队伍。

1月末，这支小部队在波特雷罗牧场（Hacienda del Potrero）被保守党的洪都拉斯军队和一支来自尼加拉瓜的军队打败。"基督徒间的内战记录里从未有过如此血腥的篇章。"在记录这次战役的战况时，斯蒂芬斯这样写道，"没人施予或请求怜悯。战役过后，14名军官被残忍地枪杀，没有一个战俘被留下以展现胜利者的仁慈。"卡瓦尼亚斯逃走了，但带着两名骑兵和一个男仆的卡林杜在附近一个印第安村庄被人认出，倒在了砍刀下。

这个消息让斯蒂芬斯感到震惊。他曾希望与卡林杜会面，他在后者身上看到了自己的影子。他们两个都是探险家、政治上的理想主义者，以及对文物有强烈好奇心的现代人。福赛思在华盛顿见过卡林杜，斯蒂芬斯身上带着一封他写给上校的介绍信。卡林杜对斯蒂芬斯在埃及和东方的经历感兴趣，反过来，按斯蒂芬斯后来在作品中的说法，他也将卡林杜视为激发他考察科潘的第一人。现在，38 岁的上校英年早逝，斯蒂芬斯的计划和梦想被战争击得粉碎——他失去了与唯一探索过帕伦克和科潘的人交谈的机会。

战争阴云密布，波特雷罗只是第一场小冲突。在格拉纳达，斯蒂芬斯听说莫拉赞辞掉了萨尔瓦多省长的职务，开始全面接手指挥他的军队，并且考虑到安全问题，还通过海路把他的家人送到了智利。军队在洪都拉斯和尼加拉瓜间调动。“危机迫在眉睫，”斯蒂芬斯总结，“我得‘乘路还通时’赶到危地马拉。”

他骑着那头公骡向萨尔瓦多走去，半路上在当时的尼加拉瓜首府莱昂（León）稍作歇息。在他眼中，这座城市满目疮痍，在当地自由党和保守党人间的激烈争斗中，这座城市有一半已被夷为平地。一支尼加拉瓜的军队，也就是在洪都拉斯打败卡林杜和卡瓦尼亚斯的那支军队盘踞在城中。

斯蒂芬斯看到 600 名士兵集结出城，他们不是去攻打萨尔瓦多的死对头莫拉赞，而是去攻打兄弟城市格拉纳达，后者拒绝分摊上一场战役的支出。“国家间的战争已足够不幸，”斯蒂芬斯写道，“但是这里，之前将这座都城变为废墟的战火又一次在自己境内点燃。”

斯蒂芬斯乘船渡过丰塞卡湾（Gulf of Fonseca），进入萨尔瓦多。带着两头骡子和行李的斯蒂芬斯在拉乌尼翁(La Unión)上岸。刚一上岸后，斯蒂芬斯就听说莫拉赞已经把家人安全送上船，刚刚在几天前离开这个港口。他还听说将军正计划进攻危地马拉。听到这个消息，斯蒂芬斯立刻出发，希望能追上他，在他的保护下进入危地马拉。

五天后，斯蒂芬斯躲过从北方入侵萨尔瓦多的洪都拉斯军队，到达遭地震毁损的首都圣萨尔瓦多。但这时，莫拉赞和他的军队已经开往危地马拉。那天晚上，斯蒂芬斯又遇到了萨尔瓦多的副总统比希尔及他的助手。如此混乱的形势下，他们的乐观精神让斯蒂芬斯很是惊讶。

"他们展现出了比我平常所见的更高的气节。"斯蒂芬斯写道，"兵临城下，自己的士兵不在时，一个国家的主要人物表达了与联邦共存亡的坚强决心。所有这些都取决于莫拉赞的远征是否成功，如果他失败了，我的工作就没了。在共和国历史上这个最黑暗的时刻，我没有绝望。莫拉赞十年征战，从未失败，卡雷拉不敢与他一战……我一心寻找的政府将从这片混乱中崛起。"

斯蒂芬斯认为有必要尽快赶到危地马拉城。他不顾警告，启程朝危地马拉的边境前进。路途凶险，盗匪横行。全副武装的骑兵正在征用能找到的每一匹马或骡子，强迫男孩和老人加入军队。几天后，斯蒂芬斯到达阿瓦查潘（Ahuachapán），一座与莫拉赞有密切联系的萨尔瓦多边境城镇。他天黑前赶到那里，在一个寡妇的家里住下。这位寡妇的亡夫与莫拉赞有私交，她的一个儿子加入了将军的部队，另一个儿子被卡雷拉关在危地马拉城。

风尘仆仆的斯蒂芬斯虽然在这里安顿下来过夜，但他不会有多少好觉可睡。来到这个国家后，第一次，他被人吵醒，说卡雷拉在危地马拉城大败莫拉赞。这个消息立即在城里引发恐慌。莫拉赞似乎逃掉了，正返回萨尔瓦多，卡雷拉的军队在追赶他。睡了几个小时后，又传来了一个消息：卡雷拉的骑兵正在逼近阿瓦查潘。

教堂的钟声开始敲响，市民开始逃离城市。这是个凄凉的景象，据斯蒂芬斯的回忆，老弱病残和妇女挤在教堂的台阶上。有人警告斯蒂芬斯，让他抓紧时机逃跑。“我们不知道是卡雷拉的整个大军在逼近，还是只是一支流动的小分队。”他写道，“如果是前者，我希望卡雷拉与这支部队在一起，而且他也没忘记我的外交礼服。”斯蒂芬斯和一个同伴回到寡妇家，不安地等待着。他抽着烟，走到外面四处张望，但什么也看不到。钟声停了，几乎变成空城的镇子一片死寂。“我们等得不耐烦了，离天亮还有两个小时，我们又躺了下来。说来也怪，我居然睡着了。”

弗朗西斯科·莫拉赞将军闻名遐迩的不败神话在1840年3月20日凌晨破灭。他勉强活着逃出了血流成河的危地马拉城中央广场。自斯蒂芬斯两个多月前离开危地马拉后，形势发生了巨大变化。

1月，卡雷拉带着1 000多人的部队出城，入侵了自由党人的大本营克萨尔特南戈省——一个从危地马拉西部分离出去的支持莫拉赞的地区。经过两次快速突袭，卡雷拉和他的小股部队打垮了自由党人。

2月27日，卡雷拉带着胜利回到危地马拉城。他穿过鲜花装饰的拱门进入首都，乐队奏起音乐，彩旗招展，礼炮齐鸣。打败了克萨尔特南戈省的自由党人，消除了来自后方的军事威胁后，剩下的就是与东面的莫拉赞做最后的较量。卡雷拉等待这一刻已久，现在，他开始调整方向，带着一支几乎毫发无损、饱经战火考验的大军，准备对付他最危险的敌人。

莫拉赞最终接受了挑战。3月12日，他带着一支仅仅由1 500人组成的队伍越境进入危地马拉。他寄望于危地马拉的自由党人，希望他们迅速奋起反抗，站到他和共和事业的一边。卡雷拉命令一个骨干军官带领 800 人修筑工事坚守城市，他自己则带着余下的最忠诚的大约 1 000 名印第安和混血战士出城，在大约五英里（8 千米）外的一个农场里布下阵地。卡雷拉计划在莫拉赞的军队接近危地马拉城后截断他们的后路，让他们陷入阵地与守城军队之间的包围，然后像铁锤一样把他们碾碎。但莫拉赞的进攻速度超出了他的预料。

3 月 18 日凌晨 3 点，莫拉赞从布纳维斯塔门（Buena Vista gate）发起进攻，打了守城部队一个措手不及。经过一系列残酷的战斗，到中午时，守城部队败走，莫拉赞占领了大部分的城市。他立即打开城内的监狱，放出 40 多名被卡雷拉关押的自由党人，其中之一便是那位战败的克萨尔特南戈的军队指挥官。

关押期间，他遭到残酷虐待，以至于镣铐打开后，他连武器都拿不起来。随后，得到乡间印第安人支持的卡雷拉包围了危地马拉城，莫拉赞命令战士进入防守阵地。

次日，卡雷拉全力发起反攻。根据斯蒂芬斯后来收集到的目击者的描述，残酷血腥的巷战打了整整一上午。卡雷拉首先进攻莫拉赞部署在城市边缘的后备队。莫拉赞率领一小股部队离开中央广场加入战斗。双方陷入肉搏，莫拉赞的许多优秀军官或战死，或身负重伤。

卡雷拉后来吹嘘说，战斗期间，他亲身遭遇莫拉赞，差点用军刀把他的马鞍劈成两半。随着战况不利，莫拉赞抛弃近 400 名死伤的战士、300 支迫切需要的火枪及全部辎重，带领士兵沿着街道撤退到中央广场。

到上午 10 点，他们被卡雷拉召集来的无数印第安人包围在中央广场。莫拉赞在广场周围的房屋里和大楼屋顶上布置了士兵，但他在中央广场的士兵遭到来自各个角落的火力攻击。战役持续到中午，卡雷拉的火力弱了下来，这或许是他和手下的弹药打光了，或许是在为总攻做准备——据说卡雷拉本人也坐下来卷炸药包。随着暂时的停火，一阵可怕的沉寂笼罩在中央广场上空。“困在这可怖的形势下，”斯蒂芬斯写道，“莫拉赞终于有了时间去思考。”

一年前，（危地马拉城）心怀感激的市民代表团还用钟声、礼炮和欢呼欢迎他，把他看做唯一一位能把他们从卡雷卡带来的毁灭中解救出来的英雄。现在，莫拉赞的士兵进入中央广场时，几个白人市民中，一个青年被抓来带到莫拉赞将军的面前。

将军认识他，说出了好几个过去支持他的人的名字，问他们会不会过来加入他的队伍。年轻人回答说不会，莫拉赞和他的军官们感到失望。毫无疑问，莫拉赞原以为危地马拉城的市民会支持他，再次为他将他们从卡雷拉手里解放出来而欢呼。

尸体堵塞了街道，散落在中央广场地面，俨然一副大屠杀的场面。打破这沉寂的只有卡雷拉手下的印第安人从街角发出的大声嘲讽和尖叫。他们正在通向广场的街角集结。太阳落山时，印第安人跪下祈祷“万福玛丽亚”。听到这齐声高颂，莫拉赞和被困的士兵心惊胆战。

现在，他们完全认识到面临的劣势。颂歌之后紧接着雷鸣般的吼叫：“宗教万岁！打倒莫拉赞！卡雷拉万岁！”弹雨比以往更猛烈地洒向广场。战斗持续了几个小时，凌晨 2 点，莫拉赞的手下不顾一切地想要杀出一条血路，但被打了回来。广场上堆满了尸体，莫拉赞的长子和 40 名最忠诚的老军官也在其中。

随后发生的事件众说纷纭。根据这场战役的正式记录（胜利方的记录），莫拉赞在广场的三个角落上各部署了 100 名士兵，命令他们

1860 年的危地马拉城中央广场，此时已经盖上了售货棚

在凌晨 3 点开火。接着，在对方注意力被引开后，将军和 500 名士兵高喊着“卡雷拉万岁！”，乘黑暗从第四个角逃出，留下其他人自生自灭。但法国领事奥古斯特·马埃林（Auguste Mahelin）的记录说，那一夜明月当空，莫拉赞乘黑潜逃的说法殊不可信。

不管莫拉赞是从血路中杀出还是施诡计逃走，“胜利者”的正式报告基本上只字未提随后发生的恐怖事件。莫拉赞逃出城后，广场上的许多俘虏当场被卡雷拉的手下枪杀，躺在地上的伤员也被刺死。“卡雷拉指指这个，指指那个，”斯蒂芬斯写道，“每个被他点到的人都被拉到离他几步开外的地方枪杀了。”

十几名战斗中幸存的士兵从他们待的屋顶下来，躲到广场附近英国副领事的院子里。卡雷拉不知怎的发现了他们（根据某个说法，也许是英国总领事查特菲尔德告诉他的），命令英国副领事把人交出来。卡雷拉同意了查特菲尔德让他们接受合法审判的条件，这些人被带走，几分钟后就在那个街角附近被处死了。

屠杀在中央广场附近进行时，莫拉赞翻越山岭，来到了安提瓜镇。

镇上忠于自由党的部分市民恳请他宣布军事管制，对首都发动新一轮的进攻。但他没有同意，只是评论说："血流得够多了。"他在安提瓜镇停留了一段时间，给卡雷拉写了封信，请求他仁慈地对待俘虏。然后他沿海岸撤回到萨尔瓦多。

在阿瓦查潘，当斯蒂芬斯醒来时，一个男孩跑过来告诉他，卡雷拉的人马正向镇上赶来。没过多久，一支骑兵小队出现在街道尽头，斯蒂芬斯出去面对他们。在将军菲格罗亚（Figueroa）的带领下，逾百名枪骑兵列队通过城镇。他们两人一排，矛头上飘着长三角旗，一边行进，一边高喊"卡雷拉万岁！"。

枪骑兵后跟着步兵，他们大部分是印第安人，许多人衣衫褴褛，带着砍刀和老式燧发枪。他们也高喊着"卡雷拉万岁！"。斯蒂芬斯也以同样猛烈的声音回应他们的口号。"谁也躲不掉，"斯蒂芬斯写道，"我相信，如果拒绝回应口号，他们会当场打死我们。"

善于交际的斯蒂芬斯邀请菲格罗亚将军共进早餐。但不久后，菲格罗亚和手下听说莫拉赞的盟军潜伏在城外不远处，于是上马前去查看。下午，他们回来了，显然一无所获。将军在广场重新驻扎后，斯蒂芬斯想说服将军给他发张通行证，希望凭借这张通行证，一路安全无阻地去到危地马拉城。这时有消息说，莫拉赞本人正在接近该市。菲格罗亚和枪骑兵立即上马，驰出广场迎战。

印第安人步兵排成长队跑在后面。随后传来一阵猛烈的枪声，接着一匹空马飞奔着穿过广场，后面还跟着几匹。很快，四下里枪声大作。菲格罗亚和三四十名枪骑兵飞速跑过街道，然后重新集结，掉头再次进攻这条街道。斯蒂芬斯和几个旅伴以及一个年老的女仆匆匆退回原来待的屋子里。大街上战斗正酣，他们跑进一间小内室，躲在一扇三英寸厚的门后。“在一片漆黑里，”他写道，“我们支起耳朵听着。”

最终，枪声逐渐消失，他们听到了嘟嘟的军号声和骑兵的马蹄声。他们听到“联邦万岁！”的口号，于是小心地来到前门，向外张望。夜幕已经降临。一名路过的骑兵要水喝，他们拿给了他。突然之间，一群莫拉赞的士兵涌进屋子。因为这家人与莫拉赞的关系，他们都熟悉这里。为了逃避追捕，他们已经骑着马在敌人的地盘里绕了六天。

“他们打了一场小胜仗，兴奋地走了进来，”斯蒂芬斯回忆说，“他们给我的感觉是，他们是我在这个国家里看到的最好的一帮人。”他们一边抹着刀上的血，一边解释说，他们遭到了菲格罗亚的偷袭。走在前面的莫拉赞连手枪都没来得及拔出，就连忙躲开两发子弹。“要不是马累坏了，我们会消灭菲格罗亚的全部人马。”

莫拉赞传话说，他和士兵将在广场上休息。斯蒂芬斯抓住这个机会，终于见到这位大名鼎鼎的将军。斯蒂芬斯走进市政厅时，他正站着和几名军官商量事情。

一大堆火在门前燃烧，墙边有一张桌子，桌上放着一支蜡烛和几只巧克力杯。“莫拉赞45岁上下，高5英尺10英寸（大约178厘米），体格瘦小，脸上的黑色八字胡大概一周没刮了。他的军装整齐，纽扣扣到喉咙下，腰间佩着一把军刀。此时他已经脱下帽子，脸上写满温和与机智。

他虽然年轻，但已经领导这个国家10年时间了。他凭借英勇和军事技能获得如今的地位，并且他的地位一直很稳固。他总是亲自领导部队，身经百战，伤痕累累，但从不言败。他谈论手下军官以及自己国家的人民时的热情，再加上以前我对他的了解，现在我已经近乎崇拜起莫拉赞将军来，他的不幸更是激发起我对他的兴趣。

我不知道该和他说些什么，虽然他脑子里想的全是这次困难重重的远征，但他问我的第一个问题却是知不知道他的家人是否安全到达哥斯达黎加，我有没有听到他们的消息。这一点充分说明，在这样一个时刻——追随者纷纷倒下，遇难同伴的惨状犹在眼前，希望和前途完全破灭时，他的心转向了亲人。”

斯蒂芬斯介绍了自己的官方职务，草草描述了一下他被派来谈判的贸易条约。彼时，这些条约即使不是荒谬的，肯定也是尴尬的。莫拉赞说，他对不能达成合约深表遗憾。“他很痛心，因为我看到了他那不幸祖国当前的局势。”斯蒂芬斯回忆，“他肯定还有更重要的事情，所以我只在那里待了片刻，然后就回去了。”

那一夜，斯蒂芬斯想去侦查萨尔瓦多与危地马拉边界上的帕斯河（Río Paz，意为“和平之河”，真是名不副实）。他费尽心机，想找到一个能带他前去的向导，但情况不妙的是，每个有能力带他去的人都害怕遇上卡雷拉的人。斯蒂芬斯也惊恐不安，但他更害怕可能在阿瓦查潘发生的血腥战斗——如果卡雷拉赶到时莫拉赞还住在这里的话。

第二天上午，莫拉赞来到他的住处。他们这一次的谈话“时间更长，话题更广”。斯蒂芬斯没有打听他的计划，将军也只是隐约提到了一个对付盘踞在萨尔瓦多圣安娜镇的北路指挥官卡斯卡拉将军的模糊计划。“他说起话来不像（保守党）党魁和卡雷拉那样语带愤怒或怨恨。总有一天，保守党会被他们正在利用的那个无法无天的无知印第安人反咬一口。”将军警告斯蒂芬斯不要到危地马拉，因为那样做极不安全。但如果他坚持要去，将军会派人让市长替他找个向导。

“莫拉赞将军是这个国家里我最感兴趣的人，我怀着依依不舍的心情与他告别。对于还在前方等待着他的不幸，我当时几乎一无所知。那天夜里，他的大部分士兵开了小差——此前把他们拴在一起的只是身处敌人地盘时的危险。”

“他带着剩下的人来到松索纳特。他夺取了港内的一条船，先去往圣萨尔瓦多的利伯塔德港（Libertad），然后再抵达圣萨尔瓦多。在那里，那些在他当权时崇拜他的民众在他走背运时背弃了他，在大街上公开侮辱他。他和许多灰心失意、不愿留下的军官一起登船逃亡到智利。”

“在私人关系方面，即使是莫拉赞最大的敌人也不得不承认他堪称楷模，并且不无赞赏地说他不是一个残忍的人。但现在，他倒台流亡，在回来就会被判死刑的情况下，也许永远都不会再回来。我真心相信，萨尔瓦多人赶走的莫拉赞，是中美洲里最好的人。”

莫拉赞走后不久，一个忠于将军的老人带着22岁的儿子来找斯蒂芬斯，说他的儿子可以给他做向导。但小伙子听说他们要去危地马拉的边境，借口去找一匹马，之后便再也没有回来。一个戴着草帽、骑光背牲口的10岁男孩代替了他。他们觉得在乡间巡行的士兵不会觉得小男孩有什么威胁。虽然向导只是一个10岁的孩子，但这也总比没有的好。不久后，斯蒂芬斯便踏上去危地马拉的路。

# 第 11 章
# 屠刀系在发丝上

“我完成了一次 1 200 英里的旅行，”斯蒂芬斯写道，“秘鲁的黄金都不能吸引我再次踏上这趟旅程。”斯蒂芬斯骑着公骡进入危地马拉首府时，房子和鹅卵石街道上血迹斑斑。在中央广场附近的通道上，卡雷拉的 27 名印第安人手下曾在该市铸币厂的门外设了一道路障。

莫拉赞的战士进攻这个路障，26 名防守者或死或伤，10 天后，台阶上还残留有黑色的血迹。小巷两边，弹痕累累的房屋白墙上还残留着暗红血迹。所有面向着中央广场的建筑都“严重毁损”。在广场附近的斯蒂芬斯的正式住所美国领事馆，有人让他查看了三颗从木制品上挖出的火枪弹丸。

城市还在震惊中。人们谈来谈去都是莫拉赞的意外失败和卡雷拉胜利带来的后果。卡雷拉和他的主力部队已经离开了首都。他本来要去追莫拉赞，但途中又转向克萨尔特南戈，镇压那里爆发的另一场起义。斯蒂芬斯第一次上街散步时，留守的士兵拦住了他。他们用枪指着他的头，给他示范他们如何对付敌人。他只好匆匆跑回安全的领事馆。

虽然街上依然危机四伏，但经过几个月艰苦旅行的斯蒂芬斯还是觉得自己回到了“家”，回到一个可以安全休息的地方。“我依然焦灼不安，没有国内来信，卡瑟伍德先生也没回来。”

第二天下午，卡瑟伍德出乎意料地出现在门口。莫拉赞和卡雷拉争夺危地马拉城期间，他撤到科潘，现在刚刚回来。“我们两个人见了面，”斯蒂芬斯写道，“高兴得紧紧拥抱在一起。”他们决定在余下的旅途中再也不分开了。

随后几天里，两人兴奋地交换了笔记。斯蒂芬斯不在危地马拉城的日子里，卡瑟伍德一刻也没停止工作。除了回到科潘。画出了更多的图画外，他还有一个足以再次唤起斯蒂芬斯考古欲的惊人发现。早在第一次造访科潘后回危地马拉城的路上，卡瑟伍德就听到了传言，说莫塔瓜河沿岸离科潘不远的丛林里埋着石头遗迹。城里的斯蒂芬斯也从一家继承了沿河大片土地的三兄弟的嘴里听到类似故事。

帕耶斯（Payes）兄弟听他们的父亲说过，这片土地上有神秘的石头物品，它们在一个当地人称作基里瓜（Quiriguá）的地方，但他们从未到过那个地方，也没有亲眼见过那些物品。当时两人决定，斯蒂芬斯去萨尔瓦多的时候，卡瑟伍德负责查出那些传言有没有任何根据。

在一段曲折艰难的行程后，卡瑟伍德终于找到了金矿。他和帕耶斯兄弟赶到莫塔瓜河，在几乎令人难以忍受的湿热中乘坐独木舟，然后徒步穿过松软的田野和长着雪松与桃心木树的森林，直到最后碰到一座长满植物的金字塔形的建筑。

很快，他们接二连三地发现了一个直径六英尺、长满苔藓的“巨大”石刻头像、几座刻着不寻常的动物形象的石头祭坛，以及一大群竖着的石块雕刻。这些石块雕刻与卡瑟伍德和斯蒂芬斯在科潘发现的独石雕像相似，上面都刻着人物形象和象形文字。这些石刻的制作风格也与在科潘发现的一样，但一个惊人的不同是，这里的遗迹十分庞大，比他们在科潘发现的高出两三倍，面积也相应地大出许多。

根据卡瑟伍德的绘画和笔记，斯蒂芬斯算出一块“方尖碑或石刻”高出地面 26 英尺（约 8 米）。“它从垂直的位置倾斜了 12 英尺 2 英寸，似乎随时会倒下……石刻朝下的那一面刻画了一个人，完好无损，雕刻精细。朝上一面似乎一样，但深藏在植被中，无法确定刻了什么。石刻的两侧有象形文字。”

卡瑟伍德向斯蒂芬斯解释说：“我们发现了另外 5 座类似的依然立着的巨碑，以及两座倒在地上的巨碑。石头和雕刻碎片散落在一片很大的区域内，这表明还有许多遗迹没被发现。第二天，我以最快速度画了几张草图，但我们没带补给，帕耶斯兄弟也去了地产的另一部分。我不久后只好跟着他们离开。”

浏览卡瑟伍德的笔记和草图，两人猜测，基里瓜肯定与 25 英里以南的科潘遗址有某种从属关系。“毫无疑问，”斯蒂芬斯写道，“这里曾经存在一座大城市，但它的名字消失了，历史不为人知。从来没有出版物提到过这些遗迹，除了那次参观后，塞诺雷斯·帕耶斯（Senores Payes）登在一家危地马拉报纸上的选自 C 先生笔记中的一段短评外。多少世纪以来，这些遗迹像掩盖在维苏威火山的熔岩下一样不见天日。”

斯蒂芬斯很想亲眼看看那个遗址，但基里瓜和帕伦克位于两个相反的方向，雨季开始前，他们来不及两个地方都去。

离开前，斯蒂芬斯还有其他官方的事务需要完成。虽然他的主要任务随着莫拉赞的失败和共和国的最终垮台而结束，但另有指示要求他关闭使领馆，收拾档案，把它们运回华盛顿。这些事务很快处理完毕。

基里瓜的巨大石碑。（卡瑟伍德作）

他给福赛思寄去最后一封详细的汇报，他如是总结道：“经过坚持不懈的仔细寻找，我没有发现政府。”

完成职责后，斯蒂芬斯写道：“我再一次成为了自己的主人，我花我自己的钱，想去哪里就去哪里。我们立即开始安排去帕伦克的旅行。”

为了尽可能符合外交礼仪地撤出这座都城，斯蒂芬斯逐个拜访危地马拉政府的保守党要人，其中之一便是政府首脑马里亚诺·里韦拉·帕斯。这位领导人签给他一张沿路使用的通行证。为了减少他的旅行障碍，这位领导还在政府报纸《时报》（*El Tiempo*）上发布了一条与他旅行计划有关的、对他有利的通知。“但这些还不够”，斯蒂芬斯写道，“卡雷拉的名字比这些都管用，因此我们等了两天，等他从克萨尔特南戈回来。”

他同时还拜访了帕耶斯兄弟中的纳西索·帕耶斯（Narciso Payes），基里瓜是他的地产。虽然这个遗址的发现令人惊喜，但最让斯蒂芬斯兴奋的还是它离莫塔瓜河不远的地理位置。根据卡瑟伍德的计算，河水的深度足以让船将一座或几座巨石碑运到洪都拉斯湾，然后再运到纽约。斯蒂芬斯想和帕耶斯做一笔交易，毕竟他曾靠着外交礼服，不费吹灰之力便用 50 美元购得科潘遗址的所有权。然而这一次，他的外交身份适得其反。

不管他怎么努力，帕耶斯都不相信他的购买活动只是个人行为，背后没有美国政府的财力支持。帕耶斯不为所动。帕耶斯说：“几天后我的兄弟就要回到危地马拉城，无论如何，我得先问问他们的意见。”

斯蒂芬斯失望地离开了。帕耶斯的两兄弟没能在斯蒂芬斯和卡瑟伍德出发前回城，谈判达成协议的机会正飞速消逝。在那期间，纳西索·帕耶斯请教了法国总领事，后者告诉他，就为了把一座埃及卢克索的石碑运到巴黎，法国政府就花费了几十万美元。

在帕耶斯兄弟找到法国总领事前，斯蒂芬斯曾这样写道：“这些地主会很乐意以几千美元的价格卖出整块地皮，包括超过 5 万英亩土地和土地上已知、未知的一切。”但斯蒂芬斯很乐观，觉得交易还有希望。在离开前，他给一个助手留下一份秘密出价，让他在帕耶斯的两兄弟回城时提出。

帕伦克在召唤。在危地马拉城只待了一周后，斯蒂芬斯和卡瑟伍德就集齐补给和骡马，整装待发。但城外来的人警告他们路上很危险，他们碰到的每个人都劝他们三思。麦克唐纳上校的一个副官从伯利兹过来，在一次正式聚会上碰到斯蒂芬斯，把第一次沃克和卡迪到帕伦克考察的情况告诉给他。

“消息不妙。”副官补充说。根据伯利兹收到的最新描述，两人被印第安人用长矛刺死——后来，斯蒂芬斯了解到这个消息不属实。斯蒂芬斯最担心的是传回来的关于卡雷拉在克萨尔特南戈的行动中的传言，斯蒂芬斯和卡瑟伍德去帕伦克要经过那里。据传言，卡雷拉又犯下了更多暴行，印第安人已经反叛，正在屠杀白人。

等待卡雷拉回来亲手签署通行证期间，斯蒂芬斯决定到郊区转上最后一圈。他再次迷上这里的自然风光，尤其是不远处，像混乱的伊甸园的守卫一样耸立着的阿瓜、富埃戈（Fuego）和阿卡特南戈（Acatenango）火山。他又像往常一样被附近的一座墓地吸引。这座墓地修建于霍乱爆发时期，但现在也作为不久前城市争夺战中的400多名死难者的长眠之地，他们的尸体一起堆在一大块新翻的方形地面下。“这是一次令人心酸的与危地马拉的道别。”他写道。

次日，关于克萨尔特南戈的传言得到证实。暴力行动始于两周前，莫拉赞进攻并成功占领危地马拉城的消息传到克萨尔特南戈时。听到消息，克萨尔特南戈市民揭竿而起，将卡雷拉的守军赶出他们的城市。

这时，这座城市的官员犯了个错误，派信使给莫拉赞送去一封贺信。卡雷拉在追击莫拉赞的途中听到了起义的消息，于是立即改变方向，向克萨尔特南戈进军。城市的领导人心惊胆战地聚集在广场迎接他。就在他到达时，那个根本没按指示赶到首都的印第安信使将该市写给莫拉赞的贺信交给卡雷拉。

对该市领导人来说，这是最糟糕的时刻。听到秘书读出的信，卡雷拉勃然大怒，拔刀砍伤市长和另外两人后才克制住自己。他命令士兵抓住这些领导，把他们押到监狱去。第二天，他把市长和该市的17名要人带到广场。接着，斯蒂芬斯写道，“没有一点形式上的审判，连战地军事法庭都没有”，他们一个个被按在广场墙前的一块石头上处死。

传言也传到了危地马拉城，说卡雷拉回城后，准备将还活着的几百名支持莫拉赞的俘虏押到广场枪毙。城市的恐惧像凝固在空气中一样几乎可以触摸得到。“又一次，屠刀系在了一根发丝上。”斯蒂芬斯写道。

就连卡雷拉的拥护者也十分担心会爆发一场种族战争，那些有能力离开的人强烈希望离开这个国家。一些拥有房产和大庄园，但只能凑到两三千美元现金的人向我请教，这样一笔钱能不能在美国生活。在此之前，白人在所有战争和革命中拥有决定性的影响，但这一次，印第安人成为主导力量。他们从长期的懒散中苏醒，手里有了枪，从温和变得残暴。卡雷拉是促成这个转变的关键。

卡雷拉回城后的第二天，斯蒂芬斯去见他。卡雷拉现在住在一个很大的房子里，有了更多的卫兵，部署得也更好。斯蒂芬斯走进他房间时，将军正拿着一条金链子站在桌子后面。他的军装放在桌子上，身上穿着斯蒂芬斯上次见他时的同款“宽松”短上衣。

他的妻子，那个暴躁得出了名的彼得罗娜站在一边，正与总统里韦拉·帕斯和另外一两个人看一堆金项链。斯蒂芬斯一下子就被她的美貌、年轻和优雅镇住了。他评论说：“她不超过20岁，像其他女人一样，对项链和黄金有天然的喜爱。而卡雷拉只是无动于衷地看着这些金项链。”

将军立即认出他来。斯蒂芬斯注意到，虽然经历了过去几个月的考验，但将军看上去还是很年轻，“（他的）脸上显示出和以前一样的……机敏和聪明，言行举止也同样温和而严肃，而且他又一次负了伤。”斯蒂芬斯说明来意：他需要卡雷拉在他的通行证上签名。

卡雷拉从斯蒂芬斯手上拿过通行证，把它扔在桌上。“我会给一张新的通行证，亲自签署它。”说完，他转向秘书，指示他拿一张“北方国领事”的通行证过来。

秘书离开房间后，卡雷拉示意斯蒂芬斯坐到桌边。将军听说斯蒂芬斯在莫拉赞撤退期间见过他，于是询问他那次会面的情况。卡雷拉解释说，他正计划一周后率领 3 000 人进攻圣萨尔瓦多。他说如果有炮，他早就把莫拉赞从危地马拉城的中央广场赶跑了。

斯蒂芬斯问他，他和莫拉赞在战斗初期曾见过面的传言是否准确。卡雷拉说传言是真的，莫拉赞手下没骑马的骑兵曾扯掉他的枪套，莫拉赞也朝他开了一枪。卡雷拉说他当时离莫拉赞很近，挥刀向他砍去，但没砍中，只砍坏了他的马鞍。

斯蒂芬斯发现整个会面很奇怪，他这样写道：“我忍不住想到我所处的奇怪地位：与两个渴望杀死对方的人握手、促膝而坐。我受到两个人的热情接待，他们谈论彼此，许多时候还谈到自己的计划和目的。他们和我说话时毫无保留，好像我是双方顾问团的一个成员。”

秘书在另一个房间叫卡雷拉。几分钟后，将军拿着斯蒂芬斯的通行证回来了，上面卡雷拉的签名还没干。“他签名花去的时间比砍一个人头的时间还长，而他似乎对此感到骄傲。”斯蒂芬斯写道，“我称赞了他的书法，带着他对我安全到达北方国的良好祝愿……告别了他。”

那天晚上，外交礼服巨大的黄金纽扣在灯下闪烁着浓烈温暖的光泽，斯蒂芬斯把它折起，与其他发回国内的物品包在一起。他和卡瑟伍德写下他们在这里的最后一封信。第二天，1840 年 4 月 7 日上午，他们启程前往墨西哥恰帕斯州的帕伦克。

4 月 5 日，也就是两天前，卡迪和沃克驶入伯利兹港。这时距离他们沿着伯利兹河发起远征已经过去了近五个月的时间，距离他们离开帕伦克也已经有一个半月了。

回程途中，他们沿着乌苏马辛塔河向下游走（卡迪用猎枪猛轰岸边身长达到20英尺的鳄鱼），到达墨西哥湾内的一个大河湾口：特尔米诺斯潟湖（Laguna de Términos）。在那里，他们乘船沿着尤卡坦海岸北上，到达锡萨尔港（Sisal），然后进入内陆，再到达尤卡坦的首府梅里达（Mérida）。接着他们经陆路穿过尤卡坦半岛北端的干燥地区，然后再从半岛东岸登船，南下朝伯利兹走去。

相比于一路上从佩滕到帕伦克的艰苦，他们回程时显然轻松得多，一路上都是北方的灌木丛林地——他们肯定想不通，为什么不从一开始就走这条路呢？他们乘的船驶入伯利兹港后，迎接他们的是焦急不安的麦克唐纳。看到他们回来，麦克唐纳和殖民地的人都长舒了一口气。显然，他们的考察大获成功，关于他们已经被杀死的传言是毫无依据的。

只有一个问题。卡迪和沃克返回后不久，麦克唐纳收到了一封殖民地部（Colonial Office）发出的信，这封信让他头疼。去年11月，麦克唐纳在写给殖民地部的信中大概提到了卡迪和沃克的探险。这封信在英国引起不良反响，英国官僚机构高层有人担心，上校事先没有获得批准便支付政府资金用于这次考察，这属于越权之举。

即将当上首相的殖民事务大臣约翰·罗素勋爵在信中说，他直到2月才收到麦克唐纳前一年11月寄出的信。2月大约是卡迪和沃克离开帕伦克返回伯利兹的时间。

罗素勋爵在2月19日的信上说，他得知为了这次考察，麦克唐纳已经从“军队金库”拨出了200英镑。他告诉麦克唐纳：

> 驻洪都拉斯总领事的助理通知财政部，这次考察的预付款已经拨出，财政部已经向我表达了他们的意见。我认同他们的看法，即从任何方面来说，没有女王陛下和政府的事先授权，你没有正当理由从军队金库中分配资金，用于你信中所描述的考察项目。
>
> 财政部进一步声明，关于这笔预付资金，要等到它的支出方式得到明确说明，并且考察得出报告后，他们才会有正当理由同意免除你的责任。这样的考察报告应能显示它的结果是对公众有益的。

“一旦牵涉财政责任，所谓的‘英国科学声望’也不过如此。”大卫·彭德格斯特（David M .Pendergast）在他 1967 年的图书《帕伦克：沃克与卡迪对玛雅古城的考察，1839—1840》（*Palenque: The Walker-Caddy Expedition to the Ancient Maya City, 1839—1840*）中如是写道。

仅仅因为没有遵守官场上的习惯做法，上校以女王的名义推动科学进步（当然还有打败一个美国竞争者）的主动性不仅没有受到表彰，反而面临着不得不自己赔偿 200 英镑的可能性。压力现在落到麦克唐纳的头上，他让两个探险家立即开始工作。

这些书信来往是 19 世纪早期通信慢到瘫痪的又一个例证，而这些都是我们今天所无法想象的。仅仅几个月前，忧心忡忡的麦克唐纳给在危地马拉的查特菲尔德写信，询问他有没听到任何关于沃克和卡迪的消息。

查特菲尔德在 3 月的回信里说什么消息也没有，这时沃克和卡迪已经踏上返回伯利兹的旅途好几个星期。他在 4 月 8 日又写了一封信，告诉麦克唐纳他这里还是没有他们的消息，这时沃克和卡迪已经回到伯利兹三天了。不过他也给麦克唐纳提供了一些其他情报：“斯蒂芬斯先生和那个成了美国佬的英国艺术家结伴去了克萨尔特南戈，他们打算通过墨西哥边境前往帕伦克。”

沃克和卡迪回到伯利兹后的第六周，麦克唐纳拿到了沃克的正式报告。他似乎对这一千多字的报告相当满意。5 月 13 日，他给罗素勋爵写信：“我完全理解，在开始任何类似的考察前，我都应该先得到女王陛下政府的批准。但我相信，在我向阁下提交我对这个问题的解释后，阁下会免除我未经细致考虑就草率行动的责任。”他还补充说，等卡迪“直观描绘考察”的绘画完成后，他就会把沃克的报告送到伦敦。

以一人身亡为代价，两名英国人抢在斯蒂芬斯和卡瑟伍德之前到达帕伦克，对沃克、卡迪、麦克唐纳，以及伯利兹殖民地的人而言，这是一个事关民族骄傲的大事。但对其他人，如胡安·卡林杜而言，这没什么大不了的，因为他们之前早就到过遗址了。

重要的不是谁先到帕伦克，而是谁最大限度地利用了他们的考察，这一点很快就会显现出来。沃克公事公办的报告根本不能与斯蒂芬斯后来对帕伦克的文字描述相提并论。这个比较在文字本身就已经相当清楚，斯蒂芬斯无疑更具写作才华。但更大的问题在于，沃克缺乏对遗址的关注。

虽然帕伦克是他们长途跋涉的主要目标，但他 30 页的报告里对帕伦克的描述不超过四节——而与之形成鲜明对比的是，斯蒂芬斯用了超过 40 页篇幅描写帕伦克。沃克在报告里主要描述了当地的人口、风俗、农业、地理，以及危地马拉和墨西哥的政治情况，其中还夹杂着露骨的沙文主义的评论。沃克的评论过多触及敏感的政治问题，以至于后来殖民地部命令他删除。

虽然沃克对帕伦克的描述不多，但他乐于猜测与遗址“起源”有关的理论。“我最倾向于相信的理论是，一支舰队曾穿过大西洋，寻找到了这片未被发现的土地。”

溯游而上进入乌苏马辛河后，他们发现了这片群山环抱的肥沃土地，决定留下来。“每座建筑严格按一个始终如一的范式建造，这个范式有埃及建筑一样霸道特征的标志。”他还猜测说，也有可能是来自远东或印度的亚洲人建造了帕伦克。

沃克直接否定了美洲原住民可以打造这样一个先进城市的假说，他这样形容西班牙人到达美洲前居住在这片土地上的印第安人：“一个笨拙软弱的种族，没有能力做出伟大的设计，即没有实施大工程或艺术工程的能力。”奇怪的是，他没有注意到那些遗址上雕刻精美、随处可见，显然代表古城统治者和贵族的人物形象（亦被卡迪画下）像极了当时生活在那里的印第安人。

说句公道话，沃克也许相信，卡迪的绘画意在讲述遗址的真实故事,而他的报告只是一份“对公众有益的”有趣的旅行见闻。毕竟，麦克唐纳似乎对报告很满意。

现在，一切都取决于孜孜不倦地画了几个月的卡迪。他的一些绘画确实出色，在卡瑟伍德开始帕伦克的工作前，他的绘画是当时最好的。但是最终，慢如蜗牛的殖民地通信将成为一个令人抓狂的障碍。罗素勋爵要到第二年 2 月才能收到沃克的报告和卡迪的绘画，到那时，一切都为时已晚。

# 卡瑟伍德

# Jungle of Stone

## 石像、神庙与失落的文明

## 逃离象牙塔

斯蒂芬斯的书里充满了对一路上遇到的各式人物的生动描述，但没有一段是关于“卡瑟伍德先生”的。卡瑟伍德永远是那个忠实的伙伴，神秘且难以捉摸，几乎隐身在幕后。虽然卡瑟伍德一生都在与艺术家和作家打交道，但除了在尤卡坦自画的一幅模糊的素描外，他没有其他已知的肖像存世。那幅人像画得很简单，没有胡子，下巴微微下垂，身材修长，戴着一顶宽边帽和一副眼镜，穿着一件棕色的长外套。

他出现在远景中，手拿一条皮尺，站在一座神庙遗迹前。在画里，卡瑟伍德似乎只是一个微不足道的装饰，用来参照那个破败建筑的规模。天生的谦虚内向似乎阻止他画一幅形式完整、真切实在的自画像。但无疑，他和斯蒂芬斯一样有着丰满充实的人生。

41 年前的 1799 年 2 月 27 日，他出生在当时还是伦敦北部边缘地区的霍克斯顿。他幼时住的三层楼房在查尔斯广场一带，与相邻的大部分红砖住房没什么两样。这些建筑实用但千篇一律，有一排排高低齐平的窗户和门，上面有保护用的尖尖的格状铁栅栏，将房子与地下室和人行道隔开。查尔斯广场的中央公园里“一片绿荫，有青草、果树和其他树木”，给人一种乡间的感觉。广场上一些建筑的历史可追溯到 17 世纪，这里的居民出了名的彬彬有礼。

卡瑟伍德一家虽非显贵，但也是殷实的中上阶层。1745 年，卡瑟伍德的祖父威廉·卡瑟伍德（William Catherwood）从英格兰中部城镇考文垂来到伦敦。一开始，他登在洗礼记录上的职业是药剂师，但后来他成为一名海关文职人员，负责在伦敦海关收税。

威廉的众多儿子中，两个成了钟表匠，一个成了铅字铸造师，一个成了教师——后来他创办了一支铜管乐队。威廉其中一个儿子约翰·詹姆斯·卡瑟伍德（John James Catherwood）就是卡瑟伍德的父亲。约翰追随父亲成为一名文官，最终晋升为“谷物收益征税官和消费税审计官”——政府部门内两个负有重要财政责任的职位。他还是英格兰两个最重要的铅字铸造厂之一的合伙人。这家铅字铸造厂由威廉·卡斯隆（William Caslon）创办于半个世纪前，生产各种流行的印刷机用字体。

1793 年，约翰·詹姆斯·卡瑟伍德直到 41 岁才娶了安妮·罗（Anne Rowe）。我们对安妮了解不多，只知道她来自一个著名的贵族家庭，这个家族中的成员有给伊丽莎白一世当过大使的托马斯·罗（Thomas Rowe）爵士和伦敦市长亨利·罗（Henry Rowe）爵士。婚后的九年时间里，她给约翰生了六个孩子，三男三女，其中一个夭折。弗雷德里克·卡瑟伍德是她的第五个孩子，他还有一个生于 1802 年的小弟弟阿尔弗雷德·卡瑟伍德（Alfred Catherwood）。

关于卡瑟伍德的童年，我们只知道他似乎过得十分舒适。那时候的查尔斯广场在伦敦边上，几十年来，广场周边很大一块地方都是苗圃。乡村就在附近，因此小弗雷德里克·卡瑟伍德到伦敦北部的田野漫步很方便，就像童年时的斯蒂芬斯在当时纽约北部的曼哈顿乡间绵延起伏的草地上漫步一样。19世纪第一个10年，随着伦敦人口向北扩散，卡瑟伍德和斯蒂芬斯一样见证了社区周围空地上的飞速建设。

多年以来，霍克斯顿地区是出了名的救济院和精神病院聚居区。许多世纪前，为了逃避市中心的烟雾和疾病，富有的伦敦人在乡间建造庄园别墅，一些救济院和精神病院由这些别墅改造而来。但查尔斯广场与世隔绝，自给自足，在小卡瑟伍德和众多兄弟姐妹一起长大的过程中，它像温暖和安全的绿洲。

弗雷德里克·卡瑟伍德一家住在查尔斯广场21号，他父亲的兄弟纳撒尼尔·卡瑟伍德（Nathaniel Catherwood）与妻儿住在20号。他姨妈一家也住在附近。赞美诗《奇异恩典》（*Amazing Grace*）的作者、著名废奴主义者约翰·牛顿（John Newton）神父曾住在这条街上的13号，他经常从后窗遥望有奶牛、小鸟和树木的田野。

伦敦那时候还没有公立中小学制度，我们对弗雷德里克·卡瑟伍德的早期教育一无所知。在众多为中上阶层孩子设立的私立学校中，他很有可能在其中一所内上学。卡瑟伍德家的孩子受到了很好的教育。弗雷德里克·卡瑟伍德的弟弟阿尔弗雷德·卡瑟伍德进了格拉斯哥大学（Glasgow University），成为伦敦名医，著有一本重要的肺病专著。弗雷德里克·卡瑟伍德的文学才能清楚地表现在他的文章里，他还出色掌握了数学和其他自然科学，成为一名测量员、建筑师和铁路工程师。

像斯蒂芬斯一样，一开始，弗雷德里克·卡瑟伍德的职业道路无疑是由他父亲决定的。16岁时，他追随大温切斯特街的建筑测量师迈克尔·梅雷迪思（Michael Meredith），开始了为期五年的学徒生活。就在这一时期，他似乎对绘画产生了兴趣。

1817年1月17日，还是学徒的弗雷德里克·卡瑟伍德以“试读生”的身份注册进入著名的皇家艺术学院（Royal Academy of Arts）。这样一来，他便有了三个月时间在学院创作，让他画出赢得正式入学资格的作品。但没有记录表明他成为了全日制学生。到了1820年，他即将离开梅雷迪思那一年，他的一幅名叫《白金汉门，阿德尔菲》（已遗失，现已无人知晓画作的原貌）的作品在皇家艺术学院一次展览上展出。他获得了某种程度的认可。

在卡瑟伍德的童年和青少年时期，英国在欧洲和美国都处于交战状态，虽然没有直接受战争波及，但他还是感受到了拿破仑穷兵黩武的影响。在卡瑟伍德出生前8个月的1798年7月1日，拿破仑率一支庞大的远征军在埃及的亚历山大港登陆。虽然拿破仑为科研目的首次打开古老的埃及神庙和金字塔后，英军最终还是在埃及打败了法国军队，但这件事注定将会影响卡瑟伍德的生活道路。

拿破仑在进入埃及前已经征服了意大利的大部分地区。在此之前，对罗马遗址和意大利艺术与建筑的第一手研究是英国艺术家和建筑师的必修课，但在法国占领意大利后的20年里，这条路实际上被堵死了，直到拿破仑在1814年退位，并于1815年在滑铁卢失败后，意大利的大门才再次敞开。为了弥补这段失去的时间，一波波英国艺术家和建筑师涌入意大利。他们尤其渴望研究法国人对古罗马广场和其他古代遗址的发掘。艺术家之后，英国贵族、作家和浪漫主义诗人，如拜伦、雪莱和济慈等又走马灯似的紧跟着他们到来。

济慈去罗马的决定间接引起了卡瑟伍德对那里的兴趣。虽然没有文件可以证明两个人互相认识，但这种可能性很大。他们极有可能通过两人共同的朋友约瑟夫·塞弗恩（Joseph Severn）结识。塞弗恩是一个画家，在霍克斯顿长大，他的音乐家家庭与卡瑟伍德一家是朋友。

1820年下半年，济慈患上了严重的肺结核，自感在英格兰活不过这个冬天，于是决定去意大利。塞弗恩是济慈的忠实朋友，他自愿丢下伦敦的一切，在旅途中照顾这位身高5英尺1英寸（约165厘米）的天才诗人。他们于11月到达罗马，住在市中心西班牙广场的26号，房间里可以俯视一条后来被称为“西班牙大台阶”的白色的宽阔鹅卵石台阶。但窗外的胜景没有给他们带来多少安慰，塞弗恩几乎寸步不离地照料朋友度过罗马的冬天。

1821年2月23日，济慈死在塞弗恩的怀里，年仅25岁。济慈死的时候，他痛苦地意识到，自己那些可怜的诗除了能换来批评家的鄙视外，几乎什么都不能得到。奄奄一息之际，他坚持让塞弗恩在墓碑上刻上这样一句话：“长眠此地者，声名若水。”意大利当局烧掉了济慈去世时住的房间里的一切，连墙都要刮干净。塞弗恩给父亲写信说，他们害怕“英国痨病”。

悲痛的塞弗恩把济慈葬在罗马一个小小的新教徒墓地，并且将济慈去世的消息告诉了他们在英国的朋友。安葬好济慈后，塞弗恩决定留在意大利完成艺术学习。他写信将计划告诉家人，并且还附上了一封写给挚友弗雷德里克·卡瑟伍德的信。这一年9月，在济慈去世的7个月后，卡瑟伍德出现在罗马。

“卡瑟伍德先生昨夜平安健康地抵达这里。”塞弗恩给妹妹[1]玛丽

---

① 原文sister。据*Joseph Severn, A Life: The Rewards of Friendship*（作者：Sue Brown，出版社：OUP Oxford [2009年10月8日]），约瑟夫生于1793年，玛丽亚生于1797年。

左图 约瑟夫·塞弗恩的肖像（1822 年）。
右图 罗马，临死前躺在病床上的约翰·济慈。约瑟夫·塞弗恩作。

亚（Maria）写信，“我还记得他在伦敦时的模样和举止，他坐在我的书房里，和我记忆中的样子一模一样。”这是一次快乐的重逢。虽然塞弗恩比卡瑟伍德大五岁，但两人已经在霍克斯顿，以及卡瑟伍德在皇家艺术学院那段时间里成为密友。他们有类似的成长环境。

在卡瑟伍德做建筑师学徒时，塞弗恩作为一名雕刻师的学徒已经度过了八个不快乐的年头，直到最终从雕刻师手下摆脱去追求自己的艺术，塞弗恩才又快活起来。两人见面后，卡瑟伍德谈了谈国内发生的一些琐碎，第二天，他们出门转悠，兴奋得难以自抑。“今天上午，我们参观了圣彼得大教堂和梵蒂冈，他非常高兴，甚至可以说感到惊喜。”塞弗恩写信告诉玛丽亚，“我把他介绍给那里的许多艺术家同道（英国人），其中有三位建筑师，他将开始和他们一起学习。”

塞弗恩还在给妹妹的信中解释说，他找到了房子。“价格非常公道，有给我们两人用的各种便利设施，有两间书房、两个起居室和两间卧室，房子里还能看到罗马的全景。”他们本来可以住在一起，但还没来得及住进去，他们的计划就被一个飞扬跋扈的英国贵族妇人——威斯特摩兰伯爵夫人简·赫克-桑德斯（Jane Huck-Saunders, the countess of Westmorland）打乱了。

济慈死后，水性杨花的伯爵夫人又对塞弗恩和他的画来了兴趣。她给他找了一份为住在罗马的其他英国贵族画肖像的工作，还邀他参加她在内格罗尼庄园的家里举办的宴会。卡瑟伍德来到罗马的那年9月，她又对埃及着了迷，准备去一览古埃及的遗址，并坚持要塞弗恩和她一起。塞弗恩虽然受宠若惊，但因为卡瑟伍德刚刚从英国赶到，所以他还是拒绝了邀请。伯爵夫人则回答说，那就让他们两个人一去埃及。在给妹妹写信时，塞弗恩说：

> 我告诉伯爵夫人，也许卡瑟伍德愿意去埃及。她似乎对我描述中的卡瑟伍德和他的能力与家庭相当满意。她说她会接受我的任何建议，因为我理解她的看法。
>
> 昨天晚上，我不得不再次拜访她，并且觉得和卡瑟伍德先生一起去拜访她更好。威斯特摩兰夫人向他提出了去埃及的提议，他似乎很满意这个想法。我曾劝他别去，因为按他原来的打算，留在罗马学习建筑对他会更好。但卡瑟伍德先生认为这是一个极好的机会，也许是他唯一一次可以去埃及的机会……

但是第二天，伯爵夫人来到塞弗恩的画室，说她因为“仆人缺乏”，旅行不得不推迟到下个季节，到那时两个人都必须陪她一起去。塞弗斯同意了。在给玛丽亚的信中，他补充说：

> 卡瑟伍德先生请你把我的信拿去查尔斯广场给他的家人看，并且请他们原谅他没写信。他满脑子只有罗马和睡觉，他太累了。他低声下气地指望获准去睡觉。他请我把他的爱和挂念转达给他所有亲爱的人——他的家人。他说看不到他们，他绝对没办法在罗马生活一年。

三个月后，塞弗恩报告，卡瑟伍德住进威斯特摩兰夫人的“宫殿”。伯爵夫人是第十代威斯特摩兰伯爵约翰·费恩（John Fane, the tenth earl of Westmorland）的第二任妻子。费恩曾是乔治国王[①]的枢密院成员，极为富有，权势显赫。她给费恩生了三个孩子，但住在罗马的时候，她已经与费恩分居。

卡瑟伍德来罗马时，她41岁，比他大近20岁。她专横、机智，是个讨人喜欢的健谈的人。关于卡瑟伍德生活中这段插曲，有这样一份描述：伯爵夫人将卡瑟伍德当成她的情人，他年轻，容易受人影响，从查尔斯广场来到内格罗尼庄园，他一定大为震惊。但从塞弗恩的描述中根本看不出那一点。实际上，他在写给妹妹的信中说：

> 她有点害怕她的仆人，希望我住在那里管束管束这些意大利人。我要按自己的意愿生活，我不喜欢住在那里，我完全沉浸在研究上，没空去想别的事情，也不会去想。因此我问卡瑟伍德想不想过去，他很喜欢这个主意。她接受了我

① 费恩曾任乔治三世和乔治四世的掌玺大臣（仅次于枢密大臣的枢密院成员）。

的推荐，于是现在，他收拾起全部家当，成了主人和老爷。

没人知道卡瑟伍德在内格罗尼庄园做了多久的“主人和老爷”，他和塞弗恩也没有和威斯特摩兰夫人去埃及。1822 年，卡瑟伍德和建筑师约翰·戴维斯（John Davies）得到意大利当局许可，搭起脚手架，细致研究罗马最近发掘出来的四座神庙。虽然我们不知道他离开伯爵夫人家的日期，但在随后两年里，他花了大量时间在意大利和西西里旅行，继续研究建筑。

卡瑟伍德的早期旅行和到达纽约前在英格兰度过的十多年里留下的记录极其稀少，他的许多令人不解之处也来自这点。他的信件少有面世，但他这一时期的一些艺术作品保存了下来，包括一幅 19 世纪 20 年代早期在西西里画的油画。这幅油画描绘的是陶尔米纳镇附近的希腊遗址，白雪覆盖的埃特纳火山（Mount Etna）在背景中若隐若现。

离开意大利后，卡瑟伍德很可能去了雅典。在那里，不管出于疏忽还是别的原因，卡瑟伍德登陆雅典时当地正爆发革命，它的后果很快接踵而至：希腊正卷入一场争取从奥斯曼帝国手中独立出来的战争，卡瑟伍德被困在了雅典。

后来，他向斯蒂芬斯描述了当时的形势。斯蒂芬斯这样写道：“希腊革命期间，土耳其人包围雅典时，卡瑟伍德先生困在城里。为了继续艺术研究，他不得不亲手铸造（纪念碑的）模型……”但我们不知道卡瑟伍德游览雅典的具体时间，希腊革命始于 1821 年，前后一共持续七年，这意味着卡瑟伍德在去埃及的前后都有可能到访雅典。

无需威斯特摩兰夫人的推动，卡瑟伍德独自完成了渡过地中海去埃及的旅行。19 世纪 20 年代，英国出版了一部由随同拿破仑进入埃及的法国学者在 1798 年集体编撰的巨著《埃及描绘》(*Description de l'Égypte*)，部分是因为这本书得以出版的激励，英国陷入某种对埃及的狂热。

1821 年 5 月，卡瑟伍德还在伦敦，正准备去罗马时，皮卡迪利广场上举办了一个大型的埃及古器物展。做过马戏团大力士的寻宝人乔瓦尼·巴蒂斯塔·贝尔佐尼出版了一本他在尼罗河探险的畅销图书，不久后，他又在广场的埃及厅里发起了这次展览。展览首日，超过 1 900 人涌入展厅。

重要的是，埃及在穆罕默德·阿里帕夏的统治下实现了一定程度的政治稳定。阿里是阿尔巴尼亚人，1809 年由奥斯曼土耳其帝国扶植上台。他是一个残酷但精明的领导人，一心想让埃及成为一个现代国家，欢迎任何他认为可能有帮助的西方人。于是英国的技术人员来了，紧随其后的有贵族和艺术家，其中许多人希望沿着尼罗河朝上游走，亲眼看看他们耳熟能详的神庙和金字塔。

1823 年晚秋，卡瑟伍德来到埃及。这将成为他生命中的一个重要转折点。在到达亚历山大港前，这个 24 岁的年轻人一直关注的是罗马、希腊和意大利的建筑，希望可以利用学到的知识回英格兰开始建筑师的业务。但埃及为他开启了一条新的道路，一种新的生活，他似乎走入了一个新的空间，在这里，历史比他在学校里学到的更广阔、更深刻、更悠久。

他似乎登上了另一个星球：一望无际的干燥沙漠，没有人迹，与英格兰的凉爽和绿色截然不同。纪念碑、金字塔和神庙的规模大到难以想象，艺术和建筑是全新的、奇异的。谁建造了它们，为什么而建，建于几千年前？和其他被吸引到这个国家的英国人一样，他沉浸在希腊和罗马历史学家拼凑出的长达 2 500 年的古埃及历史中："古王国时期""中王国时期"、亚历山大大帝留下的托勒密王朝。埃及是一段最终将卡瑟伍德带到科潘和帕伦克的长途冒险旅行的起点。

这段冒险旅行的开始实在平平常常。卡瑟伍德和建筑师亨利·派克（Henry Parke）、约瑟夫·约翰·斯科尔斯（Joseph John Scoles）在亚历山大港下了船，那两人可能是他在罗马结识的，也可能是早在伦敦就认识的朋友。三名建筑师先来到亚历山大港的地下墓穴，像在意大利一样，他们以一系列素描开始了对埃及的研究。

他们的一些画作后来登在《建筑词典》（*Dictionary of Architecture*）里。接着他们来到开罗，沿尼罗河上行，“描绘从尼罗河三角洲到第二瀑布间每一个值得关注的对象”。1824 年 1 月中旬，他们最终到达埃及南部努比亚（Nubia）的阿布辛贝勒石窟寺（Abu Simbel [Temples]）。卡瑟伍德这一时期描绘神庙的绘画保存了下来。

错误的时机给他们带来了麻烦。与在希腊以及后来在中美洲和墨西哥一样，对卡瑟伍德以及他那个时期的其他探险家而言，人类对探险构成的妨碍不亚于沙漠、丛林和疾病。他们上行驶入尼罗河后，当地的农场主和农民发动了一场反抗帕夏残酷统治的起义。这些旅行者被困在了尼罗河上游。农民起义军和帕夏士兵间激烈的血腥战斗在尼罗河沿岸进行了一个多月。古底比斯和卢克索一带的村庄被烧光，成千上万人被打死。

战斗威胁到河上每个人的生命，一群英国人（卡瑟伍德和同伴）在起义期间被杀害的谣言迅速传开。但实际上，他们想办法一直待在冲突区域的外围。直到 4 月中旬，他们才最终冒险乘船顺着岸边堆满尸体的尼罗河向下游走，躲到一个叫盖尼镇（如今改名叫基纳镇）的地方。另一个在这次起义中被困的英国人约翰·马多克斯（John Madox）于 4 月 26 日到达基纳，见到了卡瑟伍德。“见了面，我们都很高兴，”他写道，“祝贺彼此幸运地逃过一难。”

帕夏的士兵——来自南方的 1 500 名土耳其骑兵和来自北方的由法国雇佣兵军官率领的 4 000 名“正规军”赶来镇压起义。这些旅行者最终得到帕夏士兵的保护。不久后，他们得以继续沿尼罗河下行前往开罗。但这时，一场瘟疫又让他们耽搁了几个星期。借此机会，他们考察了基纳的遗址，包括附近那些放满了木乃伊的坟墓。到仲夏时，尽管开罗城内死于瘟疫的人数仍不断增加，但他们还是很高兴能回到那里。他们很快开始工作，考察附近的吉萨金字塔群，并为之绘图。

几个月后，卡瑟伍德来到与西西里隔海相望的地中海小岛马耳他。10 月初，他在那里结识了富有的正在赶去埃及的苏格兰人罗伯特 · 海。罗伯特 · 海 25 岁，与卡瑟伍德同龄，曾是海军军官，在两个哥哥死后（其中一个死于滑铁卢）成了苏格兰一处巨大产业的继承人。海是一个技艺娴熟的制图员兼画家，非常欣赏卡瑟伍德表现尼罗河沿岸遗址的油画和素描。

他们后来在埃及重聚时，这个年轻贵族会雇用卡瑟伍德为他工作。现在，卡瑟伍德正在辗转返回英格兰的路上。我们没有他下一年生活的记录，他也许去了希腊——如果他还没去过的话。但是第三年，他再次来到罗马。1825 年 12 月，约瑟夫 · 塞弗恩写给在伦敦的妹妹的一封信中曾问：“卡瑟伍德先生到了吗？关于我生活中的细节，他会给你们讲你们想知道的一切。”

## 从埃及到中美洲

在随后的六年时间里，卡瑟伍德完全消失不见了。为他作传的作家维克托 · 沃夫冈 · 冯 · 哈根写道：“似乎某个不怀好意的活闹鬼跟在

尼罗河和金字塔。（卡瑟伍德作）

卡瑟伍德的身后，销毁了他生活中的每一页记录。”追索他这些年生活轨迹的难度在于通信或其他书面文件的缺乏。在当时正在纽约忙于法律业务（同样缺少相关的文件记录）的斯蒂芬斯的眼中，卡瑟伍德显然是一个沉默寡言的人。也许绘画是卡瑟伍德的主要表达方式，但即便如此，他的作品也只有很少的一部分保存了下来。

不管出于什么原因，卡瑟伍德在 1825 到 1831 年的生活记录完全消失了。很有可能，这段时间他回到查尔斯广场 21 号的家，余生里，他将断断续续在那里生活。1827 年，住在隔壁的姨妈伊丽莎白去世；两年后，享年 77 岁的父亲去世。这对他一定是个沉重的打击。

埃及之行中，卡瑟伍德的旅伴之一瑟夫·斯科尔斯为他写了一段简介，我们可以从这段简介中得知，卡瑟伍德这段时间在伦敦开展建筑业务，不过显然距离功成名就还很遥远。“他设计了威斯敏斯特桥附近的一家玻璃工厂和本顿维尔的一些房子。”斯科尔斯在卡瑟伍德离世多年后写下这段简介，他只能回忆起这么多。

实际上，1826年，斯科尔斯正取道罗马返回英国时，卡瑟伍德曾给他写过一封短信，提醒他小心。这封写于1826年5月2日的信是现存最早的卡瑟伍德的信，表明他在英国开展建筑业务时经历过一个艰难时期。因为和斯科尔斯等许多同代人一样，卡瑟伍德到罗马和雅典研究古典建筑显然是个判断上的失误。

“波因特（Poynter）正在摄政王公园建一家圣凯瑟琳医院，”他在信中提到了彼此一个共同的朋友，“医院是哥特风格的，实际上，这是现在最流行的风格。我们在希腊和埃及学到的知识比无用还无用，哥特式建筑非学不可，malgre soi（由不得你）。我在此严肃而真诚地给予你最好的建议：将你在国外的时间用于学习哥特式建筑。早知今日，我会把时间花在别的事情上，我还要建议你，无论如何都要经德国回来。”

与此同时，卡瑟伍德从未放弃他的艺术。1828年和1831年，他两度在皇家艺术学院举办展览，展出他的埃及作品。有了在英国的工作经历后，建筑业务变成他生活中的一段插曲，一个开启下一次冒险前的赚钱手段。在英国的这段途中休息将是他时间最长的一段休息，他不能摆脱对古迹的迷恋。

1831年下半年，他离开英国，几个月后到达突尼斯，在那里寻找古迦太基遗址——公元前800年到前700年，腓尼基人在距离突尼斯市不远的地方建起了迦太基古城。

1832年5月，离开突尼斯市向西南方向走了两天后，卡瑟伍德在一个叫沙格（Dugga）的地方发现了一座不同寻常的巨大建筑。这是一个重大发现，10年后，他为这个建筑写了一篇文章，发表在《美国民族学学会报》（*Transactions of the American Ethnological Society*）上。

“它代表了一种与该国其他建筑不同的建筑类型，”他说，“而且结构简单，比其他建筑高雅许多。”他详细描述这个建筑：“对于我这样的一个建筑师而言，它最吸引我的地方是比例的匀称和优美……以及奇怪的建筑学上的一反常规，即希腊和埃及艺术的混合。”

他在文章中配了素描图、建筑平面图，以及刻在门面上的两段文字的抄件。从他的文章可以清楚地看到，和三年后去了佩特拉的斯蒂芬斯一样，卡瑟伍德在沙格感受到了发现的醉人魅力。在后来的中美洲和墨西哥之旅中，两人还会一次次体会到这种让人上瘾的感觉。

他接下来出现在埃及——也许这一直是他的目的地，他在那里与罗伯特·海会合。自 1824 年他们在马耳他会面后，海继续行程来到了埃及，启动了一个野心勃勃的计划，准备绘制并记录尼罗河上下游所有大型神庙和遗址。他想从拿破仑的仆人们停下的地方重新开始，并且自法国人离去后，那里又有了更多发现，发掘出了更多遗址。

在随后的七年时间里，除了 1828 年处理苏格兰的事务中断过一段时间外，海花费财富中的相当一部分，资助从事这个项目的一支艺术家和专家队伍。卡瑟伍德到达开罗后，几乎立即加入了他们。海让他绘制吉萨金字塔，以及底比斯西岸和阿马纳等地的遗址。他还受雇创作开罗和底比斯的 360 度全景图，以及绘制底比斯的门农巨像。这些都是存世不多的卡瑟伍德埃及作品中的一部分。接着，当海提议来一次从尼罗河河谷到埃及西部沙漠的冒险旅行时，卡瑟伍德毫不犹豫地同意了。

这是一次耗时漫长的艰难旅行，参与其中的只有海、卡瑟伍德以及另一个艺术家兼旅行家乔治·亚历山大·霍斯金斯（George Alexander Hoskins）。海的妻子和他一起在埃及生活，他把家和总部设在底比斯一座巨大的坟墓里。星期四晚上，他像往常一样邀请卡瑟伍德、霍斯金斯，以及住在附近的其他艺术家和外国旅行者一起吃饭谈论这次旅行。霍斯金斯描写了这群在埃及旅行的人的情绪：

> 死者的住地从未见过如此欢快的场面。虽然我们穿着土耳其服装，却并不像土耳其人那样一本正经；虽然大厅以前是个墓穴，但没给我们的欢笑蒙上任何阴影。烛光照亮了屋顶残存的美丽壁画的片段；木乃伊的味道早就被辛辣食物的宜人香味驱走。虽然古埃及人创造了伟大的文明，但我怀疑，与他们相比，我们的朋友海先生的沙发更舒服，烟草（如果他们有烟草或烟草替代品的话）更醇香，食物更美味。
>
> 我们都喜爱艺术，并且离开了欧洲，牺牲了在欧洲的享受，来到这片遥远的土地做研究，这些证明了我们对古迹的嗜好。因此我们谈到这些时从不疲倦，并且我可以肯定，我在底比斯坟墓里度过的夜晚属于一生中最快乐的时光。

1832 年 10 月 13 日，他们全副武装，骑着骆驼离开了底比斯。远征队一共有 18 个人，包括一个向导、一名译员、仆人和一支由武装赶驼人组成的卫队。霍斯金斯带着手枪和一把马刀。卡瑟伍德已经因为他随身携带的一支七管手枪而声名在外。

霍斯金斯这样形容卡瑟伍德的手枪："他被阿拉伯人看成是最可怕的武器；它的名声传遍了尼罗河谷。"他们向西走了几天，穿过一片广阔无垠的沙漠，霍斯金斯形容这片沙漠"没有水，荒无人迹，单调，荒芜"。在翻越巨大的沙堆时，他们发现了无数倒毙的骆驼的白骨，似乎它们是沙漠仅有的路标。在火热的骄阳下，他们的水开始少到危险的程度，直到第四天，他们翻越一条沙脊，终于看到了远处大绿洲上的海枣树。

> 每张脸上都闪着快活的光芒，连我们的骆驼似乎都受到了感染，加快脚步。疲劳暂时被忘记了，我们都很高兴；赶驼人和仆人乐不可支，因为他们已经喝了近五天限量供应的劣质水了。

这里上一次有欧洲人到访还是七年之前，旅行队受到当地酋长的热烈欢迎。在随后的几周里，卡瑟伍德一行人描绘和测量了散布在海枣树间的古代神庙。他们记录了象形文字和希腊碑文、一座大墓地和一座罗马城堡，以及连接哈里杰、布拉克、布里斯和多什等村庄的一长串绿洲上的大量遗址。之后，这支远征队骑上骆驼，踏上漫长的归途。卡瑟伍德从未遇到过需要使用那支大枪的机会，它的名声显然预先解决了一切难题。离开底比斯超过一个月后，当他们到达那条俯瞰尼罗河的山脊时，霍斯金斯这样写道："爬上尼罗河谷西部边界的山顶，我们的仆人鸣枪表达他们再次见到这条河的喜悦。"

在埃及的几个月里，卡瑟伍德学到不少阿拉伯语和当地的习俗，在集市、城镇和古迹漫步也不会招来过度关注。他还与身处异乡的同胞建立了深厚联系——这在他们这些人之间很常见。他与英国同行约瑟夫·博诺米（Joseph Bonomi）和弗朗西斯·阿伦代尔（Francis Arundale）关系尤为密切。博诺米是一个知名建筑师的儿子，身材矮小，有一副精致到似乎弱不禁风的面容。他在皇家艺术学院学习建筑学，1822 年，像卡瑟伍德和斯科尔斯一样来罗马继续学习，也许在那里，他第一次见到了卡瑟伍德。阿伦代尔于 1831 年加入海的项目。他是一个建筑制图师，在欧洲各地工作过。

卡瑟伍德最终离开海，作为帕夏王室的工程师到开罗工作。到1833年年中的时候，他准备彻底离开埃及。他决定与博诺米和阿伦代尔穿过西奈沙漠，再向北经加沙到达耶路撒冷。这条路就是三年后斯蒂芬斯绕道通过佩特拉时放弃的那条路。他们在开罗准备了几个星期，购买食物、帐篷、地毯，以及阿拉伯、土耳其服饰。他们雇了一个酋长当向导，还雇了几个人为他们赶骆驼。

最终，1833年8月29日太阳落山时，这支由九匹骆驼组成的旅队穿过开罗的集市，经胜利门离开了这座城市。

他们从开罗出发，途经荒凉的岩石地带和沙漠，中间还绕远路经过西奈山，花了近六周的时间终于到达耶路撒冷。卡瑟伍德半路生了病，驼队因此耽搁了几天。一到耶路撒冷，三人立即开始工作，测量、勘察，描绘教堂、清真寺及其他他们感兴趣的对象。卡瑟伍德决定制

底比斯神庙（卡瑟伍德作）

作一幅耶路撒冷的城市平面图。18 个月后，他在伦敦出版了一本非常精确的地图，在随后的 20 年，它都是耶路撒冷的标准旅游图。斯蒂芬斯 1836 年游览耶路撒冷时便用到了这一本地图。

走出海的影响之后，卡瑟伍德完全掌握了自己的天赋，可以自行决定将什么记录在纸上。他还随身带着一张“圣旨”（通行证），上面称他是“为陛下（阿里帕夏）工作的工程师”。这张通行证是卡瑟伍德在帕夏统治下的耶路撒冷畅通无阻的保证，他也凭此结识了耶路撒冷的总督，总督让他随意进出他的宫殿。在总督宫殿的屋顶上，他绘出了宫殿周围的天空轮廓线和建筑的草图，这些图画后来发挥了极大价值。他也被附近一个特别重要的建筑——岩石圆顶寺所吸引。这座金顶神殿是伊斯兰教圣地中的圣地，许多犹太人认为它建在古代所罗门国王神庙的遗址上。

卡瑟伍德在十多年后写的一份描述里说，他“无法自抑地想要”查看这个建筑。但对于非穆斯林而言，这个神殿的周边区域都是禁地，遑论神殿内部。“我听说，”他写道，“几个不幸的弗兰克[①]被打死了，他们只是进到了外院，连清真寺内部都没敢进去。”

然而对卡瑟伍德而言，似乎危险越大，吸引力也越大。他也许还给自己打了气，觉得自己冷静不冲动的性格，随身携带的“圣旨”，以及身上埃及官员的“通常”装束，可以为他提供所需要的保护。

他描述了下面发生的事件：“一天上午，不顾朋友的强烈反对，我装成满不在乎的样子进入那个区域，着手查勘许多感兴趣的对象，但又不显得过于好奇。”正当他要进入神殿内部时，一个宗教官员从院子对面走了过来，他没了勇气，尽量装成漠不关心的样子走开了。

① 常见的欧洲人的名字，类似中国的张三、李四。

他没有被吓倒，第二天又去了。这一次，他决心画一些图。他随身带了台投影描绘器，明知这累赘的设备也许会吸引一大群人。一开始，他"不显山不露水"地把它支好，没有引来多少人的关注。但当他开始绘制神殿时，许多信徒在不远处聚集起来。他们交头接耳，蠢蠢欲动。"显然，一场风暴正在酝酿。"不久后，这些信徒一边咒骂，一边做着威胁的姿势，开始袭击他。"逃跑无望。我在 200 名暴徒的包围中，他们似乎正鼓起勇气准备向我发起突然袭击，不用我说，你也知道接下来我的命运是什么。"

那一刻，总督奇迹般地带着一班随员出现在平台前的台阶上。人群跑向他，要求他惩罚这个"异教徒"时，总督认出了卡瑟伍德。

> 我们经常一起抽烟，彼此已经很熟悉。他礼貌地向我行礼，并且认为我如果没有帕夏的批准，是绝不可能敢冒险做这些事情的，因此他立即出面平息人群的怒火。
>
> "你们看到了，这是我的朋友，"他说，"我们神圣的清真寺已经年久失修，这位先生无疑是我们的国王和主人穆罕默德·阿里派来勘察、修缮神殿的。如果我们自己做不到这些事情，我们就应该雇用那些有能力做到的人。这就是我们的君主和帕夏的意愿，我要你们散开，不要再用任何扰乱来引起我的不满。"然后他转过身来面向着我说："大家听着，如果以后有谁敢打扰我的朋友，我会毫不犹豫地处理他。"

随后，卡瑟伍德花了六周时间查看、测量、绘制神殿内外的各个部分，"我带来我那两个惊讶的伙伴（博诺米和阿伦代尔），在这项工作中，他们是必不可少的助手”。清真寺名为岩石圆顶寺，说明这座寺庙主要是用来供奉伊斯兰教的圣物之一：一块石灰石。许多穆斯林相信，先知穆罕默德就是踏着这块石头随天使加百列登宵的。阿伦代尔称这座寺庙为“伊斯兰教的圣彼得大教堂”。

当卡瑟伍德参观寺庙时，这座八边形的建筑已经有超过 1 100 年的历史。它始建于公元 689 年到 691 年，后来，在砖、木和石质结构的建筑上又覆盖了精美的陶瓷马赛克和大理石镶嵌的古兰经经文。寺庙从内到外的辉煌让卡瑟伍德震惊，因为神殿的禁地特征，卡瑟伍德知道自己是有史以来第一个勘查神殿并绘图的欧洲人。阿伦代尔描述了他们如何系统地走过周边所有建筑。他们画下一切，并且用一台六分仪确定金顶的高度。

这时，几个英国人来拜访卡瑟伍德，他们一起旅行到耶利哥城和死海。在这几个英国来的旅行者中，其中之一是富有的英国贵族沃特福德侯爵，他正与两个朋友乘私人游艇游览地中海。这位侯爵后来将声名狼藉，并且在卡瑟伍德的生活中扮演了一个很小但令人痛苦的角色。但他们在耶路撒冷相遇时，侯爵和朋友受到了热烈的欢迎。到 11 月 23 日，卡瑟伍德再次回到神殿工作。

当这次史无前例的勘察结果以地图的形式出版时，卡瑟伍德感觉他们的努力肯定会闻名英格兰。这一年，卡瑟伍德 34 岁，他有了自己的事业，表现出领导才能和强大的工作能力。在近两个月时间里，他制作了详细的耶路撒冷地图，绘出该市大部分重要遗迹和空中轮廓线，花了一个多月时间详细研究了耶路撒冷城内最著名地标的建筑结构。

但是当他和伙伴听说穆罕默德·阿里的儿子易卜拉欣帕夏不久将来耶路撒冷时，他们很有先见之明地决定离开。他们后来听说，几个大约与易卜拉欣同时到达耶路撒冷的英国游客请帕夏批准他们参观岩石圆顶寺。帕夏回答说他欢迎他们前去参观，但不会提供任何保护。当这些英国游客提到卡瑟伍德最近对神殿的勘察时，易卜拉欣则表示不存在这件事，并且叫来总督和清真寺的官员询问。卡瑟伍德写道："那一定是个非常有趣的场面。"

12 月末，在巴勒斯坦北部绕了一个月后，三人到达贝鲁特，卡瑟伍德的生活发生了一次不期而至的重大转折。他迷上了英国常驻领事彼得·阿博特（Peter Abbott）聪明迷人的女儿格特鲁德·帕斯夸拉·阿博特·苏亚雷斯（Gertrude Pasquala Abbott y Suarez）。

阿博特出生在中东一个著名的英国商人家庭，后来做过驻黎凡特和东印度公司的代理人。年轻时，他经历了勇敢的冒险生活。有一次，为了推动与奥斯曼帝国的贸易，他乘船驶向美国，结果途中被法国人抓住，在拿破仑战争期间一直被关押着。

到了 1820 年，他出任驻贝鲁特领事后，又不知为何激怒了阿卡的土耳其总督。面临着死亡的威胁，他带妻子和两个年幼的女儿连夜登上一条小帆船，一路上惊险地逃到塞浦路斯。现在年近花甲（将在卡瑟伍德到访后不久去世）的他已经在贝鲁特安定下来，充当西方旅行者的保护人和外国人的社交聚会联络人。

格特鲁德的生母是西班牙人，我们不知道她的结局，但阿博特再婚后，来自意大利佛罗伦萨的第二任妻子成为年幼的格特鲁德的继母，陪伴着她在贝鲁特长大。格特鲁德结识卡瑟伍德时只有 20 岁，比卡瑟伍德小了近 15 岁，而且是"最漂亮迷人、多才多艺的女士"。博诺米称她"热情洋溢"。

我们不知道卡瑟伍德追求格特鲁德的过程，只知道 1834 年 3 月

11 日，他们在阿博特家成婚，一个美国浸礼会的传教士主持了仪式。婚后不久，他们出发去大马士革，中途造访了俯视贝卡谷地的巴勒贝克的古罗马遗址。虽然卡瑟伍德绘制的壮观的朱庇特神庙和其他重要遗迹让他的年轻新娘大为惊叹，但作为蜜月，他们的情景一定有些尴尬。因为博诺米一路上与他们同行，有时还睡在同一个帐篷里。这个安排以后将引来无谓的审查，并且被用来败坏卡瑟伍德婚姻的名声。

当夫妇二人回到贝鲁特时，格特鲁德已经有了身孕，于是他们决

耶路撒冷岩石圆顶寺内部（卡瑟伍德作）

定乘船返回英国。在伦敦，他们搬到查尔斯广场，与卡瑟伍德的妈妈住在一起。12 月，小弗雷德里克出生。结婚、回到英国，以及儿子的出生，对于卡瑟伍德而言，这些接二连三发生的事情肯定让他调整起来异常艰难。

现在，他不再是那个四处流浪的画家，有了一个需要他照顾的家庭。虽然住在霍克斯顿缓解了一些财务上的压力，但他很快发现，他的很多画作的出版前景不太光明。他对岩石圆顶寺的研究，对巴勒贝克、沙格的遗迹以及对耶路撒冷景色的描绘吸引了学术关注，但没有带来商业利益。少数能赚钱的古迹插图书都伴有旅行见闻。阿伦代尔出版了他的游记，但卡瑟伍德显然对写作，尤其对写自己不感兴趣。

缺钱是一个严重问题，长期旅行使他在建筑业务上的发展大大落后于同代人。对于 36 岁的卡瑟伍德而言，他最大的资本还是他的画作和积累的中东知识。他很快着手制作详细的耶路撒冷平面图。尽管平面图的出版显然让他赚了一笔钱，但他依然缺乏资金，从他和罗伯特 · 海的通信中可以明显地看到这一点。

卡瑟伍德回到伦敦后不久，海也回到了苏格兰。两人几乎立即开始计划出版海在埃及研究期间收集到的大量材料。卡瑟伍德花了几个月时间组织刻版师，准备底比斯神庙和纪念碑的风景画。然而海给他的回信越来越少，他认识到海逐渐失去了兴趣。

1935 年 4 月，卡瑟伍德在信里的语气转为急切："我等你的回复有一段时间了，我知道你研究古埃及的热情正在消退，我很难过。我猜想这可能是因为你住在乡间，远离激动人心的伦敦……"这时海似乎正忙于苏格兰产业上的事务，完全停止了这个项目。海最终寄给卡瑟伍德 20 英镑，但卡瑟伍德拒绝了，因为他想要的是更多的钱。

我们很难确定，卡瑟伍德后来在与斯蒂芬斯签订交易合同时，这次经历是否是个教训。他当然不是唯一为海的举动伤心的人。博诺米等人也抱怨海浪费了他们数年的时间。经过这么多年的努力，还经常要冒着生命危险，他们几乎没有获得任何可以炫耀的成绩。

卡瑟伍德将重新上路。他决定换个方式，利用个人绘画和在埃及途中创作的作品，这将为他带来可观的收入。早在海的项目泡汤前，他已同意将耶路撒冷和底比斯图转为两幅巨大的帆布全景图。当时伦敦内外的观众迷上了这种类型的全景图。而且他已经在计划下一步行动。

同一年，他带着日益庞大的一家（格特鲁德又怀孕了）去开创新的生活，这次是去美国。卡瑟伍德有了一个计划，这要归功于一个叫罗伯特·伯福德（Robert Burford）的天才企业家。

全景画起源于英国，在 18 世纪后期即已出现。在摄影技术出现之前，当时的人也和今天的人一样渴望亲眼体验，“全景画”即为满足这个渴望而生。全景画将人带到远方，巴黎、里约热内卢、开罗和凡尔赛。它们也表现当时发生的事件。站在 360 度圆形大厅中央高起的平台上，欣赏者只需缓缓转身将整个滑铁卢战场尽收眼底，或者看到特拉法尔加的英国和法国军舰上喷出的炮火，或者看到欧洲大陆上最近发生的加冕典礼。所有这些只需 25 美分。

罗伯特·伯福德不是英国唯一的全景图拥有者，但他在伦敦莱斯特广场的大型全景画厅是最成功的。他会迫不及待地买下像卡瑟伍德这样从国外归来的画家兼旅行家的画作——当时，这些画家兼旅行家扮演者美国国家地理学会（National Geographic Society）的摄影师的角色。伯福德还结交陆海军将军，请他们回忆大型战役的细节，然后委托他人把这些呈现在帆布上，挂到展厅里。

莱斯特展厅将展出“耶路撒冷全景图”的通知首次出现在1835年3月31日的伦敦《泰晤士报》(*Times*)上。通知说明，该图是根据前一年卡瑟伍德先生“现场”(赋予全景图真实性的一个常用说法)绘制的图画制作的。观众平台上的视角取自耶路撒冷总督宫的屋顶，卡瑟伍德的许多素描就是在那个非常有利的位置画出来的，有时他也在那里与总督一起抽水烟筒。

据说卡瑟伍德甚至把自己和博诺米画成前景里两个穿着阿拉伯服饰的人。《泰晤士报》的评论员则似乎对岩石圆顶寺情有独钟。“这是一座辉煌的建筑，虽然完全不是哥特式建筑或希腊建筑的风格，但它的外表富丽堂皇，这一点引人注目且激发了观赏者的敬仰之情。”卡瑟伍德的研究终究不是完全白费力气。

耶路撒冷全景图大获成功，三个月的时间里，伯福德在那间展厅隔壁架起了另一幅以卡瑟伍德为灵感的全景图，这一幅直接取自卡瑟

耶路撒冷圣殿山(Temple Mount)岩石圆顶寺(卡瑟伍德作)

伍德在底比斯的作品。“画家的才华极好地表现在这幅画里。”《伦敦文学公报和美文、艺术、科学通讯》在6月写道，“它让人对这个不同寻常的地方的规模和特征有了最完美的了解……”卡瑟伍德找到了新的职业。

没有记录表明伯福特为卡瑟伍德的画付了多少钱，但似乎足够让他带着全家渡过大西洋，于1836年春在纽约定居下来。根据后来的描述，卡瑟伍德很可能把那幅巨大的耶路撒冷全景图带到了纽约，并准备在纽约开设属于自己的全景展厅。但在这之前，他首先需要的是一份工作。10月，格特鲁德生下第二个孩子安（Ann）。因此他再次投身于建筑业务，与另一个英国建筑师弗雷德里克·迪亚普（Frederic Diaper）合伙在格林尼治大街开了一家事务所。

1835年的火灾烧毁了大部分的城市建筑，因此在灾后的纽约，两人很容易就找到了项目。纽约正经历一次大的建设热潮。迪亚普的名字很快就和很多华尔街银行的设计联系在一起，在后来，他还将设计名流巨富的乡间别墅和纽约一些最好的酒店。

与迪亚普相比，卡瑟伍德在建筑方面留下的足迹要少许多。即便如此，到了1839年，他也在纽约声名鹊起，得到了爱德华·利文斯顿（这位已故的纽约市长也是路易斯安那州的参议员，以及安德鲁·杰克逊总统的国务卿）的继承人的委托。利文斯顿的遗孀和女儿决定重新设计她们那所巨大的蒙可马利庄园（Montgomery Place）。卡瑟伍德受委托设计庄园的温室。他创造了一个由精美的框架和嵌入玻璃组成的70英尺长的结构，把它打造成了一个拱形的新哥特式风格的建筑。

但他最重要的设计还是为自己打造的全景展厅。1837年，他已经在波士顿做过尝试，成功地展示了耶路撒冷全景图。1838年春，“卡瑟伍德全景画”在紧邻百老汇大街的普林斯大街和默瑟大街的拐角处开张。砖木结构的全景展厅很雄伟，占地 1 万平方英尺（约 929 平方米），有几层楼的高度。它有一圈用于日常展示的天窗，展厅内部还安装有两百盏煤气灯，供人夜间欣赏图画。

虽然根据卡瑟伍德在账本上的记录，展厅的建造费用可能高达 1.6 万美元（这在当时是一笔巨款），但没人知道准确费用是多少，它投保上的价值只有卡瑟伍德账本上的一半。卡瑟伍德与一个叫乔治·威廉·杰克逊（George William Jackson）的纽约书商兼出版商合作完成了这个项目，杰克逊为项目提供资金并且最终负责经营。罗伯特·伯福德可能也参与了投资。

展厅第一次展出的是耶路撒冷全景图。和在伦敦一样，这幅全景图立即在纽约大获成功。虽然没有像伦敦时那样一个季节带来 14 万参观者，但它也吸引了大批观众，有时一天可达 300 人。观看全景图的费用是每人 25 美分，这大约相当于今天的 6 美元。

在随后的一年半时间里，卡瑟伍德难得在建筑业务上投入时间。全景图广告需要投放在纽约的报纸上，介绍历史背景的纪念册需要撰写以便在展览上销售。一幅大概以卡瑟伍德的画为基础的尼亚加拉瀑布全景图也被创作出来。为了这两幅画——尼亚加拉瀑布全景图和耶路撒冷全景图，合伙企业一共支付给卡瑟伍德 2 000 美元。

由于生意大获成功，1838 年年末，卡瑟伍德带着四岁的儿子小弗雷德里克回英国收集全景图。他从伯福德那里收回了很多以前创作的全景图，包括那幅底比斯全景图和一幅秘鲁利马的画，罗马和新西兰的全景图也会在随后展出。另外，他们还安排在其他城市，如波士顿、费城和巴尔的摩等地举办展览。这一时期，卡瑟伍德可以一天在全景展厅发表四场报告，主要讲他在耶路撒冷和底比斯亲身经历的故事。

就在这些活动马不停蹄地举办的时候，卡瑟伍德遇到了斯蒂芬斯。我们不知道他们首次见面是在什么时候，但 1838 年初，斯蒂芬斯在《埃及、阿拉伯佩特拉和圣地旅行纪事》一书中提到过卡瑟伍德，显然那时两个人已经互相认识了。当时这本书要再版，哈珀兄弟正加紧印刷，1838 年 2 月，卡瑟伍德的全景展厅开张前，斯蒂芬斯在这本书的第四版中第一次提到了他。

斯蒂芬斯说，卡瑟伍德从英国带来“旧世界全部重要遗址的模型和绘画”及“一幅耶路撒冷全景图……希望不久后将它在此展出”。这本书在当年晚些时候出版了第八版，在这个版本中，他的评论反映出他对卡瑟伍德更加熟悉，同时也更加慷慨。他劝人们去新张的全景展厅参观，说它“是一幅描述那座圣城的生动图画”。他还说他在参观耶路撒冷时“极为幸运地从一个传教士手中拿到一本卡瑟伍德先生制作的平版印刷地图……我习惯一个人带着它到处转悠”。

我们很难判断那个时候他们两人的关系有多好，但不难想象的是，他们之间的友谊快速发展起来，因为他们不仅是精神上的同道中人，而且还有许多相同的经历。埃及和耶路撒冷最初使他们走到一起，到了认识的第二年，共同的兴趣促使两人一起合作。从耶路撒冷和底比斯到科潘和帕伦克，他们的话题转换水到渠成。

但是卡瑟伍德首先要回英国弄来更多的全景图。格特鲁德又怀孕了，卡瑟伍德想给他的全景图生意打下坚实的基础。斯蒂芬斯则一如既往不知疲倦地写作，硕果累累。第一本书大获成功后，他很快又写了一本关于希腊、土耳其、俄国和波兰之行的书。这本书在两周内出了三个版本，让哈珀兄弟的印刷机开足了马力。

斯蒂芬斯和卡瑟伍德什么时候开始讨论中美洲？谁提出了到中美

洲去的主意？这些问题的答案虽不明确，但还是有一些蛛丝马迹可循。斯蒂芬斯曾遇到过一个在墨西哥工作的木材采运承包商，后者向斯蒂芬斯描述了他参观恰帕斯州遗址的事。接着，斯蒂芬斯在1837年出版埃及和耶路撒冷之行的书后不久，《纽约人》（*Knickerbocker*）上刊登了一系列关于美国和中美洲的古印第安遗址的文章。

20年后，《纽约人》编辑刘易斯·盖洛德·克拉克（Lewis Gaylord Clark）回忆起这个系列文章出版后不久，他与斯蒂芬斯见过一次面。克拉克记得那是一个秋天的上午，斯蒂芬斯过来找他聊天。克拉克记得斯蒂芬斯问他如何联系到系列文章作者。"我对这个话题很有兴趣，"斯蒂芬斯这样说，"我初步打算去一趟（中美洲）那片长期沉睡的荒凉土地，亲自查看一下。"

斯蒂芬斯和卡瑟伍德后来写的中美洲题材的书太出名了，导致其他人也来争夺这份荣耀。1836年搬到纽约罗得岛的约翰·罗素·巴特利特声称，去南方探险是他的主意。他在亚斯特坊广场开了一个书店，这个书店是一个著名的纽约文化人士的聚集地。他在日记中提到1838年与斯蒂芬斯有过一次会面，这次会面中他提到了尤卡坦神秘遗址的报道。他指出，在斯蒂芬斯第二本书出版后，把这些报道告诉他是很自然的，他还给了斯蒂芬斯一些与话题相关的图书。

与此同时，卡瑟伍德与巴特利特也成了朋友。他们的关系非常好，卡瑟伍德回伦敦收集全景图时，他甚至提出让巴特利特部分使用他休斯顿大街上的房子。"抱歉我昨天没看到你。"1838年11月，意识到巴特利特正在找住处，卡瑟伍德写信给他。"我也许会带着我的小男孩回英国，C夫人不愿意独自住着。我想你要是没有其他更好的办法，可以来我家，我留下一间客厅和一间卧室给C夫人和婴儿……"

从英国回来后，卡瑟伍德和斯蒂芬斯之前关于中美洲的讨论变成一项行动计划。这些讨论发生在斯蒂芬斯获任美国外交代办之前。前任外交官威廉·莱格特去世了，斯蒂芬斯要去顶替他。卡瑟伍德后来回忆：“正准备以美国大使身份启程去那个国家的莱格特先生突然去世，而我们的准备工作远远没有做好。斯蒂芬斯申请了那个职位，立即得到任命。我们有点担心，怕这会妨碍我们寻找古迹……”

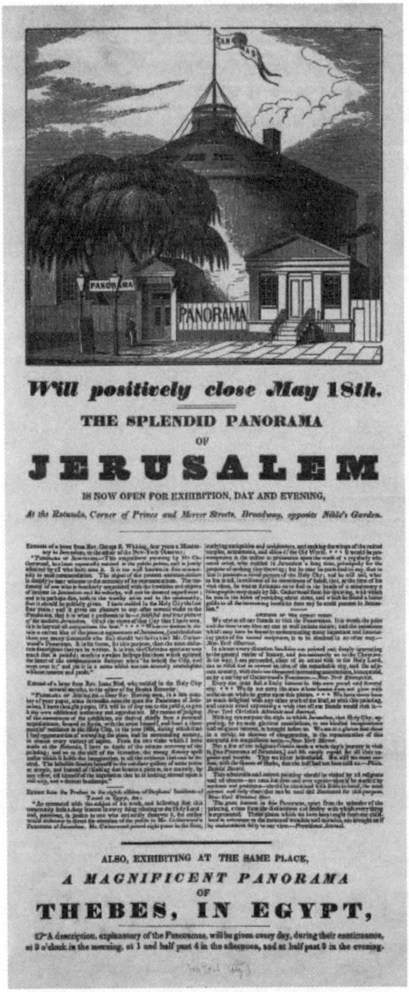


卡瑟伍德在纽约的全景画厅，海报上的插图据信为卡瑟伍德所作

此时格特鲁德已经有了8个月的身孕，而且卡瑟伍德还有两个幼子和生意要照顾。斯蒂芬斯愿意支付给卡瑟伍德的1 500美元起了作用，但这诱惑力还不足以让他离开娇妻弱子和舒适的家去一个饱受内战之患的地区，走入疾病横生的丛林荒野。但再次发现古代遗址，摆脱城市和家庭生活的羁绊，重新体验生命中最激动人心的时刻……这

样的机会实在太诱人。实际上，两人都为这样一次冒险做好了准备。衰败的古代遗址是两人存在的意义，他们已经离开它们太久了。这不会是他们最后一次感受到回归的强烈愿望。

1839 年 7 月 8 日，伊丽莎白·卡瑟伍德出生。他们决定，在卡瑟伍德去中美洲期间，格特鲁德带着孩子回英国与卡瑟伍德的妈妈一起生活。9 月初，格特鲁德离开纽约。那一月，斯蒂芬斯和卡瑟伍德签了一份合同，每周向卡瑟伍德夫人提供 25 美元的保证收益，并保证不管发生什么情况（甚至是他们未能返回），都须支付总额为 1 500 美元的钱给她。

1839 年 10 月 3 日，两人登上“玛丽·安号”，飘然而去。

# 第三篇
# 考　古

# Jungle of Stone

## 石像、神庙与失落的文明

# 第 12 章
# 探索过去之旅

1840 年 4 月 7 日，斯蒂芬斯和卡瑟伍德出危地马拉城西行，前往墨西哥。巨大的阿瓜、富埃戈和阿尔特南戈火山高高地耸立在他们的左边。斯蒂芬斯的蓝色外交官礼服已经打包寄回国内，他的外交任务已经结束，两人终于可以自由地追寻在纽约时令他们魂牵梦萦，并且吸引他们来到混乱而动荡的中美洲的古迹。他们的目的地帕伦克到危地马拉城的直线距离约为 250 英里，但上上下下、弯弯曲曲的道路给这条路线平添了许多路程。

“从纽约到帕伦克比从我们现在站的地方去更容易。”注意到曼哈顿码头与墨西哥湾和乌苏马辛塔河只有一水之隔，斯蒂芬斯这样写道。乌苏马辛塔河是前往帕伦克的出发点。斯蒂芬斯履行了自己的职责，离开了危地马拉首都，他们需要穿越危地马拉中部高地和纵横交织着沟谷山脊的起伏地形，再翻过中美洲和墨西哥两座最高的山脉。另一面等待着他们的是到达帕伦克周边丛林的陡峭、危险的下山路线。

虽然地势险恶，一路上还有暴躁的印第安人在乡间结伙出没，但也有一个好处，这也是斯蒂芬斯重新启动的考察计划的一个典型特征：他们一路上会经过一系列古印第安遗址。但这些遗址与科潘和奇基穆拉的遗址不同，它们为大众熟知，建造的时间也距今很近，而且已经成为西班牙征服中美洲历史的一部分。这些遗址是西班牙征服者遇到的第一批玛雅城市，由古代玛雅人的后代建造。不过在那时，斯蒂芬斯和其他人还没有弄清楚这个联系，因此他们还不知道，帕伦克之旅将把他们带回玛雅历史上的各个时期。

他们的第一站是伊西姆切（Iximche）。1524 年 4 月，第一个西班牙征服者佩德罗·德·阿尔瓦拉多（Pedro de Alvarado）和他的军队到达这里时，它是喀克其奎（Kaqchikel）玛雅印第安人的首都。遗址在危地马拉城以西不到 50 英里的地方，它坐落在一块高出周围的台地上，四周的深沟使它成为一个几乎坚不可破的防守阵地。阿尔瓦拉多来到这里时，他已经在一系列血腥残酷的战役中打败了强大的基切（K'iche'）玛雅民族。基切人既是喀克其奎人在西边的近邻，也是他们的部落敌人。

喀克其奎人曾派遣武士帮助西班牙人对付他们的对头基切人，伊西姆切的统领深知阿尔瓦拉多的军事才能，因此到首都外迎接阿尔瓦拉多，表明他欢迎西班牙人，并邀请他们进城。这座玛雅人的都城是喀克其奎人在脱离基切人后建造的，虽然它只有 50 多年的历史，但依然十分雄伟。城市的中心部分由两大两小四个广场、两座金字塔形神庙、几个球场，以及其他初步落成的宫殿和住宅组成。

中美洲各地原住民喜欢玩的球戏就在那些球场上进行。城市里的建筑由切割平整的石块筑成，街道笔直，交叉处呈直角。阿尔瓦拉多决定将伊西姆切作为指挥中心。但西班牙人对喀克其奎人非常苛刻，贪得无厌地一直向他们索要黄金和其他赋税，最终引发一场反叛。

1527年，阿尔瓦拉多夷平了这座城市，随后西班牙人将大本营搬到东南40英里外阿瓜火山脚下的一个地方。

斯蒂芬斯和卡瑟伍德知道这段历史。他们沿一段狭窄的通道爬上深沟，再沿着深沟来到上方台地。来到顶上后，他们一开始没看到有什么遗址。但没走多远，他们碰到了一堵矮墙，在墙的另一面看到了一堆堆碎石。与历史更为悠久的科潘相比，伊西姆切让人大失所望。

斯蒂芬斯和卡瑟伍德看出，一堆堆的石块曾经是大型建筑的基础。他们发现了两块石刻，但风化严重，面目全非，几乎什么都看不出来。没有任何迹象能看出一度强大的喀克其奎玛雅人曾经的辉煌，也没有任何艺术作品或象形文字能与科潘或基里瓜联系起来。西班牙人的破坏非常严重，并且在之后的几个世纪里，附近的居民彻底毁灭了这种城市，他们拿走城市里剩下的东西，用来在村庄里修房子。

沿着阿尔瓦拉多行军道路的反方向，斯蒂芬斯和卡瑟伍德继续西行。几天后，他们到达基切玛雅人的前首都乌塔特兰（Utatlán）。这个地方同样让他们大失所望。阿尔瓦拉多破坏并且烧毁了这座城市，并且附近的村民同样也把许多断壁残垣搬到别处再利用了。

与伊西姆切一样，基切人的首都也坐落在一片地势较高四周是深沟的台地上。在基切人与喀克其奎人和其他印第安民族的常年征战中，这座城市是一个牢不可破的坚强堡垒。据现代考古学家估计，这座城市建造于15世纪初。

一百多年后，当西班牙人到来时，它已经发展成中美洲最辉煌的城市之一。它的建筑构成也与伊西姆切类似，有球场、宫殿、花园、皇家住宅、神庙和广场。

当斯蒂芬斯和卡瑟伍德漫步穿过这个有300年历史的遗址时，它曾经的辉煌显然已经所剩无几，石堆间已经长出了当地人种植的玉米，坚实的地面上残留着墙和广场的碎石，一些建筑的内部还残留着装饰粉刷过的痕迹。这些碎石块的中心立着一个三面有陡峭台阶的金字塔形的石堆。他们敲掉石碓一角的灰泥，发现下面还有几层灰泥，揭露出显然繁荣一时的艺术。他们还在某一层灰泥上辨认出彩色的美洲豹形象。

但在这里，他们没有找到在科潘发现的雕塑和象形文字。两人开始怀疑，乌塔特兰与东边仅 150 英里的科潘和基里瓜没有任何联系。

> 在我们对古迹的调查中，我们认为这个地方很重要，因为它的历史已知，年代确定，被阿尔瓦拉多征服时正是它最辉煌的时候。这些遗迹可以证明那一时期印第安人的建筑特征，证实了科尔特斯对墨西哥壮丽的巨型建筑的溢美之词并非虚言。
>
> 我们关注的焦点在于它与科潘和基里瓜遗址的相似之处，但我们没有发现雕像或象形文字，也看不出那里曾发现过任何这类物品。如果存在这样的证据，我们就可以将这些遗迹看成是同一民族的作品，但我们没有找到这类证据，因此我们认为，科潘和基里瓜是其他民族的城市，而且属于一个更为久远的年代。

两人开始将谜面一块块拼起来。显然，在科尔特斯和阿尔瓦拉多的征服期间，他们遇到的一些印第安族群表现出先进的社会和艺术成就。即使一些雄伟建筑，如墨西哥阿兹特克人和危地马拉印第安人的建筑已经被西班牙人毁坏，但至少，征服者和随行传教士撰写的描述还是保存了下来。

实际上，伊西姆切和乌塔特兰的建设者与科潘和基里瓜的建设者是同一种族。虽然我们现在尚不完全确定这两个印第安群体的起源，但一些学者相信，在西班牙人征服美洲时，他们生活在古玛雅佩滕中心区域的南部边缘，已定居危地马拉中西部高地长达上千年。斯蒂芬斯和卡瑟伍德考察时模模糊糊地意识到了这一点，但并不清楚其间的联系。

他们对这些遗址的原初认知也受到了当时盛行的学术理论的影响。该理论认为，在几百年前甚至几千年前，有一个种族曾来到中美洲，给这里带来文明的种子，由此诞生了科潘、基里瓜和帕伦克这样的城市。

消失的以色列部落、腓尼基人及其他地中海航海民族是常常被提及的可能的候选者，毕竟，他们知道神庙和金字塔，也知道埃及和其他中东文明的象形文字和其他形式的文字。如果该理论成立，那么科潘应该建设于很多世纪前，而建设伊西姆切和乌塔特兰的印第安人只是在几百年后复制和继承了科潘的建筑，尽管它们没有现已被掩埋的早期城市中显而易见的艺术特征和书面语言。19 世纪的学者不可能理解的一个解释是，帕伦克和其他高度发达的城市完全是由现存印第安部落的祖先自己建造的。

西班牙主教巴托洛梅·德·拉斯·卡萨斯（Bartolomé de Las Casas）以墨西哥和危地马拉印第安原住民的热心“保护人”而闻名，早在 16 世纪，他就提出了“以色列部落”假说。后来这个理论发展出了多个“版本”，其中一个版本还被收入《摩尔门经》。斯蒂芬斯最熟悉的是 1837 年纽约商业图书馆协会（Mercantile Library Association）举办的一个讲座上提出的“以色列部落”假说版本。那年晚些时候，那个版本在斯蒂芬斯去中美洲前面世。这说明当时的学术界猜测成风。

提出这个假说的人是莫迪凯·M. 诺亚（Mordecai M. Noah）。他是一个著名的犹太记者，早期犹太复国主义者，在纽约政界很活跃，并且像斯蒂芬斯一样出版过游记。诺亚在讲座上提出了两个流行的腓尼基人和以色列部落的观点，并且把它们烩作一锅："2000 多年前，腓尼基人（他还把他们称作迦南人）从地中海出发，渡过大西洋来到新世界。与此同时，消失的以色列部落从巴勒斯坦出发，经另一个方向穿过亚洲，最终渡过白令海峡到达北美，再向南来到中美洲。"

虽然斯蒂芬斯和诺亚在同一个纽约文学圈子里混，很有可能两人认识，但我们没有找到相关的证据。在去中美洲前，斯蒂芬斯一心寻找并且吸收与这个地区有关的包括古迹和政治在内的每一条信息。斯蒂芬斯还在书中提到了当时学者界盛行的许多猜想。这些猜想大都认为，如果北美存在任何文明，那么它是由"古代的犹太人、迦南人、腓尼基人、迦太基人、希腊人、古斯基泰人，以及现代的中国人、瑞典人、挪威人、威尔士人和西班牙人"带来的。

与这种观点针锋相对的是苏格兰著名历史学家威廉·罗伯逊（William Robertson）提出的假说，他因为写了一本美洲历史的巨著而名噪一时。斯蒂芬斯注意到，罗伯逊完全反对任何旧世界旅行者将文明带到新世界的观点。罗伯逊认为，在哥伦布到达前，新世界根本没有任何文明的民族。

"新世界的居民，"斯蒂芬斯引用罗伯逊的话，"处于极为原始的社会状态。艺术是进步人类的才能，他们不可能熟悉。"罗伯逊继续在他的作品中说，西班牙人只是夸大了他们遇到的城市的先进。他说那些神庙是"土堆"，而房子"只是用草皮、泥浆或树枝搭起的草棚，就像最原始的印第安人住的房子。"罗伯逊依据一个去过新西班牙（New Spain）各地的人的一份报告得出这个理论，他总结说："在那个疆域广袤的帝国里，没有一个纪念碑或建筑的历史早于征服时期。"

斯蒂芬斯和卡瑟伍德就是在这样一个充斥着臆断和猜测的背景下开始了他们的工作。但这些猜测不会束缚他们的思考，斯蒂芬斯不相信其中任何一种。他们到中美洲来就是为了寻求实实在在的证据。律师斯蒂芬斯说："在得出任何结论前，我要看到证据——所有证据。"

这不仅仅是一次以寻找古迹为目的的行动，至少，约翰·斯蒂芬斯牵头的第一次考察不是这样的。他还有书要写，还有其他诱人的景观要看。因此他们绕道到高悬在危地马拉火山间的光彩夺目的阿蒂特兰湖（Lago de Atitlán）。

"我们从三四千英尺的高度上俯视水银般闪耀的水面。"他写道，"湖的四周是各式各样的岩石山脉，一些荒芜贫瘠，一些草木葱茏，高度在500到5 000英尺不等。我和卡瑟伍德都觉得这是我们见到的最壮观的景色。我们停下脚步注视羊毛般轻柔的水汽从下面升起。"

他们也不满足于仅仅远远观看这片景色，开始找他的书名中必不可少的"事件"之一。第二天上午，他们坐上小舢板，开始沿湖边欣赏美景。所谓舢板只是当地一种由薄木板做成的渔船，一只船一般只能坐一个人。"沿岸行去，湖边壁立的山石在我们面前高高矗立。"斯蒂芬斯写道。但这时麻烦来了，强劲诡异的风开始将他们吹向湖心。船工胡安拼命地把船向岸边划。"C先生坐在船尾，我跪在船底。一点轻微移动（少划一下或者挪个位置）都可能把它掀翻，如果我们放任不管，它会漂到湖心深处，远离岸边两三英里，如果能漂到的话……在岸上观看风景的人看起来越来越小，而且他们也帮不上忙。"

最终，胡安将船转到一面挡风的峭壁下，这才成功把船划到岸边。

游览结束了，斯蒂芬斯承认："我们受够了这个湖。"

他们的下一站是克萨尔特南戈，在这里，政治问题再次浮现。他们遇到了卡雷拉处死城镇领导人的恐怖余波。"这个地方还在那次事件的震动中颤抖。"他这样写道。他们听到了关于那次屠杀的第一手描述："最开始处死的两个人让卡雷拉落泪，但对于余下的人，他一点儿都不在乎。这次事件是对白人的一次重大打击，所有人都活在种族战争的恐怖中。"

美丽的克萨尔特南戈是危地马拉第二大城市。这座城市的街道上铺着平整的卵石，七座教堂构成城市的轮廓线。他们在复活节的那一周来到这里，精心布置的游行和其他宗教展示很快成为一切活动的中心。广场上挤满了来自乡间的印第安人，大部分白人在最近的事件中吓破了胆，躲起来不敢露面。斯蒂芬斯描述他和卡瑟伍德见到的宗教仪式和庆典："震撼人心，让人极为伤感，我们的眼泪毫无缘由就流了下来。"他还补充说："就连耶路撒冷的受难节仪式都不能与我现在看到的宗教狂热相提并论。"

三天后，他们离开克萨尔特南戈，永远地摆脱了中美洲的政治。他们穿过克萨尔特南戈北边30英里外的韦韦特南戈镇（Huehuetenango），去寻找另一处遗址。这个遗址是西班牙人征服早期攻占的第三个印第安人的重要都城。它叫萨库留（Zaculeu），是马姆族（Mam）印第安人的皇家仪式中心。

与伊西姆切和乌塔特兰一样，它坐落在四面深沟的高地上。它曾是一座坚固的堡垒，1525年，马姆族玛雅人在抵抗西班牙人超过六周后，终于向阿尔瓦拉多的弟弟贡萨洛（Gonzalo）投降。西班牙人的包围成功削弱了被困的马姆人，在投降前，他们已经快要饿死了。

在斯蒂芬斯和卡瑟伍德的眼中，这个遗址和前两个遗址一样衰败，已经变成了一堆杂草丛生的乱石。但后来的考古发掘确定，这个地方的历史比基切和喀克奇奎更为悠久，早在西班牙人到来的一千年前就已经有人定居。两个旅行家见到了拥有这片土地的人，他说他已从印第安人的手里买下了这块地，但他们还是不断过来在遗址剩下的两座金字塔形建筑上举行仪式，这让他很恼火。

他同意斯蒂芬斯和卡瑟伍德在这些金字塔和石堆下挖掘，只要他们答应找到的财富都归他。第二天，他们和从韦韦特南戈找来的工人挖掘遗址，但只找到一些骨头碎片和几只黏土瓶。斯蒂芬斯很遗憾没有花更多时间探索，因为帕伦克还在远方闪耀着光芒，向他发出召唤。

在韦韦特南戈，他们意外遇到一个访客——亨利·保林（Henry Pawling），他是美国人，之前在危地马拉城以南管理一个胭脂虫养殖场时，斯蒂芬斯见过他。保林在纽约北部哈德孙河畔的莱茵贝克码头长大，在墨西哥和中美洲旅行工作了七年。听说斯蒂芬斯和卡瑟伍德要去墨西哥，他丢下工作来追赶他们。马不停蹄地走了四天后，他来到韦韦特南戈。他原计划去墨西哥，但因为没有护照，所以不能成行。

斯蒂芬斯的探险队带着合适的外交文件，保林希望跟着他们一起走，作为交换，他可以为他们做任何力所能及的事。斯蒂芬斯毫不犹豫就答应了他。保林年轻，说一口流利的西班牙语，是美国而且还是纽约人。他在赶路，需要帮助。他还带着一对很好的手枪、一支吓人的“挂在前鞍桥上的双筒短枪”和一头斯蒂芬斯急需的骡子。“我立即任命他为这支远征队的总经理。”斯蒂芬斯说。

这支得到增援的队伍现在向北进入旅程中最崎岖的部分：库丘马塔内斯山脉（Cordillera de los Cuchumatanes）。这条令人生畏的山脉海拔最高处达12 500英尺，是除火山外中美洲最高的山峰。现在，这支远征队由斯蒂芬斯、卡瑟伍德、保林、一名厨师、一个叫胡安的杂工和一个叫圣地亚哥的墨西哥逃兵组成，另外还有一个年老可敬的赶骡人做向导。

随后的四天是极为艰难的四天。他们在一条大风呼啸的山脊上度过了寒冷的第一夜。早上醒来，他们身上披了一层霜，壶里的水结了四分之一英寸厚的冰。第二天，他们沿另一条狭窄的山脊前进，一阵狂风都有可能把他们吹下山去。走着着走，他们突然发现四周是一片熊熊燃烧的森林大火。他们沿小道飞奔下山，跑到附近一座小村庄。他们惊险地逃脱了，没有被沿着深沟两侧烧上山的火焰烧成灰烬。

接着，一群逃离火场的巨大苍蝇蜂拥而至，开始攻击他们的骡子。“一叮一块血。”斯蒂芬斯说，“整整一小时，我们拼死驱赶，但救不了它们。这些可怜的牲畜似乎发了狂，虽然我们全力驱赶，但它们的颈上、腿内侧、嘴上、耳朵、鼻孔……皮肤上每处脆弱的部分都在滴血。”

他们无暇顾及山区美景，走完漫长的下山路，来到与墨西哥和北美接壤的拉加尔特罗河（Río Lagartero）时，他们终于松了一口气。他们唯一担心的是沿边境搜寻走私犯的墨西哥军队会因为他们没有墨西哥护照而拘押他们，结果他们平安无事地过了河。斯蒂芬斯悠闲地在凉爽的河水里洗了个澡。他的体力恢复了，觉得自己能够畅通无阻地穿过墨西哥，北上得克萨斯州，一路回到纽约。

“如果回到蒸汽船和铁路的世界，那里的舒适看上去是多么的单调、乏味、无趣。”他写道，“我们走出中美洲，远离革命的危险，站在墨西哥边境上；我们身体健康，胃口不错，还有东西吃。虽然前路迢迢，但已经算不上是什么难事。我们大踏步走在一小块空地上，像墨西哥的征服者一样骄傲。乘着这阵放纵，我们决定弄条鱼当早餐。”

在荒凉的平原和山丘旅行了两天后，他们来到墨西哥城镇科米坦（Comitán）。他们准备好面对没有护照的麻烦。但是很快，斯蒂芬斯的中美洲文件上显示的外交地位再次让他们成功过关。他和随员都得到了继续旅行的必要文件。“我建议，”他写道，“所有想旅行的人最好都去华盛顿弄一张任命状。”

在科米坦，他们听说去到帕伦克的困难远比他们预想的多。他们听说一路上的崎岖远远大于他们的想象。上下的山路比地图上显示的要远出许多，而且他们根本没有躲开政治动荡，他们第一次发现要穿过的恰帕斯州和尤卡坦州也处在革命的动乱中，一路上都很危险。更糟糕的是，他们听说墨西哥政府发布了禁止外国人进入帕伦克的命令。

翻过了米科山和库丘马塔内斯山后，斯蒂芬斯并不担心崎岖的道路。“至于革命，”斯蒂芬斯带着他常有的勇敢口气评论说，“经历了惊心动魄的中美洲（革命），我们不会被一场墨西哥（起义）吓回去。”但禁止外国人参观帕伦克的禁令不容忽视。他们的选择不多，斯蒂芬斯可以北上到墨西哥城为自己辩解，但这不一定会成功。而要是不成功，事情就黄了。而且就算他成功了，那也会再白白浪费几周甚至几个月的时间。他们还有一个选择：冒险潜入帕伦克。

他们说服自己继续前进。那个逃兵圣地亚哥离开了他们，但胡安留了下来。保林现在也对考察遗址感兴趣，决定不按原计划去墨西哥城，而是继续与他们同行。

5 月 1 日，他们离开科米坦，怀着比以往更大的决心，发誓一定要走到那个似乎前生就让他们魂牵梦萦的地方。

第一段旅程很平淡，没有事情发生。离开科米坦的第三天，他们到达一个叫奥科辛戈（Ocosingo）的城镇。一场猛烈的大雷雨迎头落下，这是新雨季的第一场大雨。他们赶在雨季前到达帕伦克的努力泡了汤。他们已经听说了前方需要翻越的大山上的路况，轰隆的雷声似乎是个不祥之兆。

骑着骡子穿过奥科辛戈时，他们看到一个教堂的墙边有两座石头雕像，立即认出它们的雕刻风格与在科潘看到的一样，只是小了一些而已。这是一个令人激动的迹象，表明他们已经远离危地马拉高地那些没有雕像的遗址，正进入一片全新的土地。在研究过程中，斯蒂芬斯曾看过一个退休的陆军上尉纪尧姆·迪佩(Guillaume Dupaix)的描述。

1808 年，迪佩应西班牙王国政府的要求调查帕伦克，途中就经过了奥科辛戈。迪佩听说奥科辛戈附近有遗址，专程去看过它们。但直到 19 世纪 30 年代，他的简短描述和几幅插图才最终在巴黎出版。

那处遗址今称托尼那(Toniná)，位于奥科辛戈以东八英里。第二天，斯蒂芬斯、卡瑟伍德和保林出镇去查看。现代考古学家确定，在公元 600 年到 900 年的古典玛雅全盛时期，距离帕伦克以南 40 英里的托尼那是一个与帕伦克竞争的军事政权的所在地。

根据后来该遗址上解开的象形文字叙述，公元 711 年，托尼那的“3 号统治者”抓到了帕伦克的国王，砍了他的头。虽然军事技艺杰出，但托尼那的建筑或艺术无论是规模还是美观都远远不及帕伦克，斯蒂芬斯很快就会发现这一点。虽然托尼那不及帕伦克，但他和他的同伴依然觉得这个地方令人难忘。

接近遗址时，他们首先看到一座高出树冠层的石头建筑。走出森林，他们来到一块杂草覆盖的广场，发现两座砂岩雕像人脸朝天地躺在地上。虽然这两座雕像看上去已经被风化侵蚀，但斯蒂芬斯注意到，雕像的许多面貌特征依然清晰可辨。

他们抬起头，发现遗址耸立在他们上方230多英尺的地方，嵌在一块与山脉相连的山壁上。“它看上去像个要塞，”斯蒂芬斯写道，“一个有无数平台的金字塔形状的建筑，所有建筑表面都涂了灰泥，大部分石头建筑依然覆盖在灰泥下。”

他们骑马穿过平台墙壁间的缝隙，然后爬到第三层，在那里系好马。平台上长满了杂草和灌木。从第三层开始，他们爬到顶层的一个宽50英尺、深35英尺，只有正面一个入口的建筑里。进去后，他们发现里面分成五间内室。石墙上涂了灰泥，许多地方的灰泥已经剥落。

一个内门上方的一侧可以清楚地看到一只展开的巨大翅膀。内门的另一侧本来也有只翅膀，但那里的灰泥已经掉落，变成墙角的几堆瓦砾。门道上方横着一根又长又厚的木方做成的过梁。他们很意外。这是他们第一次在遗迹中看到木质结构，考虑到这些建筑久远的年代，他们觉得这不可思议。

他们以后还会在其他遗址中发现类似的木梁，这些发现还会影响斯蒂芬斯对这些古老城市的年代的看法。“它非常结实，”斯蒂芬斯写到这根木梁，“敲击时发出类似金属的声音且完好无损，没有一个虫眼或其他腐朽的痕迹。”

奥科辛戈的镇长曾告诉他们，这个遗址下面有一条直通帕伦克的地下通道。“没有什么能比找到这样一条捷径更让我们高兴的了。”斯蒂芬斯评论说。向导指着那个通道，但不敢进去。斯蒂芬斯没被吓住，脱下外套，趴下来往里爬。

“我半个身子爬进去时听到了一阵吓人的嘶嘶声，”他写道，“我吓得连忙后退。我看到一双小眼睛，像两只在黑暗中闪闪发光的火球。我爬出过道用的准确时间不值一提。”他们如临大敌，拔出手枪，举起剑和砍刀，等着那个野兽冲出来。最后，保林拿一根长木头伸进洞。“扑棱着飞出一只巨雕，它拍打着翅膀飞过建筑，躲进另一个房间。”

斯蒂芬斯还是没被吓倒，再一次挤过狭小的入口，却发现里面是一间四面紧闭的密室。密室的灰泥墙上有刻画精美的浅浮雕，其中还有猴子的图像。后墙上刻着一对面面相觑的真人大小的侧面像。卡瑟伍德爬进来画素描，但光线太暗，而且蜡烛的热和烟很快把两人熏了出来。三人沿山路向上，从一个平台爬到另一个平台，查看了另外几座建筑。在顶上，斯蒂芬斯发现这个位置能看到周围很远的乡间地区，敌人想要偷偷摸进来简直比登天还难。

这是自科潘以来（对卡瑟伍德则是自基里瓜以来），他们见过的最不寻常的遗址。虽然时间紧迫，但斯蒂芬斯还是想第二天再来这里更详细地查看一番。他们回到奥科辛戈时，天已经黑了。

他们找到镇长商量第二天的考察计划。镇长说至少要两天时间才能找到足够人手去做斯蒂芬斯要求的发掘工作，而且镇上的工具很少，整个镇上连根铁锹都找不到。这时，又一场风暴来临了，瓢泼大雨再一次倾泻而下。于是事情就这样决定：第二天启程去帕伦克。

“我坚持认为，这个地方会给后来的旅行者带来很多回报。”斯蒂芬斯写道。事实证明他十分有先见之明，后来的考古发掘找到了两座球场、众多纪念碑和雕像，以及大量的象形文字。凭借这些发现，考古学家得以拼出这座城市的历史，以及它和邻居的关系。托尼那毫不留情，得心应手地征服了这些邻居。这里发现的纪念碑里有玛雅文明罕见的立体雕塑。托尼那是最后陷落的古典时期的玛雅城邦之一，这处遗址的一个纪念碑上记录着已知最晚的“长计历”日期。这个日期对应的是公元 909 年，标志着古典玛雅的结束。

第二日上午，他们往北走向帕伦克，斯蒂芬斯恋恋不舍地眺望东方。他听说那里还有其他石头遗址，半埋在托尼那镇外几乎无法穿越的低地丛林中。后来的考古学家发现，托尼那（和帕伦克）位于古典玛雅腹地的西缘，科潘则在是东缘。但在斯蒂芬斯所处的那个时代，这两处地方的茂密丛林中依然掩藏着大量辉煌的玛雅城市的遗迹——彼得拉斯内格拉斯（Piedras Negras）、博南帕克（Bonampak）、亚斯奇兰（Yaxchilan）、多斯皮拉斯（Dos Pilas），此外就是拥有摩天大金字塔的“玛雅的纽约”蒂卡尔（Tikal）。

斯蒂芬斯一心只想让这支杂牌探险队迅速并安全地赶到帕伦克。前两夜的大雨让他们心中充满“某种恐惧”。斯蒂芬斯随身携带着迪佩上尉的作品，他对1808年的旅行的描述更加让人焦虑。迪佩警告说：

> 这段旅行极为累人。道路，如果那也能叫路的话，只是些狭窄弯曲的小径，蜿蜒穿过山脉和峭壁。有时候你需要骑骡子，有时候必须要步行，有时要印第安人驮着走，有时甚至还得躺在吊床上。有时需要过桥（更准确地说，走过摇摇晃晃的树干），有时需要走过林木覆盖，除了村庄和小屋外荒无人烟的土地。我们带了三四十名身强力壮的印第安人扛行李和吊床。

30多年后，他们再次来到这里，一路上的情况与迪佩遇到的几乎一模一样。地图上，帕伦克与托尼那的直线距离只有30英里，但这条路上上下下、弯弯曲曲，实际路程两倍于30英里都不止。迪佩走这一段路花了八天的时间，斯蒂芬斯一行则花了五天时间，虽然他们用时更少，但经历的艰辛和痛苦却一点都不比迪佩少，而且他们听说当地土著性情粗野，一路上还得提防着他们。迪佩带着一队重骑兵才走完这段行程，此时多出来的保林的两把手枪和双管枪便显得尤为珍贵。

这里的地势非常险恶，为了拖运探险队的行李，他们不得不每到一个村庄就换四个印第安脚力。第三天，高温让他们热得透不过气来，这条路也在一条又一条山脊间直上直下。下山的小路陡到没法骑行，好不容易下了山，到另一边上山时，又不得不再次步行。带着刀、枪和马刺等累赘，斯蒂芬斯等人牵着骡子爬上陡峭的小道，走上几分钟就需要停下来喘口气。

好不容易爬达山顶骑上骡子，几百码后不得不再次下山。"下山比上山还陡，"他说，"坚持比放弃更难。骡子在我们身后摔倒。走过一段最热、最累人的下山路后，我们来到一条满是树叶和昆虫的小溪。这是我们在这个国家经历的最热的一天。"植被都枯萎焦干了。

第二天的路况更糟。此刻他们已经解开刀、马刺和手枪，只穿了衬衫和裤子，"我们的装束几乎和那些印第安人一模一样。"炎热让斯蒂芬斯头痛欲裂。虽然按这个地区的惯例，通过最险恶的地方时，旅行者一般都要坐到绑在印第安人背上的扶手椅里，但斯蒂芬斯说过他"对这种交通方式的憎恶"。

到了第四天，当他们来到一段特别陡峭的下山路时，头痛难忍的斯蒂芬斯已顾不得憎恶，叫来了一把扶手椅。他爬上绑在一个身高不超过 5 英尺 7 英寸（约 170 厘米）的瘦小印第安人背上的扶手椅。

"为了不增加他的负担，"他写道，"我尽量一动不动地坐着。"但他脸朝后方，忍不住扭头看了看他们在往哪里走。当他们来到一处深达 1 000 多英尺的悬崖边时，斯蒂芬斯想从扶手椅里下来，但印第安人没有明白他的意思。当驮着斯蒂芬斯的人沿着悬崖边小心翼翼地迈步时，他浑身都在颤抖。

> 我们沿着山路上下。他的身体在颤抖，他的膝盖似乎撑不住了。悬崖太吓人了，只要我在椅子里轻微一动就有可能让我们滚下山崖。路转了过去，我长舒一口气。但还没来得及庆祝惊险逃脱，他又向下走了几步。这比向上爬糟多了，如果他摔倒，我也会从他的头上翻过去。虽然我很担心，但我一直待在扶手椅里，直到他自己愿意把我放下来。

经过几小时的攀登，他们终于来到一所小屋。他们希望留在小屋里过夜，但那里没有水，他们只好继续前进。他们继续攀登，一直爬到山顶，再开始另一次让人害怕的下山之旅。这时一阵狂风向他们吹了过来，吹落了干枯的树叶和树枝，山上乌云密布，一场暴风雨就要到来。他们急着在暴风雨来临前赶到山脚。

“所幸，读者诸君，这是我们爬的最后一座山，也许还是我爬过的最难爬的山。我们担心暴风雨的来临，在这种心情的催促下，我敢说，没有哪一个旅行者能像我们一样在这样短的时间内走下山。”

他们下到平原，渡过一条河，来到一个无人居住的投宿点。这时，他们身后的山上下起了暴风雨，而他们安全地来到一小片空地上。投宿点只是一间四面敞开的茅草棚，就在他们准备生火做晚饭时，突然之间，一大群蚊子向他们袭来。

虽然他们都饿坏了，但这些蚊子让他们几乎没法吃饭。于是他们又点了几堆火，并且开始抽烟，好让蚊子不要靠近。黑暗中，斯蒂芬斯发现身边围绕着巨大的萤火虫，和他家乡那些一闪一闪的萤火虫不同，这里的萤火虫一直亮着。斯蒂芬斯说："它们看上去像流星。"

这一夜，为了抵挡蚊子，这些旅行者和衣睡在地上。保林试着把衣服搭在头上，却发现热得透不过气来，于是他去河边躺下，印第安人也睡在那里。到了半夜，大雨伴着雷电倾盆而下，所有人都到茅草顶下躲雨，拍蚊子的声音打破了黑夜的寂静，没人睡觉。

天亮前，斯蒂芬斯走到河边，把身子泡到岸边的浅水里。"这是我第一次在这里觉得惬意。滚烫的身体凉爽了，我一直躺到天亮。"天色大亮后，蚊子也吃饱喝足，然后飞走了。人人都比来时更疲惫了，在这个不眠之夜，卡瑟伍德不知怎么弄丢了他极为珍爱的绿宝石戒指。

他们骑上骡子，开始最后一天的行程。虽然道路已经变得平坦，但他们要穿过幽深的热带森林，日中时分，他们遇到了一条岔路。从这条岔路穿过丛林的方向来判断，他们猜测它直通帕伦克遗址，这也许是他们偷偷进入遗址的最好机会。但他们不能确定这是否正确，也没有和背行李的印第安人交流他们的想法。而且到了这个时候，他们觉得自己的景况太过"狼狈"，不能直接在遗址边上安顿下来。他们决定走大路，到帕伦克圣多明各村去撞撞运气。他们希望在村子里休养几天，储存些给养再去遗址。

出了森林，他们来到一片宽阔的平原。初雨后的草地青翠碧绿，牛在吃草，一棵缀满黄花的大树孤零零地耸立在他们面前。一切就像梦一样。斯蒂芬斯回首眺望身后深绿色的山峰，他知道自己已经走出了大山、雨林，以及离开了不开化的印第安人。他们总算是活了下来。

现在，什么也不能阻止他们去那个一直让他们渴望的目的地。帕伦克，他们来了。

# 第 13 章
# 荒废的宫殿

帕伦克的年降水量超过 12 英尺，土地肥沃，日照充足，一茬又一茬植物疯狂地生长，持续不懈地努力掩埋这座曾经伟大的玛雅城市。在帕伦克蓝绿色的树荫深处，50 多条小溪和泉水纵横交错，植物在那里争夺每一寸阳光。鸟鸣声和昆虫的嗡嗡声划破了潮湿的空气，水汽像幽灵一样在乱石堆上飘荡。

1524 年，令人闻风丧胆的科尔特斯的军队进军洪都拉斯时，他们驻扎的地方距离这座被掩埋在地下，古代叫作拉坎玛（Lakamha，意为“大水”）的城市不到二三十英里，但他们从不知道这座城市的存在。260 年后，当危地马拉城的皇家法庭主席命令调查当地传教士在报告中提到的“石头房子”时，这座城市依然埋在土里，被人遗忘。

就这样，帕伦克在地下静静地沉睡了近千年的时间，直到 1784 年，附近的帕伦克圣多明各村村长何塞·安东尼奥·卡尔德龙（José Antonio Calderón）被派去调查。他在丛林中砍出一条路，找到了帕伦克遗址。他在遗址里待了三天时间，因为大雨而离开。他在报告里说，他发现了200多座建筑，其中有18座他认为是石砌宫殿。至此，帕伦克遗址开始正式载入史册。

卡尔德龙的报告在危地马拉政府内引发轰动，并且引发了一系列问题。相比于西班牙征服早期为众人熟知的托尔特克人（Toltecs）、阿兹特克人和印加人的纪念碑，这些遗址有什么新鲜的地方和不同之处？美洲居民的起源和他们从何而来的问题已经困扰了人们几个世纪，这些遗址能不能回答这些问题？皇家法庭的主席何塞·埃斯塔切里亚（José Estacheria）决定派一个建筑师代表他前去调查。那个代表证实了大部分卡尔德龙的发现。

在被废弃许多世纪，以及西班牙征服美洲的几百年后，迷雾中的帕伦克终于呈现在世人面前，并且即将在探险史上占据一个特殊位置。但非常奇怪的是，这些最终确立帕伦克盛名的原始报告要在几十年后才会被公众所知。

通过遮遮掩掩的殖民机构，有关这次发现的消息越过大西洋传到了西班牙。马德里的皇家政府直接传回了全面调查发掘的指示。卡洛斯三世（Carlos III）对古迹非常感兴趣，在统治那不勒斯时，他还赞助了庞贝（Pompeii）和赫库兰尼姆（Herculaneum）的最初发掘工作。在危地马拉城，一个叫安东尼奥·德尔里奥（Antonio del Río）的西班牙炮兵上尉被选中承担这个任务。

1787年5月，他在画家伊格纳西奥·阿尔门达里斯（Ignacio Almendáriz）的陪伴下，穿过一场浓雾来到帕伦克。当他们最终跌跌撞撞地来到被大量植被掩盖着的石头建筑前时，德尔里奥立即看出这片地区需要做大量的清理工作。

一周后，他和79名带着斧头的印第安人再次前往帕伦克村，他们在两周之内将遗迹旁以前从没有人清理过的植物砍倒烧毁。“我们终于呼吸到了新鲜的空气”，德尔里奥写道。清理完外围的这些植被后，他们又砍倒了建筑上方的树植，深入到建筑内部。最后，凭着一股炮兵的蛮力，德尔里奥开始发掘遗址，那架势就像是在遗址中间引爆了一枚炸弹。

“最终，”德尔里奥写道，“那里没留下一个封闭的窗户或门道；没留下一道没被推倒的隔墙。所有房间、走廊、院子、高大建筑和地下通道都被挖下去两三码。”视线开阔后，阿尔门达里斯开始工作。他画了大约26张图，其中一些简化了平面图和灰泥装饰，但还算是准确地描绘出了刻在帕伦克的墙壁上或用灰泥塑进建筑里的图像和象形文字。

德尔里奥全面透彻地检查了遗址中心。他测量并毁掉了一些象形文字和部分灰泥图像，他还收集燧石、“泥罐”和水晶，把这些送回西班牙继续研究。他还拿走了一条雕刻精美的石桌桌腿。

但是考察结束后，要么是帕伦克的卓越艺术没有打动他，要么是他的写作能力太差，最后，他只提交了一份不到12页的报告，这份报告不仅简短，而且平淡，毫无生气。另外，这位一本正经的炮兵军官严重依赖编了号的阿尔门达里斯的图画，显然，他指望这些图像能更好地表现他们见到的一切。

关于这座城市是什么人建造起来的问题，他也有一个自己的看法。与包括沃克和卡迪在内的众多追随“以色列部落”假说的人一样，他也囿于他知道的唯一一个理论——古典学理论。他写道：

这些雕刻中能看到罗马和希腊的深刻影响，因为在他们令人难以置信的迷信中，我们可以看到腓尼基人、希腊人、罗马

> 人和其他钟爱刻画的原始民族的偶像崇拜。因此，我们可以合理地猜想，这些民族中某一个曾来到并且征服了这里。在他们待在这里的那段时间里。很有可能印第安部落只能模仿他们的思想，并且以一种粗野笨拙的方式吸收了入侵者认为适合灌输的艺术。

德尔里奥和阿尔门达里斯的报告没发挥多少作用。它没有出版，躺在危地马拉和西班牙的档案馆里，无人问津，成为西班牙美洲殖民地又一个不为外界所知的秘密。

德尔里奥之后，下一次大的考察已是卡洛斯四世国王治下的20年后。退休上尉迪佩对前哥伦布时期的遗址特别感兴趣，受新西班牙总督的委托，他在1808年来到托尼那和帕伦克。与他同行的有一队重骑兵和一位来自墨西哥城的绘画大师何塞·卢西亚诺·卡斯塔涅达(José Luciano Castañeda)。

卡斯塔涅达的绘画和迪佩的描述也被埋没在了档案馆里。在接下来长达13年的政治动乱期间，这些文件默默无闻地躺在墨西哥城里，这场动乱最终导致墨西哥于1821年脱离西班牙独立。

卡斯塔涅达虽然比阿尔门达里斯更有才华，但他的画笔也难以准确描绘他在帕伦克所见的大部分遗迹。但迪佩是一位细心的观察者，他是第一个把遗址和希腊、罗马及埃及区分开来的人。他以想象力远超德尔里奥的语言写道，帕伦克由一个“经过长时间发展，拥有自己的天赋和想象力”的民族建造起来。不过，他也不认为这些宫殿和神庙出自墨西哥和中美洲土著部落之手，相反，他把这些归功于一个早已消失的民族：传说中的亚特兰蒂斯民族。

由于前两次考察报告的雪藏，因此在进入 19 世纪后的很长一段时间里，玛雅文明不寻常的象形文字、艺术和建筑还只有一小部分与西班牙宫廷有联系的人知道。但是在墨西哥脱离西班牙的独立战争之后，事情发生了改变。一个住在危地马拉的英国医生把德尔里奥的报告带到伦敦，并在 1822 年出版了这份报告。接着，迪佩 1808 年的考察记录也被发现并收入 1831 年出版的一部对开本图书中。出版这本书的是一个古怪的爱尔兰人，他名叫爱德华·金（Edward King）。

金斯布罗是科克郡一个富有的年轻贵族，迷恋墨西哥和美洲的古迹。他去世时只有 42 岁，生前全部财富都用于出版浩大的九卷本插图对开本图书，其中一本就收录了迪佩和卡斯塔涅达的作品。这些对开本图书里有许多漂亮的手工着色的墨西哥图画文字和抄自树皮纸的玛雅象形文字。这些象形文字由西班牙征服者和探险者发现并带回欧洲。

他深信，出现在中美洲和墨西哥的象形文字和石头遗迹是“消失的以色列部落”的作品。不幸的是，出版工作让他破了产。1837 年，他得了伤寒，死在都柏林一所债务人监狱里，此时距离他继承父亲的大笔财产只过去了两年。

自哥伦布第一次到达美洲后，欧洲人——后来还有美国人——就对那片神秘的土地产生了强烈的好奇心。金斯布罗的《墨西哥古代文物》（*Mexican Antiquities*），以及德尔里奥和迪佩的报告再次引发了知识界的争论，也加深了这片土地的神秘。美洲大陆上有人定居，其中一些还是相对先进的社会，这个发现不仅让西方知识分子和宗教学者感到困惑，而且还威胁到了世界的宗教秩序。

这些原住民来自哪里，他们的城市有多长的历史，他们与西方人长期接触的埃及、希腊、罗马文化，以及与《旧约》《新约》中的记述有什么关系？这些印第安人是在诺亚方舟和大洪水之前还是之后定居在美洲？

在迪佩的报告和玛雅象形文字纸质抄本的鼓舞下，金斯布罗在书里对这些问题做了猜测性的回答，例如，将“消失的以色列部落”与墨西哥联系起来。与此同时，法国人也不甘人后。1834 年，《墨西哥古代文物》在巴黎出版，这本书里同样收录了许多论述墨西哥遗址与埃及、印度和其他旧世界文明遗址的相似性的学术文章。

德尔里奥和迪佩迟钝而且偏颇的实地报告不仅丝毫不影响这个观点，反而更加强化了它。由于发现了一个建筑结构精巧，年代可能极为久远的遗址，大多数远在天边的学究和理论家认为，帕伦克只是一个独特的殖民地，以某种方式从旧世界来到了新世界，因此他们过去对历史的基本描述得以完整。斯蒂芬斯和卡瑟伍德在各自的旧世界里积累了丰富的考察经验，仔细审视所有证据——各不相同而且散落各处的遗址，然后形成一份新的报告的任务将由他们俩来合作完成。

1832 年，大约在金斯布罗的图书出版的同时，一个引人瞩目的新人登上这个舞台。按耶鲁大学考古学家迈克尔 · J. 科（Michael J. Coe）的说法，“19 世纪上半叶，美洲研究界充斥着各种怪人：学术界的不散阴魂尚未窒息欧美一小撮业余爱好者信马由缰的热情”。这次走进帕伦克的是让 - 弗雷德里克 - 马克西米利安 · 德 · 瓦尔德克（Jean-Frédéric-Maximilien de Waldeck）“伯爵”。他是一个归化的法国公民，我们不知道他在什么地方出生，按照他自己在不同时期的说法，维也纳、布拉格或巴黎都有可能。他还说他出生于 1766 年 3 月 16 日，如果他没有撒谎，那他到达帕伦克时已经差不多 65 岁了。

瓦尔德克体格健壮、身材魁梧，喜欢自吹自擂，他自创的传奇经历让人难以置信：14岁穿越南非；在巴黎学习新古典艺术；参加了法国占领埃及的战争及智利的独立战争；与拿破仑、洪堡、乔治三世、拜伦、马拉、罗伯斯庇尔是朋友——只不过，他说的这些从来没被人证实过。就连他的生日也有问题，这对他晚年在巴黎的声誉是个潜在的打击：当时他已经一百多岁了，却声称自己是著名的女性“追求者”。瓦尔德克身材高大、嗓音浑厚，声称自己的“伯爵”头衔来自瓦尔德斯泰因-符腾堡（Waldestein-Württemberg）家族。

虽然瓦尔德克喜欢故作神秘，但他的确是一个有才华的画家。1822年，他在伦敦为德尔里奥的图书插入帕伦克的绘画，这次经历让他脱胎换骨。与金斯布罗一样，他也对美洲古迹着了迷。瓦尔德克先是在墨西哥的一家银矿工作，后来又在墨西哥城做过一段时间的肖像画家，之后，他终于在1832年5月来到帕伦克。

“从我看到（阿尔门达里斯为德尔里奥的图书绘制的）钢笔画的那一刻起，”他在写给巴黎地理学会的信中说，“我便怀疑它们不够忠于原物，于是我开始偷偷地立下志愿，要自己去看，自己去画。”

瓦尔德克花了近一年时间在圣多明各和遗址间往返奔波，还在“十字圣树神庙”（Temple of the Cross）下的一所小屋里住了四个月。他忍受着酷暑、雨水和恼人的昆虫，勤奋地在遗址上画素描、油画，大部分时间里都是一个人。与阿尔门达里斯和卡斯塔涅达一样，他拼尽全力对付复杂难解的象形文字。

有次，他给朋友写信说他花了20天时间才复制了114个象形文字。在筋疲力尽且花光了所有的钱之后，他北上来到尤卡坦，到后来被称作乌斯马尔遗址的地方绘制。但他暴躁、好争论的性情得罪了墨西哥当局，他们来到他在尤卡坦首府梅里达的住处，没收了他的文稿和画。

瓦尔德克事先预料到了这一点，因此复制了一份副本，还早早地就把许多原始作品寄到了牙买加——还有一个说法是，一直为瓦尔德克提供资金的金斯布罗介入其中，让人把那些被没收的作品还给了他。最后，瓦尔德克在1836年完成了他的考察，离开美洲来到伦敦。

虽然瓦尔德克是一个有才华的画家，但他的大部分作品受到了新古典主义和自身丰富的想象力影响。他经常禁不住诱惑，把他的发现画得优美而浪漫。他相信遗址是旧世界殖民者的作品，因此他的一些画看上去更像是埃及和希腊而不是玛雅。他创造的雕像后来一个也没发现过，他的测量有时错得离谱，他在遗址的墙上和铺路材料上画出想象的大象和乌龟。他还创造性地还原了遗址上一些被损坏的部分。他还再创造了原来是椭圆形的乌斯马尔遗址最大的金字塔，把它画成了埃及式的金字塔。

不过回到伦敦后不久，他用一个新颖的方法计算出遗址的年代，他的结论比当时的任何人都更接近遗址的真实年代。1836年5月，在皇家地理学会的一次活动上，瓦尔德克先是用他的画震惊四座，然后再斩钉截铁地说遗址至少有1 000年的历史。他的依据是长在遗址上的大树。他说他砍倒了一棵树，发现它有973圈年轮。他指出，这些树肯定是在建筑破败后才自然落地生根的。

接着，瓦尔德克来到巴黎，于1838年将他的作品以对开本的形式出版。这本书里只有一张帕伦克的画，其余的几乎全是穿着民族服装的印第安男女。在随后的30年里，他没有再出版一幅帕伦克的绘画。

斯蒂芬斯对帕伦克遗址的第一印象与卡尔德龙、迪佩和沃克等人一样：茂密的热带雨林，一个个石丘，绊倒骡子的乱七八糟的碎石。最后，他们爬上一个又一个平台，透过树木看到巨大的建筑和高塔。

斯蒂芬斯写道："独特、壮观，美得令人心碎。"

坚韧不拔的丛林再次包围窒息了帕伦克，似乎德尔里奥和其他人几十年来做过的清理工作从未有过。厚厚的植被重新回到建筑顶上；植物根茎蜿蜒着爬过屋檐，顺墙而下；树也挤了进来，树枝塞满门道。一些墙已经倒了，透过植被依然可以看到建筑门面上的精美装饰和壁柱上奇怪的灰泥人物。陪他们来的印第安人大叫："el palacio（宫殿）"。

斯蒂芬斯、卡瑟伍德和保林徒步登上最后几级台阶，进入宫殿外廊。他们在外面绕了一圈，又回到入口，每人朝天开了四枪。这是快乐的庆祝。斯蒂芬斯写道："这也是为了给那些印第安人留下印象……他们的话会在村里传开，这样可以防止任何'体面朋友'半夜来访。"

他们担心会下雨，于是在宫殿的走廊里选了一个地方安营扎寨。曾要求待在村里的厨师胡安在过道尽头的石头上搭了一个简易的厨房，保林用碎石头搭了一张桌子，砍了一些树枝做了几张床。清理了平台上的一些树枝后，他们发现宫殿的视野极好，从脚下的丛林上方望出去，能从广袤平坦的森林平原一直看到墨西哥湾。极为迷信的印第安搬运工不肯在遗址里过夜，他们渐渐没了踪迹，回到了村里。

天色暗了下来，斯蒂芬斯和同伴坐下吃晚饭。从森林上方望去，他们能看到大树已经被风吹弯。紧接着，走廊上刮起阵阵大风，接着一场大雨倾盆而至。天空中电闪雷鸣，他们的晚饭被雨给淋透了。这是一场下马威，但这仅仅是艰苦考验的开始。

虽然刮着大风，蜡烛也点不着，但蹲在走廊里一个避风角落的斯蒂芬斯依然感受到了片刻欣慰，他发现身边被萤火虫照得透亮。这些萤火虫太大了，一只虫的光就能让他读上一份从危地马拉带来的美国报纸。"这是一叠里的一张，写满国会辩论……在荒废的帕伦克宫殿，伴着萤火虫的光读国内大人物的言行，这似乎比我旅行中发生的任何事都怪诞。”卡瑟伍德清理猎装口袋，交给斯蒂芬斯一张百老汇的公共马车票：“还可以拿它乘一次车。”他的思乡之情更浓了。

第二天上午，他们被淋得像落汤鸡一样，脚下连半块干的地方都没有。更糟糕的是，他们带来的玉米饼发了霉。“之前遇到麻烦时，”斯蒂芬斯写道，“（我们）经常抽支雪茄镇静一下。”很快，作为圣多明各村官方指定的向导，村里的屠夫带来了新鲜的玉米饼。他曾经也给瓦尔德克、卡迪和沃克做过向导——原来禁止外国人参观遗址的禁令是假的。斯蒂芬斯说：“没有他，我们根本不知道往哪里走，因为丛林在宫殿周围筑起一道严严实实的屏障。”

他们第一天的全部时间用于确定位置和初步查看周围神庙。第二天，艰苦的工作开始了，斯蒂芬斯和保林开始测量宫殿。接着，在几名印第安人的帮助下，他们清除了一些树，搭了一个脚手架，好让卡瑟伍德设置投影描绘器。他们最重要的事情是保证图画尽量准确。苔藓、藻类和霉斑盖住了灰泥和石刻浮雕，有时完全盖住了下面的雕刻图像和象形文字，所以必须擦掉。宫殿内的院子里长满了大树和灌木，多到视线不能穿透的程度，所有这些植物也必须清除掉。

在一个院子里，他们挖走碎石，发现了九个不同寻常的人物雕刻。它们高六英尺，刻在走廊下的灰石板上。“他们戴着丰富多彩的头饰和项链，表情中却露出痛苦和烦恼。”斯蒂芬斯写道，“人物的样式和身体很不协调，但其中蕴含的表现力却表明艺术家拥有高超的技艺和丰富的想象力。”

每天下午的三四点钟都会下雨，但这已经不是让他们最难受的事。每天夜里，他们都置身在蚊子的包围中。第二天夜里，为了躲开这些“屠杀休息的刽子手”，斯蒂芬斯走过宫楼脚下一条漆黑的过道，找到一个低矮逼仄的可以放下铺垫的地方。这个地方潮湿凉爽，头顶上呼啸而过的蝙蝠赶走了大部分蚊子。他写道：“（这里）横行的蛇、蜥蜴和蝎子让我毛骨悚然。”

这只是临时的解脱，接下来的一夜更加糟糕。把身子完全盖在床单下让人热得难受，但是把身体露在外面的话指尖都遭到了攻击。“第二天上午，我们脸上全是疹块。”他写道。白天辛苦的工作已经让人筋疲力尽，如果没有睡眠，他们将无力继续。最终，他们想到一个解决办法。他们先是在地上铺上草垫，然后把缝成睡袋的床单撕开，铺到三根支起来呈弓状的树枝上，最后再把床单的四面缝好，只留下一个让人爬进去的小开口。这样一来，一个“帐篷”就搭好了。

斯蒂芬斯记录说：“蚊子每天晚上都在里面等着我们。”他们进到“帐篷”里后会关上开口，然后点上一根蜡烛，把蚊子捉得干干净净。这个新办法还有一个妙处：虽然躲不开飞溅的雨水，但身体上方一两英尺高的湿床单可以起到降温的作用。“正是在这样的情形下，天才的创造力得以发挥。”

最终，斯蒂芬斯还是被一个他没法解决的东西拖垮了。和卡迪一样，他也饱受一种印第安人称作“穿皮潜蚤”的昆虫的折磨。根据斯蒂芬斯说法，这种小跳蚤会咬破皮肉，然后在里面产卵，而且这些卵很快就会孵化繁殖。一只潜蚤钻进了他的脚，结果他好几天都没有发现。最后，保林用一把折叠小刀把它挖了出来，在斯蒂芬斯的脚上留下一个大洞。很快，那只脚肿了起来，斯蒂芬斯只得把脚架起来静静地坐了一天。

斯蒂芬斯发肿的脚引来一大群苍蝇，这些苍蝇又在他的脚上叮出了成百上千个小眼。他的脚很快越肿越大，到了第十天，斯蒂芬斯决心回村治疗。因为脚肿得太厉害塞不进马蹬，把腿挂起来的话血液又会撑破皮肤，于是斯蒂芬斯最后把脚架在一只放在前鞍的枕头上，想办法慢慢下山，穿过森林回到圣多明各村。

斯蒂芬斯在租来的村长家里躺了两天。最后，带来的药起了作用，他的脚渐渐消肿了。斯蒂芬斯喜欢的消遣之一是在肿消得差不多时蹒跚着在镇上四处走动串门。不过他也心怀愧疚，回遗址时带了面包、猪肉和足够办一场小型宴会的其他美食。虽然他只离开了几天，

帕伦克宫殿的院子（卡瑟伍德作）

帕伦克宫殿浮雕细部（卡瑟伍德作）

但回来时还是被卡瑟伍德的模样惊呆了。“他脸色苍白，形容憔悴，”斯蒂芬斯写道，“像我一样被虫子咬得一瘸一拐。他的脸也浮肿了，得了风湿的左臂像瘫痪了一样挂着。”

和他短暂的离开相比，遗址的改变也同样令人吃惊。雨水渗透了一切：墙壁湿滑，水从宫殿屋顶的缝隙里滴下来；马鞍、辔头、靴子等皮革制品都长了绿色的霉；手枪和长枪上锈迹斑斑。他们知道自己必须在几天之内离开，时间飞逝，卡瑟伍德依然坚持着继续工作。每天晚上都在下雨，他们担心雷电会击倒宫殿，砸到他们头上。“5月30日，星期四，暴雨裹着一阵旋风来了。”斯蒂芬斯写道：“夜里，大树訇然倒下的声音在森林里回荡，暴雨如注，雷电的轰鸣让人心惊肉跳。我们躺着向外看去，在闪电光芒的映照下，荒废的宫殿无比壮丽。实际上，它庄严可怕得过了头。”

第二天上午，宫殿的院子和地势较低的房间被水淹了，在这样的条件下，卡瑟伍德又工作了一天。在近三周的时间里，卡瑟伍德几乎一直在工作，他做了到几乎不可能做到的事：在纸上捕捉遗址的精华，并且比前人做得更准确。尤其可贵的是，他还画下了数百幅象形文字碑刻。但他再也坚持不下去了。

5月31日，卡瑟伍德完成了最后一幅画。6月1日，星期六，他们收拾行囊，“像逃离沉船的耗子”（斯蒂芬斯写道）一样离开了帕伦克。卡瑟伍德差点没能回到村里。一路上全是泥泞和沟渠，雨后的小溪已经变成了小河。在爬上一道河岸时，卡瑟伍德的骡子摔倒，把他压到了身下，多亏保林把他拉了出来。虽然没有受伤，但他还是被吓得不轻，一路上都有些恍惚。

身心俱疲的卡瑟伍德回村后马上就倒下了。所谓病来如山倒，病去如抽丝，他只好躺在床上等待身体慢慢恢复。在这段时间里，斯蒂芬斯开始补写停了好几天的笔记。一个月前，他们到达圣多明各时听说沃克和卡迪已经活着完成了旅行，没有被人杀死。这个消息让他们欣慰。斯蒂芬斯很了解早期探险者如德尔里奥、迪佩、卡林杜和瓦尔德克的事迹，他把他们都写进了书里。

实际上，他并不认为是自己发现了帕伦克，而是把功劳归功于其他人。他从宫墙上发现的涂鸦开始描述遗址，这些涂鸦主要是卡迪、沃克，以及其他几个人的名字。伐木商诺亚·普拉特（Noah Platt）的名字也在，几年前，他曾向斯蒂芬斯描述过这个遗址。

斯蒂芬斯在他的书中用了整整两章36页的篇幅来描述帕伦克遗址。但他明白，真正起作用，可以让他们的书从同类书中脱颖而出的是卡瑟伍德的画作。“我认为（卡瑟伍德的）绘画远胜那些昂贵的对开本。”他指的是金斯布罗的书和一些法国图书，“胜过以往出版的关

帕伦克碑铭神庙（Temple of Inscriptions）（卡瑟伍德作）

于这些遗址的任何一本图书。”

斯蒂芬斯的书里配了 34 幅描绘帕伦克的插图，每一张图都是根据卡瑟伍德画的素描、地图、正视图、剖面图和平面图刻版而成。卡瑟伍德最重要的成就之一是用三页纸绘制了他们在一幢建筑里发现的一块巨大而复杂的象形文字板，这块板后来与碑铭神庙齐名。双页版画上还展示了帕伦克领主的风采，他们身材高大，威风凛凛，戴着精心制作的饰有羽毛的头饰，雕刻在嵌入墙壁的石板上。虽然卡瑟伍德将这座荒废的伟大城市里最美丽、最奇怪的面貌展现给了世界，但真正辉煌的帕伦克艺术永远无法表现在二维的纸上。

帕伦克不是科潘。在科潘，卡瑟伍德可以用建筑师的眼光和明暗透视的技艺捕捉雕刻的巨大纵深，以及巨石碑、祭坛和其他遗迹的三维效果。但是帕伦克没有独石雕像，也没有石柱和石碑。这里的艺术表现在平面上。斯蒂芬斯和卡瑟伍德只找到一块立体雕像，其中一面没有完成，很有可能它也是要安在墙上的。

在随后的一个半世纪里，帕伦克的发掘将找到大量立体雕像、让人吃惊的陶瓷、石头人像、头像和香炉，其中一些以玛雅世界几乎独一无二的风格打造而成。这种自然手法完全不同于其他玛雅遗址发现的程式化雕刻方法，鲜活地展现了帕伦克居民的样子，揭示了他们独特的个性。但在 1840 年，他们还掩埋在数以吨计的泥土和丛林下。虽然斯蒂芬斯和卡瑟伍德发现的浅浮雕种类繁多，精美无俦，但它们依然相对简单，大部分都是人脸的侧面轮廓。这些人脸都以浅浮雕的形式雕刻在垂直的表面上，这是一项在帕伦克达到顶峰的技术。

艺术家在两种媒介上创作：石灰岩或石灰泥。中美洲的石灰岩是密度最大、最光滑的石灰岩之一，帕伦克人更喜欢在细粒石灰岩

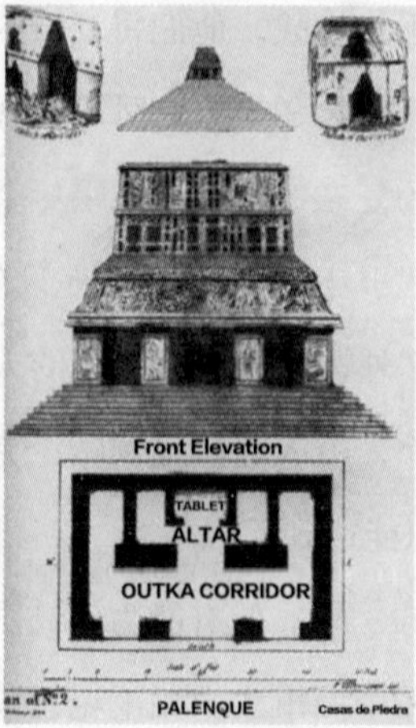


Front Elevation　前视图

TABLET　碑

ALTAR　祭坛

OUTKA CORRIDOR　出口走廊

PALENQUE　帕伦克

Casas de Piedra　石头房子

帕伦克的两座神庙（卡瑟伍德作）

上雕刻，他们能在材料上以锐利的边缘雕刻出精美的细节。虽然这种石头很硬，雕不出科潘和基里瓜那种软石头上的深度，但这种石头的密度使得在经历了上千年的潮湿、酷热及植物的破坏后，帕伦克艺术线条分明的细节依然完好地保存了下来。他们使用的灰泥也同样极为细腻，干硬后的灰泥像水泥一样结实，只能构筑到平坦表面，似乎是为了复制石灰石雕刻，但也被铸成精致的浮雕。

帕伦克艺术已经精细到一定程度，在某些情况下，虽然一层灰泥要被另一层覆盖，但他们依然给它涂上颜色。“他们打扮起这些人物来，”考古学家默尔·格林·罗伯逊（Merle Greene Robertson）写道，“就跟它们是真人似的，先穿内衣，再套衬裙、围裙、缠腰带，最后戴上珠链和羽毛。而且每件衣服都要先刷上一层薄石灰泥，再涂颜色，即使另一件衣服要盖在前一件上。”

这些雕刻铸造娴熟的象形文字记录了帕伦克王朝的历史，这一点无疑是这个城市的艺术家面临的最艰巨的挑战。他们将复杂的象形文字装进类似埃及椭圆饰的小方格里时，人物和形象有时只表现出细微的差别。这种代代相传的书写文字极为复杂，卡瑟伍德竭尽全力也只能把它们的轮廓画在纸上，雕刻或铸造似乎是难以想象的。他只有两周多的时间来全部复制它们——除象形文字外，他还要画雕刻的人物、神庙和宫殿，而且他画得非常准确。然而，没人能捕捉到帕伦克艺术的真正辉煌，即便是摄影技术到头来也只能达到近似。

斯蒂芬斯忠实地记录了他们发现的一切。他有能力信马由缰，写出当时最浪漫的文字，但他鄙视夸大和歪曲事实。帕伦克之前曾被描绘成一个庞大的城市，宫殿东西占地数英里。

斯蒂芬斯后来注意到，一篇发表在美国的文章报告说，遗址的面积是纽约的十倍；在另一篇文章上，遗址的规模被说成有三个伦敦大。以在遗址上的第一手考察为基础，他认为这些断言都是无稽之谈。

“这座城市确实很大。”他写道。这是完全有可能的，尤其是如果大多数民众像古埃及人那样，住在‘脆弱易腐烂’的棚屋里，就像附近村庄里的印第安人所住的那种房子一样。至于这片广袤地区上其他类似遗迹的情况，斯蒂芬斯就不知道了，或者他声称自己不清楚。“我们周围的整个乡间是绵延数英里的长着参天大树的密林，”他写道，“大树下还有矮树和灌木……在树林里没有办法辨别方向，除非用砍刀开出一条路。如果没有向导，我们也许看不到遗址中任何一座建筑，即使我们已经在距离这些建筑不到 100 英尺的地方。”

帕伦克遗迹依然在发掘中。1998 年到 2000 年的两年时间里，在帕伦克的城市核心区域，1 500 座建筑被发现并标注在地图上，而这个数字是 15 年前确定的 4 倍。斯蒂芬斯的猜测是对的，一个巨大城市是可能的，但在 1840 年，没人能知道这一点。

但让斯蒂芬斯惊异的不是帕伦克的规模，而是它的文明程度。在他们的发现范围之内，他自由地挥洒自己的想象力：

> 我们眼前的一切已足够壮观，足够奇妙，足够惊人。这里是一个文明、优雅、独特的民族的遗迹，他们经历了民族兴衰起伏的所有阶段。他们有一个黄金时期，最后默默无闻地消失了。我们住在他们国王荒废的宫殿里，进入他们空无一人的神庙和倒塌的祭坛。不管走到哪里，我们都能看到他们的优雅，看到他们的艺术，看到证明他们拥有的财富和权力的证据。
>
> 我们在荒凉和废墟中回首过去，想象着拿掉这片阴郁的森林，每个建筑都是完美的，都有台阶、金字塔、雕刻、彩绘装饰，宏伟、高大、壮丽，向下俯视着这一片人丁兴旺的大平原。我们唤醒了这些陌生人物，他们在墙上盯着我们，一脸忧戚。我们想象着他们穿着奇异的民族服装，佩着羽饰，走下宫殿台阶和通向神庙的阶梯。我们经常想象出一个独特和无比美丽辉煌的场面。

在卡瑟伍德恢复期间，困在村里的斯蒂芬斯最大限度地利用了他的时间。他发现恰帕斯州正在出售遗址周边的 6 000 英亩土地。这块地的评估价值大约是 1 500 美元，但已经两年无人问津，让他惊讶的是，遗址也算在土地之内，无需额外的费用。

与科潘和基里瓜的情况一样，斯蒂芬斯对帕伦克的兴趣远不止将它

一座帕伦克神庙内部的浅浮雕（卡瑟伍德作）

记录在文字和图画里。他想打造一座博物馆，一座可以提高美国在世界上的声誉的，与欧洲大博物馆齐名的博物馆，帕伦克的文物将是一个极好的开始。作为美国的企业家，斯蒂芬斯根本抑制不住他的本能。

“我要把宫殿修葺一新，让帕伦克老城重新住上人。”他兴奋地写道，无疑是想到了在夏季开一两家酒店，并且还要获得柠檬汁的特许经营权。我们不知道斯蒂芬斯在这个问题上有多认真，但这几乎是不可能做到的，因为有一个“困难”他很难克服，那便是如果外国人要想在这里拥有土地，就必须娶一个“该地区的女儿”。圣多明各是个小地方，斯蒂芬斯环顾四周，找不到多少适龄待嫁的女人。“可以嫁人的年轻女人中，年纪最大的不超过 14 岁，”他说，“而且那个带给我们快乐的（她给我们卷雪茄）最美丽的妇女已经结婚了。”

此路不通，需要另寻办法。一对姐妹住在镇上一栋体面的房子里，屋里碰巧有两块来自遗址的雕刻石板。斯蒂芬斯已经看上了这栋房子，准备下次来遗址时就租住在这里。这对姐妹年龄都在 40 岁左右，一个是寡妇，一个还没结婚。他说："我对她们感兴趣，她们同样也对我感兴趣。"遗址所有权、一栋漂亮的房子、两块不同寻常的石板……所有这些条件都相当诱人，但因为房子归姐妹两人所有，所以形势有点微妙。这时，新的信息改变了一切。斯蒂芬斯得知，他可以用附近驻特尔米诺斯潟湖港口城镇的美国领事的名义买下遗址。

那位领事查尔斯·罗素（Charles Russell）的妻子是墨西哥人，通过这层关系，他已经拥有了大片土地。斯蒂芬斯立即与保林商议，让他以代理人的身份去和罗素谈。他告诉保林，如果罗素愿意出手相助，他就从潟湖带着领事授权和资金回到帕伦克。他还让保林带回足够的"熟石膏"，好复制遗址上的雕刻和浮雕，再将其运回纽约。

经过三天的休养，卡瑟伍德的身体已经完全恢复，可以离开了。他们骑着骡子穿过镇子，和镇上的人告别。经过一天的骑行，他们来到乌苏马辛塔河的一条支流边的修道院。很久以前，奔流的乌苏马辛塔河曾是帕伦克，以及那些掩埋在东边低地森林里的伟大玛雅城市的主要水上运输线。他们沿着另一个方向前进，朝着西北向，顺流而下到墨西哥湾。他们最终要去的地方是尤卡坦，他们将从海上一路向北到达那里。但在登上独木舟出发之前，他还有一次告别：

> 它驮着我走了 2 000 多英里的路，走过了一个骡子所要走过的最艰难的路。我们把它拴在修道院的门前，看着行李和鞍被人拿走，它似乎预感到要发生不寻常的事情。我搂住它的脖子，它的眼里满含忧伤。那一刻，它忘记了愤怒踢打过它的马刺，我也记不起它曾经把我从背上摔下，我们只记住对方的好处和彼此的友情。经历了考验的忠实伙伴，你现在在哪里？我把它

和另两头骡子拴在修道院门前。司事将把它带给帕伦克的长官，它将在那里恢复之前因为淋雨而变得虚弱的身体。它将在丰美的草场上漫游，不受鞍鞯和马刺之累，直到我回来再次骑上它。

# 第 14 章
# 乌斯马尔：众仙女沐浴之地

经乌苏马辛塔河前往墨西哥湾的一路毫无乐趣可言。成群的蚊子遮天蔽日，盘旋于河面上方，寻找每一个攻击人的机会。鳄鱼或趴在河岸上，或隐在水线下，虎视眈眈地窥伺着可能的猎物。频繁的暴雨更增添了他们的不幸。他们浑身湿透，相互挤在船底，几乎没法睡觉。几天后，他们终于漂过一大片平坦的沼泽地，渡过特尔米诺斯潟湖，进入墨西哥湾岸一个名为“拉古那”[①]的港口城镇，在那里又遇上了另一场革命。尤卡坦地方政府的首脑们刚刚宣布他们的州脱离墨西哥中央政府独立。

到目前为止，这次反叛与他们已经遇到过的中美洲暴力冲突没什么相似之处。在附近的村镇，起义者推翻中央派驻官员的统治时没有出现什么血腥场面。在拉古那，崇奉自由主义的叛军宣布效忠新成立的尤卡坦政府，接着解除了当地墨西哥政府军的武装，并把他们从该地区驱逐了出去。

①“拉古那”是西班牙语单词“Laguna”的音译，西班牙语中意为“潟湖”。

虽然遇上这场政治动荡，斯蒂芬斯和卡瑟伍德上岸后，却觉得如释重负。镇子看上去像天堂，其中遍布着各式各样的商店、小餐厅、小酒吧，还有一座繁忙的仓库被用于储存来自内陆地区、准备被输往欧洲和美国的洋苏木。十几艘船抛锚在港外。这是一个值得美国派驻领事的重要地区。斯蒂芬斯和卡瑟伍德走上前与查尔斯·罗素打招呼时，罗素正坐在他住所的门廊处。斯蒂芬斯和卡瑟伍德的衣着显得很破烂，这一点无论是谁都能看得出来。

他们来到中美洲已有七个多月了。坐在罗素身边的一名船长刚刚直接从纽约抵达这里，他交给斯蒂芬斯和卡瑟伍德一些报纸，并向他们谈了一些关于纽约的其他新闻，他们顿时感觉纽约离他们又近了。斯蒂芬斯很高兴地认出那人原来是纽约的一名旧相识。他称这名旧相识为芬斯利（Fensley）船长，去年出发前，斯蒂芬斯曾向他咨询过关于墨西哥的事。

斯蒂芬斯和卡瑟伍德的计划是租一条带帆的大型独木舟，沿海岸北上到达尤卡坦港口城市坎佩切（Campeche），但他们听说它处于墨西哥政府军的控制之下，而且正受到叛军的围攻。芬斯利船长即将启程返回纽约，他同意带两人一程，经坎佩切把他们送到锡萨尔港。他们可以从那里继续旅行，先到梅里达，再到他们的最终目的地乌斯马尔遗址。

在芬斯利为其双桅横帆船做返航准备的那几天里，斯蒂芬斯和罗素安排好了财务事宜。罗素答应帮助他买下帕伦克这块地，并将那里的部分物品寄送到纽约，供他计划中的博物馆使用。他们拟好了文件，授权保林回到圣多明各当他们的代理人。并且巧得不能再巧的是，领事最近刚刚盖完房子，还有用剩的几桶熟石膏。

现在，保林备齐了在遗址制作模型所需的全部材料。他陪斯蒂芬斯和卡瑟伍德到芬斯利的船上，做最后道别。“我们一起经历了那些艰难时刻，可以想见，分手的时候不会那么毫无情感。”斯蒂芬斯用最轻描淡写的语气写道。胡安继续陪他们到锡萨尔，而斯蒂芬斯答应到那里后安排送他回危地马拉。

随后的几天里，他们所乘的船抛锚于锡萨尔港外。从这里到纽约只有不到三周的航程，斯蒂芬斯和卡瑟伍德脑中也闪现过留在船上直接回纽约的想法，但最终还是决定继续前往乌斯马尔，即使那意味着他们一路又要躲开另一场由政局引起的动荡。

他们的船沿着一座西班牙老旧要塞遗址旁的航道进入锡萨尔港，立即就有几名荷枪实弹的士兵要求查看他们的护照。除此之外，他们从其他景象几乎看不出一场动荡正在席卷。相反，克制似乎是那天的通行做法，这是他们在中美洲难得见到的。

第二天，他们来到梅里达。这座美丽的城市有3.5万居民，城市中央广场上的一家宾馆让他们想起了欧洲的舒适生活。斯蒂芬斯希望见到另一名纽约的旧相识，一个名叫西蒙·佩翁（Simon Peon）的梅里达居民。去年，斯蒂芬斯在经常光顾的富尔顿大街（Fulton Street）的一家酒店里遇到他，提到自己不久将南下寻找遗址。佩翁邀他去自己的种植园，乌斯马尔老城的遗迹就在那里。

斯蒂芬斯和卡瑟伍德去拜访佩翁，惊讶地发现佩翁一家住的宅邸占据了阿马斯中央广场（Plaza de Armas）一侧的近一半。这座建筑由弗朗西斯科·德蒙特霍（Francisco de Montejo）建于近三个世纪前。

1546年，经过19年血腥的征战，这名西班牙人及其率领的部队征服了尤卡坦半岛大部。佩翁屋宅雄伟的大门在整个墨西哥都数得上一流。

它以科林斯式柱子作框架，顶上有一座起到装饰作用的阳台。蒙特霍的盾徽镶嵌在墙上，两侧各雕刻着一个巨大的西班牙士兵像，两人手持长矛，脚下踩着四个号啕大哭的印第安人的头。

佩翁不在家。他的母亲唐娜·华金纳（Doña Joaquina）邀他们进屋，说儿子在乌斯马尔种植园，很快就会回梅里达。斯蒂芬斯说他们想立即离开，说不定能在那里遇到他，唐娜·华金纳主动安排了必要的事项，并给他们派了个向导。

第二天，乘着那些安排的事项正在被落实，斯蒂芬斯和卡瑟伍德抓紧机会参加了梅里达的一些社交活动。考虑到这个州正处在一场政治性的动荡中，广场周围的景象似乎过于正常了。实际上，尤卡坦脱离墨西哥走向独立似乎是板上钉钉，和平是唾手可得的。至少在眼前，坎佩切墨西哥政府军投降的消息传来之后是这样。这里的活动一个接着一个，包括中央广场外围拱廊下的集体舞和一场庆祝教会最大的年度节日圣体节的游行。

一天之内，两人以斯蒂芬斯特有的方式，走马观花地出席了大教堂的仪式、参加了节日游行、到一位有个漂亮女儿的女士家作客、拜访了梅里达的主教（“一个腰围几英尺的人，”斯蒂芬斯评论说，“衣冠楚楚，坐在一把特制的椅子上。”），最后还在晚上去了剧场。翌日清晨 6 点半，他们踏上了前往乌斯马尔的路。

两人很快发现，尤卡坦北部一点也不像南边 280 英里开外的帕伦克那样，周围有着草木旺盛的湿润山地。相反，这个半岛是一片广袤、平坦的碳酸盐沉积区，主要沉积物石灰石是珊瑚等海洋生物的遗骸经数百万年沉积后形成的。曾经被淹没在水下的尤卡坦半岛现在刚刚高过周边温暖的浅水海域。

薄而多石的表土更像白垩地层，一点也不肥沃，仅够放牧和生长少数几种耐旱的作物，如大麻[1]和玉米，但有逾半年时间干得滴雨不遇。矮树和低矮灌木构成了低矮的热带“旱”林，在这片没有一条河流溪涧的土地上顽强生长。

雨季，雨水聚集在地表的低洼处，或渗过石灰石缝隙进入地下洞穴或地下河。旱季取水主要通过洞穴入口或落水洞，或建造用于储存雨水的人造蓄水池和水库。落水洞开口通向名为“灰岩坑”的地下池沼。整个半岛散布着几百处这样的地下池沼，其中一些深不见底。

两人走的这条路穿过矮灌木林，其上因布满碎石而崎岖不平。走出 3 英里后，他们来到佩翁家族所有的第一个种植园。这是个大麻种植园，园内有一幢石头房子，房子旁边是一个 12 英尺深的巨大石槽，其中盛满了在当地宝贵异常的水。再走九英里后，他们到达佩翁家族的另一处种植园，并在那里吃了早饭。太阳火辣辣地烤着，酷热越来越令人难以忍受。每个种植园似乎都比前一个更气派。这一个种植园里有座教堂，教堂的门上挂着一个巨大的十字架。

1 500 名印第安佃农被以某种封建的劳役方式禁锢在这片土地上，旱季时靠佩翁一家为他们供应水。每个种植园都有一名管理者。他们一般是混血出身背景的人士，为佩翁家族掌管种植园的经营。

因为天热，向导建议那个年轻的混血管理者叫辆轿子来带他们到下一站。他到教堂的钟塔上发出召唤。斯蒂芬斯评论说，那召唤声与穆斯林宣礼塔上召唤祈祷的声音如出一辙。一刻钟内来了二十几名印第安人，开始用砍刀砍附近的树和灌木。他们很快放倒几根长杆，用大麻纤维绑在一起，最后做成两个担台，上面盖着像弓一样弯曲的树枝。大麻

①一种经济作物，收成品通常被用作纺织工业的原材料。

纤维吊床挂在杆子上，树枝上盖着遮挡阳光的席子。

每乘轿子选了六名印第安轿夫。斯蒂芬斯和卡瑟伍德各自爬上一乘轿，很快就上路了。斯蒂芬斯写道："我们感觉浑身轻松，忘记了之前反对将人当牲口使的道德准则。印第安轿夫们没有一点受侮辱的感觉，可能是因为我们体重的分量不高，况且这里没有山。"

走出很远一段路后，他们到达一个大种植园，种植园的四周也围着巨大的水槽。卡瑟伍德还没从帕伦克的磨难中获得恢复，仍然睡在一排宽敞空房子里的吊床上。斯蒂芬斯则外出查看附近一个天然水塘。他很意外地发现地上的一个巨大开口——他见到的第一个灰岩坑——立即派人来叫卡瑟伍德。

他写道："这是个巨大的洞穴，顶上悬空盖着断裂的石头。下面的水清澈见底，平静、深邃，水底是白色的石灰石。这是浪漫传说中的景象，是狄安娜（Diana）和众仙女沐浴的地方。"两人怀着"孩子般的狂喜"跳下水，绕着水洼一直游泳游到天黑。

第二天黎明，他们再次上马，在毒辣的阳光下骑行到中午，最终来到佩翁家族在乌斯马尔的种植园。他们用两天半的时间走了50英里，但佩翁已经离开这里并踏上了返回梅里达的路，双方在路上错过了。他们已经口干舌燥，一点力气也没有了，于是很快爬上吊床，沉入短时的小睡。

与别的种植园类似，这个种植园也有小教堂和水槽，但是旧得多，外表也粗糙得多，还有种"不健康的潮湿感"，斯蒂芬斯回忆道。这里有两个管理者，其中的一个是名年轻的西班牙人。出乎他们的意料，这名西班牙年轻人最近才从纽约过来。在纽约时，年轻人在斯蒂芬斯喜欢光顾的德尔莫尼科餐厅（Delmonico）做侍应。

佩翁在纽约时说服年轻人南下来这里，说将培养他管理家族的几个种植园。但年轻人告诉斯蒂芬斯，说他很怀念纽约，怀念那里的歌剧和德尔莫尼科餐厅。一个和他一起到纽约的朋友还在那里做巧克力制作工领班。

斯蒂芬斯此时感觉如果走水路，尤卡坦与纽约近在咫尺，看上去倒像纽约的一个郊区，只不过石头多了点，热得令人吃不消。现在，看过乌斯马尔，他们就可以回家了，并且遗址就在一英里外。

斯蒂芬斯迫不及待。当天下午，两人徒步上了路，但卡瑟伍德很快就感觉不适，被迫返回种植园。后来斯蒂芬斯一口气报告所见，"一堆堆遗迹，大量建在台阶和金字塔结构上的建筑，宏伟、保存完好、装饰华丽、没有灌木阻挡视线、美不胜收、不输给底比斯遗址。"卡瑟伍德又累又病，心情很坏，不想听他"夸大其词"。但是第二天，他徒步来到乌斯马尔，声称斯蒂芬斯先前的描述还不够极致。

两人都不敢相信。这是他们遇到的第五处大型遗址，每一个都很壮观，虽然各不相同，但却仍然不可思议地拥有着相同与相通之处。这显然是另一座巨大的文明城市，充满了精雕细刻、装饰华丽的建筑，并且又一次，斯蒂芬斯注意到，"我们对它的历史一无所知。在有着140年历史的佩翁家族的地契上，这片遗址仅仅写作'Las Casas de Piedra'(石头房子)。遗址现在的名字则来自乌斯马尔种植园"。

卡瑟伍德立即开始工作。所幸遗址相对空旷，视线无阻，因为遮蔽它的森林上一年已经被砍掉。这样做主要是给种玉米让路。四年前，瓦尔德克大概也指示人做了些清理工作。某一天，卡瑟伍德绘出了一系列重要素描，其中最详细的那张捕捉到遗址宽阔的远景，包括一座印第安人根据当地传说称作"矮人屋"的高大金字塔，和附近一所他们称作“女修道院”（Nunnery）的建筑。

他接着考察了遗址上最宏伟的一幢大厦。因为规模宏大，造工精美，它被称作“总督宫”（Casa del Gobernador）。他用图标明了作为大厦基础的巨大平台，制作了大厦内25个房间的平面图，斯蒂芬斯则测量和记录了尺寸。午后，卡瑟伍德还用草图描绘了长长的建筑门面局部，再次绞尽脑汁捕捉新的完全不同的石制品工艺，以及两人从未见过的无法理解的镶嵌作品。

这是个充满希望的开头。但到了夜里，卡瑟伍德发起高烧，这是严重疟疾发作时伴发的症状，进一步恶化了他已经虚弱的身体状况。后来用文字表达他们在乌斯马尔见闻的任务主要落到斯蒂芬斯头上，这一次只勉强得到卡瑟伍德一些小作品的辅助。那时候，他担心的是卡瑟伍德的性命。

第二天下午，卡瑟伍德的烧退了，但两人决定立即返回梅里达。他们现在明白，从纽约到尤卡坦非常方便。两人商量，他们以后可以很容易地回来完成乌斯马尔的工作，并且调查关于半岛上其他遗址的报告和传闻。在锡萨尔，他们还从遇到的一个人那里听说一艘西班牙双桅帆船将在几天内驶往哈瓦那。如果他们次日一早就走，也许能在西班牙双桅帆船起航前到达锡萨尔。他们把想法告诉了种植园的管理者，他立即爬上教堂的钟楼。很快，印第安人又开始忙着为卡瑟伍德拼凑一乘轿子。

第二天凌晨三点，他们出发了。卡瑟伍德坐着印第安人抬的轿子，斯蒂芬斯骑着马，带着那个西班牙籍种植园管理者给在德尔莫尼科餐厅做巧克力的朋友的信。斯蒂芬斯骑马跟在轿子后面，月亮升得老高。他写道：“打破这宁静的只有他们的脚步声。因为非常担心（卡瑟伍德的）健康，感觉自己好像跟在他的棺材后面。”

一上午，他们在两个村庄停下来更换轿夫，然后开始踏上前往梅里达的最后27英里路。赶了近一整天的路后，他们在下半夜赶到了梅里达城内。第二天上午，他们见到佩翁，他正准备前往乌斯马尔见他们。看到卡瑟伍德的状况，他答应说如果他们以后回来，他会和他们到乌斯马尔，协助他们对遗址做一次彻底的勘察。

按斯蒂芬斯的要求，佩翁答应将乌斯马尔的两件物品寄运到纽约。第一个是“总督宫”一扇门上方的一个石刻头像，“一张骷髅的脸，还展开一对翅膀，龇着牙”。头像现展示于纽约的美国自然历史博物馆（American Museum of Natural History）。佩翁已经把它从“总督宫”的门上卸下，准备把它放在种植园里作装饰。第二个是一根已倒塌的木质门楣，斯蒂芬斯和卡瑟伍德发现它靠在“总督宫”的内墙上。

斯蒂芬斯觉得这块沉重的木质门楣极有价值，因为它上面刻着一行与他们在科潘和帕伦克发现的相似的象形文字，提供了将远在三地的遗址联系起来的重要纽带。

他后来解释说：“乌斯马尔没有一座科潘那样的‘图腾崇拜物’，没有一个像帕伦克那样的用灰泥或石板雕刻的人物。虽然我们仔细查找过，但除了这块刻有象形文字的梁，没发现任何一个绝对的共同点。”不知什么原因，那块木梁从未被运抵纽约。

在一场暴雨过后的黄昏时分，卡瑟伍德和斯蒂芬斯乘上马车，驶向锡萨尔。路上，他们遇到一队刚刚在坎佩切打了胜仗归来的尤卡坦士兵。又过了一会，他们看到跟在后面的将军和手下军官，并向他们表达了对其战果的祝贺。这次短暂的革命似乎获得成功。

黎明前，他们到达锡萨尔港，几乎立即就登上了那条西班牙帆船

“亚历山大号”（Alexandre）。两小时后，“亚历山大号”已经在驶往哈瓦那的路上。这天是 6 月 24 日，自他们离开纽约以来，只差一周就是九个月了——一段似乎有一生那么长的时间。

虽然不得不克服各种艰难险阻、现实障碍和暴力威胁，但斯蒂芬斯和卡瑟伍德知道他们取得的巨大成就远远超过了开始这段旅程前的想象。他们发现了基里瓜，考察了科潘、托尼那和帕伦克，精心用文字和绘画记录了它们。

虽然他们在乌斯马尔待的时间令人颇感失望的短暂，但也足够将它的遗址纳入他们看出的一个模式：这是一个分布范围广泛的先进文明，虽然它的年代和起源未知，但它是一个没人知道其存在的先进社会和先进文化。他们很想知道，还有别的什么依然沉睡在丛林里没被发现？他们要多久才能回来继续这样的事业？

虽然卡瑟伍德的健康状况很差，但现在隔在他们与家之间的只有水，对此他们深感安慰。船长告诉他们，将在一周后到达哈瓦那，两人希望在那里很快找到驶往纽约的船。但是按船长推算，在轻风中沿尤卡坦半岛的海岸航行了四天后，他们才走了不超过 150 英里。这时风完全停了。

> 太阳火辣辣的，海上没有一丝波浪，一群鲨鱼成天游弋在帆船的周围。从这一刻起，我们遭遇了连续零级风，大海像一面被加热再反射热量的镜子。到 7 月 4 日，海面依然水平如镜，天空中飘着薄云，但一动不动。船长说我们中了魔咒，情况似乎确实如此。

他们曾指望在哈瓦那与美国领事共同庆祝7月4号的美国独立日。但一天又一天，船漂在公海上，地平线上看不到陆地丝毫的踪影。经过历时多月的艰苦旅行，这时却在漫无目的地漂着，哪里也去不了，这似乎是不可思议且令人郁闷的。

两人看过船上图书馆的每一本书，大部分是译成西班牙语的法国小说，只有一本他们不太想读的例外：一部关于“恐怖”沉船的历史。他们观看鲨鱼以消磨时光，最后因为食物短缺还捉了两条来吃。

7月12日，船驶入一股快速洋流，但空气依然死一般沉寂。大副的测深锤悬在120英寻（约219米）处，但依然没打到海底。“此时我们最好的指望就是在黄热病季节到达哈瓦那，在最恶劣的飓风季从那里出发，在斯塔滕岛（Staten Island）被隔离。”那还是在他们能够到达哈瓦那的情况下。有30年海上资历的船长靠推算航行，船上连个确定经度用的精密计量器都没有。卡瑟伍德那又老又旧的计时钟在旅行中严重受损，已经走不准了。只能猜测船位的船长现在开始担心他们进入了墨西哥湾流（Gulf Stream），将随海流漂得远离哈瓦那，进入大西洋。

船上有八名其他乘客，全是西班牙人，还有九名船上职员（包括船长和船员）。食物储备开始减少，但真正令人担心的是淡水。7月13日，他们打开最后一桶水。船边的鲨鱼更多了，似乎嗅到了来日无多的味道。到7月15日，离开锡萨尔三周后，一阵清风吹来，在船上每个人的心中重新燃起了希望。

不久后，救兵出现了，一个小点出现在地平线上。船长指挥船只顺着风全速行驶，怀着兴奋的心情慢慢地接近一艘悬挂着美国国旗的帆船。他们放下小艇，船长不会说英语，因而派出斯蒂芬斯和卡瑟伍德。但小艇放在骄阳下的甲板上,已经裂开了缝。水涌了进来，几分钟后，小艇已经进了半舱水。

斯蒂芬斯和卡瑟伍德坐在舷边，看着鲨鱼在他们周围“嬉戏”，吓得催促船员拼命划。接近美国船时，对方船员起了疑心，声称他们是海盗。斯蒂芬斯写道:“但是船长，一个身材高大、头脑冷静的东海岸出身者，两手插在口袋里站在船一侧的后部，看到我们的船快沉了，说‘他们不是海盗’。”

上船后，船长告诉他们这条船直航纽约，斯蒂芬斯简直不敢相信自己的耳朵。这艘“海伦·玛丽亚号”（Helen Maria）上装着满满一船来自墨西哥塔巴斯科州（Tabasco）的苏木。但船长同意带上斯蒂芬斯和卡瑟伍德，但他船上的食物仅够船员吃，现在又多了两名乘客，再也没有多余的食物了。

此外，他同意为“亚历山大号”输送淡水。他还把他们船位的经纬度告诉了西班牙船长。西班牙船长此前的推算错得离谱。在海上漂了 21 天，他的双桅帆船才离开锡萨尔 200 英里。

斯蒂芬斯和卡瑟伍德回“亚历山大号”做简短告别。他们挨个与大家握手。斯蒂芬斯解释说:“摆脱我们，他们并不伤心，因为少两张嘴是件好事。”他后来听说那艘帆船抵达哈瓦那时境况很差，而且船上一片食物都没有了，但总算安全抵达。

16 天后，斯蒂芬斯和卡瑟伍德搭乘的“海伦·玛利亚号”驶入纽约港。到达纽约时，他们距出发的日子差不多有整整 10 个月。

# 第 15 章
# 消亡的艺术

斯蒂芬斯和卡瑟伍德一心想着再次拥抱纽约都市文明生活带给他们的舒适，但这座城市能给健康状况不稳定的卡瑟伍德提供的任何慰藉都是短暂的。哥哥詹姆斯（James）的一封信在纽约等他，信上说，他住在帕伦克石头宫殿里的那天，母亲安妮在伦敦去世。还有更坏的，他的婚姻已处于“极度不健康的状态”，詹姆斯建议他尽快赶回伦敦。卡瑟伍德订了船票，于 8 月某天乘船返回英国。此时距他抵达纽约不足一个月。

经过几周的航程回到伦敦后，他与格特鲁德发生了一场令他感到蒙羞的冲突。詹姆斯在信上告诉弟弟，他在中美洲期间，在母亲健康状况恶化时，格特鲁德搬出了位于查尔斯广场的家，在波特兰区（Portland-Place）夏洛特大街（Charlotte Street）租了房子。詹姆斯说她还接待了一个声名狼藉的爱吵架的酒鬼——沃特福德侯爵亨利 · 贝雷斯福德（Henry Beresford）。卡瑟伍德记得贝雷斯福德，六年前，他们在巴勒斯坦一起进行过短暂的旅行。

显然，这位侯爵在其地中海“周游之旅”期间，也在贝鲁特结识了格特鲁德。后来，两人在伦敦再次相遇。卡瑟伍德现在要知道他们是不是情人。夫妻冲突期间说过的话从未全部泄露过，但他的律师后来描述，卡瑟伍德事后确信了“他的耻辱和她的不忠”。但事情远比卡瑟伍德想象的还坏。与格特鲁德有染的不是贝雷斯福德，而是一名家族成员，卡瑟伍德的远房表兄亨利·卡斯隆（Henry Caslon）。

这个消息肯定让卡瑟伍德不知所措。卡斯隆、卡瑟伍德两家族曾经有着特别亲密的关系：弗雷德里克·卡瑟伍德的父亲约翰·詹姆斯曾与卡斯隆家族的人合伙开办过一家铅字铸造厂，他们家通过詹姆斯和弗雷德里克的母亲安妮与卡瑟伍德一家成为亲戚。

卡瑟伍德的兄长詹姆斯后来作证说，他曾陪弟弟到夏洛特大街的屋子去见格特鲁德。他说大部分谈话进行期间他都不在场，但听到格特鲁德对弟弟说：“你把孩子领走吧！”她不想与卡斯隆分开。听到这话，卡瑟伍德带上儿子和两个女儿回到位于查尔斯广场的家。两个女儿中的一个他都没怎么见过。他到中美洲的长期旅行给他带来了巨大损失，他肯定一次次考虑过与斯蒂芬斯的旅行值不值得他放弃与妻子的感情。但终其余生，他都对表兄愤怒到极点。

和解既然已经不可能，他一点也不想留在伦敦，他的全景画生意和与斯蒂芬斯共同的工作要求他尽快回到纽约。损失了一生中最亲密的两名女性，没待几周，他就乘船离开这伤心之地。10月，他带着三个孩子以及他们的保姆到达纽约。

与此同时，斯蒂芬斯已经投入到图书文稿的写作中。他是个精力旺盛的作家，快得惊人的写作速度促使卡瑟伍德一回来就得开始展开配插图的工作。斯蒂芬斯无疑对卡瑟伍德和他所遭遇的不幸表达了深切的同情，甚至还可能对此心怀愧疚。但卡瑟伍德没多少时间回想过去，投入工作也许是治愈精神创伤的良药。虽然斯蒂芬斯一直是个高效率的写作者，但是现在，担心别人关于中美洲遗址的描述，包括插图，也许会抢在他们之前出版，他感到分外急迫。事实上，两人明白，卡迪和沃克活着回到了伯利兹。

我们没有关于卡瑟伍德这一时期健康状况的描述，一个朋友形容他萎靡不振。他心中充满了愤怒，为此，12 月，他安排在伦敦起诉卡斯隆，状告后者与格特鲁德“非法交流”。

“非法交流”是维多利亚时期对通奸的一种委婉说法，类似美国那时候的“感情疏远”案件，这类诉讼中的丈夫或妻子可以指控配偶的情人，要求给予赔偿。卡瑟伍德的案子要一年后才开庭。同时抚养孩子和为书配插图已经让他忙得不可开交。虽然全景图生意肯定会占用他一些时间，但在合伙人的打理下，它似乎被经营得很顺利。

图书的创作与出版是项具有挑战性的工作。卡瑟伍德的当务之急是确保插图最大限度真实地呈现他们见到的遗址。他和斯蒂芬斯强烈地意识到热带自然力对遗址的破坏性，他们自己就曾深受其害。他们还意识到，发掘或移动会改变甚至破坏这些遗址，尤其是在他们的图书出版后。实际上，斯蒂芬斯已经在计划这样的移动，他的理由是，如果将这些工艺品和纪念碑运到美国，安全地保存在博物馆里，它们将得到更好的保护，同时也不用担心欧洲国家的同行会来打它们的主意。

然而，即使他们想忠实地重现遗址，为它们保存一份历史记录，两人毕竟是时代的产物。当时艺术创作的最高准则是“浪漫主义”，它强调给自然注入情感和戏剧性。这是一个当时大部分艺术家无法完全避开的过滤器，他们也不例外。

这一点可以从卡瑟伍德作品的一些背景中看出来，那里的山和火山形状怪异，树根和藤萝形状弯曲如蛇，他对光线明暗色调的随性运用留给观者一种难以感到愉悦的腐败感。似乎对丛林茂密及其中隐藏的危险的情绪反应将他从他的埃及和圣地作品一本正经的精准文字中解放出来。但在他以最精准的文字描绘石碑和神庙本身时，那份追求精准的执着从未离开过他。

斯蒂芬斯也不能免俗。有时候，他还控制不住自己的情绪，尤其是惊叹和敬畏的感觉，没法不让它们干扰他的文章。不过即使这些都算上，两人沉湎于浪漫情怀的程度也很轻微，他们不遗余力地表现真实遗址上的建筑、象形文字和崇拜物图腾，以使之尽可能与原物保持一致。

对于卡瑟伍德来说，最艰难的任务是将他的艺术作品转化为雕版。他已经实地创作了不计其数的钢笔和铅笔素描，还有用投影描绘器辅助绘制的极其准确的图画。他还用乌贼墨和水彩画了许多风景画。这些作品必须与斯蒂芬斯的文字协调配合，还要缩小为单幅书本尺寸的图像，供雕版师复制。斯蒂芬斯认为插画的保真度非常重要，为此应不惜任何代价，因此，他授权卡瑟伍德在纽约和伦敦聘请最好的雕版师。但看到专业雕版师刻在木头上的印版印出的结果时，奉行完美主义的卡瑟伍德还不满意。

斯蒂芬斯后来在书中解释说："虽然出自精妙的技艺，并且作为图画效果极佳，但它们没能刻出原作的真实特征和神韵；在浪费了大量的时间、金钱后，全被扔在一旁。"那些独石碑的超现实意象，尤其是卡瑟伍德在科潘以相当的纵深和立体感捕捉到的它们那些扭曲、不协调的阴影，肯定已经把雕版师们逼疯了。

他们决定让雕版师重新在钢上雕刻，这种做法可以得到极细腻的线条。斯蒂芬斯写道："依我之见，它们是最具真实表现力的复制品；并且除了那些石头本身，读者再也找不到更好的供他们推测、研究的材料了。"最终，书中包含了79幅雕版和平版印刷画，包括一张显示他们穿越中美洲路线的地图。

在中美洲，斯蒂芬斯敏锐地意识到回国后需要的材料，笔记本里记满了细节。书中的相应场景呈现出惊人的现场感。虽然我们对他对遗址本身的详细描述没什么疑问，但不可能知道他对人物和事件的叙述有多真实。

关于他真实表现一切（人、风景、访谈、事物）的承诺，读到那本书，任何怀疑可能都会烟消云散。他大部分时间都与卡瑟伍德一起旅行，有时与另外的人同行，并且描述了有其他人在场的各种事件，这些人中包括了莫拉赞和卡雷拉这样的人物，如果他的描述不准确，所有这些人都可能会提出反对或质疑。甚至，与对待卡瑟伍德的插图一样，他公开宣扬尽可能真实描述的必要性，并且对其他人信口编造或夸大旅行经历、考察所见的行为很不满。

1841年5月，文稿完成。斯蒂芬斯在不到10个月的时间里用简洁优美的文字写了近900页的文稿，这是个了不起的成就。他把手稿连同一份简短的序言交给克利夫大街82号的哈珀兄弟，并在序言中表达了对促成这一切的前总统马丁·范布伦的感谢。次月，还在与雕版师理论的卡瑟伍德批准了最后一批插图。7月，距他们回到纽约不到一年，这套两卷本图书开始流出哈珀兄弟的印刷机。

作为一套讲述古代遗迹这类沉闷话题的两卷本大部头，这部书获得了惊人的成功。埃德加·爱伦·坡是称它为"杰作"的人之一。他在图书出版当月登出的一篇短评中写道，他还没收到赠阅本，但急于一睹为快，从一个朋友那里借来一本样书，快速翻了一遍。作为一个有时毫不留情的评论家，爱伦·坡赞赏斯蒂芬斯文字的清晰、直接、有力，赞扬这本书“也许是有史以来出版的最有趣的游记”。

虽然根据当时的通行做法，《中美洲、恰帕斯和尤卡坦旅行纪事》这样的书名取得冗长乏味，但它让哈珀兄弟的印刷机开足了马力。《美国民主评论》（*United States Democratic Review*）写道：“此书一问世，顿时纽约纸贵。许多天来，它的出版商根本来不及装订、交付足够数量的印册来满足还在增长的需求。”

这本书在出版后的头三个月里经历了 12 次重印，12 月份的销量估计达到了 2 万册，这在当时是个令人咋舌的数字，远远超过斯蒂芬斯之前图书取得的巨大成功。它很快在英国也得以出版，并且与在美国一样，收获了读者几乎一致的好评。到次年 2 月，法文译本得以问世，德文译本的出版也在计划中。

《伦敦评论季刊》（*London Quarterly Review*）的评论员写道：“我们合上这本书，意犹未尽。从第一页到最后，作者的生机、特有的活力和昂扬的精神从未消退。那些政治细节……本身足以使之成为极有趣和具有永恒价值的作品。”评论员此前就折服于斯蒂芬斯在关于埃及和圣地的书中所表现出的人格魅力，这次依然如此。

另一名评论家写道：“斯蒂芬斯先生的举止中有些特别引起读者共鸣的成分。他诙谐幽默，温和友善，这是无法抗拒的魅力。他是旅行家里的德谟克利特（Democritus），对不便因素一笑置之，充分利用遇到的一切，而有些人碰到那样的不便会愤怒得咬牙切齿、呼天抢地。”

赞不绝口的不仅有图书评论员，他们称赞的也不仅仅是斯蒂芬

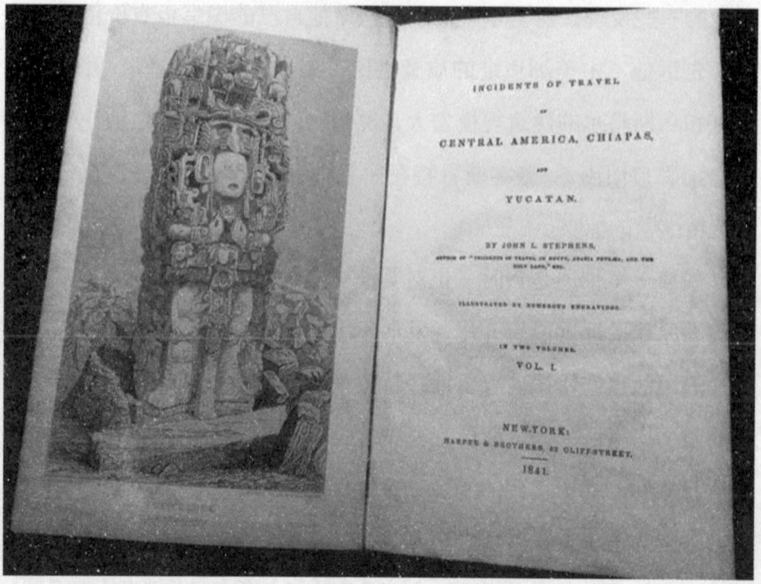


《中美洲、恰帕斯和尤卡坦旅行纪事》书名页

斯的文字或个性。历史学家威廉·希克林·普雷斯科特（William Hickling Prescott）当时正努力进行一项开创性研究：西班牙对墨西哥的征服。他对这本书赞赏有加。四年前，他的《斐迪南和伊莎贝拉统治史》（*The History of the Reign of Ferdinand and Isabella*）确立了他作为叙事史大师的地位，这本书以研究透彻、不偏不倚和文字优美闻名。

1843 年，《墨西哥征服战》（*Conquest of Mexico*）的出版使他跻身当时最伟大的历史学家之列。因为眼睛看不见，他几乎都是在位于波士顿的家里工作，口授文章，依赖西班牙的研究员。但他曾在 1838 年到过纽约，在斯蒂芬斯的处女作问世之初，两人有过第一次会面。因为对西属美洲的共同兴趣，二人结下友谊。

从墨西哥回国后，斯蒂芬斯在你来我往的信里为普雷斯科特总结了他的一些发现。历史学家发现这些对他自己的图书极有价值。斯蒂芬斯告诉他，中美洲遗址的质量堪比“最好的埃及遗址”，并且“帕伦克和乌斯马尔的建筑规模宏大，说起它们，你会忍不住地让你的溢美之词脱口而出。”普雷斯科特在回复中表达了他对这些建筑“造工如此精湛”的惊叹。

威廉·罗伯逊是当时一位对美洲史的研究颇具权威的人士，他坚称美洲原住民远远没有开化，发展不出如此先进的文明，斯蒂芬斯认为他的说法也许错误。普雷斯科特完全同意斯蒂芬斯的观点。斯蒂芬斯的图书出版后，普雷斯科特很快给他写了封长信：“我实在无法向你表达我从你的书中得到的满足和愉悦。我认为少有人能像我这样欣赏它们，因为很少有人对这个话题投入过多关注。你真的远远超出了我最大的期待。”

普雷斯科特等学者非常欣赏斯蒂芬斯在呈现遗址时的保守做法：不像别人那样夸大它们的规模或年代，而是按他和卡瑟伍德看到的样子描述和呈现它们。归根到底，除了故事其余部分的冒险和紧张场面外，最吸引读者的还是那些遗址。

《纽约评论》写道：“（斯蒂芬斯）坦承不想解决‘中美洲历史’这么宏大的史学问题。只想在卡瑟伍德先生老到的眼光和忠实的铅笔的帮助下……完成那个历史上至今令人费解的一页。”评论家不遗余力地赞美了卡瑟伍德，有人称他为“那个年代最娴熟、最精确的绘图师之一”。普雷斯科特致信斯蒂芬斯，说卡瑟伍德的绘画“让人对他的忠实充满了信心，这一点迥异于他之前的绘图员，那些人总是通过某种过度美化或追求效果的手法，给人一种整体上不现实或至少不确定的印象”。

在图书的结尾，斯蒂芬斯极为谨慎地回答了这么一个问题：谁可能在丛林中建造这些古老而宏伟的城市。作为律师，他知道读者也像陪审团一样要求一份有力的总结，并且他觉得已经收集了足以得出基本结论的充分事实。他像一名优秀律师那样，冷静、理性地用证据支持他的结论。他写道："许多学习和研究浪费在不充分或不相关的材料上，或者偏见被当成事实提出来。"他坚称他和卡瑟伍德不带任何成见来考察那些遗址，他们只想从所见中获得知识。

结果，他说他感觉必须强烈反驳旧有的顽固观点。那些观点认为，遗址是很久以前以某种方式迁徙到美洲的罗马人、希腊人、迦太基人、埃及人、犹太人、中国人或印度人留下的。他亲身游历过旧世界的多处遗迹，认为中美洲和墨西哥遗址与希腊或罗马的作品没有任何共同点。而且他大量研究过亚洲的古代建筑，也没找到它们间的相似之处。

至于与埃及的联系，斯蒂芬斯表示，那个理论的主要依据是埃及和新世界出现的金字塔的结构。但是他写道，它们不是一回事。埃及金字塔有四面并且是光滑的，顶上汇聚成一点。他和卡瑟伍德在丛林中的遗址间没发现这样的结构。

在乌斯马尔，金字塔不同于瓦尔德克的图像，是椭圆形的，在帕伦克和科潘，它们呈现为倾斜的一级级平台，边上有台阶上去，顶上有神庙。他补充说："在每个国家，人们的智慧都把金字塔形式看成是在坚实基础上竖起高大建筑的最简单、最可靠的方式。"他认为，每种金字塔类型还各具不同功能：在埃及，它作为法老等尊贵人物的墓地；在中美洲，它多半用作宗教仪式和献祭的平台。

他们在科潘、帕伦克和乌斯马尔的遗址中没有发现柱子。相比之下，柱子是尼罗河沿岸神庙大量应用的一个突出特征。在埃及也找不到任何与科潘和基里瓜那些巨大而孤立的独石碑类似的石刻。那些石碑表现了古怪地装饰着羽毛的统治者，碑上覆盖的象形文字也不同于埃及的象形文字装饰。

斯蒂芬斯声称："排除了与'旧世界'之间存在的联系，剩下的似乎只有一种可能。中美洲和墨西哥的石碑和金字塔不同于任何已知民族的作品，属于一个新类别，而且完全不拘任何格式：它们自成一体。"接着斯蒂芬斯得出他的开创性结论——一个与盛行学术观点公然对立的概念，时间将证明它的先见之明和正确性：

> 以前的结论是将这些城市的建设者与埃及人或任何其他民族联系起来，如果我没弄错，我们得出的结论比那更有趣、更精彩。它是某个民族的杰作，他们擅长建筑、雕塑、绘画，无疑也精于其他更容易消亡的艺术，并且拥有着随这些艺术而来的修养和品味。
>
> 他们不是来自旧世界，而是源自这里，在这里发展起来，没有模仿和师承的。他们的存在是独特且独立的，像这片土地上的动植物那样，是土生土长的。

美洲原住民建设了城市，创造了艺术，建起了高楼、神庙和金字塔，还创造了他们自己的独特文字系统。这个结论提出了人类文化发展的新见解，它将永远地改变人们对美洲大陆人类史的理解。

尽管如此，对于他和卡瑟伍德发现的文明，斯蒂芬斯在年代方面仍非常慎重。毕竟，西班牙的探险家和征服者声称，在16世纪早期沿尤卡坦半岛的海岸线航行时看到存在着有人居住的大城市。并且 1519 年，埃尔南·科尔特斯及其手下报告了一个令人感到惊奇的发现：阿兹特克首都特诺奇提特兰（Tenochtitlán，今墨西哥城所在地）的存在。那些城市会不会与他们在丛林中发现并考察的城市遗址同属一个年代？

在追问它们的年代时，斯蒂芬斯还关注了遗址本身的状况。他说面对热带植物的破坏和自身损坏，很难想象这些遗址能保存一两千年。他同样沉迷于他们在遗址上发现的木梁，尤其是他在乌斯马尔发现的"保存完好"的雕刻木梁。

最后他说："西班牙人从新西班牙得到了后来金斯布罗在欧洲图书馆里发现的树皮纸手抄本，其上的象形文字类似于他们在森林中发现的遗迹上的象形文字。"他还写道："结论是，西班牙征服时期的阿兹特克人和墨西哥人与科潘、帕伦克的民族曾使用着相同的书面语言。"

然而斯蒂芬斯的猜测依据的是不全面的知识和互无关联的数据。例如，他不可能知道阿兹特克人没有象形文字书面语言，只有象形文字的雏形。他也不知道，他们发现的木梁由石头般坚硬的人心果木制成，千年不腐。但他没有在收集的证据之外冒险猜测，这一点值得赞扬，即使这意味着将遗址归于一个更近的年代，从而有可能降低他们发现成果意义的重大程度。

> 我们在没有任何理论支撑的情况下开始了考察。我们希望找到一处价值极高的珍贵古迹。我们旅程的很大一部分是在黑暗、疑问及不确定中的摸索，直到来到乌斯马尔遗址，我们才形成了它的年代相对较近的看法。

但他和卡瑟伍德还不确定。

> 一些（遗址）无疑比另一些历史更悠久；一些已知在西班牙展开征服之时有人居住，另一些或许早已成为遗迹；一些不同之处尚不易解释。

毕竟，他们在乌斯马尔花的时间太少，并且许多问题依然悬而未决。不过对于回去，斯蒂芬斯向外人表明的态度是犹豫不决的。另外，在他的图书收获人气与知名度后，有人提出任命他为美国驻墨西哥公使馆的秘书。他认真地考虑过这个提议，但最终拒绝了。

他还没有放弃建立一座"美洲文物国家博物馆"的梦想，而且纽约的一些身家富裕的朋友承诺了为斯蒂芬斯提供总计达 2 万美元的捐献金，用于将博物馆需要的艺术品和纪念碑运回国。但到那个节点为止，他所有的努力都失败了。帕耶斯兄弟依然坚持要得到一大笔钱后才肯将基里瓜的一座或更多巨大的独石雕刻运到纽约。他还得知，墨西哥当局没收了保林在帕伦克历尽艰辛浇铸的 28 件石膏模型。梅里达的佩翁答应寄运到纽约的那根刻有珍贵象形文字的乌斯马尔 10 英尺木梁也从未到达。

到 1841 年盛夏，图书出版后不久，他和卡瑟伍德又一次开始实施出行计划。南方的吸引力实在太大。卡瑟伍德不得不再次离开孩子，把他们和保姆送到位于伦敦查尔斯广场的家与家人一起生活。格特鲁德已经与他的表兄离开了伦敦。最终，卡瑟伍德和斯蒂芬斯似乎别无选择。他们知道那里还有更多遗址，他们已开始的事业仍然等待着他们去完成。

现在，成功是他们最大的敌人，因为书很可能已经招来了竞争者。他们还没听到沃克和卡迪的消息，并且斯蒂芬斯尤其担心来自欧洲的考察队。他们决心尽快悄悄地离开，不迟于10月。他把他的打算告诉了普雷斯科特，但请他保密。

“我们希望悄悄离开，不要报纸的高调报道。”他在当年的9月致信普雷斯科特，“我们希望在别人妨碍之前完成已经开始的工作。”

这一次，他们将带上一台不同寻常的装置，它也许是促成他们前往的额外原因。技术上，他们俩身处前沿。

这一次，他们希望不仅带回文字和图画。

## 第 16 章
# 追寻消失的世界

斯蒂芬斯和卡瑟伍德似乎不畏任何艰难险阻。和两年前一样，为了在旱季前到达尤卡坦，他们选择在另一个飓风季再次南下，再次直面蚊虫、跳蚤、疾病和政治动荡。而且他们采用的做法是典型的斯蒂芬斯和卡瑟伍德方式——登上一艘载着 600 桶火药的船。

1841 年 10 月 9 日，他们登上“田纳西号”（Tennessee）帆船，离开纽约，直接驶向尤卡坦港口锡萨尔。甲板下的火药运给新独立的尤卡坦政府，供他们与墨西哥政府军交战时使用。飓风的危险现在对两人似乎不值一提。出海第四夜，他们抬头观看划破天际的闪电。

斯蒂芬斯写道：“风暴即将来临，长矛般的电光张牙舞爪，直击海面，似乎冲着引爆我们的火药而来。”船上迅速召开了一次会议。“我们漫无条理地讨论了导体和绝缘体原理，建议船长绕主桅排几条铁链，末端通到舷外。想到 60 桶比 600 桶也好不到哪里去，6 桶就够报销我们了……我们心里踏实了些。”次日上午，海上恢复平静，他们又逃过一劫。

与斯蒂芬斯同船的是最后一刻加入探险队的波士顿外科医生小

塞缪尔·卡伯特（Dr. Samuel Cabot Jr.）。他的主要目的是满足自己对鸟类学的狂热爱好，但也会在有需要时帮助勘查遗址，给人治病。他是博物学家、医生、曾经的哈佛顶级拳击手，还精通击剑，似乎拥有向前方充满未知数的旅程展开挑战所需的全部技能。

尽管他有没有斯蒂芬斯和卡瑟伍德那种冒生命危险的勇气还有待证明。躲过差点因闪电引发的爆炸五天后，他担心的一定是，强风将“田纳西号”一直吹到巴哈马群岛附近一处名为“阿马科礁滩”的礁石密布海域。

船长在早饭时现身，额上亮晶晶的大汗珠表明了他的压力和他们面临的真正危险。斯蒂芬斯写道：“我们坐在海图前，看着它，像一个死囚看着确定行刑时间的公告。那些淹没在水下的岩石似乎可怕地从纸上立起来。”几个小时后，风及时转向，斯蒂芬斯和卡瑟伍德又成功地经历了一次生死考验，卡伯特为此长舒了一口气。十天后，他们在锡萨尔港的外海抛了锚。

等待海关官员允许他们上岸期间，斯蒂芬斯给父亲写信，信中谈到他担心这里的人会如何看他：“我不像怀着外交使命时那样充满自信。上岸一小时后，我就能告诉你这些人是否还记得我之前的地位，给予我一个失势大人物可能还能享有的尊敬。”然而，这样的担忧毫无必要。

次日，他们到达梅里达，斯蒂芬斯发现自己在这里成了名人，报纸对他所著图书的描述已经先他们一步。因为他在书里描写了尤卡坦社会的慷慨和优雅，他和卡瑟伍德受到当地旧相识人士的热烈欢迎。一如既往地，他们又置身一场宗教狂欢。这是他们在旅行中正常遇到的两种情景里讨人喜欢的一种，另一种情景是动乱与革命。

他们第一次到来期间的政治动乱和尤卡坦脱离墨西哥的运动依然在进行，只不过程度低到几乎注意不到。这里其时最大的新闻，是尤卡坦新近成立的分离主义政府于近日与得克萨斯共和国①结盟对抗墨西哥中央政府。为期九天的圣克里斯多福节（Festival of San Cristobal）渐入尾声，因此他们要做的第一件事就是投身进去，尽情享受节日带来的欢愉。接着他们晋见总督，做社交拜访，最后准备开始工作。

他们打开了那件新的技术产品，希望它能帮助他们捕捉到遗址的精准图像。两年前，斯蒂芬斯和卡瑟伍德启程去中美洲后的两天，第一台名为达盖尔相机的摄影装置被公展于纽约。在第二次展开旅程前，他们得到了一台。现在，他们要学会怎么用它开展工作。因此，他们在租来房子的客厅里开起了梅里达史上的第一家女性肖像馆。斯蒂芬斯写道："这对于我们来说是个新行当，但不比报纸编辑转行当汽船船长难；和开银行不同，即使失败了也不会对任何人产生冲击。"

他们先拿自己作试拍对象，然后再邀请公众。因为不收钱，他们保留了选择年轻女士作为拍摄对象的权利。梅里达的年轻女性们几乎立即蜂拥到肖像馆的门前。这是个困难的步骤，它要求那些年轻女郎在相机镜头打开之后的 90 秒内保持一动不动的姿势。显影同样需要技巧，这个过程要求在暗房里将照相铜版浸在水银或其他化学液体里。这是一项新技术最前沿的开创性工作，经历过无数次充满失败和成功的试验，几天之内，卡瑟伍德觉得对这个设备已经掌握得相当不错，可以关闭照相馆去现场了。

出发去遗址之前，这支探险队还有件事要做。他们听说许多梅里达的居民患有一种叫"斜视"的眼病。卡伯特医生（Dr. Cabot）

①得克萨斯共和国（Republic of Texas），曾为独立共和国，存在于 1836—1846 年。

提出免费施行一种能纠治这种眼疾的技术型手术。方法很简单，就是切除眼球收缩肌的一部分。对于这种手术，就算卡伯特练习过，练了多少也是有疑问的。他后来成了波士顿最著名的外科医生之一，但此时，26 岁的卡伯特只在六个月前才完成在巴黎的高级外科医者学业。在他妈妈写给他弟弟艾略特（Elliott）的信上，她评论说年轻的塞缪尔将尤卡坦之行看成一个给某些"倒霉的患者"做手术的机会。

美国医生能治斜视的消息传开后，一群"患者"开始在他们租住的房屋前排起了队。房屋的客厅又一次得到公众性的利用，不过这次它容纳的是一座被临时拼建的手术室。它足够大，容得下几名当地医生，还有总督和一小群受到邀请或不请自来的名流。卡伯特医生用产于巴黎的精致手术刀，不用麻药完成了那些手术。斯蒂芬斯和卡瑟伍德充当助手。

几次手术，包括对流亡在梅里达的"元老级墨西哥将军"做的手术，

尤卡坦克斯冈察冈种植园（卡瑟伍德作）

全部获得成功。这之后，斯蒂芬斯感觉受够了："我头晕眼花，眼前闪现着被割开、淌着鲜血的眼球。"没了助手后，卡伯特对聚集来的医生详细讲解了这种手术，提出回波士顿后寄来手术指导。按斯蒂芬斯的说法，"考虑到这项技术已经被恰当地引入这个国家，我们决定停止"。

卡伯特在当地成了英雄。斯蒂芬斯写道："我忍不住想到，俗世虚名多么易逝。一开始，报纸铺天盖地地报道我的到来。有一段时间，卡瑟伍德先生用达盖尔相机遮蔽了我的光芒；现在，卡伯特医生对斜视的成功治疗又让我们头上曾有的光环黯然失色。"

11 月 12 日，三人骑马离开梅里达，斯蒂芬斯和卡瑟伍德都带着手枪，卡伯特带着用于打鸟制作标本的猎枪。他们没有随从，连张地图都没有，因为在这个国家弄不到一幅可靠的地图。

最终，他们决定自己制作一幅地图。他们的做法是：通过旅行时间推算距离，记下罗盘方位，使用卡瑟伍德这次带来用于确定纬度的六分仪。相比中美洲宏伟的火山和郁郁葱葱、风景如画的峡谷，斯蒂芬斯抱怨说这里的路太平淡无奇：平坦、多石、笔直，两边紧挨着茂盛的低矮乔木林。

他们的第一个目标是回到乌斯马尔。但在梅里达时，有人告诉他们哪里可以找到一个叫玛雅潘（Mayapán）的古城遗址。遗址所在的位置距离通往乌斯马尔的主干路不远。他们骑马穿过种植园和印第安人的小村庄，最后到达一个叫克斯冈察冈（Xcanchakán）的大庄园，该庄园的主人是他们在梅里达结识的一名熟人。

庄园的管理人在他们到后，引领他们进入森林。他们磕磕绊绊地走进了一片布满石刻碎片和倒塌墙垣的区域，这里就是玛雅潘。这座古城遗址从未有人正式对其进行过考察，唯一知道这个遗址存在的就是那名庄园管理人，他说他已经23年没来过这里了。他解释说，遗址占地约3平方英里，曾经围着一堵厚实的墙。

从梅里达出发，先在玛雅潘停留，再继续到乌斯马尔，他们不知不觉地走在一条沿时间回头的路上，这一点类似他们离开危地马拉城，经伊西姆切和乌塔特兰到达帕伦克的漫长征程。斯蒂芬斯也并非完全一无所知。在这趟行程展开之前，他找出了能够找到的每一本与西班牙征服尤卡坦的信息有关的书。例如他知道，1542年，原住民在一个叫蒂奥（Tiho）的印第安城市外输掉一场激烈的战役，梅里达就是这之后西班牙征服者在老城的基础上修建的。战役过后，西班牙人拆毁了蒂奥的台阶式金字塔和神庙，用拆下的石头建设他们自己的殖民地首都。

斯蒂芬斯还从西班牙人编写的历史中得知，玛雅潘曾是印第安人最后的伟大都城之一，仅在西班牙人到达前的100年左右才毁于一场叛乱（“玛雅”一词最初是西班牙人用来描述尤卡坦印第安人的词汇，19世纪初开始用于一般性指称印第安人）。

作为出现在遗址上的第一个考古探险家，斯蒂芬斯不可能将遗址与按年代顺序记录的漫长玛雅历史联系在一起。看到它极端破败的现状，他推断玛雅潘的建城时间可能远远早于乌斯马尔。但现代考古学家将玛雅潘归类为“后古典时代晚期”的城市，确定它建立于乌斯马尔后的若干世纪间。

他们编制了一条时间线，在这条线上，帕伦克和科潘繁荣于公元400年到900年间的所谓“玛雅古典时期”，乌斯马尔繁荣于公元700年到950年间，而玛雅潘则繁荣于公元1000年到1461年。像危地马拉的伊西姆切和乌塔特兰一样，蒂奥是西班牙征服时期仅存的依然由玛雅人占据的小中心之一。

对上述历史顺序一无所知的三人摸索着穿过克斯冈察冈的森林，几乎一头撞上一座高出地面60英尺的巨大方形石堆。它隐藏在茂密的森林中，覆盖着植被，看上去像一座树木丛生的陡峭小山，但他们可以看出从四面通向顶端平台的四段大台阶的轮廓，看到“面貌丑陋，表情呆滞”的人物或动物石刻四处散落。

接着他们看到之前的早期考察中从未见到的一座不同寻常的巨大圆形建筑。它从一个大石堆上竖起24英尺高，覆盖在建筑上的一层层灰泥上依然显露出红、黄、蓝三色涂料的痕迹。仅有的一扇门通向内部一条环形走廊，走廊围绕着中央一个实心结构。结构开口不超过3英尺宽，他们实在想不出它是干什么用的。接下来，他们发现了一座从石堆上伸出的平台，似乎由两排断裂的柱子支撑。这是他们第一

尤卡坦梅里达附近的玛雅潘（卡瑟伍德作）

次在遗址上发现柱子。卡瑟伍德开始绘制那个环形结构，斯蒂芬斯和卡伯特则去探索附近一个通向石灰沉积水塘的灰岩坑。

他们到达克斯冈察冈种植园时，天快黑了。这个种植园是尤卡坦半岛上最好的种植园之一，有特大的水槽，巨大的牲口围栏，住处有凉爽的走廊。第二天，他们上马赶赴乌斯马尔。虽然前一天更多已被他们所见到的石堆和碎片暗示了玛雅潘的庞大规模，但遗址完全被掩埋在草木里，想探索的话，他们需要几百个工人来清理它。他们急于重启乌斯马尔未完成的工作，那里还有更多暴露在外的遗迹。

第二天中午，接近乌斯马尔时，它过去一年半来发生的变化让他们大吃一惊。第一次来时，那些建筑周围的土地已被腾空，但是现在走近时，他们几乎看不到遗址。斯蒂芬斯写道："基座、台阶和建筑顶上长满了植物，杂草和藤蔓在门面上纵横交错。强有力的大自然正在努力地夺取对艺术的控制权，将城市卷入它那令人窒息的怀抱并将它深深掩埋。那样子就像坟墓正在一个朋友的身上合拢。"

他们砍出一条路，穿过杂草，爬上一段台阶，翻过几个平台，在所谓的"总督宫"内安下家。"总督宫"是一座巨大的长方形排屋，长320英尺（约98米），前后40英尺，高26英尺。这幢宏伟的建筑由13条门道分隔，顶着一个由极为复杂的石头镶嵌图案构成的上门面。因为雨持续的时间超过平常，在梅里达时，有人劝他们推迟前往乌斯马尔，因为那里在雨季被看成是半岛上对人体健康最不利的地点之一。

进入"总督宫"后，他们后悔没听从那个建议。空气湿到让人透不过气来，他们确定如果不赶紧采取措施，他们会再次患上前一趟折磨卡瑟伍德的热病——疟疾，也就是意大利人说的"瘴气"。他们第一件要做的事就是在石楼内生一堆火，将房间烤干。

上图　乌斯马尔“总督宫”全景（卡瑟伍德作）

下图　德西雷·查尔内（Désiré Charnay）拍摄的乌斯马尔“女修道院”门面

虽然考察队里多了名医生，但他们还是弄不清这种疾病的原因。直到 60 年后的巴拿马运河建设期间，健康专家才将蚊子定为罪魁祸首。那一夜，在爬上吊床前，他们抽着雪茄，沾沾自喜地谈论他们如何对潮湿采取攻势，找到一个拒热病于千里之外的办法，也许这要一直持续到雨完全停止。但乌斯马尔建在巨大的高台上，高台内有雨水汇集的实心岩石洼地，他们的敌人就从那里诞生。就在他们躺下睡觉时，第一波攻击来了。

斯蒂芬斯回忆道："我们的头几乎还没落枕，一大群蚊子似乎就知道在哪里可以找到我们。它们分成三波向我们袭来，似乎决定要把我们抬起来，扔出这块地方。"那是最后一夜，斯蒂芬斯和卡瑟伍德没在吊床上装防蚊网睡觉，当他们意识到问题时为时已晚。

第二天，他们立即开始工作。印第安人从附近的佩翁种植园赶来，开始砍伐藤萝和植物。视野变得开阔后，卡瑟伍德立即架起达盖尔相机。但他不满意拍出的第一批照片，因为遗址在阳光和阴影下的部分对比过于强烈。

斯蒂芬斯写道："它们给出对建筑特征的总体印象。但如果不将图像画到纸上，就没法让雕版师刻出来。"因此始终一丝不苟的卡瑟伍德开始用铅笔和投影描绘器描绘每座建筑，描出最易被忽略的细节。斯蒂芬斯报告说，卡瑟伍德创作了"整座建筑的细微画面，他拥有的材料足以建一座与之类似的建筑。"不过达盖尔相机依然发挥了作用。斯蒂芬斯和卡伯特用它拍摄了更大的场面来补充卡瑟伍德的绘图。

身体健康、不知疲倦的卡瑟伍德在随后的六周里几乎不停地工作，捕捉乌斯马尔的建筑和雕刻奇迹。跃入卡瑟伍德作品的有所谓的"四方女修道院""魔法师金字塔"、名字恰如其分的"鸽窠"和"龟巢"，以及"总督宫"。他创作了展现遗址全景的图画，也捕捉到最细小的门面装饰片段。到他后来自己出版关于遗址的大尺寸对开书时，我们可以看出这些的确是杰作。

斯蒂芬斯很快对遗址的顺利清理感到满意，随后决定骑马从乌斯马尔向西行，看看有没有值得一探的其他遗址。随后六天里，他一个人带着从沿路种植园找来的向导，调查了几个看上去像几座小型玛雅城市的遗址。

在西面近 40 英里外的一处遗址，他进入一个房间，发现了墙上一幅还保留着最初鲜艳色彩的画，图像类似他们在帕伦克发现的一个面具。他太专注于那件作品，没注意到身上爬满了蜱虫。他立即逃出房间，换了衣服，在蜱虫钻进皮肉前把它们擦掉。

几天后，在回乌斯马尔的路上，他在马斯卡努（Maxcanú）村停留，

卡瑟伍德描绘的乌斯马尔“魔法师金字塔”正面

被人领到附近一处据说是人工开挖的洞穴旁。虽然一群村民出村陪他来到洞穴，但没人敢进去。永远无所畏惧的斯蒂芬斯把线拴在腕上——这样可以找到出来的路，一个人走进去。他一手拿蜡烛，一手拿手枪。

洞穴确系人工挖成，一系列狭窄的过道迂回交叉，形成一个错综复杂的迷宫。他想起埃及坟墓和金字塔里的过道，想到可能发现了一个大房间、大过道或皇家墓葬，他激动起来。结果，迎接他的是一群呼呼飞过头顶的蝙蝠，它们拍动翅膀产生的风差点弄熄了蜡烛。

最终，他停在一堆完全堵塞前方通道的散落碎片前。出来重新呼吸到新鲜空气后，他抬头望去，认识到他根本就没进入什么地下通道，而是深入了一座巨大的金字塔。这是个新发现，因为他一直将这些金字塔看成是实心的。现在，他认为这一座和其他类似金字塔的建筑物内也许隐藏着密室，能帮助确定谁建了它们和为什么而建。

村民说附近还有不少石堆，堆上有石刻。斯蒂芬斯来了兴趣，因为这个遗址开始呈现一座大城市的规模。这些遗址没有任何记录，连那些印第安村民在那天上午出发前都没说到任何关于它们的情况。他想回来更深入地查看一番，但在乌斯马尔的考察结束时，他们决定往另一个方向走，向南、向东。他发现的那处遗址后来被称作奥斯金托克（Oxkintok），原来是一座历史比乌斯马尔还悠久的玛雅大都会。对它进行发掘和探索已是一个世纪后的事了。

斯蒂芬斯回到乌斯马尔时，已经看过七处有石堆、神庙和其他石头建筑遗迹的地点，其中大部分是散落的小遗迹。看到乌斯马尔保存完好的辉煌艺术，他又一次变得激动万分。那一夜，他们在“总督宫”前面的平台上生起了一堆大篝火。斯蒂芬斯写道：“火光照亮了这座大宫殿的门面。火熄灭后，一轮满月照着它，柔和了它的缺口和缝隙，美得令人心醉。”

雨又开始下，但基本不妨碍他们调查在乌斯马尔各处发现的穹顶似的地下室。斯蒂芬斯一如既往地胆大，不顾遭到蝎子和蛇攻击的危险，用绳子降到一些洞穴下。洞穴内部刷着硬灰泥。斯蒂芬斯推测它们曾经是谷仓，但继续勘察了几个当地人称为“chultun”（储水坑穴）的洞穴后，他最终认识到它们是储水箱，储存雨季的水用于过旱季。

斯蒂芬斯等人曾好奇地思考：“建设这些城市的民族显然人口众多，在这个没有河流湖泊的地区是如何度过漫长的旱季的？”储水坑穴和灰岩坑的发现为他们提供了一个答案。后来他们发现了人造湖泊，乌斯马尔附近就有一座，湖底是用灰泥粘起来的石头，这一点证明了玛雅人在工程技艺上达到的先进程度。

随后几天里，卡瑟伍德继续作画，卡伯特继续猎鸟并制作鸟类标本，斯蒂芬斯则继续进行测量和考察作业。在“总督宫”的一个房间里，他看到他们第一次来时发现的雕刻木梁，它根本没被运到纽约去。他们还发现了其他木梁，但这块独一无二，是唯一一根雕着一排排精美象形文字的木梁。

斯蒂芬斯再一次安排将这条十英尺长的梁运到梅里达，再从那里运往美国。他大概得到了最近到遗址拜访他们的佩翁的同意，斯蒂芬斯计划最终将它和他们正在收集的其他文物运到华盛顿，充当他还在筹办的国家博物馆的藏品。他写道：“它被架在十名印第安人的肩上离开了乌斯马尔，完好无损地辗转抵达（纽约），最后被存放在卡瑟伍德先生的全景画厅里。”

12 月初，斯蒂芬斯在乌斯马尔最高的石堆之一的顶部发现了半埋半露的石刻，认为它们通向一条过道。印第安工人开始挖掘，之后被认为是乌斯马尔典型象征的“一张龇牙咧嘴的丑陋面容”逐渐露出真容。但那些石块开始摇晃，工人害怕会倒在他们身上，纷纷后退。

一直在帮助发掘的斯蒂芬斯一个人投入工作，全力挖掘。想到即将进入一个“封闭多年”的密室，他浑身充满了力气。但挖到檐口，将弯刀插进他认为是入口的土里时，他挖到一堵石墙。

被烈日晒得头昏眼花、汗流浃背的斯蒂芬斯感到万分失望，他回忆说：“下石堆时，我的胳膊、腿都快支撑不住了。口干舌燥的我拖着疲惫的躯体艰难地回到住处，一头栽在吊床上。不一会后，我发起高烧。疾病一直潜伏在我们身边，但这是它第一次来敲门。”他又一次被疟疾给缠上了。

经过四天惊心动魄的发寒、发热，他最终能够爬上马，骑了 9

英里到达一个种植园，并瘫倒在那里。之后他坐上一副临时拼凑的“轿子”，被扛在印第安人的肩上，来到距遗址约20英里的一个大镇蒂库尔（Ticul）。镇上的牧师把他带到教会所属的宿处。斯蒂芬斯只给出牧师的名字，他叫“卡里略”（Carillo）。爆竹声通告了另一场正在进行的宗教狂欢节，但以他现在的状况，斯蒂芬斯评论说，那些声音“真要命”。

在牧师的照料下，接下来的三天时间里，斯蒂芬斯一直卧病在床。第四天，他感觉好了不少，可以和牧师四处逛悠。回来时，他

乌斯马尔的雨神恰克（Chaac）面具（卡瑟伍德作）

们发现卡伯特医生躺在走廊里的一副担架上，躯体烧得发烫。“才过几天，他就变得不成样子，我大吃一惊。他的脸因高烧而变得通红，两眼无神，形销骨立。”

原来，斯蒂芬斯走后第二天，卡伯特就发热病倒了，从那以后就一直处于神志不清的状态。又过了一天，他们常雇的一个叫阿尔维诺（Albino）的帮手也发冷发热，打起了寒战。他带来卡瑟伍德的一封短信，信上说：他现在一个人在乌斯马尔，但会尽可能长地坚持。他还说，一旦出现发热迹象，他就来找他们。

## 第 17 章
# 不合格的丈夫与失意的展览

建于中世纪的伦敦市政厅（Guildhall）位于格雷沙姆大街（Gresham Street），这座庄严的哥特式建筑曾见证了英国许多历史性的审判。

1841 年 12 月 11 日，地方法官詹姆斯·斯卡利特（James Scarlett）在这里主持开庭。自卡瑟伍德对表兄亨利·卡斯隆提起诉讼以来，一年已经过去了。现在，一个陪审团正在市政厅里审理他的案子，而他还在大西洋另一边，远隔数千英里的乌斯马尔专注于手头的工作。斯卡利特的正式头衔是阿宾杰男爵（Lord Abinger），陪审员在他的主持下快速宣誓就职。

前一年，卡瑟伍德指示他在伦敦雇的律师发起诉讼时，他的表兄和妻子格特鲁德已经离开伦敦。对卡瑟伍德这个性格极为保守、内向的人来说，要求一次会暴露私生活的审判是个极不寻常的举动。

更糟糕的是，它还会将令他难堪的妻子和表兄私通一事摆到公众面前。最有可能的是，因为那对男女已经消失，他觉得可以避免一场审判，通过缺席审判赢得官司。但几个月后，亨利和格特鲁德回到伦敦，并且开始公开地以“丈夫和妻子”的名义住在奇斯韦尔街（Chiswell Street）卡斯隆家族的房子里。现在，案子成为一桩大丑闻，审判吸引了伦敦媒体的关注。

按照司法惯例，作为名义上的受害者配偶，卡瑟伍德的夫人未成为诉讼案的被告，根据记录也看不出她是否出庭。开审后，卡斯隆辩称没有犯下指控中所称的与格特鲁德的“通奸”罪。

这时，他的律师弗雷德里克·塞西杰（Frederic Thesiger）提出一个新的辩护理由，声称卡斯隆与格特鲁德的关系没有构成犯罪，因为卡瑟伍德与格特鲁德实际上没有结婚。他说，1834 年，他们在贝鲁特并没有合法地结婚，因为仪式的主持人是一名美国浸礼会传教士，而不是英国法律所要求的英国国教（Church of England）牧师。

这个惊人的主张没有被阿宾杰男爵采纳，他裁定，如此不寻常的法律问题只能在以后可能发起的上诉中由上诉法庭做出裁决。接着他指示审判按卡瑟伍德夫妇已婚的推定继续进行。现在陪审团要确定的基本问题是，卡瑟伍德于去年 12 月提起诉讼前，亨利和格特鲁德间有没有发生非法关系，卡瑟伍德的起诉是否因此而有了合法依据。

虽然不是直接代表卡瑟伍德，但检察长弗雷德里克·波洛克（Frederick Pollock）将此案作为犯罪案件，代表政府提起公诉。为了首先确立卡瑟伍德的婚姻，他传唤了卡瑟伍德的哥哥，詹姆斯作证说卡瑟伍德夫妇以丈夫和妻子的名义在查尔斯广场的家族住所共同生活了数年，前后共生有三个孩子。

格特鲁德在伦敦夏洛特街住所的仆人接着被传来作证。他们的证词表明，亨利在提到的几个关键时期，有几次待在那里与格特鲁德过夜。

波洛克为了进一步确立卡瑟伍德婚姻的合法性，还传唤了卡瑟伍德在埃及和巴勒斯坦的旅伴约瑟夫·博诺米。博诺米向陪审团说明，1834年3月11日，二人的婚礼举行时，他也在贝鲁特英国领事彼得·阿博特的家里。格特鲁德的父亲、继母和两个姐妹也出席了婚礼。他还说，婚礼是根据英国国教的仪式举行的。婚礼后不久，卡瑟伍德夫妇出发去了叙利亚，两三个月后，他在大马士革见到他们。从那里，三人旅行到巴勒贝克古遗址，在那里待了一个月，最后夫妇二人启程回英国。他描述新婚夫妇感情深厚，共同生活得非常融洽。

这时卡斯隆的辩护律师塞西杰接替盘问证人，问博诺米在贝鲁特是谁主持的婚礼。博诺米回答说是一个美国传教士。博诺米继续道："我没法说伯德（Bird）先生属于英国国教，因为他没穿白色的法衣。"

塞西杰设法将审判的注意力从亨利和格特鲁德身上转到卡瑟伍德本人。他问博诺米，他和新婚夫妇在叙利亚旅行时，他们是怎么睡觉的。博诺米不确定塞西杰的意图，回答说："在巴勒贝克，我与原告和他的妻子睡一个帐篷。"

塞西杰问："卡瑟伍德夫人对此表示了反对吗？"

博诺米回答说："她也许反对过这事。究竟反对不反对我不确信，但那几乎是必须的，因为只有一顶帐篷。在那个国家旅行的人都有帐篷睡，这是那个国家的风俗。这在贝鲁特和阿卡，以及叙利亚其他地方的社交界也许可以称作随意和不拘小节，与英国寒冷的北方气候下的情况大不相同。"

塞西杰紧抓不放，经进一步的质证，博诺米承认在一处古遗址，他们遇到格特鲁德的父亲彼得·阿伯特，在那种情况下，博诺米没有与卡瑟伍德夫妇睡同一个帐篷。他睡在一些遗址下。

在报纸的描述中，塞西杰的质证似乎没什么严重后果，顶多留下一个模糊的暗示，说三人间也许存在不恰当的性关系。但在法庭上，那样的暗示也许清楚得多。博诺米显然觉得塞西杰的质证给他的荣誉留下了污点。在他后来与自己律师的通信中，他坚持将一封他觉得会洗净他名声的信放进法庭记录里。

塞西杰还问博诺米格特鲁德的父亲有没有警告过卡瑟伍德要对他的新婚妻子格外小心，因为她妈妈是西班牙人，并且她大部分时间在东方长大。

“当然，东方社会比英国自由和随意得多。”博诺米回答说，“阿伯特先生也许提醒过原告，因为他妻子的出身和性情，他要照顾好她。”他补充说：“卡瑟伍德夫人性情特别活泼，长相特别迷人。她接受了东方教育，言谈举止特别优雅。有着西班牙血统的她性格活泼，特别容易让周围的人感到愉悦。”

接着塞西杰传唤了卡瑟伍德的哥哥詹姆斯，企图在他的质证过程中表明弗雷德里克·卡瑟伍德一直是个不够体贴的丈夫。他问詹姆斯他弟弟、弟媳在查尔斯广场的家族住所时是不是分床或分房间睡。詹姆斯回答说，除了她怀孕时的最后阶段也许是个例外外，他从未意识到那一点。塞西杰特别提到卡瑟伍德去中美洲，十个月没在家。这个事实，从斯蒂芬斯和卡瑟伍德出版的图书中，一些陪审员也许已经知道了。

塞西杰：“你弟弟弗雷德里克没告诉你，他与卡瑟伍德夫人的婚姻‘一文’不值吗？”詹姆斯答道：“没有。”

在总结陈述中，塞西杰试图将卡瑟伍德夫人描绘成一个放荡的女性，将卡瑟伍德描绘成一个漠不关心的丈夫，以此阻止陪审团判给卡瑟伍德任何损害赔偿。

他对陪审团说："很有可能，因为她特有的血统和教育，以及丈夫的长期在外，她在遇到被告前已经犯过错。这样一个妻子需要按她父亲向原告提出的那样小心守护；但他没有采取这样的做法，反而从纽约将她一个人送到家里，让她暴露在被忽略和被遗弃的心灵空虚中。如此重大的疏漏剥夺了他为可能发生的任何事情要求赔偿的一切权利。"

陪审团研判了不到 20 分钟，作出了有利于卡瑟伍德的判决，但判给他的损害赔偿只有 200 英镑，而卡瑟伍德要求的是 5 000 英镑。

法律上，卡瑟伍德赢了。但他微不足道的胜利是以令人痛心的巨大代价换来的。因为他长期外出到中美洲，人们开始质疑他能否作为一个合格、体贴的丈夫，甚至还有人质疑他的道德品质。

他与格特鲁德的婚姻实际上已经结束，离婚都免了。两年后，上诉法庭裁定他的婚姻从未存在过，一审陪审团判给他的那点微薄赔偿也被驳回。此案（卡瑟伍德诉卡斯隆）将在此后的多年里被作为判例引用——上诉法庭法官裁定，非经英国国教仪式缔结的婚姻不合法，判给卡瑟伍德的损害赔偿也因此被取消。

一个月后，一场奇怪的展览在伦敦市政厅以西一英里，市中心河岸街（Strand）与泰晤士河（Thames River）之间的萨默塞特公爵府（Somerset House）揭幕。皇家艺术学院展厅曾设在萨默塞特公爵府，斯蒂芬斯以前在那里展示过他的作品。

1842 年 1 月 13 日，约翰·卡迪上尉第一次公开展出他的帕伦克素描和油画。展览设在伦敦文物学会(Society of Antiquaries)的房间里。学会的记录资料评论说这些绘画"看上去极为准确，与金斯布罗子爵和瓦尔德克先生出版的图画大不相同，它们值得英国文物爱好者的特别关注。卡迪上尉猜测这些遗址源于埃及 - 印度文明。”

此时距卡迪和帕特里克 · 沃克完成帕伦克考察，安全回到伯利兹已经过去了一年半有余。自那以后，卡迪中尉已经晋升上尉，回到英国休假，与妻儿团聚。与此同时，亚历山大 · 麦克唐纳上校给伦敦的殖民事务部发来沃克关于帕伦克的正式报告和卡迪的图画。他有把握，这些文件最终将向上级证明，他在 1839 年没有事先获准就匆忙下令考察的决定是正确的。1841 年初某个时候，约在卡迪到达英国前后，约翰 · 罗素勋爵收到报告和绘画。

给麦克唐纳的回信中，罗素勋爵赞扬了沃克和卡迪，表达了对他们“进取精神和热情的高度赞赏”。他称这些绘画“非常新奇、有趣”。那时候，罗素还不知道斯蒂芬斯和卡瑟伍德正在努力完成关于同一话题的图书。他说他希望麦克唐纳不用再为偿还帕伦克考察的费用担心，但提醒说，上校尚未提交任何关于支出的报告。他说，你提交了报告后，“如果支出看上去合情合理，我会向财政大臣建议免除你的责任”。

这时候，事情转向背运方向，部分归因于斯蒂芬斯和卡瑟伍德，但也有一部分归因于英国迟缓的、多层次的官僚体系，沃克和卡迪历尽艰辛收集而来的帕伦克考察记录从历史记载中完全消失。我们不知道麦克唐纳的“军队金库”是否得到赔偿。相反，整个事件很快被埋没在档案里。

一个多世纪后，出版了记叙沃克 · 卡迪探险的图书的大卫 · 彭德格斯特经过一次巧妙的侦探工作，找出了原因。他设法从殖民记录里挖出麦克唐纳致罗素勋爵的最后一封信。彭德格斯特在信封上找到一个日期为 10 月 14 日的未署名评论。评论作者无疑读过斯蒂芬斯和卡瑟伍德的书，当时这本书只能是刚从美国过来的。

> 一个叫斯蒂芬斯的美国人做过同样的旅行；出版了对帕伦克的全面描述，还配了图；比卡迪上尉绘制的图全面得多，而且还有广泛得多的总体评论。因此我担心，除了被弃置一边，这封信什么用也没有。

虽有将它搁置的建议，这封信仍然得以沿着官僚等级的“阶梯”辗转爬到殖民事务部一名高官的手里。这位官员碰巧也叫 J. 斯蒂芬斯（J. Stephens），他附上一条最终评论：

> 麦克唐纳上校和沃克先生及卡迪上尉未经财政大臣事先批准，执行了这次考察任务。其动机只是我们不能在这件事上，在科学热情方面被美国人打败。这很不明智，其结果就是，我们在考察和研究事务中被这些新的竞争者打败。现在，他们可以嘲笑我们能力上的低劣，而不是只嘲笑我们比他们懒散。毕竟，所有这些绘画和游记都未被出版，并且现在，很难设想哪个书商会冒险出版它们。简言之，整个事件虽然出发点很好，但依然是个愚蠢的错误。

英国方面没为这次考察做出任何正式公布或通告。罗素勋爵写信告诉麦克唐纳，他已经将沃克的报告和卡迪的画转给皇家地理学会，但那些文件也许永远没转到。学会里没有它们的记录。彭德格斯特在殖民事务办公室的档案里只找到沃克的报告和支出记录，没找到卡迪的任何画。它们显然退给了卡迪，最终出现在萨默塞特公爵府的展览上。

卡迪很快有了其他的操心事。1842 年初，考察回来后不久，他的第五个孩子出生。他前后一共育有八个孩子。几个月后，他和家人离开英国，被派驻离他长大的地方不远的加拿大安大略省伦敦（London）镇。不久，帕伦克将成为一段远去的记忆，就像那次考察中唯一牺牲的列兵卡尼克，长眠在佩滕某个地方，完全被人遗忘。

# 第 18 章
## “死亡就在我们身边”

到 1841 年圣诞节，先是斯蒂芬斯，接着是卡伯特医生，最后是阿尔维诺，一个接一个地摆脱了疟疾对自身的缠扰，回到乌斯马尔。卡瑟伍德没生病，一个人待在遗址，除工作外也没什么其他事可做。此时他已完成了大部分平面图的绘画。因为几个星期来他孤身一人住在“总督宫”，每天夜里，他都把上了膛的枪拴在横跨门道的一根绳上，准备“撂倒”任何不速之客。幸好一个人也没来。

在蒂库尔的修道院养病期间，斯蒂芬斯几次到近郊及周围的森林作短途旅行。似乎不管走到哪里，他都能碰到古建筑和神庙的遗迹，其中大部分被当地村民推倒，石头被拿走用于自家建筑。当地牧师卡里略告诉他，在南边不远的地方有其他的几座古城遗迹。这时斯蒂芬斯开始认识到，某个时期，在尤卡坦的这个部分肯定人口众多，点缀着文化昌盛的城市和宗教中心。

12 月的最后一周，他们完成了在乌斯马尔的工作，准备南下前往此前听闻过的遗址。离开前，斯蒂芬斯最后一次爬上大“魔法师金字塔”

碎石遍地的台阶，来到遗址最高点，极目远眺西方，看到了平坦的绿色灌丛林。他站在金字塔顶上一个显著突出的平台上。平台有一条通向身后神庙的门道，神庙入口围绕着华丽的石头镶嵌图案。他想象着这里可能进行过的活人祭祀，不由地打了个冷战。

早期圣方济各会历史学家迭戈·洛佩斯·科戈柳多（Diego López Cogolludo）描述了这个做法：玛雅祭司挖出“祭品”的心脏，并将它献给部落崇尚的神灵，然后将尸体沿台阶抛到下方挤满人的院子。斯蒂芬斯写道：“在给人类历史蒙上阴影的一长串迷信仪式中，我想不出另一幅比印第安祭祀更血腥的画面。他穿着白袍，长发上凝着血块，整个城市范围内的人都能望到进行于这高台之巅的杀人祭祀。”

远眺乌斯马尔，他可以看到构成城市基础的人造台地和巨大的多层石灰石平台。在他眼前的是被称作“女修道院”的四方院子。这个名字来自绕院子而建的房子的88个隔间。院子另一面，他可以看到

乌斯马尔“鸽窠”（卡瑟伍德作）

乌斯马尔最复杂的门面之一。门道上方的檐部覆盖着石头装饰和复杂的雕带，包括横贯整座 173 英尺长建筑的两条缠绕在一起的羽蛇。一个人的头被咬在其中一条蛇张开的嘴里。

四方院子对面的左首是两条一模一样的长石堆，门面上刻着蛇，相距 70 英尺隔空相望。斯蒂芬斯写道："我们认为，门面上两个面对面的巨大圆环是特意建造的，中间的空间则是用于某种运动会之类的大型活动的。"他们又一次猜对了。考古学家后来确定，乌斯马尔的圆环和倾斜的墙，与类似的在危地马拉、墨西哥甚至远在科潘发现的平行的墙一样，都是用于仪式性球赛的球场。在这些球场左边，斯蒂芬斯可以看到由"鸽窠""总督宫"和乌斯马尔其他令人瞩目的建筑构成的高低不平的天际线。这些建筑交错着坐落在遗址宽阔台地的各个平面上。

第二天，斯蒂芬斯用达盖尔相机拍摄"女修道院"的最后几张照片时，收到卡瑟伍德的一张便条。不知疲倦的艺术家终究没能躲过发热的命运。乌云笼罩在所有人的头上，暴雨又下起来了。卡瑟伍德在"总督宫"里卧床不起。接着，似乎是为了表示同情，斯蒂芬斯和卡伯特也相继发起寒热。

两天后，几个人拖着病体，艰难地打起精神上路。离开时，卡瑟伍德提醒说，这是 1842 年的第一天。他们又过了一年，但他们没有力气庆祝，甚至连马背都坐不住了。佩翁种植园的印第安人拼制了几副担架似的"轿子"，将三人抬到附近的诺卡卡夫村 (Nohcacab)。

到 1 月 8 日，他们恢复到能够骑马的程度，南下来到一个当地人称"卡瓦"的地方，遇到一系列连斯蒂芬斯和卡瑟伍德这样见多识广的人都为之惊叹的古建筑。一些建筑保存状况极佳，几乎完好无损。

一幢高大建筑上，覆盖着他们迄今为止见过的最复杂的石头镶嵌装饰。它似乎饱含韵律，给人一种上百双眼睛从墙上向外看的印象。它在所有遗址中独一无二，因为它不断重复的面具图像代表了一个神祇，后来人们认出这是长鼻子的雨神恰克。它附近还矗立着一座巨大的举行宗教仪式的台阶式金字塔，可看到与他们在科潘发现的一模一样的象形文字被刻在各种建筑上，与帕伦克的发现类似的几个“梳状”上部结构立在一些屋顶上。

总的来说，卡瓦的艺术相当精巧，虽然规模不及乌斯马尔，但在某些方面毫不逊色，这一点促使他们再次思考建造每个遗址所必需的组织性和高超的技艺水准。最令斯蒂芬斯等人惊讶的是，除当地村民和农场主外，如此壮观的遗址居然“完全不为人知”。

两年前，他们连声惊叹、跌跌撞撞地走过科潘和帕伦克，现在斯蒂芬斯和卡瑟伍德开始明白，他们看到的是分布范围极广的遗迹，它属于一个相当先进并且互有关联的文明体系。这个文明存在于若干个世纪以前，曾经拓展到一片包括三个现代国家的地区，而后又突然神秘地消失，连当地居民都不知道一点关于它的历史。

一个将在随后的旅程中一直困扰他们，并且他们永远解不开的问题是：为什么这些不可思议的石头城市，在花费那么多精力和技艺被建起来后，又最终被弃如敝屣？为什么它们代表的伟大文明会神秘地失踪？

他们在卡瓦逗留了多日，卡瑟伍德用他的铅笔和颜料开展工作，斯蒂芬斯则拍摄银版照片。虽然没人知道卡瓦的历史，但附近村民告诉斯蒂芬斯，说这座城市古时候曾通过一条宽阔的铺石大路连接乌斯马尔，现在丛林中的某些地方还能找到它。

这条路建在15英尺宽的抬高式石床上，用灰泥盖过，表面平坦。它被称作“Sacbe”，在玛雅语言中称作“Sacbeob”，意为“白色的路”。虽然斯蒂芬斯和卡瑟伍德确实在卡瓦找到一道面朝乌斯马尔的大拱门，但从没找到那条堤道。

斯蒂芬斯说拱门让他想起了在罗马看到的古代凯旋门。宽14英尺的拱门孤零零地站在一片空地上，拱顶也倒塌了。并且，斯蒂芬斯写道：“与周围任何其他建筑都没有联系，独享自己的辉煌。”但如果稍加挖掘，他们会发现它其实一点也不孤立：实际上，那条石路从它下方通过，近乎径直地穿过森林，通往乌斯马尔另一道宏伟的拱门，全长12英里。现在我们知道，古代玛雅人从未用过轮子，但一般步行者信使乃至军队要快速地穿过森林，从一座城市到达另一座，那条白色大路肯定是一条便捷通道。

卡瓦的镶嵌装饰（卡瑟伍德作）

在距拱门不算近的某个地方，他们发现一群很大程度上已经倒塌的建筑，它们埋在林中的泥土下，连当地向导都不知道它们的存在。在一栋建筑内，他们发现了几乎盖满一面墙的许多红色手印。鲜艳的涂料看上去几乎像刚刚刷上。这些断瓦残垣虽然外面看上去毫不起眼，但也带来了另一个重要发现。

在瓦砾几乎堆到顶的某个房间门道上方，卡瑟伍德发现了一块雕刻精美的木头门楣。他仰身爬进去测量时，抬头看到一幅真人大小的图像，画着一名王室贵族戴着羽毛头饰，站在一条蛇的身上。图像最不寻常之处在于它与他们在帕伦克的墙上发现的图像惊人地相似。这是他们在尤卡坦见到的第一幅提供了两座城市间清晰联系的图像。

斯蒂芬斯一心要把它弄到手。他想把它运到纽约，展示在他有志创办的博物馆里。但木梁上的雕刻占据了整整两块 10 英尺长的门楣，两块梁又嵌在过道两侧的墙里。想起此前将石膏模型带出帕伦克遇到的麻烦，他起先还担心诺卡卡夫的村民会反对。但是第二天，他还是到村里组织了一队男子，带着撬棍，经过一天艰巨的努力，拆下两块门楣。接着，他像处理覆盖着象形文字的乌斯马尔木梁一样，让人将木梁精心包装起来。

两块梁被运出卡瓦时的情景，被卡瑟伍德后来以一幅有漂亮着色的平版印刷画进行绘述。画上罕见地出现了斯蒂芬斯的形象。这是一幅充满动感的生动图画，通过画面背景可以看到，卡瓦的大部分遗迹坐落在尤卡坦的热带乡间。

在如此不太可能的地方发现门楣让他们非常意外。现在，他们开始在调查中加倍小心。尽管他们又在几座建筑里发现了木梁，但其中没有一根上面有雕刻。斯蒂芬斯倒是发现了两块精心雕刻的六英尺高的石头门柱，埋在一堆不起眼的废墟里。与门楣一样，它们也表现了戴着羽毛头饰的王室贵族，但这一次，他们站在跪在脚下的人物面前，这是一个他们在帕伦克的浮雕中见过无数次的艺术主题。

斯蒂芬斯与印第安工人一起大干了两天，把它们拆下来准备运到纽约。接着他又一次因为发热突然病倒，似乎每次只要他亲身劳作，惊扰了这些遗址，它们就会在他身上下一道符咒。他骑上马，赶往诺

左图　卡瓦的雕刻门楣，后被斯蒂芬斯运到纽约（卡瑟伍德作）
右图　卡瓦内景（卡瑟伍德作）

卡卡夫村，但没能走多远。他写道："我不得不下马，躺在一丛矮树下；但蜱虫把我赶跑了。最后，我终于赶到村里。这是我最后一次造访卡瓦。"

没过多久，卡伯特、阿尔维诺，这一次还有卡瑟伍德，相继热病复发，与斯蒂芬斯一起倒在村里的修道院里。斯蒂芬斯写道："死亡就在我们身边。"

他一点也没有虚言。一座墓地和一所停尸房就与修道院相邻，虚弱的斯蒂芬斯因此得以沉浸在他最喜欢的主题之一里：生命无常，令人怅惋。一排排头骨陈列在修道院的墙头。"身边是一片令病人消沉的景象。"他写道。他敏锐地看到这一刻的不谐之景。即便在这极度阴沉的情绪下，他也注意到，另一场狂欢活动正在进行。

斯蒂芬斯是他们中唯一康复到可以参加节日狂欢活动的人。他甚至帮忙扛着护镇圣徒的画像，穿过村子，来到教堂。“一群杂七杂八的妇女跟在身后，全都穿着舞会服装，手持点燃的长蜡烛。”放过烟花爆竹后，接着过来的是村里的男性，大部分都已喝得半醉。广场上的舞蹈也开始了。

> 整个村庄似乎沉浸在那一刻的快乐中……漂亮的女性打扮得花枝招展，整个场面充满了感染每个人的随和气氛。牧师和我回到修道院，站在台阶上，混合着女声的合唱传到耳中，轻柔而甜美，似乎发自每个人的心田：
>
> Que bonito es el mundo;
>
> （叹美丽世界，）
>
> Lastima es que yo me muera.
>
> （惜人生短暂。）

最终，1 月 24 日，他们的健康得以再次恢复，可以走了。他们得到几匹好马，决定丢下沉重的行李轻装上路。斯蒂芬斯列出了装在鞍囊或带在马背上的少量物品：“达盖尔相机、咖啡和糖，及几件供换洗的衣服。”当然，还有卡瑟伍德折叠起来的投影描绘器、铅笔、颜料、纸和斯蒂芬斯与之形影不离的笔记本。

随后六周里，他们兜兜转转向南进发，发现了一处又一处散落乡间或深藏丛林的遗址。他们完全根据从村民和农场主那里打听到的关于林中“旧石头”的信息前进。阿尔维诺成了不可或缺的翻译和探子。

一些遗址只是林中一座孤立的建筑，另一些看上去像祭祀中心或卡瓦这类小城市的遗迹。他们在卡瓦以南遇到的前两处遗址，当地印第安人将它们称作“萨耶尔”（Sayil）和“拉博纳”（Labná），即属此类。两处都有保存完好的建筑，其中一些气势宏大、装饰华丽。他们在两处都发现了令人惊叹的神庙，坐落在金字塔或石堆顶上，类似帕伦克的巨大装饰条脊使它们显得更加高大。

在拉博纳，他们花了一整天查看一座建在一个50英尺高石堆上的神庙。石堆极其陡峭，要不是抓住扎根在落石里的树，根本爬不上去。神庙顶上的装饰条脊又高出30英尺。

斯蒂芬斯写道，它“从上到下，从左到右，曾经到处装饰着用灰泥塑造的巨大人物和其他图案，现在已经破成碎片……一排骷髅头，下面是两行人类图像”。卡瑟伍德用不同的日照角度画图，斯蒂芬斯和卡伯特拍照。白色灰泥在阳光下亮得刺眼，一些鲜艳的彩色颜料，斯蒂芬斯说道，“经历了风吹日晒雨淋”，依然留下了痕迹。

离石堆不远，他们发现一道比例匀称的漂亮拱门，上面覆盖的抽象图案和类似瞪眼面具的形象再一次展示了建造者的精湛技艺。斯蒂芬斯和卡瑟伍德虽有在埃及、希腊和罗马旅行的丰富经历，但也想不起还有哪种文化曾用过他们现在看到的装饰和有力的形象，或掌握了将这些奇怪和冰冷的形象凝固的复杂石艺。

两人显然看出，这些门面是想给观看者制造一种挥之不去的蛊惑甚至恐怖的效果，当它们最初覆盖着颜料时，这种效果也许还要更强烈。它几百年前该是什么样子？他们很想知道。从残留的少数彩色痕迹推测，他们想象出一个梦幻般的场景：闪亮的门面装饰着扭曲的高浮雕阿拉伯图案，怒目而视的众神的怪诞面具点缀其间。这个意象威力无比。

随后一个月里，他们通过了一些有着印第安名称的遗址——Sabachtsche、Kewick、Xampon、Chunhuhu、Ytsimpte、Labphak，以及十几个连名称都没有的地方。他们在每处都停上足够长的时间，让卡瑟伍德将它们画在纸上，如果光线合适，另外两人就用相机拍下。几人几乎没有停止过赞叹。每个遗址都让人觉得出乎意料，除了一小群栖居在附近的土著人外，没有其他外人知道，更别说整个世界了。可是它们又怎么能够一直不为尤卡坦社会所知呢？

斯蒂芬斯惋惜许多已经被时间和大自然破坏的遗迹不能被长期地保存下去。事实证明这个预测是正确的，因为其中一些后来成为什么也看不出来的瓦砾，这支考察队的图画和描述成为它们存在的唯一文件证据，似乎他们正在见证这个神秘文明的最后痕迹在眼前消失。

这份担心驱使他们记下路遇的每一座重要建筑，尝试将最好且最易搬运的文物——石刻、泥塑像和彩釉花瓶一一带回纽约。今天，这样的转移是非法的国际罪行，但斯蒂芬斯至少部分是出于保存它们的真诚愿望。他看到，在尤卡坦，没人对保护这类财富有哪怕一点兴趣。如同法国和英国正在通过从埃及、希腊、意大利收集各式各样的古玩、文物以丰富本国国家博物馆的馆藏那样，他也想为美国得到它们。他对自己的这种愿望也不加隐晦。

例如，在 Kewick 村外的遗址上，他们发现嵌在一座建筑天花板里的一块巨石上刻有一幅引人注目的图像。它表现了一个涂成大红大绿的人物的鲜明形象，头上戴着荒诞的头饰，围在象形文字间。在当地印第安人没有反对的情况下，他们花了老大力气砸破屋顶，用绳子吊下大石。宽 18 英寸、长 30 英寸的石头十分沉重，绳子中途都断了，好在石头掉到地上没摔坏。

斯蒂芬斯想把它带到纽约，但一头骡子驮不动，而印第安人则拒绝把它抬到梅里达。斯蒂芬斯说服附近农场棚屋里的所有人把它放在一间有顶的棚里，使它淋不到雨，这才同意把它留下。他说他希望会有另一名美国游者会“自己出钱把它运走，放到华盛顿的国家博物馆。”

雨最终开始逐渐减弱，姗姗来迟的旱季终于现身。蚊子走了，蜱虫来了。这种小蜱虫的叮咬会使人感到非常疼痛。斯蒂芬斯写道：“经常，我们接触到一丛布满蜱虫的灌木，成千上万只蜱虫宛如移动的沙丘涌向我们，散落到我们的身体上，使我们不由自主地蠕动身躯。马也许比我们还遭罪。我们养成了习惯，只要一下马，就用一根粗糙的树枝在它们身体的两侧刮。”

但蚊子的遗祸还在。考察队离开 Kewick 赶往下一个村庄时，卡瑟伍德说头疼，要慢点走，让斯蒂芬斯和卡伯特先走。那天上午晚些时候，在下一个农场棚屋处，行李搬运工追上来，说卡瑟伍德病倒了，

斯蒂芬斯和卡瑟伍德在尤卡坦沿途经过的村庄（卡瑟伍德作）

他们留下他躺在路上。当斯蒂芬斯回到他身边时，卡瑟伍德躺在一棵树下，身上裹着他能找到的所有被盖，包括他的鞍褥，还是冷得发抖。

阿尔维诺在他身边。这个场面吓坏了斯蒂芬斯，他想起上一趟来时，让卡瑟伍德动弹不得的疟疾严重发作。不久后，搬运工带着材料来了。他们做了一乘有顶的轿子，把他抬到那座农场棚屋。到达时，斯蒂芬斯发现卡伯特也发热病倒了。斯蒂芬斯自己也感觉到发寒。三人再次倒在吊床上。

他们回到蒂库尔进行休养。斯蒂芬斯在那里遇到了也许是尤卡坦半岛上唯一的玛雅学者胡安·皮奥·佩雷斯（Juan Pío Pérez）。他是一名前政府官员，曾写过一部解释玛雅日历的专著。作为地区行政人员，佩雷斯能接触到许多用玛雅语言写成的历史文献，是最早研究玛雅人如何计算时间的学者之一。斯蒂芬斯将会与他做长时间的讨论，后来还把他的研究收入自己的图书附录。

到 2 月中，考察队再次南下，来到名为 Xampon 的遗址。卡瑟伍德在那里创作了他最生动的插图之一。伴着从翻卷的乌云中突然显露的月光，他应用强烈的黑白对比手法将阴影投在一栋半埋半露的建筑物上。

倒塌的墙壁揭示出内部的房间和拱顶。前景上，两条奔行在波浪形杂草丛中的狗正扑倒一只鹿。尽管频繁遭到热病的侵袭（或许正因如此），卡瑟伍德却似乎每天都能找到新方法表现他们见到的不寻常事物，登上更高的艺术台阶。他们的下一站博隆琴（Bolonchen）是尤卡坦有人居住地区南部边缘附近的一个村子，在那里，他们将遇到一处要求卡瑟伍德发挥出全部艺术才华的奇迹。

在他们的整个旅程中，水一直是个问题：如何在这片到处是石头，

斯蒂芬斯和卡瑟伍德在尤卡坦沿途经过的村庄（卡瑟伍德作）

没有河流的土地上找到水，如何解决他们和马匹面临的饥渴问题？另外，古代和现代的居民是如何在这样一个有漫长旱季的地区生存下来的？他们找到几个答案：天然灰岩坑、人造地下蓄水池和古代湖泊，以及深井、种植园和村庄的储水槽。他们以前在西奈和埃及的沙漠里见识过人类的生存技能，在这里，尤卡坦印第安人的坚韧和聪明才智同样给他们留下了深刻印象。

博隆琴的奇迹胜过了他们之前见到的一切。这个村子有九口井，但在旱季，它们最终都打不出一滴水。到那时，村民只能走到近两英里外的一个不同寻常的洞穴取水。斯蒂芬斯一行要去亲自考察。一块悬空巨石构成了洞口。他们跟在拿着火把的印第安人身后走了进去，向下走几层，进入一片黑暗，在某个地方还得爬下一架约 20 英尺长的梯子。最终，他们来到一个至少深100英尺的大洞穴边缘。阳光穿过地面的一个洞，从上面照下来。

要下到底部，他们需要爬下一架年久失修的巨型木梯。斯蒂芬斯写道："它非常陡峭，看上去很不牢靠。"但斯蒂芬斯决心满足他自己想探究一切的好奇心，看看下面有什么。并且像划船荡行在风高浪急的阿蒂特兰湖湖面和他只带着蜡烛和绳索进入破败遗址里的漆黑过道一样，这将会是另一次值得一书的冒险。

他们踩着晃晃悠悠、嘎吱作响的旧木梯下去了。他们跌跌撞撞，坚持着，居然也下到洞底。但那还不是旅程的终点。斯蒂芬斯和卡伯特继续爬下其他更短的梯子，下到深处，最后来到一个有一小潭水的洞穴。

他们在湿热中汗流浃背，身上被冒着烟的火炬熏得黑不溜秋，再也抵不住诱惑，脱了衣服，迫不及待地跳进水里。这时火炬噼啪作响，似乎就要熄灭。他们吓坏了，生怕在黑暗中找不到出去的路。斯蒂芬斯写道："当时我们离洞口1 400英尺，垂直深度400英尺。"

回去的路上，一段梯子被他们踩断了。所幸阿尔维诺带着绳子，并用绳子把他们拉到上面一层。他们探索了通向其他水潭的三条支道。最终，他们到达主洞，放下了心头重石。用完最后的力气爬上那段摇摇晃晃的大梯子，他们终于回到阳光下。当斯蒂芬斯听说镇上和周围乡间的7 000居民一年有四五个月完全靠那个洞穴里的水维生时，他简直不敢相信。

斯蒂芬斯和卡伯特探索整个洞穴时，卡瑟伍德留在那个大洞穴里描绘眼前不同寻常的景象。虽然没有描绘巨大的石碑或古老的金字塔，他最终得到的图画依然成为他最优秀的艺术成就之一。他以

沐浴在月光下的 Xampon 遗址（卡瑟伍德作）

大师的眼光，用一幅惊人的图画讲述了印第安人深入地下取水的故事，表现了他们坚毅的求生意识。

这幅画的成功之处不仅在于它生动的明暗对比和搭在光滑的螺旋形洞壁上的又长又宽的梯子、僵直的纵横线条，还在于它对人将水带上地面的不懈努力的表现。印第安人扛着装满水的罐子，像蚂蚁一样爬上梯子的景象成为一幅令人无法忘怀的画面。

他们继续向南来到一处名为“拉法克”(Labphak，今称“圣罗莎克斯塔帕 (Santa Rosa Xtampak)”）的遗址，斯蒂芬斯注意到周围环境的变化。这里的路上石头更少、土层更深、土质更肥沃。他们第一次遇到一座甘蔗种植园。

在拉法克遗址，他们发现了他们见过的最大的建筑之一。建筑及其周围长满了树木。清除植被后，他们发现一条“巨大的楼梯”和大量的门道、房间、台阶，以及一所大院子。这里的浅浮雕灰泥护墙板吸引了斯蒂芬斯。这些墙板不同于北方的石灰石镶嵌画，表现了与帕伦克的灰泥艺术类似的程式化王室成员形象。

> 我们朝着指向帕伦克的方向前行，当然，离它还非常地遥远。这里的地面石头更少，这些浅浮雕的发现，以及灰泥装饰的大量增加，让人产生了这样一个印象：离开了（北方）有大量石灰石的地面，这些城市的建设者们受可用材料的限制，被迫改变风格。

探索周边地区时，他们撞上另一幢半埋半露的大型建筑和一系列互无关联的有装饰门面的建筑，因而得出结论认为，拉法克也许一度是个规模较大的城市。后来的考古学家确认，多达上万人曾生活在这片地区，其中心区域作为地区首府的悠久历史可以追溯到公元550年到950年的玛雅古典时期。

斯蒂芬斯还想继续调查，但是当一大片乌黑的雨云从北方翻卷而来时，帮他们对遗址做初步清理的印第安人丢下他们跑了。又一次发热的卡瑟伍德太虚弱了，没法工作，他们决定离开。斯蒂芬斯写道："在我们参观过的地方中，还没有一个是我们这么不情愿地没完成考察任务就离开的。"

他们南行的下一站是伊图尔维德（Iturbide），尤卡坦南部地区边缘的这座新城处处可见来自北方的印第安人。因为政府免费提供土地给定居者，这里的人口在5年时间里从25增长到1 500。因为它作为开拓前沿地区的快速发展，斯蒂芬斯把它喻为尤卡坦的"芝加哥"（它现在叫"维森特格雷罗"（Vicente Guerrero）。

像通常一样，让斯蒂芬斯和卡瑟伍德来到伊图尔维德的是一段道听途说的传闻。有人向他们描述了伊图尔维德附近一处今称“奇比诺卡克”（Dzibilnocac）的遗址。他们发现遗址值得一探，但卡瑟伍德因为反复发热，身体虚弱得没法工作。

一天后，卡瑟伍德强撑病体，站到最大的建筑前开始画画，附近一个烟草种植人给他打伞遮挡阳光。他们在建筑内部发现的涂料痕迹让斯蒂芬斯想起他在埃及墓地里发现的涂料。

与埃及的图画一样，这里的人物肌肤也画成红色。这些涂料支离破碎，没法复制，斯蒂芬斯写道：“它们经历了大破坏而得以留存下来，似乎只是想表明，这些最早的建设者在形象艺术那个最不耐久的领域拥有更精湛的技艺。”

卡瑟伍德工作时，斯蒂芬斯和卡伯特四处转悠，数到 33 座不同的土石堆，全部长满树木植物，看不出什么特征。回到主建筑时，他们发现卡瑟伍德躺在地上，撑不下去了。斯蒂芬斯非常担心，而且他们与疾病的不断斗争也让他心灰意冷，因此他建议取消余下的考察，打道回府。但卡瑟伍德不同意，坚持要继续下去。

但伊图尔维德以外，一直到危地马拉佩滕的低地丛林，除了荒野以外什么都没有。在镇上，他们没听到那个方向还有任何关于其他遗址的报告，但斯蒂芬斯不为所动。

他写道：“很有可能，城市废墟就埋在几里格（一里格约合 4.8 千米）外，而伊图尔维德镇没人知道它的存在。因为在他们从我们嘴里听说前，镇上还没有一个人知道我们刚刚到过的拉法克遗址。”不过他们依然决定不再继续南行。虽然反复发作的疟疾、热病打倒过每个人，尤其是卡瑟伍德，但他们这次南下开展的考察远征已经成就斐然。

在北方还有更多，甚至多得多的遗址。就像乌斯马尔曾经是他们回到尤卡坦的主要原因一样，他们对传言中的一处辉煌遗址垂涎三尺。它一直在他们的视野里，在他们的计划中，他们决心现在就去考察——只要他们还有力气走到那里。

# 第 19 章
# “伊察人的井口”

现在是 3 月初，他们已经在路上四个多月了。从伊图尔维德，他们向北走了 100 英里，经过了几个镇子，一路参观了一些小型遗址。经过两周的旅行，中途还停顿了几次让卡瑟伍德恢复体力，他们来到一直期盼的目的地：名为“奇琴伊察”的一群光彩夺目的遗迹。他们已经知道这个遗址的一些历史，它的名字在玛雅语中意为“伊察人（Itzá）的井口”。

1533 年，西班牙征服者短暂占领了这个地方，企图把它作为他们的首都。显然他们是被它居于中心的地理位置和可用作新城市建筑材料的城体石材所吸引。但在一场正面性的会战中，玛雅武士在遗址外的平原上击败了西班牙人。

战役结束后，150 名西班牙人丧生，余下的大部分士兵负了伤。幸存的殖民者乘着夜色偷偷溜走。这是西班牙殖民者遭遇的惨重失败之一，西班牙对尤卡坦的征服因此被迫推迟了多年。斯蒂芬斯评论道：“考虑到西班牙人的挫败和艰难处境，他们留下很少对这处遗址的详细描述并不令人意外。但它的存在已经在西班牙征服美洲的历史中写下了浓重的一笔。”

斯蒂芬斯还写道：“自离开美国的那天起，我们的眼光就瞄上了这个地方。”在梅里达，他们听说，任何从梅里达东行到尤卡坦第二大城市巴亚多利德（Valladolid）的人都很难错过这处遗址。那些高大的建筑物从路上就能被清楚地看到。

斯蒂芬斯又写道：“它们虽然为尤卡坦人所知，但外界实际上依然对它们一无所知。他和他的伙伴们决心改变那一点，于是花了两周时间一丝不苟地查看和记录遗址表面存在的每一道缝隙。

遗址有两个巨大的露天灰岩坑，水位常年不变，表明它们的水来自一个持续不断的地下水源。这无疑是最初的建设者将城市选建在这里的原因。虽然位于树木丛生之地，一些地方的树木还非常茂密，但

奇琴伊察的灰岩坑（卡瑟伍德作）

主体的建筑却坐落在一座大型养牛场的中央。

养牛场是一个叫胡安·索萨（Juan Sosa）的人从政府手里租来的，他还在旁边建了一个种植园。因此，与他们探索过的许多其他遗址不同，奇琴伊察不需要煞费苦力地清理。牛抑制了许多低矮灌木的生长，沿着它们踩出来的路，在建筑物间的行走变得非常容易。

到这时，斯蒂芬斯和卡瑟伍德已经参观过近40处位置上相互独立的玛雅遗址，即使他们看够了，那也不是他们的错。然而，斯蒂芬斯一如既往地保持着永不消退的热情，不绝口地称赞奇琴伊察"壮丽"。无疑，它是自乌斯马尔以来，尤卡坦最壮观的遗址。

与乌斯马尔遗址一样，这里的许多建筑物庄严伟岸、规模宏大、保存完好。根据这一点，斯蒂芬斯像在乌斯马尔一样，猜测这些城市在西班牙征服期间依然有印第安人居住。但西班牙的记录没有声称奇琴伊察是一座类似蒂奥的繁华城市。西班牙人后来在蒂奥的基础上建设了梅里达。现代研究指出，乌斯马尔和奇琴伊察在西班牙人到达前的几百年已经到达过繁荣程度的巅峰，但在之后的日子里却逐渐沦为被荒弃的空城。

斯蒂芬斯由于没有任何现代化的考古装备，因而在各个遗址的年代测定问题上摇摆不定。他努力地对各种可能性保持开放态度。他写道："奇琴伊察遗址的保存状况比大部分其他遗址更好，看上去似乎更古老；一些建筑物存在的历史无疑比别的更悠久，它们的建设时期中间也许经历了漫长间隔。"

伴随牛而来的是大量蜱虫。这种由牛带来的害虫虽然令人难以忍受，但他们却发现牛给遗址周围的许多地方做的清理值得他们忍受这一点。卡瑟伍德得以立即开展工作。虽然知道他们不是最先调查奇琴伊察的人，但他们将像记录乌斯马尔、帕伦克和科潘那样，详细地记录这处遗址。他们得知，他们到达前不久，在附近巴亚多利德工作的一位奥地利外交官和一名美国工程师曾到访过这里。

他们在奇琴伊察的第一项发现定下了考察的基调。在首先进入的一个名为“Akatzeeb”（神秘文字之屋）的建筑里，他们发现了一块石板，上面展示了以浅浮雕雕刻的一名王室贵族或祭司的形象及成排的象形文字。它又一次证实了他们认为将他们查看过的遗址联系起来的艺术和文字的统一性。

在旅行中，他们已经看到了建筑和外部装饰之间的重大区别，但一个文明的共同特性——艺术和文化主题及文字自始至终几乎都是一样的。奇琴伊察的文字和浅浮雕特别丰富。他们清楚，他们已经到达了同一个独特统一文明最北的端点之一，这是自他们查看过远在南方的科潘后一直在寻找的文明。

但斯蒂芬斯的观察力现在已经被磨炼得相当敏锐，他感觉到奇琴伊察的异样。他写道：“总体上，这里的门面不如我们见过的一些装饰精美，它似乎属于更古老的年代，雕刻也更显粗糙和简陋。尤其是与在帕伦克发现的精雕细凿的浅浮雕相比。”

但奇琴伊察的雕刻师用的是表面有着更多孔的石料，在它们身上雕不出在帕伦克给他们留下深刻印象的细节。另外，奇琴伊察显然是他们调查过的最具尚武精神元素的遗址。雕刻上武士的形象随处可见：士兵拿着矛和盾，装饰着漂亮的战功羽毛。遗址主广场中央平台的一面墙壁上则被如此的雕刻画面占据：一排排被穿在矛上的人头。

奇琴伊察与南方、恰帕斯、危地马拉和洪都拉斯的遗址有清晰的文化联系，斯蒂芬斯也看到，曾经统治这个城市的伊察人与墨西哥的联系似乎比他们在其他遗址看到的更紧密。他察觉到一座神庙的彩色壁画（伊察军队攻城掠地、消灭敌人的画面）和金斯布罗子爵出版的大部头里的墨西哥“图画文字”极为相似。

他还观察到，刻在另一座神庙的墙上，各自戴着羽毛头饰，拿着一捆捆长矛“跳舞”的伊察武士形象，类似从墨西哥城广场的地下发掘出的一块巨大“献祭”石上刻的士兵形象。挖出“献祭”石的位置就在阿兹特克人的一座神庙曾经坐落的地方附近。

斯蒂芬斯还知道，阿兹特克人和其他墨西哥民族崇拜羽蛇，而奇琴伊察一带散布着许多蛇的雕刻和图画。奇琴伊察在斯蒂芬斯眼中似乎是中美洲文化和墨西哥文化的混合。这一次，他的意见又对了。考古学家后来会发现墨西哥中部和沿海文化对奇琴伊察的众多影响，这些部分归因于伊察玛雅人在沿海贸易上的成功。

尽管墙上的浅浮雕图像比南方的更“简陋”，但他们还是发现了一群与乌斯马尔、卡瓦和拉博纳那些被装饰得美轮美奂的建筑非常近似的建筑。这些建筑与奇琴伊察的其他遗迹分开，占了一片独立区域，它们造工精致、外形优雅，精美程度似乎与斯蒂芬斯和卡瑟伍德在尤卡坦南部发现的那些门面有得一比。

它们的外部装饰和镶嵌图案现在被称作“普克”(Puuc) 风格。是定居在奇琴伊察的乌斯马尔和卡瓦的移民再现了家乡的风格，还是伊察人的剽窃？还是这种风格源于奇琴伊察，后被带到南方？一名现代学者将普克风格称作“巴洛克式”，但更好的类比也许是“洛可可式”——18 世纪那种华丽的、过度装饰的欧洲风格。不管什么情况，它是一种似乎正走向命运尽头的装饰形式。

这些建筑是卡瑟伍德的良药，他在这里绘制出自己最精美的一些作品。似乎它们建造、装饰起来不为别的，只为观赏它们时纯粹的由美感带来的愉悦。卡瑟伍德沉醉其中，捕捉到它们全部的辉煌细节。

整个奇琴伊察为卡瑟伍德的创作提供了丰富的素材。这里似乎拥有他们在其他遗址上遇到的一切，其中一些保存更好。例如，他们再次发现了后来被认为是球场的两道平行的墙。只是在这里，围绕球场的墙建筑规模宏大得惊人，面对面安在两边墙里的雕刻石环同样巨大。两条距地面 20 英尺，直径 4 英尺，刻成“缠绕的蛇”形，并且完好无损，不像乌斯马尔的环已经掉下来并被摔坏。

他们还发现了一座与玛雅潘的发现类似的一栋巨大的圆形建筑。它北边不远处矗立着一座几乎每处遗址都必不可少的建筑：金字塔。但这一座是他们见过的最雄伟的台阶式金字塔之一。在通往塔顶神庙的四条阶梯之一那里，斯蒂芬斯看到两个“巨大的蛇头”被摆在

奇琴伊察的所谓“女修道院”（卡瑟伍德作）

奇琴伊察的玛雅金字塔（卡瑟伍德作）

金字塔基础的两侧，它们长 10 英尺，各自张着大嘴，吐着舌头。爬上神庙，他们看到门道上方保存完好的雕刻门楣——依然由石头般坚硬的人心果木制成——及同样有雕刻精美的浅浮雕人像的石门柱。

但是当他们站在庙外平台上向下看时，透过树木，他们看到了从未见过的景象。

从这个高度，我们第一次看到了成群的小柱子。经检查，这些是我们遇到的最不寻常、最令人费解的遗迹。它们以 3 ~ 5 根为一排，许多排沿同一方向延伸开去……其中许多已经倒了。在许多地方，它们成排地倒在地上，全部对着同一个方向，似乎是被故意推倒的一般。在许多地方，它们延伸到巨大土石堆的基底部，土石堆上是建筑遗迹和巨大雕刻的碎片。在有些地方，它们岔向一旁，突然中断。我数到 380 根，但那里还有许多。

奇琴伊察球场上的闪电（卡瑟伍德作）

奇琴伊察让斯蒂芬斯和卡瑟伍德既惊奇又迷惑。遗址展现了惊人的混合风格，一些奢侈过度，但依然包含了与他们此前探索过的遗址互相统一的清晰联系。

这里与乌斯马尔一样庞大，一样宏伟，但考虑到两地间的邻近程度——相距不到 90 英里，它们的差异留下一个似乎无法被解开的谜团。奇琴伊察不仅没有帮助他们解开这些令人惊叹的古老城市之谜，反而让它们显得更加深不可测。

离开的前一天，他们来到位于奇琴伊察北侧的灰岩坑。多少个世纪来，它一直是尤卡坦印第安人朝拜的圣地，至今依然如此。他们穿过茂密的树林抵达时，一只鹰正在地面上那个巨大的、几乎呈完美圆形的洞里盘旋。

他们来到洞边，低头看下面的水。一层层参差不齐的石灰石墙直落到 20 英尺下的绿色池塘，没有任何下到水面和上来的路。树和灌木从洞壁伸出，洞边某处，他们看到一座石头建筑。

站在边缘俯视这片深渊，斯蒂芬斯不由得打个冷战。他解释说，根据传说，活人就在这里被投下水，作为献给雨神的祭品。

# 第 20 章
# 魔幻之城

3 月 29 日，他们离开奇琴伊察，向着正东，先于他们的行李抵达巴亚多利德。这座有 1.5 万人的城市建立于 16 世纪西班牙殖民统治确立后的初期，斯蒂芬斯说它已经趋于破败，七座教堂也“一片荒景”，整个地方笼罩着一团“忧郁”的气氛。

巴亚多利德是他们去半岛东部沿海的路上经过的第一站。又是根据传言，他们希望在这里找到一座城市的遗迹。早期西班牙水手描绘它规模宏大，非常壮丽，而且更诱人的是，它有人居住。这个地方名为“图卢姆”（斯蒂芬斯按发音拼成“Tuloom”，今拼作“Tulum”）。他们还想过前往科苏梅尔岛（Cozumel），西班牙人声称在那里发现了无数石头神庙。

三人在巴亚多利德找到住处。就在他们安顿下来过夜时，阿尔维诺跑进镇子，并敲门进来通知一桩可怕的事故。驮相机的马挣脱跑掉，把相机摔得粉碎，它再也没法用了。他们自我安慰，觉得至少他们还有已经显影在铜版上的照片。

比失去了相机更烦人的还是在巴亚多利德笼罩他们的一股不祥预感。斯蒂芬斯先前就感觉到尤卡坦白人社会中有一股忧虑的潜流在涌动着，这种感觉在巴亚多利德似乎比其他任何地方都更强烈。在他经常写到的关于社会的题外话之一里，他说尤卡坦半岛的玛雅印第安人已经遭受了几个世纪的野蛮压迫，许多人沦为了为白人服役的佃农。他问道："这些会是那个英勇抵抗西班牙征服者的凶悍民族的后代吗？"

自西班牙完成征服该地区的那一天起，原住民被禁止拥有武器，但现在斯蒂芬斯得知，在最近对抗墨西哥中央政府的起义中，当地白人严重依赖印第安人为他们作战。他们从乡间招募印第安人，给他们武器，让他们帮助赶走驻扎在巴亚多利德的墨西哥政府军部队。他写道："经历多年奴役后，发现自己又一次拥有了武器，并且越来越多地了解到自己的力量，这会有什么后果？这是对那个国家的人民至关重要的问题，没人能预知它的答案。"

虽然斯蒂芬斯没法"预知"具体后果，但他从他在危地马拉的经验中明白那样的危险。尤卡坦实际上成了一枚定时炸弹。再一次，斯蒂芬斯和卡瑟伍德的时机非常有利：他们将很快离开，并且最终避开一场革命。这是一次他们可能无法幸免于难的革命。

在随后几年里，尤卡坦半岛爆发内战，巴亚多利德将成为印第安人对白人展开大规模屠杀的危险高发地。通常只以砍刀为武器的尤卡坦玛雅人在尤卡坦东部和中部奋起反抗，发动了一场极为暴烈的起义。与之相比，危地马拉的印第安人起义简直可以被称为"温和"。

1848 年，印第安人从东部横扫尤卡坦，包围了梅里达，几乎将白人居民全部赶下大海。紧随其后的是史称"阶级战争"（War of the Castes）的八年动荡和血腥屠杀。到战争结束时，丧生的人数达到 8 万，占到人口的16%，另有25%被赶出半岛。西班牙征服者从未完全摧毁尤卡坦玛雅人的意志，尽管经受了几个世纪的压迫和奴役，尤卡坦的玛雅人一直在等待他们的复仇时刻。

考察队逃过了一切暴力，但在东行去巴亚多利德的路上，他们遇到一大群原住民，原住民的样子唤起了他们对身处危地马拉时危险的记忆。斯蒂芬斯写道："原住民们赤身露体，拿着长枪，背上荡着已被猎杀的鹿和野猪。他们的样貌是我们见过的民族中最凶狠的。他们是一些应召而起（攻击巴亚多利德的墨西哥政府军）的印第安人，并且似乎随时准备战斗。"

他们在巴亚多利德找不到一个听说过图卢姆的人，这又出乎斯蒂芬斯的意料。有人告诉他们，海边有个叫坦卡（Tancah）的居住点，但他们得先往东走到切马克斯镇（Chemax），才能确定有没有一条路通往那里。切马克斯位于巴亚多利德和坦卡间的直线上，到达时，他们发现，他们来到了尤卡坦有人居住地区实际上的东部边缘，身处极边，除了延绵45英里的杂乱丛林和荒野外，切马克斯和海岸之间什么也没有。

斯蒂芬斯还听说坦卡是个叫莫拉斯（Molas）的走私犯和海盗建立的营地。早些年，莫拉斯在梅里达被判死刑，但他逃出了监狱，而后逃到沿海，最后和家人在那个"法律管辖不及之地"设立了孤立的营地。从梅里达派来抓捕他的士兵到达切马克斯，看到眼前这片丛林就转身回去了。一段时间后，有人发现莫拉斯死在小路上，不过没人能说清死因。斯蒂芬斯写道："这些描述出乎意料地传到我们耳中，打乱了我们的一切计划。"

图卢姆据信是西班牙人到达尤卡坦海岸时见到的第一座城市。1518年春，胡安·德格里哈尔瓦（Juan de Grijalva）率领一支探险队从古巴出发，来到这里。四艘西班牙船首先停靠于一座当地人称为“科苏梅尔”的大岛，接着驶过海峡，到达尤卡坦陆地。

探险队的随行牧师胡安·迪亚斯（Juan Díaz）描述了下面发生的事：“我们夜以继日，沿着海岸航行。第二天……我们看到一座规模和气派不亚于塞维利亚（Seville）的城镇……可以看到那里有一栋很高的建筑。”

斯蒂芬斯上个月遇到胡安·皮奥·佩雷斯时，他告诉斯蒂芬斯，说一个叫胡安·何塞·加尔韦斯（Juan José Galvez）的探险家最近刚刚驶过同一段海岸，并报告在距离科苏梅尔的不远处发现两座古城——坦卡和图卢姆，还说后者被一堵高大的石墙围着。这些遗址又怎么会很少为人所知呢？斯蒂芬斯感到很诧异。

考察队来到十字路口。图卢姆似乎就在不远的地方，丛林深处传来一阵动听的歌声。斯蒂芬斯的最后一双鞋已经被穿破了，无法供他完成45英里的步行。另一方面，他们现在都很健康，而且已经走了这么远，在雨季再次来临并且结束这次考察前，图卢姆似乎是前方一个不可或缺并且也许是最后的目的地。斯蒂芬斯写道：“回头不在我们的考虑范围内。”他们商量了下，想出了个替代计划。可惜这个计划将给他们的行程额外增加几个星期。

从切马克斯向东北有条路直通到亚拉霍港（Yalahao）。从那里，他们可以乘一条船绕过名为“卡托切角”（Cape Catoche）的半岛最北端，再南下到达科苏梅尔、坦卡和图卢姆。斯蒂芬斯承认：“这需要我们沿海岸航行两次，去一次，回来一次。这么一来，也许要两周才能到达坦卡，我们原本指望三天就能到。”

仅仅到达亚拉霍就花去了他们三天的时间。这是一段艰难的遍布尖锐石头的路。斯蒂芬斯写道："天热极了。除了面前的狭窄小道，我们什么也看不到，我们一边跌跌撞撞，一边奇怪，石头这么多的地面怎么能长出这么丰茂的植物。"

在亚拉霍，他们看到的是一个孤零零的小港口，只有几所盖着棕榈叶的小屋坐落在椰子树的树荫下。这里曾是海盗出没之地，现在他们中的许多人已经改行从事起体面的职业，如在附近的种植园里种甘蔗。但是以前，这个地方海盗横行，并且以酗酒、赌博、贩赃等种种乱象而恶名远扬。

对于那个时代的如此光景，人们记忆犹新。有人指着躺在岸边的一条小船，告诉他们，那就是以前的海盗艇。这里曾是海盗的天堂，因为这个小港口面朝尤卡坦和古巴间的宽阔航道，他们可以轻易地劫掠来往的商船。当遇到全副武装的大船的追击时，浅吃水的海盗船可以驶进大船开不进去的类似潟湖的狭长水域，然后逃之夭夭。

就在卡伯特入迷地研究沿海鸟类时，斯蒂芬斯和卡瑟伍德则紧锣密鼓地落实租小船、采购补给等事宜。两天后，他们整装待发。根据计划，他们的马要通过巴亚多利德原路返回，再西行到达梅里达附近一个叫锡兰（Silan）的港口。他们从图卢姆返回后会坐船到锡兰。小船装上食物、一桶桶水和用于制作玉米饼的"器具"后，留给考察队一行的空间已经很少了。

这条没有甲板的小船叫"索尔号"（El Sol），长 35 英尺，宽 6 英尺，除船长外还有两名水手，有两张帆，没有龙骨。4 月 7 日，他们上了船。斯蒂芬斯写道："对于一个月的航行，前景似乎不太乐观。没有风，帆拍打着桅杆。太阳火辣辣地照在我们头上，虽然代理答应为我们的船提供船篷，但我们什么也没有。我们的船长是个中年混血儿，是个渔夫，是为这次航行而雇的。”

前两天，他们随波逐流，没赶多少路。斯蒂芬斯写道：“第一夜，我们挤在船尾睡觉，一个挨着一个，就算船底通了，我们也很难掉下去。”最终，他们绕过卡托切角，在一个叫“孔托伊”（Contoy）的小岛过了一夜，第二天沿着穆赫雷斯岛（Isla de Mujeres）海岸航行。

和亚拉霍一样，这个岛曾经也是个出了名的海盗“胜地”，大名鼎鼎的让·拉菲特（Jean Lafitte）就是其中之一。“索尔号”继续航行，向西拐向大陆，驶近那座光秃秃的名为“坎昆”的沙山（Kancune，今游览胜地 Cancún）。他们悠闲地在海边洗澡，在海滩上拾贝壳，但太阳落山时，他们不得不“在当地人面前飞奔”逃向他们的船。斯蒂芬斯写道：“一群群蚊子追着我们，如同沿海的印第安人追逐西班牙人时，心里一定怀着同样的嗜血情怀。”

第二天，他们乘着一阵强风驶向科苏梅尔岛，汹涌的海浪越过船舷，他们浑身湿透，食物和行李也被海水打湿了。他们在岛外抛锚过夜。第二天早上，他们沿着林深叶茂的海岸线展开搜寻，发现一座有几间废弃草棚的小种植园。

他们小心翼翼绕过礁石进入小海湾，上岸住进空旷的种植园。三人摆脱了小船上潮湿、拥挤的环境，在椰子树的树荫下伸懒腰，欣赏海湾美景。斯蒂芬斯写道：“我们穿着救生衣，蓄着长胡子。枪靠在树上。我们看上去大概像极了三个在海上击沉了一条船的海盗。”

胡安·迪亚斯、贝尔纳尔·迪亚斯·德尔卡斯蒂略（Bernal Díaz del Castillo）等征服者先后陪伴格里哈尔瓦和科尔特斯探索了科苏梅尔，斯蒂芬斯读过他们的记述。那些文章是他们此行的主要动机之一。所有报告都描述了一个人口众多的点缀着小村庄的岛屿，村庄里有石

斯蒂芬斯、卡瑟伍德和卡伯特在科苏梅尔住的草棚和营地（卡瑟伍德作）

头房子和供原住民膜拜偶像用的“高大建筑”。

斯蒂芬斯一行意外地发现岛上似乎没人居住。种植园周围是杂乱生长的茂密丛林，他们看出，哪怕开一点路进入岛内寻找遗址都是不可能的。他们也许在几英尺范围内经过一座古建筑而没有发现它。不过卡伯特发现岛上有很多稀有物种，他很快开展工作，努力增加他囊中的鸟类标本藏量。

内陆探索已经不可能，因此第二天上午，他们查看了进入海湾时从树间见到的一座方形石头建筑。它又矮又小，与他们在奇琴伊察、乌斯马尔和尤卡坦大陆其他遗址看到的高大建筑完全不同。但它的外观呈典型的小型神庙状，建在一座四面都有台阶的平台的顶部，四门朝着罗经的四个方位基点。

他们在附近找到了另一处建在低矮平台上的废墟，外墙上还残留着最初涂料的痕迹。不远处，他们还发现了一座隐藏在丛林中的西班牙教堂的废墟，说不定是1519年，科尔特斯登陆该岛后下令修建的那座。教堂的顶部已经垮塌，一棵树从圣坛上长出来，但20英尺高的墙还矗立着。

第二天是一场灾难，一场雷电交加的暴风雨突然而至。船长为了挽救他的船，迅速将其驶出海湾，驶向更加安全的锚地，留下考察队一行，既没有行李也没有吃的。夜幕降临，斯蒂芬斯先是担心还在汹涌海面上的船员，接着又担心起他们自己的命运。

他写道："如果它不回来，我们就成了流落荒岛的（四个）'鲁滨逊·克鲁索'。"不过他们至少还有枪，好歹给人一点安慰，接着他们发现没带多少弹药上岸。"暴风雨在肆虐，我们的担心也在增长，我们甚至探讨过乘筏回到大陆的可能性。"

不过这个做法最终成为多余。第二天，斯蒂芬斯和阿尔维诺走过几英里高低不平、其上散布着残骸的岩石地面，看到他们的船和船员正在一处可避风的小海湾里停泊、休整。

斯蒂芬斯写道："帆、行李、卡伯特医生的鸟类标本和我的科戈柳多图书，都被摊着进行晾晒。第二天，我们离开时，一只鹰在哀悼被我们带走的伴侣。它成为看着我们离开的唯一生命体。"科苏梅尔让他们大失所望，现在，他们把所有希望寄托在发现尤卡坦半岛沿海那座"大如塞维利亚"的城市。

他们花了两天渡过海峡抵达尤卡坦大陆，再沿着海岸南下到达坦卡的种植园。虽然距离不远，但他们要对抗汹涌的大海、风和向北的强劲洋流。在坦卡登陆前，他们远远望见高居悬崖上的图卢姆那座巨大建筑，心里一下子充满了期待。他们终于到达了终点，漫长尤卡坦之行的高潮。斯蒂芬斯指示船长操纵"索尔号"绕到坦卡的白色沙滩。他们发现了一间废弃的小屋，把它清理出来作为住处。没过多久，他们就接待了两名访客，海盗莫拉斯的两个儿子。

前一年，莫拉斯死后，两个小伙子继承了他的种植园。他们热情有加，很高兴在这孤独的地方有人与之做伴。坦卡本身就因以前从海上就能看到的石头建筑而闻名。两个小伙子领着他们穿过丛林来到一片玉米地，他们看到毫不起眼的一堆破败倾圮的建筑散落在石头平台上。

他们的失望没持续多久。图卢姆毕竟是他们的最后一站，必不可少的最终奖赏，它就在南边三英里外。第二天，他们出发，沿着海岸走在白色的细沙上，让晶亮的海水沁凉他们的双脚。莫拉斯的小儿子给他们当向导。约行到半路，他们开始攀登一系列陡峭的悬崖。每爬到一处崖顶，远处名为“城堡”（Castillo）的高大建筑就更近一步。这是一幅令人振奋的景象，一座雄踞悬崖之巅的石头城堡高高在上，俯视着大海。

从海岸看到的“城堡”（卡瑟伍德作）

爬上最后一道冲沟，他们一路穿过茂密的丛林。古石墙和破败的建筑几乎全被树遮挡。最终，他们来到通向城堡顶端神殿的大台阶下。树星星点点地从台阶上长出，森林的阴影笼罩在他们头上。自他们探索第一处遗址科潘以来，他们还从没感觉到如此地被自然包围。“我们经历了漫长旅行，来到这里，完全不知道会遇到什么。”斯蒂芬斯写道，“障碍和困难纷至沓来，但我们已经感觉到所有努力没有付诸东流。我们正置身我们在尤卡坦见过的最令人激动的景色中。”

他们砍开一条路，走上 30 英尺宽的巨大台阶。台阶两侧是厚实的栏杆。接着，他们把行李拉上去，在神殿里占了两个房间。斯蒂芬斯写道：“我们眺望着一片广袤的森林，沿着墙外侧走去，望向一望无际的大海。”站在高踞悬崖顶上的神殿后的突出处，他们俯视着清澈见底的碧水拍打着下方的珊瑚砂。

树根和藤萝宛如一团乱麻，蜿蜒缠绕在神殿上。第一天，他们开足马力清理那些植物。随着植被被铲除，一座有着希腊式对称设计、构造简单到极致的建筑露出真容。它的门面向西，对着丛林，台阶占据了中央，顶端的方形神殿在三层台阶上方。

第二层上，巨大的封闭房间从台阶两侧伸出，像一模一样的侧翼。房间的屋顶已经倒塌，前面有平台。每边的侧翼都有自己的楼梯通到下方的森林地面，厚实的柱子竖立在门道两侧。在那些房间下方的地面一层，两座小神殿从基底两侧伸出，每座都有一条门道通向内侧的房间。从正面看去，整个建筑像一个完美平衡的多层台阶蛋糕。后面（从海这面）构成主建筑背面的空白的倾斜墙壁给人一种坚不可摧的堡垒印象，似乎是从高居水面上方的悬崖里长出来的。

他们没有了拍摄图卢姆的相机。这一次，图像只能由卡瑟伍德的铅笔和画笔来捕捉。他们花了几小时，清理了周围足够大的一片丛林，让他有空间站到远处，有足够视野进行他的工作。卡伯特出去打猎，斯蒂芬斯测量数据。

他发现了围绕这片地方的一堵巨墙，厚达 26 英尺，某些地方高达 16 英尺。围墙形成了一个包围整个图卢姆区域的巨大矩形的三条边。第四条边是面朝大海的开阔悬崖。这里曾经是理想的防守阵地。他们发现了五条穿过围墙的狭窄门道和两个建在角端的石头瞭望塔。从这次考察开始，他们就听说过保护古城的城墙，但只找到它们的废墟。这里几乎完好无损的城墙向斯蒂芬斯表明，图卢姆的建设年代比其他遗址更近，尤其是考虑到遗址周边自然力的情况下。他走在城墙顶上，步测它的长度。

斯蒂芬斯写道："步测也不容易。墙内生长的树枝横跨墙上，各种荆棘、灌木和藤蔓从墙上长出。龙舌兰用尖锐的长刺戳我们，每走一步，我们都得把它们砍倒。"

城墙从头到尾长 2 800 英尺（约 850 米），相当于半英里多。小莫拉斯告诉他们，说他曾在墙外看到无数散落的遗迹。斯蒂芬斯据此认为，墙内建筑构成了一个庞大城市的宗教和行政中心。

卡瑟伍德继续加紧工作。一次，斯蒂芬斯从神殿门道外的平台上向下看他。卡瑟伍德将投影描绘器架在离"城堡"台阶下方不远的一处抬高式石头平台上，人站在伸展开的树枝阴影下。这个场面在斯蒂芬斯心中留下了一幅永不磨灭的坚忍的卡瑟伍德形象。

斯蒂芬斯写道："他怕蚊子叮，因而采用把一只手塞在口袋里的方式，连同他把裤管扎在腿上，防止蚂蚁和其他昆虫爬上去的权宜做法，大大增强了这个画面的效果。"

图卢姆的小神殿（卡瑟伍德作）

在不少散落分布的建筑上，他们发现了檐口和门道上方的奇怪面具和其他雕刻装饰，还发现了刻有与拉法克遗址类似的形象的墙板。几座建筑内墙上覆盖着彩色壁画，其中大部分已损毁得无法辨认。他们在北边墙内发现了一个充满咸水的灰岩坑，显然它是图卢姆这处圣地的水源。

然而他们还是急于离开。斯蒂芬斯的鞋已经快磨通了，现在，他只在绝对必要时才会走动。而且伴随自然美景而来的还有可怕的小吸血鬼。这些蚊子一心要把他们赶走。每一夜都是折磨。斯蒂芬斯写道："我们在阵地上坚守了两夜。我们显然没带蚊帐。"

第三夜，他们被迫离开神殿，却找不到一处藏身之地，之后又再次被赶回来。他们只能完全放弃睡觉。"一份份'严厉的逐客令'在我们耳边不断嗡嗡作响，我们现在一心只想离开。"

卡瑟伍德已经将主要建筑画在纸上，他们正收拾行囊准备离开时，卡伯特最后一次搜寻一只眼斑土绶鸡，开路进入丛林，撞上另一群别致的建筑。

它们离“城堡”不到100英尺，但被覆盖在茂密的植被中，在卡伯特直接撞上前完全看不到。如果偏开几英尺，他会不知不觉地擦肩而过。连莫拉斯对它们都一无所知。现在，在树木和下层灌木被清理掉，卡瑟伍德有机会记录它们之前，他们是迈不开步了。

其中一座建筑由上下相叠的两座神殿组成。这个独特的建筑装饰华丽，门道上方的壁龛里有塑像，内墙上有绘画。可惜这些壁画盖着苔藓和霉菌，看不清主题。他们还发现了两座立体塑像，有点像科潘和基里瓜的雕像，但远没有那些雄伟。它们稍稍高过六英尺，刻画也磨损不清。斯蒂芬斯没记下他们又为这些新发现多待了多少小时或多少天，但卡瑟伍德进行绘制前肯定需要花大量时间和精力搞清理。最终，经测量、绘制，并由卡瑟伍德将它们添进手绘的平面图后，他们才离开这充满“嗜血之敌”的鬼地方。

终于要结束了。图卢姆是他们造访的最后一座伟大的魔幻之城，这里的奇迹与第一站科潘相比毫不逊色。两地都遭到自然力量的破坏，消失在历史的长河里，并且和他们在这期间看到的众多遗址一样，诱人而神秘。他们的旅程以图卢姆为终点纯属偶然，它碰巧也是一度辉煌的玛雅文明末期的最后据点之一。

1518年，法国船长胡安·迪亚斯报告说图卢姆“规模和气派不亚于塞利维亚”时，他也许有点夸大其词。但他说从海上看到的是一座非常优美壮观，依然有人居住的城市，他显然是对的。后来的科学研究表明，图卢姆在西班牙殖民者到来后还存在了几十年，因为西班牙人选择从西部墨西哥湾侵入尤卡坦，避开了他们在东部沿海看到的原始丛林。

图卢姆从未被征服。16世纪，当西班牙人带来的疾病最终到达那里，突入城墙，四处传播，杀死它的居民时，它才逐渐被抛弃。斯蒂芬斯感觉到图卢姆的不同。他观察到，虽然经历了大自然的蛮力，宏大的城墙基本原封未动，许多建筑保存完好。

小莫拉斯告诉他们，说他曾听说过其他“覆盖着生动鲜明色彩”，深藏在西边森林的巨大建筑。种植园的一个老印第安人说他打猎时碰到过它们。他们问过那位老人，但他闪烁其词，给出的信息含糊不清，不值得他们冒险穿过数英里丛林去寻找，特别是在斯蒂芬斯没有鞋的情况下。

然而即使无法穿越，这片森林依然吸引着他们。从莫拉斯种植园深入内陆到切马克斯有45英里，其间的大片土地上覆盖着热带丛林，海上吹来的信风和飓风为它们带来水分。没有一条路穿过它，没有一个白人进入过它。斯蒂芬斯说他确信“城市废墟无疑存在”。

80年后，考古学家在图卢姆西北约30英里处发现了科巴（Coba）古城，再次证明了他的正确。这座城市的历史可追溯到古典玛雅时期，是尤卡坦人口最多、构造最复杂的中心城市，它的主金字塔是玛雅世界里最高的。斯蒂芬斯还不知道的是，南北延伸极广的大片荒野在他们来的时候确实荒无人烟，但很快就会有人定居。不到十年，它将成为大量印第安人的避难所，他们将在“阶级战争”结束之际躲到这里的森林中。

考察队的时间和资源已经消耗殆尽。雨季是影响他们考察的最终因素。5月及随之而来的雨季脚步正在逼近。他们衣衫褴褛，筋疲力尽，还要面对返回梅里达的漫长旅程。

4月末，他们离开莫拉斯的住处。在有利的洋流和风向的帮助下，他们飞速向北航行。第二夜里，他们在穆赫雷斯岛（意为“女人岛”）过夜。这是一座露出海面的只有岩石和沙的狭长小岛，他们在岛上查看了两座俯视大海的石头神庙。随后，他们绕过卡托切角，西行回到亚拉霍港。斯蒂芬斯说：“这个曾经的海盗出没之地如今看上去像个市镇。”继续伴着强风西行，他们于次日到达今称“齐拉姆·德布拉沃”(Dzilam de Bravo）的锡兰港。

涉水上岸时，他们的衣服成了碎片，脸被晒得乌黑，胡子拉碴，看上去一定像极了沉船后的克鲁索。按计划，马和管马的人正等着他们。他神奇地赶了 150 多英里，将马从亚拉霍带来这里。斯蒂芬斯只把他叫作“迪马斯”(Dimas)。

卡伯特如鱼得水。锡兰港附近沿海鸟类品种丰富，他们花了两天时间寻找火烈鸟和粉红琵鹭。

他们又经过一周才到达梅里达。一路上，他们停下来查看几座长满草木的大石堆，其中一些虽然规模庞大，还有倒塌的神庙，但毫无特色，许多还被镇上居民拆走做建筑材料。在伊萨马尔镇，一座庄严的圣方济各会教堂和一座修道院于 300 年前被建在一座大金字塔的位置上，金字塔则被拆掉，用于为教堂和修道院的修建工程提供石料。在附近一所房子的后院，他们发现了一堵灰泥墙上伸出的一个巨大头像。卡瑟伍德很尽职地做了记录，绘出那座雕像的一幅生动图画，后来把它用在他手工着色的书上。

离梅里达不远，他们在一个叫阿克（Aké）的种植园里过夜。次日上午，他们查看了一个叫“El Palacio”（宫殿）的石堆。经一道宏伟的台阶爬上一个宽阔的平台，他们看到 36 根石柱，分三排平行而立，一些有 14 ~ 16 英尺高，显然曾经支着一方屋顶。平台上长满了植物，一些柱子已经倒塌。这是最后一次考察，漫长旅程的最后一站。他们将再不会看到石砌神庙、金字塔或其他古迹。

几人在梅里达待了几天，拜访友人，包装他们收集到的文物和卡伯特收集到的大量鸟类标本。这座都城又一次进入动荡状态，而且墨西哥总统圣阿纳（Santa Ana）以发兵攻城相威胁。

斯蒂芬斯的注意力转向来自国内的关于可能与英国开战和得克萨斯与墨西哥间战争的消息，不想与尤卡坦的政治局势问题扯上关系，但他依然控制不住自己。“圣阿纳的最后通牒在参议会（Senate Chamber）上被宣读时，我在梅里达。”他承认，“梅里达城的上空战云密布，前景令人不安。”

他们绕梅里达广场做了最后一次告别性的“散步”。斯蒂芬斯写道：“一座火山的内部正在燃烧翻涌，但这里一如既往地快活而美丽。”不幸的是，他们在锡萨尔港能乘的唯一一条船还是那条“亚历山大号”，就是他们上次回国时乘坐的那条在海上遇到静风并被鲨鱼包围的船。别的船什么时候能到还不确定，他们只得很不情愿地叫人将行李送到锡萨尔。

两天后，5 月 18 日，他们乘“亚历山大号”出海。航程很长，但这一次无惊无险。当他们最终驶入哈瓦那港时，听说一场黄热病刚刚在哈瓦那爆发。但他们交上好运，认出一艘定期进港的美国邮轮“安娜·路易斯号”（Anna Louise），得知它将在第二天开往纽约。

斯蒂芬斯在梅里达时已经安排好，将他们从乌斯马尔和卡瓦得到的两根刻着象形文字的沉重木梁运到纽约。但他们随身还带着考察过程中收集到的大量珍贵遗迹和文物——雕刻、黏土像、彩釉花瓶——所有这些都是斯蒂芬斯长期梦想的美洲文物国家博物馆迫切需要的。他们将这些珍贵物品和卡伯特收集到的鸟类标本一起转到“安娜·路易斯号”上。

那天夜里，斯蒂芬斯、卡瑟伍德和卡伯特上岸参观克里斯托弗·哥伦布墓。在连接新旧两个大陆方面，他所做的超过了任何人。1506 年，这位著名的海军上将死于西班牙。30 年后，他的遗骨被运到圣多明各（Santo Domingo），后于 1795 年转到哈瓦那（一个世纪后又回到西班牙）。1842 年 6 月，他的遗骨躺在哈瓦那大教堂的一座大理石坟墓里，刚刚离开“亚历山大号”的三人手举蜡烛，脱帽致意。

第二天，他们的船再次进入大洋，并在 13 天后驶进纽约港。

# 第21章
# “缠着裹尸布的骨架”

7月29日夜里9点半，卡瑟伍德关上普林斯大街和默瑟大街拐角处的全景画厅的门。这天距他和斯蒂芬斯回到纽约正好是六周。转身离开时，他看到了烟。

几分钟内，火苗从深邃巨大的木质建筑结构内蹿起。很快，消防员赶到现场，快速架起水管。他们保住了建筑的大部分外墙，但不到半小时，屋顶倒塌，火焰如火山爆发般从建筑内喷上高空。《纽约先驱报》次日报道：“因为里面的油画等材料的易燃特性，建筑内部完全被烧毁，包括那些漂亮的耶路撒冷和底比斯全景画。”

卡瑟伍德破产了。他的主要收入来源——全景画，化为灰烬，画厅只剩一副空壳。更糟的是，他与斯蒂芬斯建立一座国家文物博物馆的梦想也在这场大火中灰飞烟灭。6月，他们回到纽约时，决定将卡瑟伍德的一些插图原件和收集的全部文物存放在全景画厅，那两根刻着象形文字和戴羽饰玛雅王族形象的价值连城的木梁也在其中。斯蒂芬斯写到，他曾想等他们从乌斯马尔得到的石刻从梅里达运来后，将所有收藏——木梁、花瓶、图画、图腾和其他遗迹——送到“华盛顿国家博物馆”。

他们发现，什么都没逃过那场烈火。他写道：“大火过后，看着它们的灰烬，我有一种悲怆的满足感。我们似乎注定要与废墟为伍。”

虽然一名目击者声称是闪电引发了那场大火，但是人们最终认定，是给全景画厅照明的200盏汽灯里的一盏引发了火灾。卡瑟伍德与合伙人乔治·杰克逊蒙受了巨大的经济损失，文物损失则无法估量。实际损害被确定为2万美元，这在当时是一笔极大的金额，他们只给合伙企业投保了3 000美元。

失火那夜，卡瑟伍德告诉《纽约先驱报》记者，他曾试图挽救那些考古学财富，但消防员没有听从他朝哪里喷水的指示。这次损失是财务和精神上的双重巨大打击，他们从未重建那间画厅，卡瑟伍德也从未创作过另一幅全景画。

考察期间，卡瑟伍德创作的大部分作品都奇迹般地被保存下来。他将许多绘画和素描放在附近普林斯大街86号的家里和哈珀兄弟公司的办公室里。这些里面至少包括一些达盖尔感光板，因为斯蒂芬斯后来说，他们的尤卡坦图书里的插图依据的是达盖尔照片和卡瑟伍德“现场”绘制的图画。

卡瑟伍德后来出版他自己关于尤卡坦和中美洲遗址的一本有精美插图的书时，他显然有许多原始材料可作参考。现在，他的绘画成为连接他既往艰巨劳动和未来工作的唯一生命线。此时他已经获悉伦敦审判的丢人细节，知道与妻子没有了和解的可能。他现在剩下的只有孩子和与斯蒂芬斯的合作。

那场大火给两人心理上带来的伤害无法估量，但肯定不轻。画厅既已成为废墟，关于博物馆的共同梦想烟消云散，他们只有全力投入到图书的创作工作中，并且以一种可能帮助他们暂时忘记损失的疯狂步伐工作。就像卡瑟伍德在财务上一败涂地，情绪上无疑也大受打击一样，一阵乌云笼罩到永不言败的斯蒂芬斯头上。它将迁延不去，并且随着时间的流逝日益明显。随着博物馆梦想的破灭，过去十几年里一直在驱动斯蒂芬斯的好奇心、旺盛精力和野心也开始逐渐离开他。

8 月下旬，斯蒂芬斯丢下图书，到马萨诸塞州向威廉·普雷斯科特讨教，后者刚刚完成那部赖以成名的宏篇巨作——《墨西哥征服史》。普雷斯科特当时住在波士顿以北的纳罕特半岛（Nahant）的夏季别墅，迫不及待地想亲耳听到斯蒂芬斯在尤卡坦的发现。两人都对西班牙征服前墨西哥和中美洲文明的起源有强烈兴趣。他们从不同角度探索这个问题，并因此找到了共同话题。

野外工作是斯蒂芬斯的专长，普雷斯科特则是详细研究西班牙文记录、非公开文件、信件和手稿的学者。许多这类文献是第一次从西班牙档案里被挖出来。他从未离开波士顿地区，也从未到过墨西哥。近乎失明的他只能以档案研究人员、斯蒂芬斯这样的人和其他与他通信的人为耳目。

反过来，斯蒂芬斯在旅行前后也严重依赖普雷斯科特提供的背景信息，经常从他那里借阅西班牙历史和记录。他们谈得非常投机。二人殊途同归，从各自收集的全部不同证据得出同样结论。结论断然否定了当时盛行的理论，认为这些荒废了的古城不是美洲以外的旧世界或亚洲民族的作品，而是完全起源于当地。斯蒂芬斯最近在尤卡坦森林中的发现进一步证实了两人的观点。

回组约途中，斯蒂芬斯在波士顿逗留了几天，探访卡伯特和他的父母。卡伯特的妈妈后来写信给小儿子，说斯蒂芬斯急于回纽约出他的书，但出书工作为“发热所阻”。谁发热？会不会是卡瑟伍德在经历了那么多灾难后又遇疟疾发作？她没有说。

虽然经历了火灾的打击和可能的再次发热，那一年从秋到冬，斯蒂芬斯和卡瑟伍德仍孜孜不倦地工作着。到 1843 年 2 月末，回国后仅八个月，两卷本的《尤卡坦旅行纪事》付梓。937 页的图书稍厚于他们的第一本中美洲图书，书中包含了大量雕版插图，总数达到 120 幅。插图数量的增长主要是因为这次有了达盖尔照片，但也因为他们这次探索的遗址数量达到惊人的 44 处。与第一本图书不同，卡瑟伍德这次增加了与遗址无关的风景图片，包括他那幅绘有延伸至博隆琴洞穴的梯子的生动图画。

这本与前本的不同之处还有斯蒂芬斯作为附录加入的大量材料——47 页小字体印刷材料，其中一些将极大地推动后来的玛雅研究。它们中包括尤卡坦的统计数据、卡瑟伍德的一篇简短的建筑学专论和卡伯特的鸟类学记录。但最重要的附录来自斯蒂芬斯遇到的唯一一个对玛雅做过学术研究的尤卡坦人——皮奥·佩雷斯。

这些材料包括一部有史以来第一次出版的手稿，它尝试概括了从公元 144 年到西班牙征服期间的半岛历史时期；另一篇佩雷斯的文章则描述了玛雅术语、玛雅数字系统和错综复杂的玛雅日历周期。这些附录表明，斯蒂芬斯在处理玛雅历史问题上的态度是很严肃的。

斯蒂芬斯从一开始就清楚表明，他无意写出一篇关于玛雅文化起源的长篇学术论文。他不可能在书桌前待上那么久。为他作传的维克托·冯·哈根（Victor von Hagen）评论说：“他不是那种乏味透顶的学者。”

斯蒂芬斯是天生的讲故事高手，渴望的是材料（“事件”、行动、证据、野外工作），以及克服一切障碍，报告所见并且作出能够从这些发现中得出的最简洁谨慎的结论。他在尤卡坦的发现让人感觉出乎意料：散落半岛各地的大片遗址，各不相同但又具有艺术、文字和建筑上的内在统一性；以及当时尤卡坦印第安人的凄凉景况。

现在，哈根写道，那个证据是压倒性的，并且支持他在第一本书里的猜测：早在西班牙人到达前，一个高度发展的当地文明曾在中美洲和尤卡坦各地存在。并且根据实物证据，尤其是乌斯马尔和图卢姆的实物证据，加上他对西班牙记录的解读，这些群体似乎一直存在到西班牙殖民统治确立后。

这时他设问：为什么总结说这样一个文明是由现代印第安人的祖先而不是现已消亡的某个民族或来自旧世界的殖民者创造的？他重复他在第一本书里的评论，说这些遗址里没有一点类似旧世界遗址的成分。

接着，作为律师，他向那个顽固不化的反对观点发起挑战。他总结那个观点：“拥有建造如此城市所需力量、艺术和技艺的民族，绝不会沦落到现在徘徊在他们废墟上的那些不幸印第安人的程度。”斯蒂芬斯指出，考虑到西班牙人征服之后在镇压印第安人方面的残忍和无情，那种情况完全有可能发生。接着他机智地话锋一转，评论说，印第安人的那种急剧转变在他们的西班牙征服者身上被表现得更明显：

> 现在定居那片土地的印第安人的改变并不比他们的西班牙支配者多。我们知道，征服时期，印第安人至少骄傲、凶猛、好斗，不惜抛洒热血，保卫他们的遗产不被外人夺走。

> 现在，数代人经历了西班牙殖民者长达几个世纪的驯服、奴役，他们变得垂头丧气、卑微低下。即便如此，他们的改变也没有多过那些侵略和征服他们家园的可怕的西班牙人。双方祖先勇敢、好战品格的所有痕迹全都消失殆尽。
>
> 这个改变非常彻底……在考虑发生在印第安人身上的改变时，纯粹的技能和艺术损失似乎算不上什么；实际上，在印第安人这一面，当他们练习这些技艺的环境完全被摧毁时，这些技艺就自行消失了。

谈到这些石城的存在年代和它们的建设者和居住者从何而来的问题时，斯蒂芬斯谨慎得多。他写道："这些建筑和纪念碑有可能建成于征服者到来前的很久。"但他严重怀疑瓦尔德克提出的那个时间达到数千年的假设。瓦尔德克的估计至少部分基于长在遗址上的树的年轮。

即使斯蒂芬斯之前考察过似乎更古老的科潘和帕伦克，他也没想到它们是在西班牙人到达前许多世纪就废弃的。乌斯马尔、图卢姆等尤卡坦遗址更好的保存状况，以及西班牙记事者对大量人口和林立神庙的描述，所有这些因素让他相信，这个文明距今较近。

如果说斯蒂芬斯对玛雅遗址年代较近的估计最终被证明为错，那也是因为他没法了解，他（和西班牙人）在尤卡坦看到的城市是那个文明最后的残余。

现代考古学家最终会将保存完好的尤卡坦遗址归入他们所谓的末期和后古典时期。这一时期远在科潘、帕伦克和其他南方低地上的城市崩溃并且废弃之后。斯蒂芬斯虽然考察了这些遗址，但也没解开玛雅之谜。

其他历史证据也来添乱。西班牙人到来前数百年，在墨西哥居住着一个先进的印第安民族名为托尔特克人，普雷斯科特如是告诉斯蒂芬斯。他解释说，8 世纪末某个时期，他们在今墨西哥城的附近建造了图拉（Tula）城。

按着普雷斯科特的思路，斯蒂芬斯写道，当他们的帝国于 10 或 11 世纪瓦解时，托尔特克人可能分散到南方，成为“危地马拉和尤卡坦发现的特定建筑风格的奠基群体”。但这意味着斯蒂芬斯到达时，玛雅城市和遗迹的历史不会超过四五百年。

斯蒂芬斯说出他的疑问：

> 这给予它们比（皮奥·佩雷斯的）玛雅手稿近得多的历史年代，并且实际上比我自己应该归给它们的也近得多。在将它们看成现代印第安人祖先作品的过程中，笼罩在它们起源头上的乌云依然还在。
>
> 建造这些城市的时间和当时形势，建造它们所需的能力、艺术和技能的起源、进步和全面发展，这些都是不易解开的谜。它们像缠着裹尸布的骨架从坟墓里爬出；它们与任何已知民族的作品都没有共通之处，属于一个独特且独立存在的文明体系。

根据自己发现的证据，斯蒂芬斯感觉到依然无法科学地把握独立、成熟的玛雅文明，后来的考古学家最终将给它补上大量细节。他知道他发现了一个“消失的”文明，但他没有系统的考古方法（包括一丝不苟的发掘）来确定它的历史年限，或将它与较晚的北方墨西哥印第安社会区别开来。

听着皮奥·佩雷斯的话，他感觉自己的发现不同寻常，是一个更古老、更先进，独立而且独特的文明。时间将证明他是对的。对于他探索的城市废墟，即使他在年代确定和全面理解方面能力有限，但他发现了它们，严格推导出它们源于本地的结论，这些将确立他作为公认的美洲考古先驱的地位。

# 玛雅文明

# Jungle of Stone

## 石像、神庙与失落的文明

## 雕像与祭祀

斯蒂芬斯和卡瑟伍德考察的第一个遗址科潘位于玛雅文明的边缘。它的东部和南部栖居着原始的游猎和农业民族，其中一些住在散落的部落聚居地。对于他们，我们了解不多。但在它西北，几十座城市密布于尤卡坦半岛的热带低地。虽然科潘是玛雅最东端的前沿地区，但一点也不像边远城市。

公元8世纪初，它是玛雅文明的一个光辉典范，拥有壮观的石碑、金字塔、神庙、宫殿，优美的艺术和象形文字。科潘在温带地区占据了肥沃的谷地，在十来位国王以神的名义统治下，科潘王朝繁荣了整整300年。它美得惊人且十分强大。

公元724年12月29日，一名叫“考阿克天空”（Cauac Sky）的年轻贵族接受了科潘最伟大的国王之一“十八兔”（18 Rabbit）的任命，成为了位于科潘以北25英里、莫塔瓜河畔一座港口城市的统治者。

基里瓜这座城市虽小，但其地理位置对科潘的贸易至关重要，这不仅因为利润丰厚的翡翠贸易经这条河到达洪都拉斯湾，还因为它是联系玛雅腹地城邦的一条纽带。

多少年来，基里瓜一直是科潘控制下的附庸国。但在受职不满 14 年的公元 738 年 4 月 23 日，考阿克天空在一场战斗中抓住了十八兔。六天后，这个伟大的科潘国王被他的前封臣砍了头。

这是令人震惊的失败。作为拥有悠久历史的科潘王朝的第 13 任统治者，十八兔被玛雅研究学者看成带领他的城邦登上顶峰的人物。在他统治的 43 年间，他为科潘增加的艺术作品和建筑超过了任何一位前任。他在建筑方面的成就包括：覆盖前任坟陵的埃斯梅拉达神庙(Esmeralda)、一座如神话山峰般屹立于城东球场的神庙。

另外，他还下令重建科潘最大的金字塔之一，修建了科潘今闻名于世的一座刻有象形文字的台阶。该台阶是世界上同类建筑风格作品的原始版本。在科潘的宗教仪式球场经历数次改造后，他下令建设一座全新的球场。球场两侧的建筑上覆盖着伟大的金刚鹦鹉鸟神的五彩雕像。

然而十八兔最伟大的成就却是玛雅历史上无与伦比的一个雕塑艺术项目。统治期间，他下令在城市大广场上修建七座宏伟的石碑，这些石碑全都由正处在想象力巅峰的玛雅艺术家进行雕刻。所有这些高耸的石碑（就是那些在卡瑟伍德首次尝试将它们画在纸上时难住他的石碑）代表了化身为不同神祇的十八兔，蕴藏着无所不包的神秘象征。

刻在每座石碑上的象形文字包含了王朝的历史和与天体运行或重要日历周期对应的祭祀日期。这些形象让人想到守护神、活人献祭和从另一个世界重生的玛雅创世故事。这些深深刻着花朵、燧石、刀剑、玉米穗、双头蛇、贝壳、鳄鱼、金刚鹦鹉、背驮大地的巨龟、美洲豹神、

表现十八兔国王的石碑（卡瑟伍德作）

怪鱼和其他超自然象征的作品是三维雕刻的杰作。每座雕像上，十八兔握着拥有神奇力量的王杖，戴着高耸夸张的头饰。一些装饰几乎占据了巨大石块顶部的三分之一。

这位伟大国王的被捕和处决沉重地打击了科潘城人们的士气。随后 17 年里，科潘没有立起过一座纪念碑，没完成一个建筑项目。科潘在十八兔死后又经历了四位国王的统治和一段时期的短暂复兴，一座于公元 822 年部分完工的王室雕像标志了科潘历史的结束。学者西蒙·马丁①和尼古拉·格鲁贝（Nikolai Grube）评论说："对一个如此钟情于雕像的城市，这终结时刻被刻在石上，既辛辣又恰如其分。科潘峡谷送走了它的最后一位国王。"

早在它的最后一位国王任前很久，甚至在十八兔被处死后不久，科潘就已经开始走下坡路。全盛时期，科潘城及其周边的谷地维持着近 2 万人口，它的城市中心是整个玛雅王国里人口最稠密的，这远远超出了该地区的农业承载能力。森林因此遭到大规模砍伐，甚至河谷上陆坡的树木都被砍光，由此导致的土地侵蚀严重损害了剩余的耕地。到 8 世纪中叶，营养不良和疾病越来越普遍。

① 原文为"Martin Simon"，实应为"Simon Martin"。

公元822年，随着王朝覆亡，科潘逐渐沦为一座空城，城市人口大幅流失。然而科潘不是孤例。它的消亡是整个玛雅腹地当时状况的一个缩影。无休止的战争、生态破坏、人口过剩，最后还有干旱，共同扼杀了古典期玛雅文明。

关于斯蒂芬斯和卡瑟伍德发现的城市遗址的建设者，虽然斯蒂芬斯的雄辩有力地论证了他的结论，但对建立起这些城市的古老文明，提出最敏锐见解的却是卡瑟伍德。二人关于尤卡坦的图书出版后，他在一部大开本的图画书里重申了他与斯蒂芬斯和普雷斯科特共同秉持的观点，即这些消失的城市的建设者是现代印第安人的祖先。但他更进一步地用一名建筑师和工程师的眼光解读这些遗址：

> 显然，在一个便利劳作的机械资源尚不为人熟知的时代，打造这些惊人的作品肯定雇用了大量工匠……那里肯定存在一个至高无上乃至专制的政权，它有足够的权力影响和指挥下级民众参加工作，来实现展示俗世或宗教性排场与荣光的目的。而要维持如此大规模社群的生存，某种程度的农业和经济科学方面的进步肯定已经实现。
>
> 我们现在看到他们对建筑、雕塑和绘画的精通，在达到那种程度的熟练之前，他们一定经过多次尝试，并有过多次失败的经历。并且在一个采用最原始的方法将知识代代相传的地区，很有可能，通过经验获得的世袭知识会由一个神圣阶层或祭司群体保存下去，这里的许多建筑无疑是为他们所建并为他们所用的。

随后170年的发现、发掘和研究将证明，卡瑟伍德的每一条评论都如先知般一语中的。他概括的先决条件适用于旧世界的古代文明，特别是他们在尼罗河边的富饶耕地上实地考察的古埃及文明。关于玛雅人建立的文明，最惊人的是，它怎么可能涌现出来（矗立在光线昏暗的雨林里的浅层地表上）并达到它展现出来的精巧极致。

例如，就早期文明而言，旧世界文明拥有的材料和技术优势，玛雅很少具备。首先，不同于旧世界诸文明社会，玛雅社会没有大型牲畜，因此不仅缺乏由它们提供的动物蛋白，也没法在犁、磨和运输中用上它们的肌肉力量。

其次，考古学家没发现证据表明玛雅人曾发明利用过一种最基本的技术形式——轮子。虽然他们理解那个概念（今人发现了有轮子的玩具的残件），但从未用过滑轮或陶车，虽然他们建造了便于通行四轮板车的长而平坦的堤道，但从未使用过它们。最后，除用于个人装饰的罕见情形外，玛雅人从未开发、使用过金属。他们制作工具（和武器）的材料仅限于骨、木、黑曜岩之类的尖锐火山岩，以及黑硅石、燧石一类的坚硬石头。

尽管如此，玛雅人创立的文明在材料和文化的先进程度上至少不输给埃及、美索不达米亚（Mesopotamia）和古希腊。学者和考古学家问道：“他们是如何做到的？他们如何在莽莽丛林中建立起伟大的城邦，并且在没有旧世界古文明拥有的基本工具的情况下，建造出大量宏伟的建筑，创造出辉煌的艺术？”

两次考察中，斯蒂芬斯和卡瑟伍德兜了一个大圈子，圈子里有着后来被发现并被指定为古典期玛雅文明的核心区域：今危地马拉最北部省份佩滕的低地森林。

最引人注目的是他们考察了两处最伟大最具“黄金时代”缩影的

玛雅城市遗址：玛雅腹地东部边缘的科潘和西部边缘的帕伦克。其间尚待发现的是逾 60 处前古典期和古典期的玛雅城市和聚落，掩埋在一片面积不大于美国小州马里兰的丛林中。正是在这块农业上乏善可陈的方寸之地内，玛雅社会繁荣昌盛，最终向东发展到今天的伯利兹境内，西至恰帕斯、北达尤卡坦半岛干燥的北部区域，建设了乌斯马尔、奇琴伊察、拉博纳、卡瓦、图卢姆等城市。

农业是他们面临的第一个重大挑战。小麦、大麦这类在欧亚大陆常见的营养丰富的谷物在美洲闻所未闻，玛雅人的主食是玉米。这种蛋白质含量很少的作物是中美洲的原住民用一种野生植物经数千年择优培育出来的。

在佩滕，玛雅人面临着一系列的环境制约因素，如严重的季节性降水、沼泽地、漫长旱季、茂密森林和贫瘠的土地。在尤卡坦半岛的许多地方，盖在石灰石基岩上的只有一层薄薄的土层。为改良土壤，他们推行轮作制，用焚烧秸秆后得到的灰和沼泽里的肥沃淤泥为玉米地施肥。他们在湿地上建起被垄高了的庄稼地，筑渠引水和修槽蓄水，还建起梯田以防止淤泥流失。他们在稀疏雨林树冠层的荫护下精心布耕庄稼，园前屋后种上鳄梨、番木瓜、番石榴等当地特有的果品。他们留出非耕种区和草地，用于猎捕鹿、野猪、貘、西貒等动物，为他们的饮食提供动物蛋白。

到公元前 10 世纪，家庭和部落耕地上生产出足够的玉米、豆类、胡椒和南瓜，形成了较为完善的食谱。玛雅人口开始迅速增加，小村庄发展成大聚落和小城镇，具备了文明发展的必要条件：足够多的人口摆脱了打猎和耕种事业的持续束缚，创造了文明发展初期的萌芽——正如卡瑟伍德所料。

现在考古证据表明，玛雅文明的摇篮形成于佩滕北部一个今称“米拉多盆地”（Mirador Basin）的地方。纳克贝（Nakbe）和米拉多（El Mirador）两个重要的文明中心似乎在很短的时间内突然崛起。两地相距 8 英里，由用已被碾碎的石灰石铺成的堤道连接。

纳克贝的历史始于公元前约 800 年，现被看成最古老的玛雅宗教仪式中心；米拉多则发展为当时世界上最大的城市建筑群之一，到公元前 200 年，估计人口在 6 万以上，甚至可能超过 10 万。它的巨大人造平台建在名为“洼地”（Bajos）的浅湖边，平台上建有宫殿、金字塔和神庙，包括一个至今依然算得上规模颇大的单一建筑群，它高达 230 英尺，相当于 18 层楼的高度。

米拉多的广场和宗教仪式建筑建在填有数百万立方米土的多层平台上，其上覆盖着灰泥，刷着黄、蓝、绿三色的颜料及用朱砂制成的红色涂料。这个城市的面积为 7 ~ 10 平方英里，包含了周围上千座建筑和房屋地基。除了中心区域外，六条堤道向四面辐射，穿过丛林，通达附近的小型中心，其中一条堤道长达 8 英里。这些惊人的古代大道宽 30 ~ 60 英尺，有些地方高出沼泽和森林地面 10 英尺，一些至今依然可以从空中被看到。米拉多的上层建筑也经过了规划：神庙的排列阵型精确地对应着猎户座，并且布置成三个一组的形式，代表玛雅创世神话里的三块炉石。

20 世纪 60 年代至 90 年代，当这两座城市被发现时，考古学家们惊呆了。这些重要证据表明，一个文明曾以惊人的速度涌现，而且年代比他们一直以来的看法要早得多。他们只能猜测建设一座米拉多这样的不同寻常的城市需要的社会组织和数百万工时。一位重要的米拉多研究者理查德·汉森（Richard Hansen）曾将有堤道和成百上千建筑、纪念碑的米拉多描述为西半球第一个名副其实的国家。

这些初期城市虽然高度发达，但也不是一开始就形式完备地出现在丛林里且无须帮助的。虽然玛雅人生活在佩滕的丛林深处，他们依然保持了与中美洲其他族群居民、文化的接触，其中的一些也是先进文化。其中最发达者之一的奥尔梅克文化（Olmec）繁荣于公元前1200年到公元前350年的墨西哥湾沿岸，今墨西哥的韦拉克鲁斯州（Veracruz）和塔巴斯科州附近。

在奥尔梅克文化的巅峰时期，奥尔梅克人建设了数个大型的聚居地，里面有原始的仪式中心、土堆、样式固定的陶器和火山石雕刻的包括巨大头像在内的塑像。

更重要的，一些虽非决定性的证据表明，奥尔梅克人创立了所谓的长计历系统、早期语标文字、中美洲球戏和血祭仪式，所有这些后来都成为玛雅文明的重要元素。奥尔梅克文化于公元前350年消失，但他们的影响继续在其他人口集团中广泛传播，其中一些有玛雅根源的集团位于佩滕以南的危地马拉高地和太平洋沿岸。

就这样，经过数世纪缓慢的农业进步，玛雅文明在公元前800年到公元前200年间快速发展。这段时期的急剧上升部分归因于他们身边和脚下的两样丰富资源：木头和石灰石。

首先，玛雅饮食上的最重要革新是将玉米粒浸泡在锻石灰粉溶液里。具体做法是先将石灰石架在木头堆上烧，将石头变成粉，接着将玉米浸在石灰粉溶液里。这个名为“碱化水磨”（nixtamalization）的步骤破坏了玉米粒外皮，使玉米粒释放出钙、赖氨酸和色氨酸，提升了玉米的营养价值和口味。由此得到的面团可以被很容易地做成主食，如玉米饼。时至今日，这都是玛雅印第安人的主要食物。

其次，当石灰石（用石头工具）被开成建筑用石块时，玛雅人发现，焚烧大的碎石（采用与制备玉米时所用的相同方法）还产生一种修建大规模建筑时必不可少的建材。他们将锻石灰粉与水和名为“marl”的泥岩混合，得到一种黏合力极强的水泥。他们还将石灰粉与水和树液之类的黏合剂混合，制出一种极为耐久的浅奶油色灰泥。这种灰泥被用作粉刷灰泥，在石头神庙和宫殿上粉出平滑的表面，或用于制作雕塑艺术品，如装饰门面的玛雅神祇形象。这些涂着彩色颜料的雕像将神祇的脸刻成动物形象，纳克贝的一个这种面具有 16 英尺高，35 英尺宽。正如卡瑟伍德指出的，这些创造性做法无疑经历了数百年的尝试和总结、失败和成功。

公元前 200 年，构成玛雅文明特别是艺术和建筑特征的大部分物质元素已经具备，必不可少的文化元素也已发挥作用。2001 年，考古学家在米拉多附近发掘时，发现了一处今称桑巴托罗（San Bartolo）的遗址，并且在一个掩埋的地下室里找到一幅横跨四面墙的惊人壁画。

这幅生动图画表现了玛雅复杂的创世故事中的神祇。创世故事是世界观的神话基础，正是它将玛雅人联系起来，陪伴他们走过其文明的下一个千年。壁画保存完好，色彩纷杂，有黑、红、黄、橙、蓝五种颜色，表现了五棵圣树旁的五位神。在玛雅神话中，五棵圣树托住了天空。画上还有居于玛雅信仰系统中心的主神玉米神的形象，而王室贵族刺穿生殖器的形象则是象征重生的一种血祭仪式。

玉米神还主持了一位国王的加冕仪式，这是迄今为止发现的关于国王神权概念的第一份形象描绘。碳年代测定表明这些画作于公元前 100 年左右，是迄今为止发现的最古老绘画。这幅壁画提供了第一份证据，表明到那一时期，神祇已经互相联系并且为玛雅国王所用。

那处遗址上还发现了公元前150年的一座极为古老的王室陵墓，进一步证明了神授王权的建立，这是一个将统治所有未来玛雅城邦的中心政治原则。考古学家继续向深处挖掘，发现了一个刻有用象形文字写成的文章的石块。碳测定表明它的年代在公元前300到公元前200年间，被认为是最早的可辨认的玛雅文字。这里还发现了玛雅人举行仪式球赛的最古老球场之一，它的建成时间可能早于公元前600年。

桑巴托罗和米拉多盆地的这些最新考古发现将原先确定的玛雅文明的存在时期往前推了数百年。它们也模糊了考古学家数十年前对玛雅文明的大致分期，即前古典时期（公元前1800年至公元150年）和古典时期（公元350年至公元900年）的界限。

在许多方面，米拉多和桑巴托罗比数百年后发展起来的许多古典期玛雅城市还要先进。但是突然之间，玛雅文明在米拉多盆地的发展神秘中断。公元150年左右，纳克贝城和米拉多城及周围许多中心被抛弃。现在考古学家相信，800年后，古典期玛雅文明也是出于众多类似的原因突然消失的。

但在米拉多崩溃后不到一个世纪内，玛雅人再次崛起。佩滕各地的数十个小聚落开始发展壮大，开启了一个存期长达650年的“黄金时代”的初期阶段。按考古学家迈克尔·科的说法：“玛雅人达到的智力和艺术高度当时在新世界无人可比，在欧洲也鲜有民族能与之匹敌。”虽然桑巴托罗壁画描绘的宇宙观和对神圣王权的信仰将这个文明统一起来，它在政治上的表达则采用了散布佩滕低地的数十个独立王国的形式，其中一些王国将成为蒂卡尔、卡拉克穆尔（Calakmul）、卡拉阔尔（Caracol）、帕伦克和科潘这些伟大城市。

对超自然事物的信仰和祖先崇拜渗透到玛雅生活的方方面面，从农夫对雨神恰克的供奉，到神庙祭祀或统治者授职典礼期间在聚集到广场上的成千上万人面前进行的精心安排的仪式。金字塔、神庙、雕像和各种形式的艺术被作为赋予王室家庭治国合法性的才能创造出来。

国王本人则作为萨满居间人，充当人神间的神圣“桥梁”和“宇宙的轴心”。他们穿着复杂的服装，戴着羽毛头饰，挂着玉坠和翡翠耳环，伴着长笛、鼓、小号演奏出的歌韵，在神庙所在的平台上跳仪式舞蹈，并进行肢体自残。他们用黑曜石刀或魟鱼毒刺戳穿生殖器，将绳子穿过舌头，以他们的血召唤众神，使世界重生。

## 战争与衰亡

随着越来越多独立城邦的崛起，冲突在所难免。与我们的领导人不同，玛雅国王与武士一起战斗，经常坐着轿子上战场。古典时期初，发动战争的主要目的不是获得领土，而是抓获敌人的高级贵族，抓获对方国王则是最高奖赏。战斗各方扛着王室战旗和盾徽，相信它们身上附着以蛇、美洲虎和鹰之类动物为象征的战神的精神。早期战斗也是在一种超越物质的层面进行的，一方国王的失败被看成精神上的耻辱，有时候，这种失败还导致整个王国的破灭。

按照大卫·弗赖德尔（David Freidel）、琳达·谢勒（Linda Schele）和乔伊·帕克（Joy Parker）在其《玛雅思想体系》（*Maya Cosmos*）的描述：

> 每次冲突，玛雅国王及贵族臣仆都在拿他们的身体和灵魂冒险。毫不夸张地说，他们就是为这最后一刻，为对精神力量的考

验而活。他们生活中的每个重大活动——每个公文、形象上的题词，王室和重要公共建筑的建造都要求抓获相应对手来献祭。

只有用这种方式，正确的奉献仪式才能得到履行，神才能得到供给，人类和神之间的交流通道才能保持畅通。

被俘获的贵族及其国王在仪式球赛之后被胜利者拿来献祭（俘获的普通士兵通常成为奴隶）。几乎每个大小不等的玛雅中心都有一个球场——设在两面倾斜的平行墙壁间，两端开放的一条长通道。比赛用的是一只巨大的硬质橡胶球。

球场被看成一个入口，通过它，玛雅人可以与神的世界沟通。球赛是玛雅创世故事的仪式再现，故事里，以神话中的“英雄双胞胎”为代表的人类在一场球赛中打败了地下死神。研究玛雅艺术和铭文的学者相信，作为善恶间仪式性战斗的球赛被用来再现对方贵族的失败和被俘，在这场表演中，俘虏再次被打败、被砍头。

活人献祭在玛雅统治者崇拜和神化中还采取了另一种形式。考古学家在王室陵墓里的国王身边发现了骨架，有些是少年儿童的。人们在埃及发现了同样的做法，仆人被殉葬，在法老死后继续为他们服务。

每一次战争、神的节日、神庙供奉和授职仪式都选在复杂的玛雅日历的重要日期进行，反映出玛雅文化对时间的着迷。书吏保存日历，密切关注 260 天和 52 年周期及太阳年，记录日月星辰的运行。他们有能力非常准确地预测天象和日食月食。

他们还修订完善了另一种名为“长计历”的中美洲日历。它记录一个每 5 126 年重新开始的极长时间周期，庆祝宇宙的持续重生。长计历日期一般用象形文字写在纪念碑和绘画上。现在，玛雅研究学者已经破解了象形文字，计算出长计历与西历的对应关系，能够确定事件发生的准确日期，将玛雅国王、王后和王朝的整个历史记录统一起来。

最晚到公元300年时，玛雅书吏已经完善了文字。按卡瑟伍德的说法，这对知识的代代相传至关重要，但对玛雅世界，它也是建立神圣的王室血统，给精英权力赋予合法性必不可少的。他们的象形文字是哥伦布踏足美洲之前美洲唯一的真正文字系统，这意味着玛雅语言可以按发音写成文字，也可以用语标或符号记录整个单词或名字。

一千多年后，阿兹特克人和印加人还没有发展出表音文字（西方今天常见的以字母形式出现的文字系统）。专家估计，成千上万篇玛雅文章曾写在外形像手风琴的书上。这些书的纸由被捣烂了的树皮制成，在低地的热带气候条件下早已毁失。但玛雅人留下了足够多的历史，刻在石头上，绘在陶器和壁画上，学者得以据此考究出有关国王和王后的故事、城邦的强弱兴衰、政治阴谋、联合与战争。

例如，现在我们知道，公元378年1月31日，一名名叫“火生”（Siyaj K'ak'）的贵族，无疑是在一帮武士的陪同下，来到已经非常强大的蒂卡尔城，建立了一个新王朝，并领导其与位于墨西哥中部，当时中美洲最强大的特奥蒂瓦坎（Teotihuacán）建立了紧密甚至是直接联系。老蒂卡尔王朝第七任国王在同一天死去，不是死在战斗中，就是可能被砍头献了祭。随后半个世纪里，特奥蒂瓦坎不仅控制了蒂卡尔，还掌握了低地王国中部的大片土地。

特奥蒂瓦坎的影响一直扩张到玛雅东南边陲。公元427年，一个叫基尼琪·亚克·库·毛（K'inich Yax K'uk' Mo'）的贵族来到那个后来名为科潘的前古典时期聚居地。他本人可能不是来自墨西哥，但带来许多可能来自蒂卡尔的属于特奥蒂瓦坎文化的饰物和艺术象征。他接着在科潘创立了后来延续了 17 代统治者的王朝。

多年后，斯蒂芬斯和卡瑟伍德将站在科潘森林中的一个巨大方形祭坛前，祭坛四周雕刻着那 17 位神圣统治者中的 16 位。画面上，亚克·库·毛将权杖交给科潘的倒数第二个统治者。公元 776 年，那位倒数第二个国王建造了这座纪念碑。卡瑟伍德不知道他们的重要地位，但确保自己画下了祭坛四面的人物和刻在顶上的一排排象形文字。

玛雅将通过缓慢吸收外来人口进入他们的社会来巩固政治控制。这些人最有可能是通过联姻进来的。但来自特奥蒂瓦坎的一些艺术风格和其他影响，以及它对武士的狂热崇拜、与军事有关的符号和神祇，将进入玛雅文化，延续数个世纪。

这些铭文还讲述了两个最强大的玛雅王国间激烈对抗的故事。它们是位于佩滕中部的蒂卡尔和与它相邻的北方大国——位于今墨西哥坎佩切州（Campeche）的卡拉克穆尔。通过与邻近的小城邦结盟或将它们变作附庸国，两者都发展成地区强权。

6 世纪和 7 世纪，两个大国及其卫星城之间发生了一系列战争。起初，蒂卡尔在公元 562 年和 657 年遭遇了军事上的大挫败，这段时期，这个一度颇具实力的大城邦急剧衰颓。接着，公元 695 年 8 月 5 日，蒂卡尔统治者贾索·川·卡维尔（Jasaw Chan K'awiil）取得了一场决定性的军事胜利，打败了卡拉克穆尔国王。这标志着蒂卡尔的复兴和卡拉克穆尔对大量低地城邦的控制走向终结。

从铭文中可以看出，至少一位蒂卡尔国王在早年的战争中掉了头，也许是在一次球场上的献祭中。蒂卡尔获胜时，卡拉克穆尔国王尤克努姆·伊察尔·卡赫克（Yuknoom Yich'aak K'ak'）是否被俘及被祭尚

玛雅书记神拿着画刷在黏土花瓶上描绘

不清楚①。我们知道的是，代表卡拉克穆尔一个重要神祇的战斗雕像与两个卡拉克穆尔贵族一起被俘获。公元 695 年 11 月，那场失败后的三个月，一个叫“裂地”（Split Earth）的新统治者在卡拉克穆尔登上王位。他很可能是蒂卡尔任命的。

勘察科潘和帕伦克时，斯蒂芬斯和卡瑟伍德不可能知道，各个城邦的统治者也遭遇了耻辱的失败。实际上，关于科潘，卡瑟伍德在单独造访基里瓜时看到了科潘落败的确凿证据，只是还不明白它的意义。

公元 738 年，基里瓜国王考阿克天空用打败科潘后得到的横财大兴土木，重建了基里瓜的卫城。然后，他怀着不只模仿，还要超越前霸主十八兔的想法，着手打造一系列在玛雅世界最高最大的纪念碑。

① 考古学家起先认为尤克努姆·伊察尔·卡赫克死于那场战斗，但根据后来在拉科罗纳（La Corona）的发现，尤克努姆·伊察尔·卡赫克于公元 696 年造访了那座城镇。

这些都按他的形象雕刻，工匠显然是抓来的科潘艺术家。卡瑟伍德绘制了其中两座的素描，包括今称“F石碑”（Stela F）的那座。它高24英尺，重达30吨。

科潘第16任国王的祭坛（卡瑟伍德作）

1840年，斯蒂芬斯和卡瑟伍德来到帕伦克及其南方近邻地托尼那时，两座城市还都被笼罩在“神秘的面纱”下。但随着越来越多艺术品和铭文出土并由碑铭研究人员（或象形文字专家）解读出来，两个敌对城邦间一段流血暴力的历史浮出水面。它稍稍有点类似古希腊的雅典和斯巴达（Sparta）间的战争。帕伦克的国王（雅典）几个世纪来努力创造玛雅世界最优雅、建筑最宏伟的城市，而比它小的托尼那（斯巴达）则将精力和才能用在打造一支不容忽视的军事力量上。

托尼那的一个主要雕刻项目专门描绘了被缚的俘虏，其中一些展示在两座球场之一上。他们代表了偏远中心的不知名统治者，托尼那和帕伦克正在争夺它们的控制权，可能球场就是他们的最终归宿。

帕伦克表面上似乎更关注艺术，忽略了战争，但实际上，帕伦克对它以东的玛雅城市发挥了强大的军事和经济影响力。公元687年9月，它向南进军，进攻并且打败了托尼那。虽然记录得不够清楚，但有迹象表明，只知其名为“2号统治者”的托尼那国王被俘虏，并且很可能在帕伦克的球场被砍了头。两座城市间的斗争又持续了24年。

最终，公元711年，托尼那发动反击，进入帕伦克圣地中心，抓住了66岁的国王强·乔伊·奇塔姆二世（K'an Joy Chitam II)。虽然他的命运到底如何没有记录，但在托尼那发现的一块雕刻精美的砂岩石板显示，他被绑着胳膊蹲着，死刑犯戴的条形纸穿过他的耳垂。那次失败是一个重大打击，因为它给帕伦克留下了长达十年的王位空缺，之后才有一位新国王登上王位。

但战争不是全部。战争之间的和平时期里，玛雅统治者及其家庭和贵族兴旺发达。平民可能也会兴旺一阵，尤其是当他们能得到一些战利品时。例如，士兵可以得到低级俘虏作为奴隶。但非精英阶层的生活永远不容易。他们耕作为家人和精英阶层提供食物的玉米地，农闲时做手工艺或被强征服劳役，修筑城市的堤道、公共建筑和宗教仪式中心。战争期间，他们被迫作为普通士兵服役。

因为玛雅艺术和铭文属于精英阶层的独占领域，下层人民的日常生活少有表现。我们从发掘中得知下层人民吃的食物、用的石磨的模样及烹饪方式，通过检查他们的骨头了解营养水平，从他们住处遗址上发现的陶器碎片和粗陋的装饰、小雕像中了解他们的“富有”程度。如果他们还能出现在壁画或彩绘花瓶上，那也是作为战俘或宫廷仆人。

老爷们穿着精心制作的服装，他们则衣着简陋，男性穿着白色棉布缠腰带，有时穿外衣保暖，女人穿白色的袋状直筒连衣裙。男人留长发，编成密实的辫子，通常垂在脑后，绑在或绕在头上。女人也留着风格各异的长发型。他们脚上是简单的鹿皮凉鞋，系大麻鞋带（精英有各种复杂的鞋带），如果负担得起，一个平民会戴上贝壳或动物牙齿做的踝环、手镯和项链。男女都用骨或木头做的鼻环或耳环装饰自己。根据西班牙殖民政权成立以后政府记事员听说的历史，下层百姓奉行的婚姻制度为一夫一妻制。

普通民众住着由木柱、干泥墙和草编屋顶建成的小屋。小屋通常围绕家族庭院，建在抬高的土堆上（今天，数百万印第安人中的许多依然住着那样的房子）。不在地里、园前屋后或者为城市建设干活时，他们就把手工艺品和各种多余食物拿到集市上做交易。

代表国王考阿克天空的巨大石碑，基里瓜（阿尔弗雷德·P. 莫兹利（Alfred P. Maudslay）摄）

各个社会阶层都复制了同样的住屋群，廷臣、书吏和艺人都围家族庭院而居，只是房子更大，由石头建成，盖着有石梁支撑的屋顶，地板上抹着光滑的灰泥，点缀着翡翠工艺品、陶器和雕像。各个社会阶层，祖先和家族死者都大受尊崇且被看成连通精神世界的媒介。

神龛通常被设在家族的庭院里。不管精英还是平民，死后的人都被埋在住处下面，一些贵族则被埋在奢华的陵墓里。国王和王后的墓建在金字塔和神庙建筑群下。住屋群从城市的宗教和行政核心杂乱地伸展开去，通常一直延伸到副中心区域，同时随着人口渐稀，庄稼地和猎场充斥了无人居住的空地。

因为留在玛雅艺术作品和象形文字中的记录，我们知道了大量关于玛雅统治阶级尤其是国王的情况。我们知道神圣的统治者在婚姻制度上实行多妻制，住在宫殿里，身边围绕着妻妾和廷臣。他们坐在盖着美洲虎皮的王座上，向臣民发号施令，推行法律，接见使者、王室友人和外国商人。

在刻入石灰石和砂岩，绘在壁画和彩饰陶器上的场面中，他们穿着印有精致几何图案的衣服，戴着引人注目的头饰，上面插满了绿咬鹃等热带鸟类色彩斑斓的长羽毛。他们喝一种用可可豆酿成的饮料（巧克力由此而来）。他们非常喜欢通过贸易或贡奉从沿海或山区被带来这里的舶来品：贝壳、魟鱼毒刺、珊瑚、切割精细的燧石、黑曜石、打磨成有镶嵌图案的权杖和镜子的黄铁矿，特别喜爱产自莫塔瓜谷及周边山区的翡翠。拥有和展示这些珍贵财物强化了他们的地位和权势。

最能展示他们无上权力的还是动员大量劳力和工程人员、工匠、艺术家团队的能力，这些人被用来建设和美化专为统治和王朝服务的纪念中心。虽然这些典礼建筑群在玛雅人与众神的交流中发挥了仪式性的作用，但是最终它们还是被题字奉献给葬在下面的神圣国王和王后。整个古典期，建设项目的规模日益增大，范围越来越广，建筑越来越漂亮，并且随着世纪更迭，要求投入的资源和人力也越来越多。

亚斯奇兰一位国王在宫廷的浅浮雕，下方是俘虏

玛雅统治者永不

餍足。每一代统治者都建造了新的纪念碑和金字塔，在卫城上方建造另一座卫城，将玛雅的历史一层层掩埋。挖开建筑的考古学家发现了前期金字塔和神庙的遗迹，其中一些完好无损。每一代王室用于自我炫耀的新建筑都根据重要的日历周期供奉，并且由国王以戏剧般的古老仪式——活人献祭和生殖器穿刺——完成。每一轮新建设都带来更精致、更优美的艺术作品。艺术家和书吏一样受到国王重视，有时他们的第二或第三个儿子也会加入父辈行列。

8世纪末，佩滕的人口达到巅峰，居民数量以百万计。城市里到处是耀眼的艺术作品，连那些小规模城市都不例外。多斯皮拉斯、彼得拉斯内格拉斯、纳兰霍（Naranjo）、锡瓦尔（Seibal）、坎昆（Cancuén，不是尤卡坦半岛的坎昆）、亚克萨（Yaxhá），博南帕克、祭坛（Altar de Sacrificios）、亚斯奇兰与另外十来个重要中心布满了这片地区。

玛雅人获得巨大成功，现在已经在雨林中如鱼得水逾千年的玛雅文明的生活超出了环境的承载能力。北方的新城市乌斯马尔、卡瓦、萨耶尔和奇琴伊察在来自南方移民的供养下，地位和人口开始膨胀。

在玛雅腹地，王室的挥霍已显出恶果。为了生产更多灰泥和水泥，曾保护他们的森林被大规模砍伐并濒于绝迹。下层民众则捡拾柴火做饭。

在某些地方，几乎每寸可耕种的土地都被开垦为。战争的数量和强度都在增长，某些地区战乱几乎连绵不绝。迅速壮大的贵族阶层中许多是妻妾众多的国王的继承人或亲属，他们创立了若干相互对立的王国政权，并展开互相争夺地盘和权力的斗争。战斗不再限于为仪式抓获对手，这些统治者为土地、贸易路线、贡赋或纯粹为了控制竞争者而开战。围绕城市甚至小村庄竖起了越来越多的防御用高墙和堡垒。

9 世纪初叶，玛雅统治者逐渐失去了对人民的控制。军事上的失败打破了他们至高无上的光环，摧毁了他们的城市，引发人口大规模外迁，导致王国国民数量的减少，对周边地区的盘剥加重。国王与神的交流不再起作用。接下来的长期干旱，最糟糕者甚至长达上百年，加剧了危机。一次这样的干旱从公元 810 年开始，持续近 10 年，时间上正与包括帕伦克在内的众多玛雅城市的没落接近。

神圣王权的政治和精神权威是开创玛雅文明并将它维系逾千年的凝聚力量，但这个权威在消失。日益高大的金字塔、戏剧性的场面和仪式活动，甚至转移注意力的战争和球场祭祀，都抵不住人口流失、干旱、饥荒等冲击。一个接一个，玛雅中心区的伟大城市渐渐人去楼空。

玛雅文明的所谓崩溃既非一夜之间，也非所有地方同时发生的。也许因为规模庞大，蒂卡尔和卡拉克穆尔虽然在公元 860 年遭遇了另一场大旱，但依然得以以弱化王国的形式继续存在数十年。可能因为较高的军事技艺，托尼那留存得更久。它在一座石碑的背面记录了已知最晚的“长计历”铭文——公元 909 年 1 月 18 日。

每个城市消亡的原因复杂多样，并且依然是考古学家争论的话题。人口过剩、环境恶化、干旱及随之而来的饥荒和疾病共同生成一场击倒伟大统治者及其王国的“完美风暴”。到 9 世纪末，玛雅腹地的神圣国王及其廷臣、书吏、杰出艺术家统统消失。最终，只剩下窃踞者在这些曾经伟大的城市的遗迹中勉强维生。

引人注目的是，虽然经历了严重旱灾（另一次发生在公元 910 年），包括斯蒂芬斯和卡瑟伍德到访过的两座伟大城市乌斯马尔和奇琴伊察在内的玛雅北方城市却得以延续，这大概因为他们能通过灰岩坑采到地下水并且有精心建造的储水系统。但到 10 世纪中叶，随着最伟大的乌斯马尔建设者之一查克国王（Chan-Chak-K'ak'nal-Ahaw）的去世，乌斯马尔停止了所有纪念碑的修建工程，走上了下坡路。而奇琴伊察则继续存在了 250 年。

奇琴伊察是玛雅文明留下的未解之谜之一。对所谓的伊察玛雅人到底从何而来，他们又受到以墨西哥中部为根据地的好战民族托尔特克人的多大影响，玛雅研究学者间尚无法给出明确的公论。一些专家确信，托尔特克入侵者占据了奇琴伊察，另一些则认为，伊察人与墨西哥湾的邻近只是使他们交流并吸收了来自那一地区的影响，成为真正意义上的国际国家。但毫无疑问，这座城市充满了与托尔特克人有关联的军事主题装饰图案、羽蛇象征和独特建筑。

斯蒂芬斯感觉到奇琴伊察的不同。他描述了不同风格的建筑，一些类似他们在乌斯马尔和南方城市见过的覆盖着镶嵌画的玛雅建筑，另一些虽然保存完好，但似乎更古老，粗糙而简陋，装饰一点也不华丽。他在这些建筑上看到的虽然更简陋，但实际上距今更近：好战的托尔特克的象征盖过了玛雅文明最后的辉煌。纵使斯蒂芬斯和卡瑟伍德观察力敏锐，见识超群，他们依然搞不清穿越中美洲、墨西哥和尤卡坦这一路来的发现。

奇琴伊察，特别是图卢姆，是距今最近的，而科潘和帕伦克则属于历史最悠久的。斯蒂芬斯从未觉得自己能准确断定它们的年代，只是评论说："这些城市无疑不是同一时期建起来的，而是不同时代的遗迹。"两人根本想不到的是那些时代向前有多远。他们发现的是最后一代，古典期和后古典期玛雅文明的最后一线光芒。考古学家将会发现，这是向前延伸近 2 000 年的一个灿烂艺术文明的最后外表。

# 第四篇
# 朋 友

# Jungle of Stone

## 石像、神庙与失落的文明

# 第22章
# 为国争光的艺术品

斯蒂芬斯和卡瑟伍德的《尤卡坦旅行纪事》收获了热烈赞扬，尽管到评论文章出来时，这本书早已大受欢迎。一些评论人指出，面对望眼欲穿的读者，无数本图书已经在他们有机会发表评论前被售出，因此他们根本不知道还能说出什么读者尚未知道的东西来。对此某位评论员哀叹道：

> 谁没有好奇地浏览书上那些形形色色的插图？热带植物的可怕能量正飞速摧毁古老的美洲建筑和艺术的辉煌遗迹，卡瑟伍德的技艺和达盖尔照片的高保真度至少将它们以图像形式永远留存下来。
>
> 谁没有陪着爱好冒险的作者及其同伴经历曲折道路上的危险和物质匮乏，见识崩塌的废墟、地下室、洞穴、牧场棚屋、荒凉岛屿、修道院、种植园、房屋、跳蚤、蚊子、蜱虫、粗暴的印第安人、奢侈的教士、主教、黑眼睛的女郎、赌徒、

走私犯、黑蚁和革命?

噢，要是斯蒂芬斯生活在150年前，在那时写出他的书该多好！那我们通过耐心研究，再加上点有益的好运，也许可以让他复活，并且将他巨大的知识财富传播给已经忘却他的千千万万人。

《纽约人》杂志竟然宣称，“他关于尤卡坦的著作将立即跻身美国文学的重要成就之列，不仅他自己的同胞如此评价，整个文明世界都这么看。”斯蒂芬斯和卡瑟伍德名利双收。一个英国版本已经销出2 500册，据说维多利亚女王也是“斯蒂芬斯作品的粉丝之一”。

《尤卡坦旅行纪事》最终将译成六种文字。作为哈珀兄弟公司最畅销的图书的作者，斯蒂芬斯可以要求最有利的出版协议。

在图书一版再版之际，斯蒂芬斯的注意力转向卡瑟伍德。不同于1839年的第一次旅行，两人尤卡坦之行财务安排的记录没有留下。但卡瑟伍德正经历全景画厅的损失带来的财务困境，因此他和斯蒂芬斯想出一个项目，他们希望它能帮他重新站起来。

过去10年中，一个叫约翰·詹姆斯·奥杜邦（John James Audubon）的鸟类学家兼画家出版了一套名为《美洲鸟类》（*Birds of America*）的大型画册，为他在大西洋两岸赢得巨大名声。为了以最高的质量再现作品，奥杜邦不惜代价，通过展览和预订为这个昂贵的项目提供资金。

凭着卡瑟伍德堆积如山的两次考察的作品集，斯蒂芬斯认为他们也许能做类似的事。对卡瑟伍德，钱当然是主要动机。但斯蒂芬斯还感觉，他们书里那些书页大小的黑白雕版印刷插图远远没有体现出卡瑟伍德的杰出才能。

他在 1843 年 3 月下旬给威廉·普雷斯科特的一封长信里列出了这个野心勃勃的计划，还附上一本刚刚出版的尤卡坦图书。他显然仔细考虑过这个主意。因为他算出他们需要 900 个订阅人，包括图书馆、学术团体和富有的个人，他们每人愿意先付 100 美元来支付这本大尺寸作品的费用。

他告诉普雷斯科特，总计 120 张插图将印在四册的大尺寸“对开本”上，它们将“作为艺术作品为国增光”。与图画相伴的还有四部著名且权威的英文和法文专论，作者包括亚历山大·冯·洪堡和普雷斯科特本人——如果他同意的话。斯蒂芬斯还说，他自己不指望得到什么。他告诉普雷斯科特：“900 名订阅人将使我免于损失，我只关心这一点。”4 天后，历史学家回复说，他很乐意为这个“崇高的”项目撰稿。

筹措那么大一笔订阅费是个艰巨任务，但斯蒂芬斯依然很乐观。随着《尤卡坦旅行纪事》的出版，他和卡瑟伍德成为纽约耀眼的明星。这次事业最好的时刻出现在纽约历史学会 5 月的会议上。作为执行委员会的成员，斯蒂芬斯安排展出了卡瑟伍德的 12 幅全尺寸插图。它们获得学会成员的高度评价。斯蒂芬斯没要一分钱，只请求批准一项决议，允许他在学会的“支持”下出版这部画册。

几名成员极力主张通过决议，其中一名成员评论说“这个项目‘将极大关系到祖国的品格和名声’”，还有点得意地补充说：“欧洲目前还很少能获得来自西半球的任何古迹。”决议获得一致通过。

然而到真正筹款时，订阅活动的势头开始减弱。这时哈珀兄弟站出来，提出只要找到 300 个订阅人，他们就可以出版。与此同时，卡瑟伍德学着奥杜邦的做法，带着他的小展品上路。

1843年6月，他在波士顿（也许还在费城）组织展览，征集订阅人。但斯蒂芬斯和卡瑟伍德失算了。因为项目的过高预期和巨额成本，并且无疑还因为许多已经出现在他们的尤卡坦和中美洲图书中的材料降低了需求，项目没有找到足够数量的订阅人。

1843年7月，因为失败而心灰意冷的卡瑟伍德去了伦敦，到那里试试运气。普雷斯科特为他写了封介绍信给自己的朋友美国驻英大使爱德华·埃弗里特（Edward Everett）。“斯蒂芬斯和卡瑟伍德先生正着手一项重要的文学项目。”他向埃弗里特提到“卡瑟伍德绘制的杰出画作”时说。

到达后不久，虽有埃弗里特的支持，但卡瑟伍德没能获得维多利亚女王和阿尔伯特亲王（Prince Albert）的接见。他在伦敦出版商那里也没交到好运。英国正处于经济萧条中，并且正受着军队在阿富汗作战失利的打击。

8月，卡瑟伍德在给普雷斯科特的信中说：“现在，没有皇家的支持和批准，在这里找富人和贵族做什么事似乎都没法成功，而王室似乎与我的‘loco foco’（指当时活跃在纽约的民主党工人阶级派系）观念格格不入。”但卡瑟伍德将他的政治倾向抛在一边，不久后“荣幸地”——按伦敦《泰晤士报》说法，将他的一些画作提交给阿尔伯特亲王和来访的法国王室。他们是否同意在财务上帮助他，这一点尚不清楚。

他回到查尔斯广场21号，弟弟阿尔弗雷德·卡瑟伍德医生和他们没嫁出去的姐姐卡罗琳（Caroline）还住在那里。这是他近两年前与妻子争执之后第一次回到那里。他的信里没提到孩子，但他们显然还与他的家人住在伦敦。关于他妻子，任何记录都没有留下，她多半依然还和他表兄生活在一起。

1843 年 12 月，他给普雷斯科特写信，说他已得到这位历史学家刚出版的一部《墨西哥征服史》。他写道："我像以前读一本新的有趣小说一样，一口气读完了它。"但从那封信里看不出他和斯蒂芬斯展望的宏大项目因为订阅量不够再次搁浅。他解释说，他现在计划自己出版有限的一套大尺寸染色图册。

他继续写道："感谢您在《墨西哥征服史》中提到我的名字。谨此通过斯蒂芬斯先生送上我的作品的几页样张。斯蒂芬斯先生好心提出写一份简介和描述，但我担心这些多半来不及，因为我正努力让它在 3 月初出版。"可惜他与斯蒂芬斯的通信一封也没留下。

1844 年 2 月，卡瑟伍德在英国皇家建筑师学会（Royal Institute of British Architects）与同行见面，展示了他的画作，读了一篇论述"中美洲文物"的论文。这是一次介绍基本情况的会议，他谈论了古代玛雅人"完美的石头切割知识……各种砂浆、灰泥和水泥"。他还详细谈论了不寻常的"玛雅拱形结构"，将它与希腊人、埃及人和尚未发展出半圆拱门的古代埃斯特鲁坎人（Etruscans）所用结构相提并论。

他说："实际上，就机械部分而言，中美洲建设者是娴熟的砖石工。在他们的许多建筑中发现了大块大块极好的混凝土。"他还解释说，他极为欣赏他在一些废墟内墙上发现的绘画，尤其是在奇琴伊察。"他们的绘画其实比他们的建筑和雕刻都强，在混色上甚至超过了埃及人，更接近在庞贝和赫库兰尼姆发现的绘画。"

卡瑟伍德没能在 3 月最后期限前完成，但因为耽搁，他也许得到一个更完美的结果。1844 年 4 月下旬，他的"标准对开本"（21 英寸 ×14 英寸）以《中美洲、恰帕斯和尤卡坦古迹图册》（*Views of Ancient Monuments in Central America, Chiapas and Yucatán*）为名问世。

这本超大尺寸的书里有卡瑟伍德撰写的22页介绍、25张精美插图，以及一幅标出他和斯蒂芬斯探索过的全部遗址的地图。他雇佣了英国最好的雕版师雕刻这部作品。花费了巨大代价，这本书在伦敦和纽约总共只印了300本。其中250本平版印刷画印成棕、蓝和灰底色，50本手工染色。

卡瑟伍德不惜代价追求质量和完美，雇请密友欧文·琼斯（Owen Jones）和一个英国最好的视觉设计师创作了一幅精美的彩色扉页。琼斯还印刷了伦敦版本。虽然书里只包含了最初计划拟用插图的约五分之一，但项目依然花费了一笔不菲的资金。卡瑟伍德是如何负担它的依然是个谜。

除介绍外，卡瑟伍德还为每幅插图写了描述性文字。他的介绍总结了斯蒂芬斯讨论过的大部分内容，但他也列出了他所认为的玛雅文明发展所必需的前提条件。然而他最有力的表达还是通过绘画艺术，他的对开本雕版插图是真正的杰作。

在这里，他从斯蒂芬斯图书的小幅黑白雕版中解放出来。他对明暗对比手法的应用依然非凡，但有了色彩后，这些图画活了起来。它是一个逃出僧房，走到阳光下的完美主义者的作品。他也不能完全摆脱他所在的浪漫主义时期的影响，为了创造一种神秘和荒凉感，他夸大了一些风景和丛林的阴影。

为了表现遗址的正确规模，他部分采用了旧画家的手法，给画面添上了富有异国情调的印第安人、狗、蛇，甚至还有一只美洲虎。但除一些微小加工外，那些纪念碑本身、图腾、象形文字、装饰和神庙依然无可争议地准确。并且他还偷偷塞进了自己、斯蒂芬斯和卡伯特的模糊形象。

摆脱了斯蒂芬斯和罗伯特·海的影响，谦虚低调的卡瑟伍德终于出版了一本完全属于自己的书。但纵使这本书不同寻常，他依然不满意。当普雷斯科特为了给他的一本书找个插图画家，问他的意见时，卡瑟伍德回答："我真的觉得自己不能胜任如此重要的工作。将我的作品完全归于我自己时，正是这种感觉让我宽心，因为我确定不会让斯蒂芬斯满意，也不会让自己满意，不过后者没多大关系。"

我们没有卡瑟伍德卖出多少册的记录。这部对开本肯定贵到当时一般买书人买不起的程度。他将底色版的价格定为30美元，手工着色的翻倍。虽然将卡瑟伍德时代的价格转换成今天的数目有点难，但底色版本可能相当于2015年的750美元，着色版本相当于1 500美元。对开本原书现在极为罕见，拍卖价格根据品相从5万美元到12.5万美元不等。

如果卡瑟伍德能够卖出全部300本书，他应该能得到超过1万美元，但他付给雕版师的数额和印刷费用尚不清楚。不同于斯蒂芬斯相对便宜的流行图书的目标读者，这些对开本的购买人应该是大学、学术团体、图书馆，以及他的"民主激进观念"憎恶的对象——贵族和富有的收藏家。他们正是斯蒂芬斯一开始就想找的订阅人。

卡瑟伍德向普雷斯科特报告说，图书在伦敦"卖得不错"，但不确定纽约版的销量如何。关于手工着色的那些书，他评论说："销售大大超过我的期望。"并且后来的结果是，他终于在王室那里交上点好运。多年后，英国报纸报道说，阿尔伯特王子送给亚历山大·冯·洪堡一本卡瑟伍德的书，作为他从洪堡那里收到的《宇宙》(*Kosmos*)一书的回赠。

斯蒂芬斯又到哪里去了？在他的图书出版和为卡瑟伍德做的推广之后，他似乎完全消失了。他在征集订购人方面的失败，以及为卡瑟伍德图书撰写介绍的提议姗姗来迟，这些都是出了什么差池的信号。

卡瑟伍德的图书出版前后，两人讨论了另一次大探险。这一次，按普雷斯科特的说法，他们考虑去秘鲁追寻印加文明的遗迹。

“这是我的研究范围。”他在4月给卡瑟伍德的信中写道。他指的是正在计划的下一本关于征服秘鲁的书。“但我觉得，你们钻钻那些古代建筑也不坏。我希望能从你的漂亮插图中看到这样一次旅行的成果。”

这次考察从未实现，但这样一次旅行的前景留下了一个引人关注的问题。考虑到两人嗅出前哥伦比亚时期遗址的超人能力，他们很可能会找到现在出了名的印加“消失的城市”马丘比丘。西班牙人从未发现这个高居安第斯山脉的遗址，但当地印第安人知道它。

与玛雅遗迹一样，还没有人认真探索过印加帝国的遗迹。它繁荣于十五六世纪，直到后来被西班牙人征服。但斯蒂芬斯决定不再做另一次长途探险，马丘比丘的神奇堡垒将不为人知地继续隐身67年，直到1911年被一个叫海勒姆·宾厄姆（Hiram Bingham）的耶鲁大学讲师“发现”。

但在卡瑟伍德似乎整装待发的时候，斯蒂芬斯为什么拒绝前往？仅仅是他太累了吗？还是两人间出现了裂痕？如果是这样，问题多半不在卡瑟伍德一方，因为他曾将他的对开本题献给“我的忠实朋友约翰·L. 斯蒂芬斯”。

因为没有两人在这一时期的任何通信记录留下来，我们关于斯蒂芬斯心态的唯一线索来自普雷斯科特。但这位波士顿历史学家在几封信里的简短评论留下的问题比答案还多。例如，在评论提议中的秘鲁之行时，普雷斯科特告诉卡瑟伍德：“斯蒂芬斯说他还不能去做这桩事，并且离不开父亲。他还沉浸在家族遭受的巨大损失的打击中……”普雷斯科特指的是何人何事还是个谜。

如果斯蒂芬斯家族有人去世，根据能找到的记录，那也不是他的直系亲属。但根据普雷斯科特接下来的评论，斯蒂芬斯的父亲也可能得了什么病。7月，他在给卡瑟伍德的另一封信里写道：

> 我最近没有斯蒂芬斯的消息，但卡伯特几天前在纽约见到他，说他的情绪似乎相当好。我4月在那里见到他时，感觉他正被愁云所笼罩。他显然心事重重。
>
> 我想只要他父亲活着，他不大可能想再出去游荡，至少他如此告诉我。并且他同时还要打理自己和父亲的财产，开展法律业务。但是当人们知道一个人并不需要专业上的业务时，得到很多业务也不容易。

斯蒂芬斯将有一段时间不再“游荡”，直到驿动的心再次带他南下，面对一片新的丛林，但这一次怀着完全不同的目的。随后几年的“开展法律业务”期间，他几乎从记录里完全消失。

# 第 23 章
# “富尔顿的蠢物”

1807 年夏末，一天上午，围观者挤在哈德孙河边的码头上，观看画家兼工程师罗伯特·富尔顿（Robert Fulton）操纵一艘狭长的轮船。一根可笑的黑色高烟囱从河中伸向天空。住在仅仅几个街区外的斯蒂芬斯一家无疑也带着两岁的约翰·斯蒂芬斯在岸边观看。怀疑者把这条船称作“富尔顿的蠢物”，幸灾乐祸地站在一边等着这个新发明爆炸。这条所谓的“蒸汽船”被形容为“一条丑陋的船，看上去像极了深山老林里的一间锯木厂架在一条平底船上用火烧”。

船起航后开了一小段，接着停了下来，在水上一动不动。嘲笑和嘘声从岸边飘出，紧张的气氛几乎触手可及。最终，不安的富尔顿消失在甲板下，做出几个机械调整，船两侧的明轮再次开始搅动水花。船喷着闪亮的炭渣和滚滚浓烟，缓缓北转，沿河上驶，两天后胜利到达纽约州首府奥尔巴尼。

虽然这艘“克莱蒙特号”（Clermont）不是有史以来建造的第一艘蒸汽驱动船，但它随后在纽约和奥尔巴尼之间的运营成为世界上最早的蒸汽动力在运输上的成功应用。人们几乎没意识到，世界已经在这一刻改变，工业时代已经来到美国。

伟大的蒸汽船和铁路时代已经开启。斯蒂芬斯和卡瑟伍德将伴着这次革命长大，并且在他们的一生中见证每一次技术进步。现在，“富尔顿的蠢物”下水40年后，势不可挡的蒸汽洪流将席卷他们。

卡瑟伍德率先下水。他从未放弃对古迹的渴望，在斯蒂芬斯决定不去秘鲁后，似乎他们的过去拉上了一道大幕，两人很少再谈到古迹。

图书完成后，卡瑟伍德确定了一个新的方向，另一次人生转变。图书出版后一年内，这位之前被称作“建筑师卡瑟伍德”的画家兼建筑师在名字上加进新的首字母缩略词“C.E.”，意为土木工程师。现在，已经46岁，还有孩子要抚养、教育的卡瑟伍德成了一名铁路工程师。

我们没有他紧接着做了什么的记录。在一年多时间里，他从公众视野中消失，给我们留下关于他生活的又一个难以捉摸的空洞。他也许已经回到美国。根据他申请一份英国铁路工作时提交的资历材料，他声称曾在美国铁路工作过。他最近这次改行来得恰逢其时，铁路工程师在英国非常吃香。

1845—1846年，一场铁路股票投机狂热席卷英国。这次历史上的技术大浪潮之一后来被称作“铁路热”（Railway Mania）。制造铁轨的钢一出厂就被铺到纵横英国的铁路网上。投资新铁路项目的需求增长势不可当，甚至外溢到英国的海外殖民地。

乘着这股浪潮，卡瑟伍德在德梅拉拉铁路公司（Demerara Railway Company）找到一个总“实施”工程师的职位。德梅拉拉（Demerara）是南美东北部沿海的丛林地区。公司似乎对卡瑟伍德的过去（全景画、古董爱好、艺术才华）所知甚少甚至漠不关心。

“（管理）委员会觉得他们特别幸运。”公司总裁查尔斯·凯夫（Charles Cave）向股东报告，“他们雇用的卡瑟伍德先生在北美侨居多年，受雇为铁路和大量公共工程事业工作。他提出为本公司工作时，正受雇在美国一条铁路上从事专业工作。”

尽管卡瑟伍德可能将他的考古游历经验作为一个卖点，但这一点未被提及。卡瑟伍德签订了一年的合约，于 1845 年 11 月 17 日启程前往位于英属圭亚那的德梅拉拉。

在他本可轻易在英国找到工作的情况下，为什么要再一次离开孩子那么久？没有书信或任何其他文字解释这一点。钱也许是一个因素。他后来不止一次写信给斯蒂芬斯，提到他将抚养孩子的责任看得很重。即使他可以从对开本的销售成功中小发一笔，纽约全景画厅的损失依然是个重大挫折。圭亚那的工作也许比在英国找得到的工作提供了更多自由、薪水和自主。

但到此际，一个清楚的模式也浮现出来。他生命中的大量时间被花在地中海和近东的漫游上，两次与斯蒂芬斯来到中美洲和尤卡坦，并且随时准备另一次去秘鲁的长途探险。工作似乎是给他的不安分找的一个理由，与格特鲁德的婚姻最终成为一场灾难，她不再成为让他安定下来的力量。

随后五个月里，他为一个连接沿海种植园与圭亚那首都乔治敦（Georgetown）的铁路项目勘察了 60 英里海岸线，接着坐船到牙买加，考察一条金斯敦（Kingston）与西班牙镇（Spanish Town）间的铁路。这里的条件与圭亚那类似。他感到满意，向董事会报告：“如果除了乘客以外几乎没有其他货物的牙买加铁路都能成功，那么有大量现实和潜在货物运量，有大量乘客的德梅拉拉铁路又该获得多大成功。”

在美国停留，调查火车头和铁路“制造商”（还可能在纽约逗留拜访了斯蒂芬斯一家）后，他回到伦敦。1846 年 10 月，他在伦敦向公司提交了报告。铁路公司董事会对他的预测感到满意，延长了他的合同，派他回圭亚那监造那条铁路——建在南美的第一条铁路。

相比之下，此时在纽约的斯蒂芬斯看上去几乎无所事事。尤卡坦图书出版的 1843 年，他在华尔街 67 号开了间律师事务所，但没有存世文件表明他在那里开展法律业务。

前一年，在一份关于纽约最富有市民的报告中，斯蒂芬斯的父亲本杰明的身价被估为 50 万美元，这笔财富相当于今天的上千万美元。

报告继续说：“来自一个新泽西家族的木匠，他非常勤奋，是个好工匠，他的所有财富都是通过艰辛劳动和精明管理挣来的。他建设了这座城市的老监狱，是大型建筑承包商。”约翰·L. 斯蒂芬斯，“那个著名的旅行家”，以自有的 10 万美元财富位列其后。这两个数额几乎可以肯定是夸大了的。

当时一些最出名、最富有的金融家身价也不超过 50 万美元，本杰明·斯蒂芬斯虽然富有，还不属那一类。虽有源源不断的图书收入，约翰·斯蒂芬斯显然也不是。这一时期的记录表明他忙着投资。随着纽约的城市化区域沿曼哈顿飞速北扩，他们做起了住宅用地投机，除此之外，父子俩都购买和出租位于纽约州北部、新英格兰（New England），以及远在俄亥俄和密歇根的地产。

我们对斯蒂芬斯在《尤卡坦旅行纪事》出版后那几年的私生活了解很少。几乎可以肯定他与父亲一起生活，在纽约时通常和父亲在一起。父子俩住在勒罗伊巷（Leroy Place）13 号一幢舒适的四层楼里。

这是一幢联邦风格的排屋，有优美的花岗岩门面，而且不同寻常地从街上后缩了 10 英尺。它位于纽约的精英社区，离百老汇仅一个街区，在被并入城市前，那里曾经是格林尼治村（Greenwich）。

1844 年夏，斯蒂芬斯显然摆脱了普雷斯科特提到的神秘的消沉状态。如果他没有积极开展法律业务，那有可能只是在品尝八年苦旅和漫长写作生涯结出的果实。他凭借文学和考古作品跻身纽约知识界的顶尖行列。他经常现身附近的《纽约晚邮报》办公室，拜访该报编辑，著名诗人威廉·柯伦·布赖恩特（William Cullen Bryant）。

该报的记者将他描写成“机敏、不安的小块头”。1847 年，斯蒂芬斯与布赖恩特参与帮助组织了名为世纪协会（Century Association）的私人俱乐部，一起加入其管理委员会。协会成员限制在 100 人，其中一些人梦想它成为美国的法兰西学院（French Academy）。

虽然协会的最初成员只包括作家、艺术家、科学家和其他有才华和知识成就的人，但在几年之内，它发展成一个还拥有“银行家、铁路公司高管、保险公司官员、知名律师和医生”的协会。到那时，斯蒂芬斯已经在两个世界都获得了稳固的地位。

他还是巴特利特和韦尔福德书店（Bartlett & Welford）的常客。这家书店开在纽约市政厅（City Hall）街对面的亚斯特酒店（Astor House）内。店主之一的约翰·罗素·巴特利特曾将他的早期图书采购方向集中于墨西哥，还自称是第一个鼓励斯蒂芬斯调查墨西哥和中美洲遗址的人。

他的书店出售珍本和古本，是纽约学者文人荟萃之地。布赖恩特、华盛顿·欧文（Washington Irving）、艾伯特·加勒廷（Albert Gallatin）、爱伦·坡和费尼莫尔·库柏（Fenimore Cooper）是那里的常客。

1842 年，巴特利特与加勒廷创立了致力于“探究不同种族的起源、发展和特征”的美国民族学学会（American Ethnological Society）。斯蒂芬斯和卡瑟伍德是创始会员。1844 年，巴特利特和韦尔福德书店出版了卡瑟伍德的《中美洲、恰帕斯和尤卡坦古迹图册》的美国版本。

这一时期，斯蒂芬斯初次尝试涉足政治。1846 年，他当选一个旨在修改纽约州宪法的州大会的代表。他自始至终都是民主党人，但因为广受欢迎，被辉格党和民主党选为共同候选人。

虽有在坦慕尼协会言辞激烈的经历，但在奥尔巴尼的一整个酷热的夏季，他避免了大部分激烈的政治辩论，很少讲话，只将他的活动限制在法庭改革。这次经历似乎没有引发他任何更深一步的从政兴趣。后来朋友劝他竞选州参议员，但他拒绝了。

与卡瑟伍德一样，他也没能抵抗蒸汽时代的强烈吸引力。在当选州大会代表的同一年，他和一群投资人组织了美国第一家横跨大西洋的汽轮公司。他们的计划是建造四艘大型明轮蒸汽船，在纽约和德国不来梅（Bremen）间定期往返，运输货物、邮件和数百名乘客。

不过斯蒂芬斯一开始就高居顶层。他成为海洋汽轮公司（Ocean Steam Navigation Company）的副总裁。1847 年春，第一艘轮船造好时，他同意随它完成处女航。自五年前从尤卡坦回国后，这是他第一次乘船旅行。

这艘 230 英尺长的木壳汽船在纽约韦斯特维尔特与麦凯船厂（Westervelt & MacKay）建造，庞大的“边杆式”蒸汽机在附近的新奇铁厂（Novelty Iron Works）制造。船上也配备了提供辅助动力的帆。

1847 年 6 月 1 日，在码头边的欢呼声中，三层甲板汽轮“华盛顿号”（SS Washington）带着强有力的美国象征——开国总统艏饰像，载着斯蒂芬斯、邮政总局第一助理局长霍比[1]和125名乘客离开纽约。虽然这不是横跨尼加拉瓜的运河，斯蒂芬斯依然决心扩大美国（及纽约）的影响范围，增进国家间的联系。他坚信这样做有利无弊。

自路易斯安那购地案后，美国的版图处在扩张的势头中。它正在吞并得克萨斯并且即将全面控制俄勒冈地区。《纽约先驱报》热情洋溢地报道："我们一往无前，蒸汽是这个时代的推动力。"

两周后，"华盛顿号"到达不来梅，迎接它的是礼炮、乐队和码头边的成千上万市民。随后几天，船员和旅客穿梭在各种庆祝活动中。在普鲁士外长欢迎这群美国人的正式晚宴上，斯蒂芬斯作简短致辞。

祝酒之后，他宣读了海洋汽轮公司董事会的一封信，请不来梅市接受一只"华盛顿号"模型。八名不来梅当地人和两名回访的美国公民扛着一只六英尺长的"华盛顿号"复制品走进来。"在场的人报之以热烈掌声。"一个旁观者报告说。

最终，斯蒂芬斯设法偷偷溜走，登上一辆开往柏林的火车。7月1日，他在仲夏"柔和的曙光"中到达柏林。"我只能在柏林待一天，"他说，然后就得赶上"华盛顿号"回纽约。"这一天里，我特别想见的只有一个对象，那就是洪堡。"

亚历山大·冯·洪堡男爵住在普鲁士国王腓特烈·威廉四世（Frederick Wilhelm IV）位于波茨坦（Potsdam）的王宫里，据说身体欠佳。王宫在15英里外，斯蒂芬斯决定试试运气，立即启程赴波茨坦。

77岁的洪堡是国王最亲密的顾问之一，住在名为无忧宫（San Souci）的王宫里。这是一幢宏伟的洛可可式建筑，坐落在数百英亩修

① First Assistant U.S. Postmaster Major Hobbie。据英文维基百科，Selah R. Hobbie（1797—1854），1829年到1851年任助理局长，1853年到1854年任第一助理局长。

剪整齐的花园内。斯蒂芬斯鼓起勇气敲响了洪堡公寓的大门，被告知男爵当天不见客。时间紧张，他失望地留下普鲁士前驻美大使的一封介绍信和他的名片，说下午两点再来拜访。

这么说的时候，他被人领进公寓客厅。一会儿后，洪堡操着口音浓重但流利的英语招呼他，说不需要什么介绍信，他对斯蒂芬斯的作品和名动天下的旅行再熟悉不过了。

斯蒂芬斯很惊讶。他简直不敢相信，他幼年时的英雄就站在面前赞扬他的作品。斯蒂芬斯写道："近半个世纪前，他占据了文学界顶尖位置，高居王座，为哲学家照亮一条科学道路，予学子以谆谆教诲。"虽在病中，男爵仍显得比他的真实年龄要小。他穿着简单的黑色套装，同样的简洁还表现在他的公寓上。

他们谈论了美洲的城市废墟，当洪堡得知斯蒂芬斯与通行不来梅的轮船公司的关系时，对话很快转到美国和普鲁士间贸易的好处上。洪堡刚完成《宇宙》前两卷，这是论述所有自然现象统一性的宏篇巨著，斯蒂芬斯注意到，洪堡也被德国和欧洲当前的政治冲突搞得心力交瘁。

从欧洲政治，谈话的主题转到墨西哥，洪堡曾在斯蒂芬斯出生前不久查看过那里的遗迹。洪堡赞赏普雷斯科特的《墨西哥征服史》，还说"在英国和德国，当前没有历史学家可与他相比"。接下来，他对最近美国与墨西哥之间战争的强烈兴趣超出了斯蒂芬斯的意料。

斯蒂芬斯写道："他满脑子想着我们国家正与墨西哥进行的战争。虽然抱着自由主义观点，洪堡依然是骨子里醉心军国主义的普鲁士人。在普鲁士，战争是一门科学，并且根据欧洲的安全形势，国家应时刻备战。普鲁士的每一名男子，包括最高贵贵族的儿子，都要在军队里服定期的强制兵役。"即使如此，当斯蒂芬斯听说洪堡、普鲁士国王及其军事委员会经常挤在洪堡的地图前，读着发自大西洋对岸的每一条消息，了解美墨战争的进程时，他还是大吃一惊。

按洪堡的说法，他们“从扎卡里·泰勒（Zachary Taylor）将军扎营科珀斯克里斯蒂（Corpus Christi）……到强攻蒙特雷（Monterey），血战比尤纳维斯塔（Buena Vista），一路跟着他。他们把他的阵地全部标在那张地图上，争论过他的全部战役。”

斯蒂芬斯说他意识到美国军队正赢得欧洲的尊重，美军在对墨战争中的胜利将美国提升到强国行列。直到与洪堡谈话时，他才得知这次胜利还动摇了欧洲尤其是普鲁士关于常备职业军队的“整体思想”。

他继续道：“与所有根深蒂固的意见相悖，泰勒将军领着少量正规军和一小股从未打过仗的志愿兵，顶着猛烈火力坚持了整整一天，最终打败了四倍于己的敌人。普鲁士的元帅和将军，其中一些是在欧洲大战役战场上研究过战争艺术的老兵，极为赞赏美军在比尤纳维斯塔战役中表现出的勇敢和技艺。洪堡男爵说，他们毫无保留地、自由地、公开并且不分场合地表达了这种欣赏。”

两人谈了一个多小时，这时一个仆人进来叫洪堡与国王一起用晚餐。洪堡问斯蒂芬斯能不能再待几天，让自己写封介绍信，把他介绍给有结识价值的几个柏林的重要人物。斯蒂芬斯写道：“形势不容我用上那封信，但我很高兴地将它带回国。它用德文写成，笔法刚劲有力，我把它作为洪堡的一份手迹和旅程中一段最有趣经历的纪念品。”

七个星期后，在海洋汽轮公司的一次董事会上，斯蒂芬斯提议将公司之后拟建的两艘蒸汽船之一命名为“洪堡号”（SS Humboldt）。载有这项提议的信被通过普鲁士驻美公使转交给洪堡，在写成日期为1847年9月21日的回信中，洪堡男爵同意了。

次月，一篇三页的题为《与亚历山大·冯·洪堡的一小时》（*An Hour with Alexander Von Humboldt*）的文章被刊登在波士顿《利特尔生活时代》（*Littell's Living Age*）杂志上。它成了斯蒂芬斯出版的最后一部作品——但不是他最后一次冒险。他将再次出行，又一次深入丛林。但这一次的推动力不是古迹，而是不断膨胀的美国世界野心。

# 第 24 章
# “加利福尼亚遍地黄金”

“洪堡号”永远没被造出来。即使有利润丰厚的美国邮件补贴相助，海洋汽轮公司也从未募集到建成四条船的宏伟计划所需的资金。

到 1848 年春，公司第二条也是最后一条船，235 英尺的“赫尔曼号”（SS Herman）下水时，斯蒂芬斯的精力和注意力已经转向别处。他踏上了南方的另一次发现之旅。这次冒险虽然完全不同于与卡瑟伍德一起进行的考察，但依然让两人走到一起，并且消耗了斯蒂芬斯生命的最后时光。根据与威廉·亨利·阿斯平沃尔（William Henry Aspinwall）达成的一份协议，他来到巴拿马。

我们不清楚他们是在何时及如何结识的。两人的父亲都是成功的纽约商人和投资人，到斯蒂芬斯成为往返不来梅的轮船公司董事时，他和阿斯平沃尔都混迹于同一个商业和社交圈子。

阿斯平沃尔来自一个航海家族，祖上可追溯到 1620 年移居美洲的英国清教徒。他于 1807 年出生在纽约，在当地学校上了学，后作为一名年轻职员在舅舅加德纳·霍兰德（Gardiner Howland）和塞缪尔·霍兰德

（Samuel Howland）的航运公司工作。他很快精通了进出口业务，到25岁时已经成为公司合伙人。以加勒比海贸易起家的公司也得到快速发展，新增了赴英及赴地中海海域的航线。

几年后，两个年纪大的合伙人退休，刚刚30岁的阿斯平沃尔和表兄接掌这家霍兰德和阿斯平沃尔公司（Howland & Aspinwall）。那时候，公司已经发展成纽约一流的航运公司，业务范围远及南美和中国。年轻的阿斯平沃尔轻言巧语，谦虚但野心勃勃，对他来说，这是一段飞黄腾达的日子。

那时，公司有了雄厚的财力，阿斯平沃尔将注意力转向船舶设计，雇用了船舶设计师约翰·威利斯·格里菲思（John Willis Griffiths），将宝押在他身上。阿斯平沃尔要的是速度。他知道来自中国的新鲜茶叶可以在纽约卖上好价钱。于是格里菲思为他设计了后来所称的第一艘“极”快船，名为“彩虹号”（Rainbow）。紧接着，他设计出有史以来最漂亮的帆船之一“海上巫师号”（Sea Witch）。

1846年，这艘经营中国航线的快速帆船在纽约下水。1849年3月，船艏顶着一条金龙、鼓着如云的巨帆的“海上巫师号”驶入纽约港。它从香港出发，用了74天14小时驶抵纽约，创下了随后154年里无人能敌的帆船航速纪录。在不久后的拍卖会上，它航行一趟载来的茶叶为霍兰德和阿斯平沃尔公司赚的钱就足以支付它的建造费用。这种狭长的装备大量帆的“阿斯平沃尔-格里菲思”型快船将垄断易腐坏货物贸易几十年。

即使是在1849年，当“海上巫师号”出现在地平线上时，快速帆船和速度纪录已不再是阿斯平沃尔关注的焦点。眼光长远的他将目光转向了别处。他知道蒸汽机正在改变世界，并且以蒸汽机作动力源的蒸汽船正在以连“海上巫师号”都无法匹敌的速度滚滚前进。

考虑到他们的背景和相近的年龄，以及纽约拥挤的商业世界，两人的道路不可避免地会有交叉。他们是一对奇怪的搭档：阿斯平沃尔光滑苍白的面貌和沉静举止与斯蒂芬斯的敏捷热情、口若悬河形成了鲜明对比。

两人都聪明机敏，在阿斯平沃尔这个商人的实用主义面前，斯蒂芬斯依然是个理想主义者。这成为一个强有力的结合。两人共同拥有一个难以抗拒的梦想，这一点将使他们结成牢固的同盟。1847 年后期某个时候，斯蒂芬斯从德国回来后不久，他们会面谈到了巴拿马。

刚刚不久前，阿斯平沃尔完成了他到那时为止最大胆的一次行动。这是始于 1846 年的一系列事件的结果。那一年，美、英两国围绕俄勒冈地区主权归属问题的长期争议得到了解决。两国签署条约，将除温哥华岛（Vancouver Island）以外的北纬 49° 以南土地划归美国。

一年后，美国在对墨西哥的战争中获胜，准备接管加利福尼亚。它向航运公司提供补贴，让它们将美国邮件从东海岸运到巴拿马，再继续运到俄勒冈和加利福尼亚。阿斯平沃尔拿到了这条关于太平洋航线的邮件合同——价值 19.9 万美元每年的补贴。他和几个商业伙伴设立了太平洋邮轮公司（Pacific Mail Steamship Company），开始建造三艘绕航南美大陆驶往太平洋沿岸的蒸汽船。

听到这个消息，许多纽约的资本家同行简直不敢相信，怀疑阿斯平沃尔是不是脑子出了问题。他们指出，西海岸沿线几乎没有维修蒸汽船和为蒸汽船加煤的基础设施，并且加利福尼亚和俄勒冈所处之地偏远且落后，他们质疑公司的投资如何能获益。但阿斯平沃尔放眼长远，相信加利福尼亚和俄勒冈前景远大。他脑子里还有个更雄心勃勃的计划。他相信，巴拿马是从欧洲一直到亚洲的东西方庞大商业贸易的关键，他现在已经抓住了这张网络上的一环。

因此当他和中美洲专家斯蒂芬斯进行面对面的细谈时，他们谈论的是狭窄的巴拿马地峡看上去多么诱人。美国将加利福尼亚、俄勒冈和西部半壁江山收入囊中，成了一个大陆帝国，并且一跃成为美洲的支配力量。但它同时也成为一个需要连接遥远东西海岸的两洋型国家。

法国和英国都对巴拿马地峡表现出强烈的兴趣。对斯蒂芬斯来说，就像他对玛雅文物的想法一样，巴拿马必须被置于美国的控制范围内。然而几百年来，这片狭长的土地挫败了各种阴谋家和梦想家，要突破它，只获得私人资本支持的少数几个纽约佬能行吗？

1848 年 1 月，斯蒂芬斯来到巴拿马地峡一探究竟，陪伴他的是工程师詹姆斯·鲍德温（James Baldwin）。鲍德温受雇来协助斯蒂芬斯评估能否建造一条连接东西海岸的铁路。这一定是个奇怪的时刻。约翰·L. 斯蒂芬斯，与发现中美洲雨林里的古迹联系在一起的那个大名人，又回到丛林，来规划一条路线，让现代蒸汽机分割和征服巴拿马地峡的无情荒野。

在查格里斯河河口附近上岸后，两人很快发现了他们面对的困难。巴拿马地峡加勒比海一侧是一道由丛林和红树林沼泽构成的“铜墙铁壁”，与斯蒂芬斯和卡瑟伍德九年前到达的危地马拉海岸没多大区别。

到达太平洋的唯一通道是乘独木舟沿弯弯曲曲的查格里斯河，最远上到该国中部的激流河段。沿途几夜需要住在棚屋或河边营地，陪伴他们的是鳄鱼、尖叫的金刚鹦鹉、蛇和吼猴令人不安的低沉吼叫。虽然斯蒂芬斯已经习以为常，但这样的环境依然令人不安。

在中部的戈尔戈纳（Gorgona）或克鲁塞斯（Cruces）村上岸后，越过大陆分水岭到达太平洋的仅有通道是两条年久失修、鲜有人迹的古道。巴拿马长长的脊背韦拉瓜斯山（Sierra de Veraguas）在这里形成一个低马鞍地形。旅行者或步行，或骑骡通过最后 20 英里崎岖不平的下山路，到达巴拿马城。

全程虽然只有 50 来英里，但根据季节不同，走完它需要花上几天甚至一周或更长。从 5 月到 11 月的雨季，查格里斯河水流湍急，河上布满了被冲倒的树、暗障和各种残骸，而到达太平洋的小道泥泞到几乎无法通行。旱季，弯曲穿过丛林某些部分的河水很浅，只有浅吃水的独木舟能不受阻碍地驶向上游。终年，遮天蔽日的蚊子携带着疟疾和登革热，从沼泽地蜂拥而出。

这条路走起来太艰难了，斯蒂芬斯来的这一年，不到 400 人经过它从加勒比海走到太平洋。尽管乘船南下绕过南美最南端要多花几个月，并且本身也存在严重的风险，但大部分人宁愿那样走。

尽管他们在所谓健康季节的旱季穿过了地峡，但鲍德温还是病了，大概是得了疟疾。斯蒂芬斯给父亲写信说，他本人感到前所未有的健康，但他们发现的条件让他丧气。“这片地区极为崎岖且与世隔绝，难以勘察，费时将超出我的预计。”然而他强迫自己保持乐观。“我认为这里是一个与世界进行交流的要冲，旅行的大枢纽。连通整个南北太平洋沿岸的庞大贸易网将从此点开始。”

两人也经历了一次“柳暗花明又一村”的时刻。鲍德温恢复了健康，发现了一个海拔仅 300 英尺的、穿过大陆分水岭的山口。这时他们认识到，经过对坡度进行减缓的适当修整作业，一条钢轨路基就可以通过它，让火车在两大洋间驰骋。

6 月，斯蒂芬斯回到纽约，阿斯平沃尔听到他带回的消息非常振奋。他同时还为可能的铁路企业拉来第三个合伙人：亨利·昌西（Henry Chauncey），太平洋邮轮公司的投资人之一。这个 53 岁的商人是极为合适的人选。他来自新英格兰一个世家（祖父曾做过早年的哈佛学院（即哈佛大学前身）院长）。通过婚姻，他成为一家在南美太平洋沿岸有利益的商业公司的合伙人。多年前，他带着妻儿去了秘鲁和智利，在那里做了十年生意，积累了一小笔财富。因为他与纽约和南美的联系，他给合伙企业带来了关于前述之地贸易的第一手资料。

与此同时，在斯蒂芬斯和鲍德温外出期间，太平洋邮轮公司第一条蒸汽船“加利福尼亚号”（SS California）在纽约下水。经过海试，它起航赴合恩角和太平洋沿岸。

不久后，公司另两条新船“巴拿马号”（Panama）和“俄勒冈号”（Oregon）相继投入运营。“加利福尼亚号”于 10 月驶离纽约时，船上只载了很少的旅客。这是最后一次有处于空载状态的船驶向太平洋沿岸。

1848 年 12 月，詹姆斯·波尔克（James Polk）总统在对国会发表的年度演说中报告加利福尼亚发现了黄金。“对‘加利福尼亚遍地有黄金’的描述是如此不同寻常，”很有节制的波尔克解释道，“要不是有到过矿区的公务官员的可靠报告作佐证，它们几乎难以让人相信。”

消息让美国陷入一片欢腾。甚至早在总统演说发表前，华盛顿的陆军部（War Office）已经公开展示了从加利福尼亚带回的一小箱黄金，将人们对黄金的着迷煽动到狂热的程度。绕过合恩角或穿过巴拿马到达金矿区的运输广告充斥着每一份报纸，现在，已成为传奇的加利福尼亚淘金热开始了。

巴拿马铁路公司创办人：阿斯平沃尔（上）、斯蒂芬斯（下左）和昌西（下右）

阿斯平沃尔在太平洋邮轮公司航线上下的赌注即将得到超出任何人想象的回报。然而没人完全理解这些正在发生的事件的全部含义。斯蒂芬斯和两个合伙人花费 1848 年下半年时间，为他们的铁路设想出一个详细规划。

几乎在波尔克向国会发出信息的同时，他们到达华盛顿，低声下气地请求政府给予一大笔补贴。虽有那条来自加利福尼亚的消息，他们依然继续游说，甚至会见了波尔克本人。他们应邀到白宫与总统、内阁成员和十来名参众议员共进晚餐。但波尔克在 12 月 14 日的日记中没提到那条铁路，只写道晚餐参加人有阿斯平沃尔和“斯蒂芬斯——来自纽约，后者是那个旅行家”。

随后几周里，合伙企业要求在铁路开始运营后的20年时间里获得500万美元，作为免费运送美国邮件、政府代表与军队、装备和弹药通过地峡的交换。考虑到加利福尼亚的形势和铁路必将从中得到的巨大利益，这是一笔高得离谱的金额。然而国会差点批准了它。

密苏里州参议员托马斯·哈特·本顿（Thomas Hart Benton）支持这个想法（降低了补贴数额），评论说三人有完成那个项目的资本、经验和动机。“三人中的斯蒂芬斯先生，”他说，“因为他在南美部分地区的旅行而为整个读书界所知。这条铁路将要展开运营的地带就靠近他曾旅行的那个地区。”

最终，波尔克总统不愿批准它。在一些内阁成员劝说他支持这项事业后，波尔克在1849年1月30日的日记中写道：“我打断他们，说宪法里不存在这样的权力。我声称，我认为提出这项议案比提议抢劫国库好不了多少……如果它获得通过，我对内阁说我会否决它。”

但金矿的发现已经改变了他们的打算。1848年12月28日，法案的通过依然悬而未决，三个合伙人已经在华盛顿与新格拉纳达共和国（Republic of New Granada，今哥伦比亚，当时还包括巴拿马）签订了一份正式协议。协议给予三人49年的独家权利，建设和经营横跨巴拿马的铁路。

虽然条件优惠——格拉纳达仅从铁路运营中收取净利润的3%，但合约依然存在巨大风险。它完全取决于斯蒂芬斯和鲍德温对巴拿马地峡的最初评估。以他们的勘察为依据，合伙人交出12万美元押金，如果新格拉纳达议会批准该特许权后6年内，铁路没有完工，押金就会被没收。至少在表面上，合伙人似乎有信心完成它。但亲眼见过地峡的斯蒂芬斯签字前肯定咬紧了牙关，鼓起了内心深藏的全部乐观精神。

四个月后，巴拿马铁路公司根据纽约州法律成立。公司的招股说明书乐观过了头。作为淘金潮的一个结果，它宣称“巴拿马地峡已经经历了不寻常的，世上史无前例的变化。可以毫不夸张地假设，整个地区会在不久的将来被繁荣昌盛的民众占据，注定将在世界商业版图中占据显要位置的城市将在两大洋边飞速崛起。”

1849 年初，合伙企业派勘察员确定了铁路的横跨线路，说明书里包含了他们热情洋溢的报告。雨季被描述为一个小问题。巴拿马气候和沼泽对健康的有害影响是出了名的，这一点也被低估。

在勘察员工作期间被派去照料他们的霍尔斯特德医生（Dr. Halsted）写道：“毋庸讳言，那里盛行热病。但它们一点也不比我们北方城市常见的热病难治。”沼泽密布的曼萨尼约岛（Manzanillo Island）是计划中的铁路加勒比海终点，它后来将成为铁路建设者们的噩梦。即便如此，说明书也用优美的辞藻将它描绘成“环境优美……从生茂密的树林灌木。这里的土地在高潮线以上约 10 到 15 英尺，总体平坦，享受着泉水的灌溉”——这些几乎没有一桩后来得到证实。

公司计划以 100 美元每股筹集到 100 万美元初始资金。当认股单于 1849 年 6 月 28 日开放认购时，全部份额到下午 3 点被抢购一空。相当数量的股票划给阿斯平沃尔、斯蒂芬斯、昌西和最初的支持者，作为他们将从新格拉纳达共和国获得的特许权转让给公司的代价。

7 月 2 日，公司董事首次在纽约举行会议，一个杰出的名为托马斯 · W. 勒德洛（Thomas W. Ludlow）的保险公司经理被选为董事长。约翰 · 斯蒂芬斯当选副董事长。此时，未来在远处闪耀着金光。两天后，“过去”又一次来到斯蒂芬斯门前。

那年早些时候的5月，在英属圭亚那稳定工作了两年多后，卡瑟伍德丢掉了德梅拉拉铁路公司总工程师的职位。他的合同终止是公司的一个节约成本之举，与铁路公司地方委员会的其他争端可能也是部分原因。圭亚那沿海的铁路只完工了一段，项目进度已经大大落后。

前一年，那里搞了一次庆祝活动，请了几车身份显赫的人物乘火车行过完工段。巡视过程中，一头母牛跳到铁轨上，导致火车脱轨，包括一个乔治敦市政官员在内的两名乘客丧生。巡视最后草草收场。

1847年3月，卡瑟伍德作为总工程师回到这条铁路，这场灾难只是困扰他的问题之一。招收劳力已经很难，而且因为资金匮乏，铁路多次停工。铁路需要征用当地土地所有人的一部分土地，与他们间关于征地费用的争议也延缓了项目进展。即使卡瑟伍德在1848年11月开放了一大段铁路用于运输，紧张关系依然在升级。1849年5月，他的工作被移交给一个愿意接受更少薪水的助理工程师。

两个月后，卡瑟伍德经加勒比海的特克斯群岛（Turks Islands）来到费城。几天后，他已经在纽约与斯蒂芬斯一起庆祝美国独立日。两人都没留下对这次重聚的描述，但经过这么多年的身处两地，这肯定是一次特别值得庆祝的重逢。他一定还有一种回家的感觉，因为卡瑟伍德一直将斯蒂芬斯家当成自己的第二个家。

卡瑟伍德上一次在纽约的确切日期是六年前的1843年7月，他为对开本征集订购人的努力失败时。对开本于1844年在伦敦出版后，他肯定回过纽约，并且1846年，第一次从圭亚那回英国时，他也看望过斯蒂芬斯，尽管我们没有记录来证实这些旅行。

他们分开这些年，我们没找到他们友谊破裂或两人争吵的迹象。

斯蒂芬斯放弃了去秘鲁的想法后，似乎是形势让他们走上了各自不同的道路。我们手头有他们后来的通信，从这些信来看，这一时期他们很可能一直在通信，但那些信不是丢了，就是被销毁了。

1843 年，卡瑟伍德去英国的动机显然是想出版一部自己的作品，并且无疑也是想与孩子、家人团聚。但也许还有一个原因驱使他这样做，那就是摆脱在他们的旅行和出版事业中一直处于支配地位的斯蒂芬斯。

现在，再一次来到纽约，他整天无所事事地打发 7 月的大部分时光。这对老旅伴显然有很多话要说，而且他们的谈话无疑离不开铁路。斯蒂芬斯有可能谈到在巴拿马的情况，卡瑟伍德则谈到他建设南美第一条铁路的经历与挫折。与巴拿马一样，这条铁路也在赤道上方一点并且在巴拿马地峡东边不远。巧合但也许是不可抗拒地，两人都再一次被吸引到热带丛林中。

1849 年 8 月，卡瑟伍德又回到查尔斯广场的家人身边。他这次回国所乘的船是海洋汽轮公司的“华盛顿号”，斯蒂芬斯两年前到不来梅坐的就是这条船。斯蒂芬斯为他争到一间好的特等客舱，因为卡瑟伍德在 1849 年 8 月 18 日给斯蒂芬斯的一封信上评论了这趟旅程有多愉快。

他继续说：“孩子们很好，儿子和我一样高了，学习很好，数学不错，我想把他培养成工程师。”但他的计划依然不确定，他说。此刻，他正为在华盛顿结识的一个富有的造船和铁路公司经理处理一些商业事务。他写到他还短暂地接触了阿斯平沃尔，后者当时在伦敦寻找投资人，让他们购买 25 万美元的巴拿马铁路公司股票。

卡瑟伍德暗示他在考虑到巴拿马铁路公司工作，希望与阿斯平沃尔进一步讨论此事。但他又补充说:“也许是霍乱迫使他离开伦敦，没有他的消息。”

10月，再次给斯蒂芬斯写信时，卡瑟伍德依然没听到阿斯平沃尔的消息，这封信反映出他不断加深的挫折感。他评论说，由于管理不当，德梅拉拉铁路公司在他离开后的几个月里没铺出一根铁轨。

他解释说:“公司还差我大概1 000美元，我为此感到担忧。我把手头的钱都安全地存起来，为此我觉得自己非常幸运。”他提到曾给哈珀兄弟寄去一份提议，他提出与他们的一个儿子在伦敦开一家哈珀兄弟出版社分社。但他对前景并不乐观。接着他直接问斯蒂芬斯，有没有机会被任命为巴拿马铁路公司的“土地勘察员”。“我绝对有必要找点事做，让孩子在身边长大。”

卡瑟伍德在大部分给斯蒂芬斯的信上（我们没有一封斯蒂芬斯的回信）提到古迹和中美洲——就像一个衰老的运动员回味当年的辉煌。他似乎放不开他们一起创下的功绩和他生命中那段最不寻常的时光。一次，可能是为了帮助卡瑟伍德摆脱财务困境，斯蒂芬斯同意购买他印的一套巨大的中美洲版画。

卡瑟伍德说一套共17张，他会把它们寄给斯蒂芬斯，只收印刷和画框成本，再减去他欠斯蒂芬斯的10英镑。提到它们的尺寸时，卡瑟伍德解释说:“它们占了好大一块地方，要想更好地展示它们，房间至少要有26～30英尺长、16～18英尺宽，还要有足够的高度。”

他说，还有一个书商找到他，想推出一本关于中美洲的小书，他认为那个书商的意思是斯蒂芬斯图书的一个只售两先令的便宜版本。卡瑟伍德对斯蒂芬斯说道:“我不知道如何写书，再说，没有你的同意和许可，我不可能尝试任何那样的事情。”

卡瑟伍德说他更想出版他自己图书的另一个版本。“我发现我的中美洲作品有一些需求，而且我身边还有印版，我在考虑出版一个只有前面那本一半价钱的廉价版本。”但从各封信上可以看出，他的钱不多了，他也越来越多地想在斯蒂芬斯那里谋一份与巴拿马铁路工程有关的工作，而不是把赌注下在充满不确定因素的出版计划上。

与此同时，阿斯平沃尔在英国成功兜售出一些公司股票。如果英国政府同意与美国共同保证巴拿马地峡的中立地位，伦敦强大的银行企业巴林兄弟公司（Baring Brothers & Company）愿意入伙。10 月初，阿斯平沃尔致信斯蒂芬斯，敦促他到华盛顿游说扎卡里·泰勒总统的政府支持这项提议。

在同一封信上，他说卡瑟伍德为工作的事找过他，他问斯蒂芬斯的意见。公司已经选定了两家承包商来建设这条铁路，因此卡瑟伍德能承担什么任务尚不清楚。

“卡瑟伍德渴望去巴拿马地峡，尤其是在你的公司里。”阿斯平沃尔写道。“他会按非常合理的条件与你一起去。他特别希望我理解这一点。”不久后，卡瑟伍德致信斯蒂芬斯，说他理解公司没法支付高薪。他解释说，他每年的花费在 1 500 ~ 2 000 美元，并且眼前“我只能花自己的钱跑来跑去，这一点当然很不理想”。

11 月，阿斯平沃尔最终同意雇用卡瑟伍德，签订了一年合同，工资 1 500 美元，外加往返巴拿马的旅费。阿斯平沃尔给斯蒂芬斯写信说，卡瑟伍德将立即启程赴纽约，他将在纽约见过公司董事后，再与斯蒂芬斯前往巴拿马。但斯蒂芬斯似乎没能及时收到阿斯平沃尔那封信，一个人去了巴拿马并且于 12 月 10 日到达。

“我住在我们铁路公司的一间铁皮房子里，里面住了几十号人。

要想不绊到人走出去是不可能的。”他写信给父亲，描述随着一船又一船淘金客的到来而出现在查格里斯河河口的那个简陋定居点。“这里一片混乱和凄惨的景象。今天下午，五六百人带着各式的行李占据了河岸，在泥泞和雨水中焦急地为独木舟讨价还价。”

卡瑟伍德次月抵达，与斯蒂芬斯在巴拿马城会合。两个老相识又走到一起，不过这一次，因为涌入成千上万陷入淘金狂热的人，这座城市混乱不堪。而且这一次，他们的共处几乎还没开始就要结束了。

# 第 25 章
# 连接大西洋与太平洋

建设巴拿马铁路的总规划非常简单。它被设计成适应和利用正在涌入巴拿马的大量人口的建筑规模。根据那年早些时候进行的工程测量，项目要求铁路修建工作从地峡中部的戈尔戈纳开始，铁轨将从那里越过韦拉瓜斯山，铺到巴拿马城。

公司指望这一段将花上不超过一年，那时这段铁路就可以开始收费运输沿查格里斯河而上的乘客和货物。有了这笔额外资金注入的支持，公司可以转而开始那项更艰巨的工作：铺设穿过加勒比海一侧茂密丛林的铁轨。

另外，如果一条临时木板道可以在铁路沿线被快速修通，它也可以带来额外现金。公司还在建设小型的浅吃水蒸汽船，并准备将船派到巴拿马，投入查格里斯河上的商业性运营，运送乘客溯河而上到达戈尔戈纳。这些蒸汽船还可以运输材料和工人上驶到位于该地区中部的铁路工地。

根据计划，前半段铁路线完工后，公司就可以提供舒适的交通工具，用船、有篷马车和火车在一两天内将乘客运过地峡。乘客紧接着坐上太平洋邮轮公司往返巴拿马城和旧金山的汽船，这段航程不超过三周。这样，乘客可以相对舒适地走完纽约和旧金山间的全部行程，时间也减少到一个月多一点。计划相当完美——在纸上。

1849 年 10 月，公司雇了两名资深的美国工程师。他们有在新格拉纳达的加勒比海沿岸热带地区工作的经验。1850 年初，两人到达地峡，立即看出他们面临的一个严重问题。第一批浅吃水蒸汽船已经到达并被投入运营，但情况很清楚，大部分建设工作将在旱季进行，即使处于最浅的吃水状态，它们也没法在旱季的浅水中沿查格里斯河上行。

竞争对手已经在计划更靠北的经墨西哥和尼加拉瓜通往太平洋的通道，随着来自它们的压力增长，公司需要立即改变计划。如果那些企业坐大，能够从巴拿马地峡抽走足够客货流，那巴拿马铁路还没完工就要破产了。

利蒙湾（Bay of Limon）位于查格里斯河河口到海岸之间，又名海军湾（Navy Bay），这个名字最初是哥伦布第三次航行到美洲时起的。离大陆不远，一座名为曼萨尼约的为珊瑚礁所环绕的小岛躺在海湾边。公司的勘察师要求铁路的加勒比海终点建在曼萨尼约岛上，因为利蒙湾提供了一个很好的深水避风港，其内可以停泊远洋汽轮。承包商现在认识到，不管喜欢与否，他们都得从那里开始建设。

与此同时，斯蒂芬斯已经到了另一侧的巴拿马城，公司在那里设立了办事处。他在 12 月末给父亲写信，说因为雨季结束较晚，他在河上耽搁了五天。自他和鲍德温调查地峡以来，时间已经过去了一年半，他惊讶于这里的变化。

斯蒂芬斯写道：“几乎每天，汽轮将数百人卸在查格里斯河河口附近的码头上。所有这些都表明了我们修建铁路的必要性，但同时也增加了建造它的难度。”他将巴拿马城的变化称为最不寻常的。他说以前住一个月花了 8 美元，现在同一个地方要付 100 多美元。城市一片混乱，挤满了等船到加利福尼亚的人。

斯蒂芬斯还说他正在焦急地等待卡瑟伍德，因为在他启程赴新格拉纳达首都波哥大（Bogotá）前，他还有大量铁路上的事务需要料理。新格拉纳达共和国给予铁路公司的特许权还没批下来，全国议会计划于初春投票表决。他必须赶到那里，斯蒂芬斯写道：“我乘 1 月 27 日的汽船去波哥大，大概要回来后才能见到卡瑟伍德了。”

没过太久，斯蒂芬斯的老朋友带着一堆公司文件和信件出现了。他给父亲写信说：“收到你请卡瑟伍德带来的信，得知你很好，甚慰。我一直在忙生意。”他说他找到了很好的住处，能吹到清新的海风，但他又病了。疟疾的折磨固然厉害，工作压力也在损害他的健康。他的恼怒显露出来，还用罕见的责备口气抱怨似乎很节俭的父亲：“顺便提一下，我希望你这封信不是写在一小片纸上，而是写在信纸上，塞在信封里。信纸不写满也没关系。”

他还告诉父亲，说如果他的波哥大之行获得成功，他得为此向公司董事会要一笔奖金。

> 但我不是想抱怨，因为他们做到了我要求的一切，还寄来一份授权委托书，实际上将整个公司完全无条件交到我手里，如此毫无限制的权力，我是很难把它授予任何人的。
>
> 工程师、船长及全部人和事都置于我控制下，显示了对我能力和品德的某种信任，也将一份沉重的责任压在我

肩上。我需要独自考虑和决定的事务，比在纽约需要董事会两三次会议决定的事务还重要。

赴波哥大前，他将公司急需处理的工作和通信的一大部分交给卡瑟伍德。他们在一起的时间很短，但盼着斯蒂芬斯从波哥大回来后再聚。波哥大市深处内陆，距加勒比海800多英里。城市位于安第斯山脉中，坐落在海拔近9 000英尺的高原上。一个写到这一时期的历史学家将它描绘成“地球表面最难以到达的城市之一”。

19世纪，从巴拿马乘船和骡子到那里需要3 ～ 4周折磨人的艰苦跋涉。在到达城市前的最后一段陡峭的上山路上，斯蒂芬斯摔下骡子，背部受了重伤。他忍着剧痛进了城，立即卧床不起。他克服了巨大困难，强撑着继续与政府进行铁路谈判。

1850年3月中，斯蒂芬斯给父亲写信，说虽然“伤势很重”，但他正在缓慢恢复。“霍乱就在我们身边，据说昨天已经进入这座城市。但除了它可能对我的业务带来影响外，我对此毫不担心。”

4月中，新格拉纳达议会批准了铁路合同。但斯蒂芬斯还没法离开首都，他为重病所阻又待了5周。这病是与背伤有关，还是霍乱或过去的疟疾热复发，这一点尚不清楚。但一个朋友后来评论说，自波哥大附近的事故以后，他的健康从未完全得到过恢复。据说许多月后，他还拄着拐杖。与此同时，他受伤生病的消息传到纽约报纸上，引发朋友和家人的深切担忧。

听到消息，阿斯平沃尔表达了极大不安。他在5月给斯蒂芬斯写信：“我很高兴卡瑟伍德已经在巴拿马地峡，在你被迫离开期间，这个情况对你肯定也是个安慰。记住一件事——你必须回国。”

斯蒂芬斯的严重病情还清楚地表现在妹妹阿梅莉亚·安（Amelia Ann）写于5月末的一封信上。她提到了“可怜的爸爸的焦虑”，催他立即回国。她从过去的经验知道哥哥很少抱怨，尤其是关于病情。她写道：“从你自己的话里看出，你一定非常痛苦。我们知道，你谈到痛苦的时候，肯定已经病得不轻。你经常在外，亲爱的哥哥，但我以前从未从你的话里感觉到这么多不安。”

1850年5月，他的身体状况终于恢复到允许他离开的程度，此时距他被抬进波哥大已经过去了三个多月。虽然身体虚弱，但他的任务获得圆满成功。除合约获批外，附加修订扩大了特许权给予的土地，增加了阿斯平沃尔的马车路。

虽然受伤生病（有一段时间，他只能以一个姿势躺在床上），他的魅力显然一点也没减少。他在政府官员中交到不少朋友，他们后来的信件里充满了对他的深厚感情和尊敬。还在恢复期间，他收到新格拉纳达共和国总统在政府官邸宴请他的私人邀请。

最终，为了回到巴拿马城，斯蒂芬斯还得坐在一把经过特别设计的软垫椅子上，让人抬下山，到达马格达莱纳河(Magdalena River)。这无疑让他想起了坐在由印第安人抬着的轿子翻越马德雷山脉(Sierra Madre)到达帕伦克的那次短暂却惊心动魄的经历。在沿海城市卡塔赫纳(Cartagena)，他遇到这条铁路的两个承包商之一乔治·托滕(George Totten)。托滕正在招工，两人与40名劳工一起乘汽船到达巴拿马城。

在巴拿马城，一直焦急等待斯蒂芬斯返回的卡瑟伍德现在也得了重病。他写信给斯蒂芬斯，说他是徒步穿过地峡为木板路勘察线路时，因为“暴露”得的病。两人现在的情况都不允许他们穿过地峡去见对方，尤其是在雨季已经到来的情况下。

卡瑟伍德写道："你不能到达巴拿马城，我很失望。我们在纽约共同度过了上一次独立日……尽管时过境迁，我依然盼着能一起度过另一个愉快的独立日。利奥（Liot）船长说你没尝试穿越地峡，你做得完全正确，因为某些地方的路况非常差。"至于他自己的健康，他说："我不记得还有哪次比我上一次更严重的发作。"

乘汽船回纽约前，斯蒂芬斯第一次到海军湾察看开工情况。他看到的一切令人气馁。曼萨尼约岛根本不像公司勘察员在诱人的招股书上描绘的如田园诗般的热带天堂。围绕在珊瑚礁内的一平方英里土地大部分持平或低于海平面，是一片鳄鱼、蛇、沙蝇、蚊子出没无常，遍地是黏滑的深黑色淤泥、沼泽的红树林，没有一处地方能找到淡水。它无人居住，也没法让人居住。但他们别无选择，海湾本身是理想的选址，铁路必须从那里开始。

前一个月，托滕和他的缔约合伙人及现作为他们主要助理的詹姆斯·鲍德温带着一小队劳工上岸，开始在红树林中开辟足够建设高脚仓库的地方。斯蒂芬斯到达时，这些人还住在抛锚于岸边的一艘小型双桅船上。因为昆虫的不断侵扰，岛上没法睡觉。但是在船上，甲板下的拥挤、浓重的湿气、酷热和蚊子仍将大部分人赶到甲板上，即使这意味着睡在大雨中。

大部分工人生病发热，许多还有足够精力的正收拾行囊，准备越过地峡前往加利福尼亚。斯蒂芬斯安排将一艘废弃的汽船从查格里斯河拖到海军湾，为工人提供更好的住处。6月末，他启程去纽约时，为数很少的人手还在酷暑和瓢泼大雨中继续清理曼萨尼约岛。

尽管巴拿马的条件令人沮丧，但在纽约，修建这条铁路的工作还在不断地进行中。回国后，斯蒂芬斯当选公司新的董事长，这个新形

在巴拿马的沼泽里为铁路工人盖的第一座棚屋（《哈珀新月刊》（*Harper's New Monthly Magazine*），1859）

势在他看来肯定既是荣耀，也是负担。看过海军湾并且多次越过地峡后，他立即明白了前方面临的巨大障碍。

随着公司全部重担现在正式落到斯蒂芬斯头上，他将有六个月不能回到地峡。在此期间，他的生活完全被工作占据：签订购买机车的合同、订购铁轨、制定吸引工人的策略（他们可得到六个月、三个月甚至六周或更短的合同，还有回国或去加利福尼亚的交通保障）。

所有材料都要在美国采购或制造（铁轨除外，大部分铁轨产自英国），再用蒸汽船运到巴拿马。连现在涌向地峡的成百上千名工人的住房都是预制后运去组装，同时还要运去成千上万磅的食品和药品。公司雇用了医生，一所医院也在当地兴建。蒸汽打桩机、木桩、枕木、工具等建设铁路过程中所需的一切都需要采购并且花巨资运到巴拿马。

现在，斯蒂芬斯实际上成了当时最大的建设项目之一的总指挥，这是一项不亚于建造那些伟大玛雅作品的艰巨任务。他需要再次走进丛林，改造它的地形。如果他有那么一刻看到它们的相似之处，他显然能够理解玛雅统治者和劳动者需要战胜的困难和自然力量，而且他们的工具和资源远少于他拥有的。这样的想法会不会给他带来任何安慰还有疑问。他的健康没得到恢复，工作无休无止，他别无选择，只能打起精神，坚持和推动实现西半球第一条洲际铁路的梦想。

有了圭亚那的经历后，卡瑟伍德现在的目标是尽快完成在巴拿马的工作，离开这里，尤其是现在斯蒂芬斯不再和他一起待在地峡的情况下。与成千上万蜂拥通过巴拿马到达太平洋的人一样，他现在满脑子做着加利福尼亚的事业梦。与阿斯平沃尔谈判时，他没有隐瞒自己的计划。

前一年，他告诉阿斯平沃尔，说他不想发大财，只是将加利福尼亚看成另一类的金矿，一个在飞速发展的美国西部沿海应用其建筑和工程技艺的机会。根据他与阿斯平沃尔达成的一项新协议，因为健康状况不佳，他只能在地峡待上六个月，合同年度的余下时间里，他将在离旧金山不远的贝尼西亚镇（Benicia）上的太平洋邮轮公司维修站为阿斯平沃尔工作。

但斯蒂芬斯不在的期间，他被额外的工作和生病耽搁，直到8月才得以启程前往加利福尼亚。离开巴拿马城前，他给斯蒂芬斯寄去一份请求：

> ……我的薪水很低，还在地峡多耽搁了两个月，并且我的

> 工作也得到L（勒德洛）先生和阿斯平沃尔先生的认可，董事会应该在我的薪水之外支付一个他们认为合适的金额。我希望是1 000美元，这对我在旧金山的生活兴许会有莫大的帮助。
>
> 现在，为了在我万一不幸时孩子们有个保障，我每年支付625美元的人身保险，仅此就是一大笔支出……每年1 500美元，还要负担三个孩子上学。实际上，如果今年没有其他资助的话，我就要动用我微薄的存款了。

当他最终于8月下旬到达旧金山时，他又一次涌起了对古迹的渴望。在到达后的一封信上，他告诉斯蒂芬斯，说他在北上过程中听说加利福尼亚新发现了“印第安遗址”，说他希望去寻找并且察看它们。“消息来源非常可靠。”

他说他还希望旧金山能帮他恢复健康，但也抱怨这里“可怕的”、冷得出奇的夏季天气。两个月后的10月，他又称赞这座城市，称它“令人愉快，白天温暖，夜晚凉爽宜人，而且六七个月没下一滴雨”，与巴拿马相比，这一定出乎意料地令人感到宽慰。

与此同时，斯蒂芬斯安排支付了朋友的额外薪水。卡瑟伍德感谢他让自己“多出1 000美元”，还说永远感激他的“善良和友谊”。可惜我们未找到斯蒂芬斯给卡瑟伍德的信，只留有卡瑟伍德的那一半。因此我们很难知道斯蒂芬斯为什么没有回卡瑟伍德接下来的7封信。

卡瑟伍德屡次抱怨说，他从未收到任何私人信息，任何关于斯蒂芬斯在纽约的家庭情况，任何关于他们共同朋友的情况。最终，他在1851年1月绝望地写道：“我毫不怀疑，你的职务占去了你太多的时间，你没空在信上写那些闲言碎语，但我依然相信，不久后你就会在下一封信里稍稍打破你的长期沉默。”

卡瑟伍德很担心斯蒂芬斯的健康，试图说服斯蒂芬斯离开巴拿马，来加利福尼亚，至少来看看自己和他的侄子普拉特·斯蒂芬斯（Pratt Stephens）。普拉特是当年早些时候来的旧金山，他给叔叔写信：“卡瑟伍德正在来这里的路上，他想劝你如有可能就陪他来。我希望你能熟悉这片非常原始的土地。”

卡瑟伍德更进一步，劝斯蒂芬斯考虑来加利福尼亚从政。“真可惜你没踏上加利福尼亚，成为美国参院的候选人。即使现在也不算太晚，你会有很大的成功机会。一个新人加名人将所向披靡。你说呢？”

在大陆另一面的纽约，政治是斯蒂芬斯考虑得最少的事，至于他疏于回复卡瑟伍德的信，正如他朋友怀疑的，非为其他，最大的可能还是因为他巨大的工作负担。另外，1851 年初，在卡瑟伍德抱怨他的长期沉默的时候，斯蒂芬斯再次来到巴拿马，一头陷入正在迟滞的铁路建设的似乎无穷无尽的困难中。

他一到那里就发现了一个严峻形势。他的工作队伍陷在所谓中美洲最恶劣的沼泽地里。托滕和鲍德温带人涉过齐胸深的沼泽，成功清理并建成一条从曼萨尼约岛通向大陆的路。他们认为最艰难的部分还仅仅是开始。

痢疾和疟疾轮番发作的两个人现在面临着原始热带森林和延绵数英里的流沙、污泥、沼泽。一些地方的沼泽太深，成吨成吨支持钢轨底座的土石填下去都难以打到底。为了向前推进，他们不得不在沼泽上打桩建框架支撑铁轨，留待以后回填。与此同时，工人正在几十几十甚至几百几百地大批死去。

铁路修通几年后，来到巴拿马的公司职员特拉西·鲁滨逊（Tracy

Robinson）写道：“恶劣气候像一只拦路虎。居然有人能活下来讲这个故事，现在看来似乎令人惊讶。”穿过沼泽的许多工作是由从卡塔赫纳周边地区找来的当地人完成的。因为他们和几百名从牙买加招来的黑人习惯了这样的气候，托滕将他们看成最好、最顽强的工人。不久后，从新奥尔良来的爱尔兰人也加入他们，公司后来还直接从爱尔兰招人。木工、机工和助理工程师从美国涌来。

到 1851 年初，斯蒂芬斯到达时，近千人已经加入这支劳动大军。一些人沿着深入内陆近 20 英里的勘察路线，在间隔分布的片片高地上建起了住房、医院和工场。但大部分人在铺设穿过其间的铁轨路基时驻足不前。有时候，因为疾病和死亡，工作频频陷入停顿，尤其是在一个名为“黑沼泽”（Black Swamp）的地段。

读过第一手报告的罗滨逊写道：“白人像被割倒在太阳底下的植物一样枯萎死去。”有时候，过半劳力生病不能工作。托滕回忆并写道：“经过两个月时间，一支由 45 个木匠组成的工程队中只有三四个还在工作，或能够工作。其余的人都因为发热和疟疾倒下了，每条船回国时都会载着经医生诊断不能回到工作岗位的人。”早期，一组工人同意工作 100 天，但根据托滕的说法，最初的 300 人中，只有 90 人完整地待满了合同上规定的工期，还有数百名工人直接收拾起工具，汇入源源不断的穿越地峡前往加利福尼亚的人潮。

这是一场充满生死挣扎，一场有战地指挥官、伤亡和逃兵的战争。最终，谁也搞不清有多少人死在这条铁路的建设过程中。也许是刻意为之，公司从未保存准确的减员记录。它公然淡化事故和疾病：疟疾、登革热、伤寒、痢疾、肝炎和霍乱。

许多关于伤亡的报告都严重夸大其词，如一个流传很广的谣言说：

铺过地峡的每一条枕木下都躺着一个死人，按这个说法，死亡人数超过了实际参与铁路修建人数的十倍。但工人显然正在大批地死去，其速度即使在当时也是无法让雇用方承受的。

指导这条铁路建设的总工程师，后来任总管的托滕承认，建设铁路的五年期间，在铁路上工作的逾 6 000 名工人中，有 800 ~ 1 200 人丧生。其他描述声称死人比率达到了 40%。这些描述还不包括另外数百个病得没法工作的人，他们的身体被热带疾病击垮，回家后不久就死了。

斯蒂芬斯到达时，由热带疾病造成的工程减员才刚刚开始，他自己也很快再次得病，也许是疟疾和那令他熟悉得不能再熟悉的“打摆子”产生的信号。1851 年 3 月，一个朋友听说他病了，来信劝他不要在即将到来的雨季待在地峡：“健康无价，失去了不会再来，虽然你劲头十足，可我还是要警告你，别拿它不当回事。”

阿斯平沃尔也得到消息，他在 4 月给斯蒂芬斯寄的信中写道：“现在，千万千万，记住你的承诺，我亲爱的朋友，不要留在地峡，让自己暴露在危险中。你不知道我有多担心，怕你的精神会带你越过谨慎的界限。现在，我愿意放弃一切，只要你能够平安地回到家里。我要你无论如何乘‘佐治亚号’（Georgia）回来。”

斯蒂芬斯忽略了这些劝告，他在巴拿马待到进入雨季后很久的 7 月。项目折磨人的缓慢进展只能驱使他程度更深地投入到工作中。像大自然吞噬了伟大的玛雅城市一样，不屈不挠的巴拿马原始丛林也许会连斯蒂芬斯和这条铁路一起囫囵吞下，这样的可能性日益令人担心。他们设置的每一个时间表都要修正，他们的所有计划都要重新计算、调整。经过长期且艰难的游说，他依然没能说服足够的格拉纳达官员，让他们将曼萨尼约岛全部权利授予公司。他坚持认为，要建设一座为铁路服务的港口城市，这一点必不可少。

作为董事长，斯蒂芬斯知道资金正在枯竭，铁路正接近耗尽股东的初始投资。随着每一份关于死亡和疾病、令人无法忍受的沼泽环境和工作条件，以及公司在立约雇用工人方面无能的报告被送达纽约，筹措新鲜资本的前景变得越来越黯淡。疑心病重的投资者声称铁路永远完不了工。

另外，一家横贯尼加拉瓜的运输公司日益繁荣，成为悬在公司头上的“达摩克利斯之剑”。那家公司的创办人就是以无情出名的“船长”科尼利厄斯·范德比尔特（Cornelius Vanderbilt）。他也渴望在淘金潮里捞上一笔，已经将几艘汽轮投入圣胡安河，这条河从尼加拉瓜湖流向加勒比海。从尼加拉瓜湖向西经陆地到达太平洋只有一小段路。斯蒂芬斯非常熟悉这条路，十年前，他为一条可能的运河勘察过这里。

1851 年 7 月，斯蒂芬斯最终回到纽约，铁路初创人正在那里全力以赴地筹措新资金。为了争取更多的时间，公司发行了债券。斯蒂芬斯避开公众注意，压下自己的疑虑，继续工作。

1851 年 11 月，斯蒂芬斯回到地峡。1852 年 1 月，他给父亲写信，信中说道：“非常幸运，我回到了这里。工作曾走入谷底，形势一度前所未有地黑暗。但是现在，整个面貌变了。我们已经来到最后一个沼泽，一个工作条件极为恶劣的地方，但有了干燥的天气和好的劳力，再有两周，我们将安全通过这里。”托滕和鲍德温没有放弃，他们将铁路推进到从曼萨尼约岛深入内陆七英里，位于查格里斯河上的加通村（Gatun）。但整个项目依然面临着资金断裂的危险。

这时“天公作美”，曾经困扰着项目的同一个自然力现在意外地转向他们一方。10月初，恶劣天气迫使几艘汽轮放弃驶入危险的查格里斯河河口，转而驶往海军湾寻找安全锚地。在海湾里，成百上千名旅客涌上曼萨尼约岛，声称只要将他们送到加通，他们会付任何价钱。托滕写道："我们提出装好我们的砂石车来运送这些旅客，他们很乐意地接受了。就这样，有的坐在粗糙的车底板上，有的坐在旅行箱上，1 200名快活的乘客在砂石车里为巴拿马铁路的第一段：一段七英里的程段举行了通车庆典。"

在加通，乘客转到当地人的独木舟上继续剩余的旅程，沿查格里斯河上驶。几周之内，几乎每艘来船都将到达地从查格里斯河转到了海军湾，从那里乘火车可以将穿过地峡的旅程缩短两天。尽管冒了进一步延迟建设的风险，但斯蒂芬斯和托滕搭载旅客的决定带来源源不

斯蒂芬斯住的小屋俯视查格里斯河（《哈珀新月刊》，1859）

断的现金收入，帮助挽救了铁路。

随后几个月里，公司又招来几百名工人，并且随着铁路离开沼泽，进入更高、更坚实的地面，建设速度大大加快。1852 年初，近 1 200 人工作在铁路沿线的各个工地，斯蒂芬斯得以据此预测，到年底，他们将在巴瓦科阿村(Barbacoa) 到达和越过查格里斯河——穿过了地峡的一半。工程新进展的消息到达纽约，投资人再次抢着要“登上这趟车”。

1852 年 2 月 22 日，形势大为好转，公司为曼萨尼约岛的第一座砖楼举行了奠基仪式。这座建在月台边的大楼将成为未来的公司总部。不远处，随着酒店主和零售店主纷纷将业务从查格里斯河河口地带转来，一座凌乱、粗糙的小镇从过去的红树林沼泽中拔地而起。岛上的土地逐日被各种各样的建筑物填充，街道也渐渐地铺展开来。斯蒂芬斯安排用人工渠从几英里外的一条河引来淡水。最终，他差一点就说服新格拉纳达共和国政府将该岛的全部权利授予公司。到了给这里起个名字的时候了。

格拉纳达新任驻美大使维多利亚诺·德迭戈·帕雷德斯 (Victoriano de Diego Paredes) 出席了奠基仪式。在简短的讲话中，他提议以“阿斯平沃尔”命名新城市，以表达对公司主要创立者的敬意。乔治·劳（George Law）立即接受了这个提议。他是巴拿马铁路公司最富有的董事之一，刚刚赶来视察铁路。

接着，斯蒂芬斯作为公司董事长发表简短讲话，正式接受了这个名字（多年后，哥伦比亚政府为纪念克里斯托弗·哥伦布，将它的名字改为科隆（Colón）），观众人群中响起三阵欢呼。随着掌声渐去，似乎在在场每个人的眼里看来，约翰·L. 斯蒂芬斯，那个著名的玛雅文明记录者，才是那个时代惊天伟业之一的真正领导者。

随后发生的事情不是很明朗。根据一个广为流传的说法，一个月后，在狮山（Lion Hill）附近的丛林里，有人发现斯蒂芬斯昏倒在铁路边一棵高大的木棉树下。这棵树后来被称作“斯蒂芬斯树”。据说他在昏迷中被抬上一艘开往纽约的汽轮。当然，斯蒂芬斯在巴拿马多次病倒，并且也确实是1852年4月回到纽约的。但这个说法多半是杜撰的。回到国内时，他的朋友弗朗西斯·霍克斯神父描述他“身体说不上棒，但还不错”。

自他与卡瑟伍德和卡伯特从尤卡坦回国，走下“安娜·路易斯号”以来，十年过去了，并且过去四年，他几乎有一半时间是在巴拿马的丛林中度过的。日积月累的旅行无疑影响到他的健康。才只46岁，他自己有时会说出他的疑惑，不知道自己会不会活着看到他倾注了无限心血的铁路项目完工。离开巴拿马前不久，他在给父亲的最后一封信上承认：“我经受了巨大折磨。”

一到纽约，他就住进了距百老汇大街78号的铁路公司总部仅有几步之遥的德尔莫尼科酒店（Delmonico Hotel）。3月，阿斯平沃尔给他写信，说公司董事正焦急地等他回来商量一座桥的建设事宜。这条长跨度的大桥将在巴瓦科阿村横跨查格里斯河。项目形势已经好转。

现在，铁路已经修过计划路线的一半，通过了地峡最恶劣、最曲折的地段。公司现在计划将余下的建设工作交给乔治·劳的合伙公司，他签订了建设巴瓦科阿大桥和铺设越过分水岭到达巴拿马城的最后一段铁轨的合同。斯蒂芬斯在从巴拿马寄给父亲的信上说道：“我现在有豁然开朗的感觉。”

18525月，近300人挤在亚斯特酒店宴会厅，参加为乔治·劳举办的晚宴。他参与的巴拿马铁路和他的纽约、查尔斯顿（Charleston）、哈瓦那、查格里斯河及现在的阿斯平沃尔港间的邮轮航线为纽约商人赢得广泛的称誉和大量的贸易机会。宴会上，对巴拿马铁路公司的称赞声不绝于耳，劳就是公司董事会一名重要的董事。

到劳最终起立发表讲话时，他转向坐在附近讲坛边的斯蒂芬斯，举起酒杯致辞说：“将旅客从这里送到加利福尼亚，与这桩事业长期联系在一起的是这位先生。我再说一遍，是他开启了这项事业。每个人

阿斯平沃尔岛（《哈珀新月刊》，1859）

“斯蒂芬斯树”，据说他被发现昏倒在这棵树下（《哈珀新月刊》，1859）

都知道那项工程，你们都认识约翰·L. 斯蒂芬斯，巴拿马铁路公司的董事长。”人群中爆发出一阵欢呼。

接着斯蒂芬斯站起来，否认自己是这条铁路的创立者，他说那项荣誉要归于威廉·阿斯平沃尔。他的话引来又一轮欢呼。不过他承认，几年前最初勘察过地峡后，他想的是：在那片地区听到火车汽笛声简直是异想天开。他接着转向劳，为他继续修完余下的铁路向他敬酒，也为通过尼加拉瓜和墨西哥特万特佩克（Tehuantepec）连接两大洋的竞争对手干杯。

最后一次举杯时，斯蒂芬斯大声说：“祝连接大西洋和太平洋这项伟大的美国事业获得成功。”

# 第 26 章
# 最后的相逢

1850 年，一条含金石英的矿脉在内华达山脉下一个叫格拉斯瓦利（Grass Valley，又名“草谷”）的地方被发现。消息传到 125 英里外的旧金山，引发一场小规模的淘金潮。成百上千的淘金客涌向那个地区，其中就有弗雷德里克·卡瑟伍德。他再一次决定从头开始，这一次是作为矿业工程师。虽然他跟斯蒂芬斯说过不加入淘金潮的话，但可能发一笔小财的诱惑实在太令人难以抗拒。

同于 1851 年 4 月到达格拉斯瓦利的是一个叫阿隆索·德拉诺（Alonzo Delano）的画家兼作家。他和一个合伙人买下了谷地一座山的开采权。开挖期间，他结交了卡瑟伍德，后者这时已经是附近戈尔德希尔（Gold Hill）一座金矿的合伙人。

德拉诺在淘金潮期间遇到各式人物，绘制了大量素描，后来将它们集中出版。他在 1851 年 8 月给一个朋友的信中简短地提及卡瑟伍德，那段描述成为存世不多的描绘卡瑟伍德的文字之一。但就像卡瑟伍德之前在图卢姆遗址的“自画像”一样，德拉诺的描写再次留给我们一个模糊的形象，卡瑟伍德身上的谜大部分依然没解开：

> 尽管我们这帮人里恶棍成群，矿主和工人依然延续着追求知识和各种技艺的崇高品格。他们中就有我的邻居和朋友弗雷德里克·M. 卡瑟伍德先生，举世闻名的画家兼旅行家。那个谦虚、文静的人，站在冒着蒸汽、运转得轰轰作响的粉碎机旁，举止中没有一丝卖弄，穿着朴素、粗糙、色彩单调的灯芯绒厚大衣和裤子，高帮粗皮靴一直裹到膝盖，头戴一顶宽边的加利福尼亚帽子，稍显突出的鼻梁上架着一副眼镜。你很难想象，他就是那个用现场绘制的图画为斯蒂芬斯的杰作《佩特拉》和《尤卡坦》①配插图的画家。甚至，如果你要让他脸红……和他谈谈他的作品。他谦虚到不愿惹人关注的程度，但如果你能让他开口畅谈，你会发现他不仅是个画家，还是个绅士。他是他公司的总裁和那座矿的所有人之一。

他的戈尔德希尔石英矿公司（Gold Hill Quartz Mining Company）被经营得很成功，早期一度每天净赚 800 ~ 1 000 美元，卡瑟伍德似乎最终实现了长期追求的财务安定。他给斯蒂芬斯写信说，他依然很谨慎，他投入公司运营的资本不超过 5 000 美元。他的工程技艺无疑在矿山机械的设计中被派上用场。公司需要这些机械分离出嵌在石英里的金脉。蒸汽机驱动捣碎矿石的粉碎机。嘈杂的蒸汽时代的到来打破了内华达山脉长久以来享有的宁静。

①指《埃及、阿拉伯佩特拉和圣地旅行纪事》和《中美洲、恰帕斯和尤卡坦旅行纪事》（或《尤卡坦旅行纪事》）。显然德拉诺在这里弄错了，卡瑟伍德没给第一本书插图。

“可惜加利福尼亚让人热络不起来。”他写信告诉斯蒂芬斯，“我不是说这个地方，地方是不错的，我说的是社会状态。对于喜欢某种刺激的年轻人，这里也许有它的吸引力，但对于一个像我这样冷静得有点乏味的老家伙，它特别不合胃口，要不是能赚到钱，这里真令人难以忍受。”

1852 年 1 月，当戈尔德希尔宣布了 10% 的红利时，卡瑟伍德带孩子回到伦敦，还带去了戈尔德希尔的石英样品。他要给公司招徕新的投资人。我们没有他从加利福尼亚出发的日期，但很有可能，他是于 1851 年秋某个时候离开的。回英国途中，他先到达阿卡普尔科(Acapulco)，再穿过墨西哥，没走巴拿马。

1852 年 2 月，斯蒂芬斯在曼萨尼约岛奠基仪式上致辞时，卡瑟伍德正在针线街（Threadneedle Street）向伦敦银行协会（London's Banking Institute）的成员发表讲话。加利福尼亚发现了黄金，最近澳大利亚也发现了黄金，这些成员关心的是这些发现可能引发的通胀影响。他描述了加利福尼亚的总体情况，告诉这些银行家，目前在矿区工作的人有 18 万到 20 万，平均工资约为每天七八个先令。接着，无疑是想在这些银行家里寻找投资人，他展示了从格拉斯瓦利的矿上带来的含金石英样品。

1852 年 4 月，他在位于查尔斯广场的家给斯蒂芬斯写信，问他是否有兴趣投资戈尔德希尔。他说如果斯蒂芬斯对这样的投机经营保持谨慎，他能够理解。他认为它会有好的结果，同时指出他已经拿到第一次 10% 的分红。他解释说，他正在安排戈尔德希尔与另一家矿业公司的合并，他和其他人正努力为联合公司筹措新的资本。他呼吁斯蒂芬斯说：“在所有股份卖出前告诉我你是否投资。”

接着他再次提到加利福尼亚的印第安遗址，他听说了，但还没机会去看。他没说它们具体在哪里，但声称它们是“不同寻常的古迹，规模宏大而且重要”。他还说，另外只有三四个人知道它们，他急着在他们之前赶到那里。（这个说法还是个谜，因为加利福尼亚不存在与古代玛雅遗址类似的遗址。）

“我的想法是仔细画下素描，再和你一起花上个把月，写出你的作品新版本的一个小附录。你对那个主意满意吗？”斯蒂芬斯也许会欢迎这个想法，因为劳安排了新的建设合同，铁路建设的重担正逐渐从他的肩上卸下。可惜我们没有斯蒂芬斯给卡瑟伍德的信来告诉我们。

6 月末，卡瑟伍德从斯蒂芬斯那里听说他回到纽约，写信说得知他安全回家，他感觉如释重负。他写到去纽约的事，但指出合并谈判耽搁了他的行程。接着他的语气中透出担忧。虽然 4 月时他还看好他的采矿投资，但现在对它的前景也没那么确定了。他指出加利福尼亚那边可能出了什么问题，因为戈尔德希尔的财务报告没有被正常地发给他。接着他不祥地补充说：

> 要是我再次找到你，要求得到一份与巴拿马铁路有关的工作，千万别吃惊。要是八到十个月后或更早一些，我被迫要去找个职位，我觉得事先问下你能不能给我个位子，这样比较好。我在矿上投入了 1.3 万美元，如果我失去其中的大部分，我不会感到意外。当然这事只有我们俩知道。对此我忧心如焚，为了我的孩子，至于自己，我什么都不担心。

接着是沉默。6 月的这封信是我们能找到的两人间最后一封信。自

5 月宴会后，斯蒂芬斯的健康每况愈下。到夏季某个尚不能准确确定的时候，病情加重。因为城里拥挤湿热，他离开曼哈顿去了长岛（Long Island），大概住在某个家庭成员或朋友的乡间住处。但他的病还没那么严重，他还能密切关注有关铁路建设的事务和其他消息。

阿斯平沃尔在 7 月 13 日给斯蒂芬斯的一封短信上写道："我见到劳伦斯先生（Mr. Lawrence，美国驻英大使），和他谈得很愉快。去看你的时候，我会把情况告诉你。听说你感觉舒服了些，我很高兴。"

铁路公司秘书弗朗西斯·斯皮斯（Francis Spies）定期给斯蒂芬斯写信，汇报公司的业务状况和巴拿马地峡铁路工程的进展。时值巴拿马雨季，铁路建设已经慢到近乎停顿。只要能从办公室脱身，他都会去看望斯蒂芬斯。他在 8 月 18 日写道："这个星期来，我一直都想去看你，但到现在还没成行。星期六我一定要去。"一有来自地峡的汽轮到达，斯皮斯都会带给斯蒂芬斯最新的消息，其中一些肯定给他带来巨大压力，并且强化了他完成铁路修建事业的紧迫感。

"约翰·斯蒂芬斯号"（SS John L. Stephens）

一份报告谈到美国陆军的一个团。它受派遣从纽约出发，准备通过巴拿马，去加利福尼亚和俄勒冈执行驻防任务。7 月 16 日，55 名士兵拖家带口，登上阿斯平沃尔岛的铁路月台，再经公司已经修通的铁路旅行 20 多英里，到达铁路要继续向前铺的地峡中部。从那里，大部分士兵继续步行，翻山到达巴拿马城。妇女儿童和行李一起等着，负责照料他们的尤利西斯 · S. 格兰特（Ulysses S. Grant）中尉四处寻找骡子，好让他们走完最后一段下山路。

这次持续超过一周的迟延最后带来致命的结果。当这支队伍的余部到达太平洋岸边时，部队已经因为霍乱大大减员。这位未来的将军和总统估计，他这组人里，有约三分之一的人在行军过程中丧失了生命。随后几周，在巴拿马湾（Panama Bay）一艘废弃船上被实施隔离的这个团又死了不少人。到 8 月末，该团抵达旧金山时，格兰特写信给妻子说，他们“连士兵、妇女和儿童在内，共失去了 100 号人”。

斯蒂芬斯的病情时好时坏。他以前打败过热病，也出现过好转的时期。有次，斯皮斯匆匆写出一封短信，信中提到他从一个共同的朋友那里听说“你昨天似乎感觉舒服多了”，并且最终说道“医生的看法是对的”。

虽然他的医生至此很可能明白了斯蒂芬斯的病因，但他们也是束手无策。他被诊出肝上有病，这是肝炎和在巴拿马地峡及波哥大感染的热带疾病累积的结果。

1852 年 8 月 31 日，《长岛农业和昆斯县广告报》（*Long Island Farmer and Queen County Advertiser*）登出一则简短的消息：“据称，知名旅行家和艺术家约翰 · L. 斯蒂芬斯先生病危。”他现在纽约州亨普斯特德（Hempstead）。那是长岛上的一个村庄，距纽约不远。

这一时期，阿斯平沃尔非常关心亲密朋友的病情。他决定用斯蒂芬斯的名字来命名太平洋邮轮公司的一条新船。这艘船长 274 英尺，是当时最先进的木壳侧明轮船。它正在伊斯特河上的史密斯和戴蒙船厂（Smith & Dimon）建造，已经到了最后阶段。船上有用木板装饰的豪华客舱、巨大的玻璃舷窗、改进的通风系统、能装 2 万加仑（约合 75 700 升）淡水和供 900 名乘客、船员使用的有冷热水的大浴室。

阿斯平沃尔将汽轮的下水和命名仪式安排在 9 月 21 日。斯蒂芬斯的父亲、亲朋好友和各界群众参加了仪式，而斯蒂芬斯则由于身体欠佳，没能参加。他已经搬到父亲在勒罗伊巷 13 号的屋子里，在那里可以更便利地得到医生和家人的照料。

根据某份报纸的说法，那个夏季的最后一天“闷热潮湿”。下午 2 点，一大群人聚集在第四大街东端。自两岁的约翰 · 斯蒂芬斯和家人站在曼哈顿另一面注视蒸汽船先驱罗伯特 · 富尔顿的“克莱蒙特号”下水以来，45 年过去了。现在，下午 3 点半，“约翰 · 斯蒂芬斯号”的巨大船体滑入伊斯特河，观众中发出阵阵欢呼。那时，这样的下水仪式会吸引成千上万名纽约市民聚集围观。

《纽约先驱报》报道说：“这条船轮廓鲜明，非常漂亮。它的美丽身影是许多来看它下水的人津津乐道的话题。‘约翰 · 斯蒂芬斯号’是太平洋邮轮公司的第 14 条汽轮，也是最豪华的。”当天挤在那波人群中的，几乎可以肯定有卡瑟伍德和儿子小弗雷德里克。

斯蒂芬斯又回到位于勒罗伊巷的家，这里绿树成荫，十分静谧，不远处就是他小时候的游乐场：沿纽约炮台的人行道和滚球绿地。那时他就不怕大人，敢爬过铁栏杆去拿回滚走的球。

斯蒂芬斯的肝上长了个不断增大的脓包。19 世纪中叶的医生对这种病几乎束手无策。那时还没有抗生素等治疗感染的药物，在没有消毒剂的时代，手术差不多一半是救人，一半是杀人。没法手术，医生顶多只能开点鸦片和其他缓解症状的制剂。因此当卡瑟伍德出现在斯蒂芬斯家时，斯蒂芬斯也许已经神志不清了。

我们从卡瑟伍德自己的描述中得知，在他们于巴拿马的短暂共事之后，他和斯蒂芬斯至少又见过一次面。卡瑟伍德在他后来出版的一篇斯蒂芬斯简短生平中提到二人两年没有见面。但我们不知道细节，关于斯蒂芬斯的最后日子，既没有记录，也没有目击者叙述或任何类型的描绘。我们从船舶旅客名单得知，卡瑟伍德和他的儿子于 9 月 4 日乘“太平洋号”（SS Pacific）汽轮离开利物浦，于“约翰·斯蒂芬斯号”下水前一天的 9 月 20 日到达纽约。

对卡瑟伍德亲如父母兄弟的斯蒂芬斯家应该是他的第一站。他是那时才得知斯蒂芬斯重病缠身和那条船要下水的消息，还是在英国时已经知道并且匆匆赶到纽约，来到老友身边？没有存世的书信或其他文字描述，我们永远无法得知答案。我们只知他来得正是时候。

在斯蒂芬斯看来，站在床边的卡瑟伍德和儿子一定像他想象出的幻觉，像幽灵，像发热时做的梦。小弗雷德里克已经 17 岁了，斯蒂芬斯上次见到他时，他才不过七八岁。卡瑟伍德又看到、感觉到什么呢？躺在面前的是他最亲密的朋友，过去的旅伴，与他一起冒险，共历艰辛的那个人，他们是一对天才和近乎疯狂的搭档。他们一起经受过重病的折磨，然而看到老伙计消瘦的身躯、深陷的眼眶和因黄疸而呈现蜡黄色的皮肤时，卡瑟伍德肯定大为震惊。

两年前，从巴拿马写信给一个未名收信人（也许是斯蒂芬斯父亲）时，卡瑟伍德还安慰对方：“我知道他体格强健，发热会很快恢复。”

提到斯蒂芬斯在波哥大的事故和病情时，他说："我相信，到我们见面时，他一定健健康康的。"

这次不是热病复发。斯蒂芬斯的非凡勇气和不屈精神现在已经被疾病和致命毒素打倒。他奄奄一息，两人以前多次恢复的能力这次再也靠不住了。

卡瑟伍德来晚了吗？是斯蒂芬斯烧得迷迷糊糊，大脑太混乱，以至两人没法交流？还是他们在一起的最后时刻，两人还有时间交谈、回味？谈论出书、修铁路，谈论埃及和耶路撒冷？回忆爬上泥泞的米科山的艰难行程？回味那群愤怒的暴民冲进卡莫坦市政厅，用枪指着他们胸口的那一刻；再次为压在热封蜡上的一美元硬币上的鹰而失笑？神志不清的斯蒂芬斯有没有再一次盯着卡瑟伍德，惊奇地看到玛

纽约马伯尔公墓（New York City Marble Cemetery）的约翰·L. 斯蒂芬斯墓室，那块玛雅雕刻局部根据卡瑟伍德的一幅图画刻出

雅统治者的幻影——那些改变了他们生命的石碑——在科潘的森林里高高地耸立在他们面前？

他们是否还记得两人分头走过中美洲时的担忧，在危地马拉城重逢时拥抱对方的如释重负？是否还记得在湛蓝的阿蒂特兰湖上危险地漂离岸边，越过库丘马塔内斯山脉时感觉到的那些彻骨寒夜，躲开的成群昆虫和山道上的大火？是否还记得在帕伦克的宫殿，看着雨云掠过被大风吹弯的树梢向他们压来，闪电划破漆黑的夜空，他们想出了用大萤火虫照明的主意？是否还记得鲨鱼在墨西哥湾围绕着他们陷入静风的船；在梅里达给人照相和笨拙的眼睛手术？

他们是否还记得冒着酷热在多石的尤卡坦走过漫长的一天后，他们在灰岩坑晶莹透亮、富含石灰的水里游泳时感觉到的那股凉爽？是否还能最后一次回想起走下博隆琴洞穴时那摇摇晃晃的巨大旧木梯？

他们是否还记得他们无止境的发寒发热？是否还记得科苏梅尔岛棕榈树树荫下的沙滩上，他们鲁滨逊般的短暂滞留？是否还记得在图卢姆，蚊子对他们发起的疯狂进攻？还记得一次又一次，他们一起发现的深埋在丛林中的石头城市遗迹那萦绕不去、迷惑人心的美？

1852 年 10 月 12 日，星期二，他们的不凡旅程划出的长弧和长期的亲密友谊戛然而止。这天晚上，斯蒂芬斯死在位于勒罗伊巷的父亲家里，享年 46 岁。

三天后，一辆马拉的灵车将斯蒂芬斯的遗体运到圣托马斯教堂（St. Thomas Church），一场美国圣公会（Episcopal）葬礼在那里举行。葬礼后，他的红木棺材被运到第二大街的马伯尔公墓。走在护柩人行列的有塞缪尔·J. 蒂尔顿（Samuel J. Tilden），他是斯蒂芬斯的密友，后成为纽约州长并且赢得 1876 年总统选举的普选，只是在一场有争议的选举人团投票中输给了拉瑟福德·B. 海斯（Rutherford B. Hayes）。

斯蒂芬斯的遗体被临时存放在一座留给他妹夫的没有标记的墓室里。近一个世纪后，遗骨被转入一座大墓室，并一直保存至今。墓室前的标志是一块书吏形象的玛雅雕刻，是以卡瑟伍德以前的一幅插图进行复制的。

# 第 27 章
# 失踪者卡瑟伍德

斯蒂芬斯是卡瑟伍德最好的朋友，是他的主心骨。他信任斯蒂芬斯，爱斯蒂芬斯胜过了任何人。斯蒂芬斯的离世一定深深打击了他。还有迹象表明，他正在逐渐失去平衡。

卡瑟伍德一直承受着巨大压力，要尽快赶到加利福尼亚挽救他的矿业投资。但回去几天之内，他的合并计划开始崩溃。到旧金山后，他要求新合伙人在英国商定的数额之外“立即支付一大笔钱”。公司代理人拒绝支付，合伙公司就此垮台。卡瑟伍德看似说不通的要求也许有它的道理，因为对方公司在他到达前就已经在谈判购买其他的矿产权利。

这对戈尔德希尔石英矿公司意味着什么尚不清楚。在他去英国期间，公司举行了一次高层人员选举，他没能再次当选总裁。即使这些事件在某种程度上损害到他的私人投资（正如他对斯蒂芬斯暗示可能发生的那样），这家采矿公司本身依然在经济上继续繁荣了至少一年。但卡瑟伍德的名字再没有与戈尔德希尔石英矿公司联系在一起。

相反，他再次成为一名铁路勘测员，受雇帮助铺设从矿区附近的马里斯维尔（Marysville）到旧金山湾（San Francisco Bay）附近的贝尼西亚的一条100英里长的铁路线。项目被冬雨延误，但最终于1853年3月完工。

接着卡瑟伍德又一次从公众的视线中消失，直到一年后才重新现身伦敦，并出版了他与斯蒂芬斯的第一本图书《中美洲、恰帕斯和尤卡坦旅行纪事》的修订版。书于1854年3月开始发售，定价12先令。它其实就是那本书的一个廉价单卷重印本，是早年因为没有斯蒂芬斯的“同意和认可”，卡瑟伍德没同意出版的那本。

“在准备出版本书低价版本的过程中，”卡瑟伍德在序言中写道，“我没拿掉一幅美国版里的插图，还加进了一些首次出版的图片。”他解释说，虽然增加了自己的作品，但为了将图书缩为一本，他“缩减了一部分”斯蒂芬斯的叙述。但删减很少，新的英国版本依然有548页——字体更小了。卡瑟伍德的编辑非常审慎，保留了两卷本原作的叙事力度。

卡瑟伍德还在书中加进两项重要内容。一是斯蒂芬斯的一幅肖像，“刻自一幅达盖尔银版照片”。照片上，一脸严肃的斯蒂芬斯瞪着火一般热烈的眼睛，一绺浓密的黑发斜过高高的前额，大胡子围绕着坚毅的下巴。卡瑟伍德了解斯蒂芬斯，也许比任何人都熟悉他的相貌。他选出的这幅肖像有点奇怪，也许他觉得，这个形象捕捉到斯蒂芬斯坚定不移的性格，但它也与现存少数更温和、更中看的斯蒂芬斯肖像对不上号。

另一项添加是卡瑟伍德撰写的两页“生平简介”。它简短地列出了斯蒂芬斯生命中的精彩部分和两人逾十数年的友谊。简介结尾是仅有一句话的赞扬，用的是卡瑟伍德典型的正式到近乎压抑的措词：

“作为他的旅伴和密友，请允许我为他的善良和思想以及心灵的众多优点作证，这些品质为他赢得无数朋友和与他打交道的人的喜爱。”他还说，如果新版在英国受到欢迎，后面还会有一本“关于我们1841年到1842年的尤卡坦之行的续集。”但实际上那本书从未出版。

6个月后，1854年9月20日，卡瑟伍德在利物浦登上开往纽约的“北极号”(SS Arctic)。这次他是孤身一人。“北极号”是所谓柯林斯航运公司[①]的骄傲。这家公司的总部在纽约，几年来一直在与英国竞争对手肯纳德航运公司（Cunard Line）争夺跨大西洋班轮贸易的控制地位。班轮是按固定船期运行的蒸汽船，这一点不同于大部分依赖有利风向和满载货物的帆船。

后来所谓的“大西洋航运竞赛”（Great Atlantic Race）激发了大西洋两岸的爱国热情。1850年，“北极号”在纽约下水，轰动一时。它长284英尺，排水量2 856吨，与“约翰·斯蒂芬斯号”一样同为当时海上最大、最豪华、最强劲的轮船之一。两年之内，它打破了数个纪录，从纽约航行到利物浦只用了不到十天。

1854年夏季最后一天，“北极号”满载着233名乘客、175名船员和最多能容纳180人的6条救生艇，离开利物浦，驶往纽约。与卡瑟伍德同船的有几十名纽约社交界的大腕人物。他们结束了在欧洲的夏季旅行，正返回国内。

柯林斯航运公司大股东爱德华·奈特·柯林斯（Edward Knight Collins）的妻子和两个孩子也在其中。船上还有北美最大的投资银行股东詹姆斯·布朗（James Brown）的三个成年子女，以及带妻子和孩

① Collins Line。公司正式名称是“纽约-利物浦美国邮轮公司”（New York and Liverpool United States Mail Steamship Company）。

子回纽约的新奇铁厂合伙人乔治·艾伦（George Allen）。“北极号”的巨大蒸汽机就是新奇铁厂建造的。

离开利物浦7天后，“北极号”正在纽芬兰以南60英里的一片浓雾中全速前进，迎面驶来一艘名为“灶神号”（Vesta）的螺旋桨推进型铁壳小蒸汽船。后者结束了大浅滩（Grand Banks）的捕鱼季，正载着100多名水手和渔民返回法国。虽然时值正午，但在雾中，两船的瞭望员都是直到最后一刻才看到对方。伴着一阵尖锐的金属摩擦声，152英尺的“灶神号”戳穿“北极号”右舷，再擦着舷边掠过这条大船。

“北极号”船长詹姆斯·卢斯（James Luce）跑上甲板查看损失情况，看到“灶神号”船艏完全没了，知道它将在几分钟内沉没。自己的船相比“灶神号”大得多，他以为受损不重，命令“北极号”舵手绕着那艘法国船行驶，以便提供所有必要的协助，挽救它的乘客和船员。

没过多久，他们看出“北极号”右舷侧也严重受损，水线以下出现一个大洞。那是“灶神号”一大块扭曲的铁船艏插入的地方。“北极号”开始进水。随后几小时里，船员和乘客拼命堵漏，但他们阻止海水涌入的所有努力都失败了。

“灶神号”在雾中漂离了“北极号”，船员和渔民顶着涌入的海水加固前隔舱。接着他们将货物移到船尾，抬起船头，让船得以在海上漂浮尽可能长的时间。三天后，他们设法开到纽芬兰海岸。

“北极号”上，当人们看出船正在缓慢下沉，开不到海岸时，恐慌出现了。英勇的卢斯船长试图让所有的妇女、儿童登上为数不多的救生艇。他和几名忠诚的高级船员拼命驱赶其他船员。后者里有司炉工和运煤工，舱下上升的水位浇灭了锅炉下的火时，他们匆匆逃到甲板上。

“北极号”沉没

在随后的激烈搏斗中，他们制服了卢斯，和一些男性乘客一起强占了救生艇。六艘救生艇（大部分甚至都没装满）走后，剩下的船员和乘客从船上的桅杆、门上拆下木板等一切能漂浮的东西，扔到海里，指望扎成一只大木筏。

碰撞四小时后，在“北极号”没顶前，许多乘客祈祷着，哭喊着爬到甲板室顶上。接着这艘巨大的蒸汽船被波涛吞没了。大海吞噬了船上几乎所有人员，包括船长和他 11 岁的儿子威利（Willie）、柯林斯、布朗和艾伦家庭，还有弗雷德里克·卡瑟伍德。

卢斯船长抓着儿子，被漩涡吸到水下，但一番扑腾过后，又设法浮上水面。过了一会儿，罩在“北极号”侧明轮上方的巨大圆弧形木盖板之一从船体上脱落，憋着一肚子空气浮上水面，一处锐利的边缘在船长头上划出一道很深的口子。半圆形的明轮箱体落向水面时，船长儿子的脑壳被砸碎，当场身亡。卢斯被自己的血模糊了眼睛，他挣扎了一会。

新奇铁厂合伙人乔治·艾伦也活着在附近浮上水面。两人攀住漂浮的明轮箱，最后爬了进去。另有12人也游过冰冷的海水，爬进箱子，但是两天后，他们被一艘路过的船救起时，只有卢斯、艾伦和另一个人还活着。另有7名爬上大块船只残件的乘客和船员活到被人发现。最终，3条救生艇里的另外76人获救或将艇开到纽芬兰海岸，其中有59名机组成员，17名乘客，没有一个妇女或儿童。最初登上“北极号”的408名乘客和船员中，只有86人幸存。卡瑟伍德不在其中。

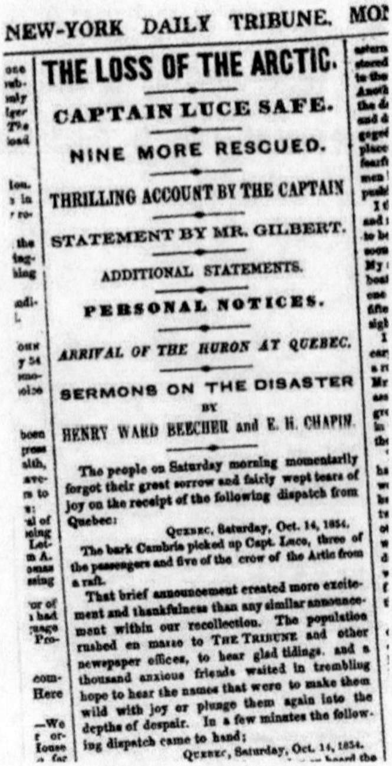
NEW-YORK DAILY TRIBUNE. MON

THE LOSS OF THE ARCTIC.

CAPTAIN LUCE SAFE.

NINE MORE RESCUED.

THRILLING ACCOUNT BY THE CAPTAIN

STATEMENT BY MR. GILBERT.

ADDITIONAL STATEMENTS.

PERSONAL NOTICES.

ARRIVAL OF THE HURON AT QUEBEC.

SERMONS ON THE DISASTER BY HENRY WARD BEECHER and E. H. CHAPIN.

The people on Saturday morning momentarily forgot their great sorrow and fairly wept tears of joy on the receipt of the following dispatch from Quebec:

QUEBEC, Saturday, Oct. 14, 1854.

The bark Cambria picked up Capt. Luce, three of the passengers and five of the crew of the Artic from a raft.

That brief announcement created more excitement and thankfulness than any similar announcement within our recollection. The population rushed en masse to THE TRIBUNE and other newspaper offices, to hear glad tidings. and a thousand anxious friends waited in trembling hope to hear the names that were to make them wild with joy or plunge them again into the depths of despair. In a few minutes the following dispatch came to hand;

QUEBEC, Saturday, Oct. 14, 1854.

报纸报道“北极号”海难

幸存者对“北极号”海难的可怕叙述和卢斯船长的正式报告占据了纽约、伦敦等城市报刊的版面数周之久。“北极号”上众多身份显赫的乘客的讣告也被刊登出来，但这些里没一个字提及卡瑟伍德。多天后，“卡瑟伍德先生”的名字最终出现在一份标着“失踪”的名单里，占了一行。

六个月后，旧金山，1855年4月15日的《上加州日报》（*Daily Alta California*）登出一则公告。公告称，伦敦联合银行[①]签发给弗雷德里克·卡瑟伍德先生的一张金额为950英镑的信用状已经停止兑

① Union Bank in London，国民地方银行（National Provincial Bank）的前身。

付——“卡瑟伍德先生已在‘北极号’海难中丧生”。

伦敦、纽约和旧金山都没登出过任何讣告。难以捉摸的模糊身份、谦虚和默默无闻陪伴了卡瑟伍德的一生，甚至追随到他死后。

# 后记

佩滕的太阳像一个巨大的金色大水泡从世界的边缘升起，照亮了伸出丛林树冠层的古老石头。孤零零、光秃秃的玛雅神庙是一片绿色海洋上仅见的物体。这些在曙光中闪耀着红色和金色光芒的石头已经在金字塔上屹立了几个世纪，现在又顶着自然力，挺过了另一天。

这座丛林中的古城最初叫雅克斯穆塔（Yax Mutal），今称“蒂卡尔”，是斯蒂芬斯和卡瑟伍德曾经最想参观的地方。在他们去帕伦克的路上，一名路遇的牧师说起过它。牧师说，年轻时，他曾在危地马拉中部爬上安第斯山脉[①]（Andes）的顶峰，从一直延伸到尤卡坦和墨西哥湾的那片无垠的森林上方看过去，看到很远的地方“一座占了大片区域的巨大城市，白色塔楼在阳光下闪闪发亮”。

斯蒂芬斯写道：“我们渴望到达那座神秘的城市。但它位于一片没有白人进入过的低地丛林中央，也没有标注在地图上。我们得在雨季

①安第斯山脉（Andes），属于科迪勒拉山系（Cordilleras），也称安弟斯山脉或安蒂斯山脉，位于南美洲的西岸，从北到南全长 8 900 余千米，是世界上最长的山脉。

开始前赶到帕伦克。一路上我们遇到的困难已经够多了。”于是他们绕过似乎无法穿越的佩滕森林，继续前进。然而他们始终无法忘怀那个牧师口中所述的辉煌和壮美。他们确信，还有其他城市被掩埋在佩滕，等着人们去发现。他们相信，它们不久就会重见天日。

他们猜对了结果，但猜错了时间。好几年后，蒂卡尔才被发现；几十年后，散落佩滕各地的其他城市遗址才得以重见天日，它们的纪念碑、神庙和宫殿才重新露出真容。破解玛雅象形文字将需要一个多世纪。时至今日，一些遗址依然隐身在丛林中。

斯蒂芬斯一直在担心竞争对手，并且确定别人将很快步他后尘。但他的图书虽然盛行一时，却也没有立即导致探险者大量涌入中美洲腹地。这一点他要负主要责任。他对中美洲崎岖地形和险恶丛林的生动描绘足以让人望而却步。另外，虽非刻意为之，他描绘的弥漫在该地区的政治动乱也令人心生畏惧，不寒而栗。

对美国人来说，虽然斯蒂芬斯曾希望他们鼓起勇气，但其他强大动力也在发挥作用。美国正处于向西扩张的势头中，淘金潮和斯蒂芬斯与卡瑟伍德的第二次大冒险——1855 年完工的巴拿马铁路，也起到了为“命定扩张说”[①]（Manifest Destiny）推波助澜的作用。这个国家在将其边界向西推移之际，还将目光转向内部，国内广阔天地的开垦和发展消耗了它的注意力和精力。1861 年，内战开始席卷这个国家。

斯蒂芬斯的图书依然大受欢迎。年复一年，新版本流出印刷机，激发了人们的强烈兴趣，尤其是在欧洲。竞争对手英国尤其没有想到，斯蒂芬斯和卡瑟伍德的成功让他们大受刺激。毕竟在一个“美国化的英

① 命定扩张说，19 世纪一种扩张主义理论，认为美国在美洲大陆的扩张是正当的、必然的。

在奇琴伊察工作的阿尔弗雷德·莫兹利

国画家”的帮助下，一个美国人胜过了他们，在他们眼皮底下发现了一个中美洲的遗失文明——尽管是沃克和卡迪首先到达的帕伦克。

受累于沉冗、迟缓的官僚体系，英国政府在斯蒂芬斯的图书出版后十多年内没有任何行动。最终，是大英博物馆的理事会唤醒了沉睡的外交部。正如斯蒂芬斯所担心的，他们认定伟大的大英博物馆必须拥有玛雅文物的相关收藏。

1850 年，巴黎卢浮宫（Louvre）开张了一间展示墨西哥和秘鲁文物的美洲文物馆，这件事无疑刺激英国人产生了类似的愿望。

倒塌的纪念碑，科潘（卡瑟伍德作）

阿尔弗雷德·莫兹利拍摄的同一座纪念碑

1851 年 7 月，在斯蒂芬斯于巴拿马倾力维持其铁路公司的运营之际，帕默斯顿子爵[①]（Lord Palmerston）致信驻危地马拉的弗雷德里克·查特菲尔德，声称从科潘遗址“为大英博物馆弄到一些雕刻样品将令人满意”。他发出的信息相当具体。大英博物馆想要斯蒂芬斯和卡瑟伍德关于中美洲的第一本图书第 134 页到 144 页中描述和绘制的雕刻。考虑到这些遗迹中包含科潘最大的一些雕像和纪念碑，这个要求相当高。虽经过数年时间和伯利兹、危地马拉与英国间的无数次书信往来，结果仍是一事无成。

与此同时，中美洲的官员也读到斯蒂芬斯的图书。1848 年，一个割树胶的工人说看到高高矗立在丛林深处的石头建筑。听到消息后，佩滕省省长莫德斯托·门德斯（Modesto Méndez）上校冒险进入那片森林，发现了植被丛生、高耸入云的蒂卡尔神庙。因为这次发现，这座如今闻名天下的遗址有了第一份正式记录。

1853 年，斯蒂芬斯去世一年后，门德斯的报告在柏林的一份期刊上出版。随后这次发现逐渐被人遗忘，几乎完全湮灭。

随后几年，没有人做出新的探索。从 19 世纪 50 年代末（斯蒂芬斯和卡瑟伍德的第一次探索 20 年后）开始的 50 年里，个人探险者开始踏足恰帕斯、尤卡坦和危地马拉。他们几乎都来自欧洲，除了数百磅的摄影设备，大家都带着已被翻得十分破旧的斯蒂芬斯著作。

在美国烟草大亨彼得·洛里亚尔（Peter Lorillard）的资助下，一个名叫德西雷·查尔内（Désiré Charnay）的法国人成为首批认真拍摄过遗址的摄影师之一。1888 年，哈珀兄弟出版了他的《新世界的古城》

① 第三代帕默斯顿子爵亨利·约翰·坦普尔（Henry John Temple, 3rd Viscount Palmerston，1784—1865），英国辉格党政治家，两任首相。

（*Ancient Cities of the New World*）一书。

从 1881 年开始，英国探险家阿尔弗雷德·莫兹利带着斯蒂芬斯和卡瑟伍德的几本游记，踏着他们走过的路，沿杜尔塞河上驶到伊萨瓦尔镇，再翻越米科山，到达基里瓜和科潘。13 年后，他完成了第七次也是最后一次穿越该地区的旅行，并一丝不苟地记录了关于基里瓜、科潘和帕伦克遗址的信息，还深入佩滕的低地丛林，记录了蒂卡尔、亚斯奇兰等从前不为人知的消亡之城。

莫兹利用大画幅相机拍出高分辨率的黑白照片，制作了关于这些遗址的一份不同寻常的记录。他还制作了地图、石膏模型，绘制了素描和平面图。紧随其后的是奥地利探险家泰奥伯特·马勒（Teobert Maler），他将发掘出更多的城市，将记录扩展到包括了彼得拉斯内格拉斯、纳兰霍和锡瓦尔的遗址。

接下来，19 世纪末的涓涓细流成为 20 世纪上半叶一股新的探险洪流。玛雅的古老世界再次焕发活力。随着时间的流逝，人们越来越清楚地认识到，玛雅人 1 500 年前创立的“古典”文明的宏伟、人口的稠密度和发展程度之高超出了任何人的想象。

越来越多的遗址现场照片和卡瑟伍德等人的准确绘画起了很大作用。有了它们，学者可以舒舒服服地在艰苦的丛林环境以外细致地研究玛雅的象形文字碑刻及其艺术和建筑。虽然玛雅象形文字密码的破译还需要几十年时间，但学者们很快破解了玛雅的数字系统和复杂的历法。他们解读出纪念碑上的日期，将它们与现代人们使用的格里高利历相对应，算出遗址及居民的准确年代。刻在石头上的古老王朝的历史逐渐浮出水面，正如斯蒂芬斯所预言的那样，那些面目严峻、若有所思的雕像成为真人真事。

20 世纪初，19 世纪的老式“古文物研究”本身也发生了变化，伊恩·格雷厄姆（Ian Graham）写道，从“简单的古董分类变成了一门新兴学科”。如果可以将 19 世纪下半叶的玛雅研究考察归于欧洲人，那美国人就是在 20 世纪跻身这一领域，并且以一种斯蒂芬斯一直希望的方式迅速主导了这一学科。

哈佛毕巴底考古与民族博物馆（Peabody Museum of Archaeology and Ethnology）、华盛顿卡内基研究所（Carnegie Institution of Washington）、国家地理学会，以及众多大学、博物馆派出一队队的考古学家、人种学者和碑铭研究学者来到墨西哥和中美洲，与数量不断增长的当地考古学家合作研究。他们在丛林中搜寻、发现和发掘新遗址，小心翼翼地记录和修复许多伟大的城市废墟。

从 20 世纪 50 年代到 90 年代，对玛雅象形文字的解读缓慢地，一开始断断续续地进行着，最终在俄罗斯语言学家尤里·克诺罗佐夫（Yuri Knorosov）的帮助下取得重大突破，碑铭研究学者因此得以破译这个密码，解开了不同寻常的玛雅文字系统。

斯蒂芬斯和卡瑟伍德料到了这个结果，只是花了这么长时间可能会让他们很惊讶。斯蒂芬斯写到他们 1839 年 11 月在科潘发现的第一座高耸的石碑时说：“我相信一件事，就是它的历史写在纪念碑上。”

今天，古代玛雅文明被看成是地球上最先进的人类古文明之一。每年，成千上万的游客从世界各地涌入墨西哥、危地马拉、洪都拉斯和伯利兹的玛雅遗址。吸引他们的是玛雅艺术和当地建筑独特的美，也有那些依然神秘地笼罩着玛雅的或真实或想象的故事和传说。

玛雅文明激起了公众的狂野想象，催生了对萨满教、创世神话和新时代宇宙论的兴趣，还激发人们去发现不同的方式以理解自身在宇宙中的位置。玛雅还是数十部图书和电影的灵感来源，它们不再像过去那样将玛雅人归入埃及人、腓尼基人和消失的以色列部落，而是将他们与天外来客联系起来。甚至有灾难预言者声称，终于（并且再次始于）2012 年 12 月 21 日的玛雅“长计历”5126 年意味着末日灾难的降临。这个末日预言激发哥伦比亚电影公司（Columbia Pictures）推出投资 2 亿美元的灾难片《2012》。

关于古代玛雅人，许多科学和考古之谜尚有待人们去发现，新的遗址还在继续出土。如果我们注意一下，那么还在涌现的玛雅文明的故事可以警示另一种类型的末日：环境退化、干旱、战争及威胁当今世界的人口过剩和过度消费。

他们的石头城市穿越多少世纪，向我们讲述了大成功的荣耀和大失败的风险——栩栩如生的国王和贵族的故事；他们对宇宙的理解；他们的时间感、天文观测、数学、历法和语言，还有他们的奢侈、对资源的过度使用、王朝竞争、冲突和征服。林中那些令斯蒂芬斯和卡瑟伍德震惊、入迷的怒目而视的石头贵族不是万能的神，而是人；现在，那些围绕着他们的古迹重新拥有了生命，像斯蒂芬斯写的那样，有了“演说家、战士和统治者，美丽、野心和荣耀”。

1855 年 1 月 27 日，铺设分别从阿斯平沃尔港和巴拿马城出发的两条铁轨的工人在大陆分水岭会师。午夜，工人们点着鲸脂灯，冒着大雨铺下巴拿马铁路的最后一根铁轨，打下最后一根道钉。次日，第一列火车从海边跑到海边。虽然斯蒂芬斯没有活着看到它，但他的梦想成了现实。

几天后，《阿斯平沃尔信使报》（*Aspinwall Courier*）的编辑大肆鼓吹并写道：“从开始到完成，它是百分之百美国的成果。美国的天才想出这个计划；美国的科学宣布它可行；美国的资本支撑了它；美国的力量克服了最可怕的困难，完成了这项庞大的事业。”

建成四年后的巴拿马铁路（《哈珀新月刊》，1859）

这条47英里铁路线的建成耗费了成百上千条生命作代价。它是世界上按里程计算最昂贵的铁路，最终的花费达到了6 564 553美元（至少相当于今天的2.5亿美元）。后来成为这条铁路管理人员的特拉西·鲁滨逊写道：“真正的奇迹在于这条铁路居然被建成了。从大洋到大洋，透过车窗看到两侧茂密杂乱、无边无际的草木，许多地方形成似乎无法穿越的绿墙，你绝对会有一种不可思议的感觉。”

建成后若干年里，它是世界上运营收入最可观的铁路，每股295美元的公司股票一度曾是纽交所（New York Exchange）最贵的股票。接下来，1869年5月10日，随着中央太平洋铁路公司（Central Pacific Railroad）和联合太平洋铁路公司（Union Pacific Railroad）铺下最后几段铁轨，美国大西洋海岸和太平洋海岸在犹他州被正式链接，巴拿马铁路公司的利润随之急剧下滑。10年后，巴拿马铁路公司被以

2 500 万美元卖给一家法国企业。这家公司试图沿着铁路线开挖一条通过地峡的运河，但没有成功。

1904 年，美国政府接管了铁路。它在巴拿马运河的开挖事业中发挥了重要作用。20 世纪 90 年代末，约翰·斯蒂芬斯和詹姆斯·鲍德温一个半世纪前勘定的最初线路经历了多处重建，直到今天，运行于这条线路上的火车还运载着旅客、货物穿行在巴拿马地峡上。

# 致谢

这本书源于一系列的机缘巧合。20 世纪 90 年代，我住在前西班牙殖民城镇安提瓜危地马拉。一天，一个叫哈内·韦纳里斯（Jane Binaris）的朋友给我一本约翰·劳埃德·斯蒂芬斯的《中美洲、恰帕斯和尤卡坦旅行纪事》。那时候，我还结识了埃德温·舒克（Edwin Shook），他是长期研究玛雅的世界知名考古学家之一，当时已在安提瓜退休。

得知我不久将回到旧金山，他问我能不能帮忙将他收藏的关于中美洲的图书和期刊卖给加州大学伯克利分校（University of California, Berkeley）的班克罗夫特图书馆（Bancroft Library）。我同意了。

在我离开前，作为报答，他将极罕见的弗雷德里克·卡瑟伍德手工着色的《中美洲、恰帕斯和尤卡坦古迹图册》铺在他的工作台上。当时，我正沉浸在斯蒂芬斯对他和卡瑟伍德的冒险的生动描述中，眼前这些漂亮的图像让我惊叹不已。

虽然我没能说服伯克利分校购买舒克的收藏，但意外发现，班克罗夫特图书馆的档案室里有斯蒂芬斯的私人信件和文件。这些事件合起来激励我写出这本《石像、神庙与失落的文明》。这本书的问世成为可能，我要特别感谢现已故的埃德温·舒克和我的亲密朋友哈克·韦纳里斯。我很遗憾哈克没能活着看到它出版。还要感谢班克罗夫特图书馆，几十年前还是学生时，我碰巧在那里做过听差。

约翰·斯蒂芬斯的书怎么称赞都不过分。他那优美且平易近人的文字在过去的175年里陪伴了无数的历史知识爱好者，给他们带来愉悦。如果《石像、神庙与失落的文明》有他的作品十分之一优美、有趣、令人愉快，我会感到万分荣幸，并且在写作过程中，我也努力至少稍稍展示他的风采。如果本书仅仅做到让读者去关注斯蒂芬斯，我也会把它看成一个成功。斯蒂芬斯作品的巨大回报远远超越了本书述及的这一点点范围。

每个作者都知道，没有一本书是在真空里写成的。对本书而言，填满这个真空的是帮助赋予它生命的专家、朋友和同事。关于斯蒂芬斯和卡瑟伍德的传记，各自都只有一本，都是已故的维克托·沃夫冈·冯·哈根写的，本书关于二人生平的基本内容都来自他。许多学者提供了帮助我理解中美洲历史和政治的信息，但小拉尔夫·李·伍德沃德（Ralph Lee Woodward, Jr.）的信息最为全面。他的《拉斐尔·卡雷拉与中美洲共和国的出现，1821—1871》(*Rafael Carrera and the Emergence of the Republic of Central America, 1821—1871*)全面而且令人信服地讲述了19世纪中叶降临这个地区的灾难。我对古代玛雅的那点有限了解拜无数专家之赐，他们中比较突出的有这样几位：罗伯特·J. 沙雷尔（Robert J. Sharer)、亚瑟·德马雷斯特（Arthur Demarest)、迈克尔·D. 科、西蒙·马丁、尼古拉·德鲁贝、伊恩·格拉厄姆、大卫·弗赖德尔、琳达·谢勒、乔伊·帕克、彼得·马修斯（Peter Mathews）和理查德·汉森。

在帮助我充实那个寻找古代玛雅文明的粗略故事方面，有位作者特别值得一提。大卫·M. 古德格斯特及其精彩著作《帕伦克：沃克-卡迪对玛雅古城的考察，1839—1840》公开了一段鲜为人知的考察。那段考察让斯蒂芬斯和卡瑟伍德的冒险显得更多姿多彩，更激动人心，也让我得以回过头去探索更广阔的英帝国对美国个人活动关注的主题。

虽然报纸上有大量关于“北极号”沉没的详细描述，但大卫·W. 肖（David W. Shaw）那部扣人心弦的《大海将拥抱他们：“北极号”蒸汽船的悲剧故事》（*The Sea Shall Embrace Them: The Tragic Story of the Steamship Arctic*）极为生动地描写了这场可怕的灾难。

没有宾夕法尼亚大学考古及人类学家兼博物馆图书馆馆长约翰·威克斯（John Weeks）与博物馆档案管理员亚历山德罗·佩扎蒂（Alessandro Pezzati）的帮助，我就不可能找到并复制卡瑟伍德手工着色的《中美洲、恰帕斯和尤卡坦古迹图册》原书。我也非常感谢我的朋友亚历克·迪布罗（Alec Dubro），他大方地给了我一本1843 年首版的《尤卡坦旅行纪事》，让我有机会欣赏和复制黑白雕版精细印刷的卡瑟伍德作品。

在早期的研究中，我于纽约历史学会找到了重要的原始文件，为此我要感谢学会手稿部门的洛兰·巴拉蒂（Loraine Baratti）。没有加州大学伯克利分校图书馆[1]的员工和该校班克罗夫特图书馆专业研究藏书的帮助，《石像、神庙与失落的文明》永远写不出来。

① 加州大学伯克利分校图书馆主馆和分馆共有32个。班克罗夫特图书馆为其中之一。

另外，我还要感谢考古学家理查德·C. 布朗森（Richard C. Bronson），他为我提供了危地马拉的杜尔塞河和伊萨瓦尔镇的历史信息。斯蒂芬斯和卡瑟伍德就是从那里登陆开始了他们的旅程。

我还欠三个英国人的情，他们在我研究弗雷德里克·卡瑟伍德的过程中直接帮助过我。卡瑟伍德家族的后代菲奥娜·霍奇森（Fiona Hodgson）和茱莉·雷德曼（Julie Redman）提供了家谱和关于卡瑟伍德在伦敦早期生活的信息。我还要感谢塞尔翁·蒂耶（Selwyn Tillet），他在研究苏格兰人罗伯特·海的过程中找到的一封重要信件提供了审判卡瑟伍德的表兄亨利·卡斯隆的细节。

感谢尼尔·弗里德曼（Neil Friedman）、史蒂芬·马加尼尼（Stephen Magagnini），尤其是埃德·吉尔莫（Ed Gilmore）等友人的慷慨相助，感谢他们阅读了手稿一部分或全部，提出了建议，给了我迫切需要的鼓励。

感谢许多友人多年来的支持。在这些一直以来信任我，耐心给予我鼓励的朋友中，我尤其要感谢带我去纽约斯蒂芬斯墓地的埃伦·雷特尔（Ellen Retter），以及里克·卡尔森（Rick Carlsen）、克里斯·卡尔森（Chris Carlsen）、多萝茜·梅（Dorothy May）、芭芭拉·阿布尼克（Barbara Arbunich）、约翰·皮尔曼（John Pearlman）、马克·利斯（Mark Liss）、邦尼·伯特（Bonnie Burt）、卡蒂·麦克弗森（Kathi McPherson）、特里·戴尔（Terry Dale）和乔安妮·戴尔（Joanne Dale）。

如果没有卡萝尔·德勒伊特（Carol DeRuiter），我永远不会想到要写这本书。她带一个 15 岁少年进入光彩夺目的书面文字世界（及认识了英语语法的严密），介绍他认识了她的丈夫彼得·德勒伊特（Peter

DeRuiter）。他让我相信世上无难事，只怕有心人。

感谢我在作家之家（Writers House）的代理人杰里·托马（Geri Thoma），感谢你对这个项目自始至终的支持，感谢吉妮维芙·加涅-豪斯（Genevieve Gagne-Hawes），您的卓越编辑使本书成为现实。

向我的编辑彼得·哈伯德（Peter Hubbard）致以最深的谢意，感谢你看到《石像、神庙与失落的文明》的潜力，明白它的弱点和优点。

感谢我的出版人威廉·莫罗出版社（William Morrow）和哈珀柯林斯出版集团（Harper Collins）的尼克·安弗利特（Nick Amphlett）、洛伦·贾尼斯（Lauren Janiec）、凯特琳·肯尼迪（Kaitlyn Kennedy）、保罗·兰姆（Paul Lamb）和欧文·科里根（Owen Corrigan）的辛勤工作。感谢我的制图员尼克·斯普林格（Nick Springer），我也难掩对审稿编辑汤姆·皮托尼亚克（Tom Pitoniak）的技艺和耐力的敬意。

我永远无法充分表达我对凯西·奥谢（Kathie O' Shea，凯西是凯瑟琳的昵称）的深切感激，感谢她维持我的生活；感谢她以达到惊人程度的耐心、宽厚和鼓励，忍受我无穷无尽的关于斯蒂芬斯和卡瑟伍德、莫拉赞和卡雷拉的谈话；她是我的生命支柱和一生挚爱。

另外，很少有人像我这么幸运地有罗莎丽塔（Rosalita）和罗克珊（Roxanne）的长期陪伴，在《石像、神庙与失落的文明》的整个写作过程中，她们给了我大力支持。

最后，我永远忘不了杰出的玛雅民族，忘不了这些古代玛雅人的后代们不可思议的美丽、高贵和坚韧品质。

我有幸在行经危地马拉、洪都拉斯与墨西哥的尤卡坦和恰帕斯的整个旅程中遇到他们。愿人们永远保持丰富的文化传统，若此，人类幸甚。

# 作者简介

威廉·卡尔森在《旧金山纪事报》做过二十多年记者，曾入围1999年普利策奖释义性报道奖。他还在《纽约时报》(*New York Times*)工作过，在加州大学伯克利分校教授过新闻学。他和妻子在危地马拉的安提瓜（Antigua）生活多年，现居加利福尼亚州索诺马县（Sonoma County）。

# 参考文献

*The American Monthly Magazine.* New York. (1833).

The Literary Gazette and Journal of the Belles Lettres, Arts, Sciences, &c. London. (1835).

The Annual Register, or a View of the History, Politics, and Literature of the Year 1835. London. (1836).

*The Family Magazine.* New York. (1837).

*Times.* London. (1841).

The Christian Examiner and General Review. Boston. (1842).

*The United States Democratic Review.* New York. (1843).

*Littell's Living Age.* Boston. (1847).

*Mechanics' Magazine. Museum Register, Journal, and Gazette.* London. (1847).

Panama Rail-road Company, charter. New York Public Library. (1849).

Railway Meetings. *Daily News.* London. (1849).

Sacramento Transcript. (1851).

*Daily Alta California.* San Francisco. (1852).

Banking Institute. *Daily News.* London. (1852).

West Mariposa Gold Quartz Mine Company. *The Times.* London. (1852).

*Sacramento Daily Union.* (1853).

*The Times.* London. (1854).

*New York Daily Tribune.* (1854).

Letter of Credit # 7185. *Daily Alta California.* San Francisco. (1855).

*The Knickerbocker*; or, *New-York Monthly Magazine.* (1859).

*National Academy of Design Exhibition Record 1826–1860.* New York: National Academy of Design. (1860).

Obituary, William H. Aspinwall. *New York Times.* (1875).

Ocean Steam Navigation. *New York Times.* (1864).

The Alexander von Humboldt Digital Library. (2006).

Aguirre, R. D. *Informal Empire: Mexico and Central America in Victorian Culture.* Minneapolis: University of Minnesota Press, 2005.

Aitken, J. *John Newton: From Disgrace to Amazing Grace.* Wheaton, IL: Crossway Books, 2007.

Almendáriz, R., A. d. Río, et al. Coleccion de estampas copiadas de las figuras originales, que de medio y baxo relieve, se manifiestan, en estucos y piedras, en varios edificios de la poblacion antigua nuevamente descubierta en las immediaciones del pueblo del Palenque en la Provincia de Ciudad Real de Chiapa, una de las del Reyno de Guatemala en la American Septentrional, 1787.

American Anthropological Society. *American Anthropologist.* Berkeley: University of

American Ethnological Society. *Transactions of the American Ethnological Society*. New York, Bartlett & Welford, 1845.
"The Antiquities of Central America." Book review. *United States Democratic Review* 9, no. 38 (August 1841), http://digital.library.cornell.edu/cgi/t/text/pageviewer-idx?c=usde;cc=usde;rgn=full%20text;idno=usde0009-2;didno=usde0009-2;view=image;seq=00172;node=usde0009-2%3A1.
Architects, R. I. o. B. "Antiquities of Central America." *Civil Engineer and Architect's Journal, Scientific and Railway Gazetter* 7 (1844): 92–94.
Architectural Publication Society. *The Dictionary of Architecture*. London: Richards, 1852, 1887.
Arundale, F. *Illustrations of Jerusalem and Mount Sinai: Including the Most Interesting Sites Between Grand Cairo and Beirout*. London: H. Colburn, 1837.
Bancroft, H. H. *History of Central America*. San Francisco: A. L. Bancroft, 1882.
———. *The Native Races*. New York: Arno, 1967.
Baradère, H., G. Dupaix, et al. Antiquités mexicaines. Relation des trois expéditions du capitaine Dupaix, ordonnées en 1805, 1806, et 1807, pour la recherche des antiquités du pays, notamment celles de Mitla et de Palenque. Paris: Bureau des Antiquités mexicaines impr. de J. Didot l'aîné, 1834.
Barnhart, E. L. Palenque Mapping Project, 1998–2000 Final Report. Foundation for the Advancement of Mesoamerican Studies, 2000.
Bartlett, W. H. *Walks About the City and Environs of Jerusalem*. London: George Virtue, 1846.
Beach, M. Y. Wealth and pedigree of the wealthy citizens of New York City comprising an alphabetical arrangement of persons estimated to be worth. New York: Sun Office, 1842.
Bernal, I. *A History of Mexican Archaeology: The Vanished Civilizations of Middle America*. London and New York: Thames & Hudson, 1980.
Bishop, J. B. *The Panama Gateway*. New York: Scribner's, 1913.
Bourgoyne, C. Mémoire sur la possibilité, les avantages, et les moyens douvrir un canal dans l'Amérique septentrionale, pour communiquer de la mer Atlantique, ou du Nord, à la mer Pacifique, ou du Sud. Ca. 1785.
Brown, S. *Joseph Severn: A Life: The Rewards of Friendship*. Oxford: Oxford University Press, 2009.
Brunhouse, R. L. *In Search of the Maya: The First Archaeologists*. Albuquerque: University of New Mexico Press, 1973.
Burrows, E. G., and M. Wallace. *Gotham: A History of New York City to 1898*. New York: Oxford University Press, 1999.
Burton, W. E. *The Gentleman's Magazine*. Philadelphia, 1837.
Cabello Carro, P. *Política investigadora de la época de Carlos III en el área Maya: descubrimiento de Palenque y primeras excavaciones de carácter científico: según documentación de Calderón, Bernasconi, Del Río y otros*. Madrid: Ediciones de la Torre, 1992.
Carpenter, W. *Peerage for the People*. London: W. Strange, 1837.
Catherwood, F. Engineers Report. Demerara Railway Company. British Library, 1847.
Cebulski, F. J. "Letter from William Hickling Prescott to John Lloyd Stephens." Typescript (seminar paper), ca. 1967, 33 leaves.
Chamberlain, W. H., and H. L. Wells. *History of Yuba County, California with illustrations descriptive of its scenery, residences, public buildings, fine blocks and manufactories*. Oakland, CA: Thompson & West, 1879.

Clark, A. H. *The Clipper Ship Era: An Epitome of Famous American and British Clipper Ships, Their Owners, Builders, Commanders, and Crews, 1843–1869.* New York: Putnam's, 1910.

Coe, M. D. *Breaking the Maya Code.* New York: Thames & Hudson, 1992.

———. *The Maya.* London: Thames & Hudson, 2011.

Cohen, P. E., and R. T. Augustyn. *Manhattan in Maps, 1527–1995.* New York: Rizzoli International, 1997.

College of St. Gregory. *The Downside Review.* Bath, England, 1889.

Columbia University, and W. J. Maxwell. Catalogue of Officers and Graduates of Columbia University from the Foundation of King's College in 1754. New York: Columbia University, 1916.

Colvin, H. *A Biographical Dictionary of British Architects, 1600–1840.* New Haven, CT: Yale University Press, 2008.

"Congressional Summary." *American Whig Review* 9, no. 14 (1849): 208–16.

Coy, O. C. *The Great Trek.* Los Angeles: Powell, 1931.

Crosby, A. W. *The Columbian Voyages, the Columbian Exchange, and Their Historians.* Washington, DC: American Historical Association, 1987.

Crowe, F. The gospel in Central America containing a sketch of the country, physical and geographical, historical and political, moral and religious: A history of the Baptist mission in British Honduras, and of the introduction of the Bible into the Spanish American republic of Guatemala. London: C. Gilpin, 1850.

Danien, E. C., R. J. Sharer, et al. *New Theories on the Ancient Maya.* Philadelphia: University Museum, University of Pennsylvania, 1992.

Delano, A. and I. McKee. *Alonzo Delano's California Correspondence: Being Letters Hitherto Uncollected from the Ottawa (Illinois) Free Trader and the New Orleans True Delta, 1849–1952.* Sacramento, CA: Sacramento Book Collectors Club, 1952.

Delgado, J. P. *To California by Sea: A Maritime History of the California Gold Rush.* Columbia: University of South Carolina Press, 1990.

Demarest, A. A. *Ancient Maya: The Rise and Fall of a Rainforest Civilization.* Cambridge and New York: Cambridge University Press, 2004.

Demarest, A. A., P. M. Rice, et al. *The Terminal Classic in the Maya Lowlands: Collapse, Transition, and Transformation.* Boulder: University Press of Colorado Press, 2004.

Denevan, W. M. *The Native Population of the Americas in 1492.* Madison: University of Wisconsin Press, 1992.

Diamond, J. M. Guns, Germs, and Steel: The Fates of Human Societies. New York: Norton, 2003.

Dickinson, D. S., J. R. Dickinson, et al. *Speeches, correspondence, etc., of the late Daniel S. Dickinson of New York. Including: addresses on important public topics: Speeches in the state and United States Senate, and in support of the government during the rebellion; correspondence, private and political (collected and arranged by Mrs. Dickinson), poems (collected and arranged by Mrs. Mygatt), etc.* New York: Putnam, 1867.

Downing, A. J., and Making of America Project. *A treatise on the theory and practice of landscape gardening adapted to North America; with a view to the improvement of country residences. With remarks on rural architecture.* New York: Putnam, 1853.

Edison, P. N. "Colonial Prospecting in Independent Mexico: Abbé Baradère's Antiquités Mexicaines." *Proceedings of the Western Society for French History* 32 (2004): 195–215.

Eissler, M., and G. M. Toten, G. M. "The Panama Canal." *Scientific American Supplement* 14 (1882).

Evans, R. T. *Romancing the Maya: Mexican Antiquity in the American Imagination, 1820–1915*. Austin: University of Texas Press, 2004.

Exman, E. *The Brothers Harper: A Unique Publishing Partnership and Its Impact upon the Cultural Life of America from 1817 to 1853*. New York: Harper & Row, 1965.

Fahmy, K. *All the Pasha's Men: Mehmed Ali, His Army, and the Making of Modern Egypt*. Cairo and New York: American University in Cairo Press, 2002.

Fischer-Westhauser, U. "Emanuel von Friedrichsthal: The First Daguerreotypist in Yucatán." *Photoresearcher* (European Society for the History of Photography) 10 (2007).

Fowler, W. C. *Memorials of the Chaunceys, including President Chauncey, His Ancestors and Descendants* [and Appendix]. Boston: H. W. Dutton, 1858.

Freidel, D. A., L. Schele, et al. (1993). *Maya cosmos: three thousand years on the shaman's path*. New York, W. Morrow.

Garcâia de Palacio, D., E. G. Squier, et al.:Letter to the King of Spain: Being a description of the ancient provinces of Guazacapan, Izalco, Cuscatlan, and Chiquimula, in the Audiencâia of Guatemala, with an account of the languages, customs, and religion of their aboriginal inhabitants, and a description of the ruins of Copán. Culver City, CA: Labyrinthos, 1985.

Gibson, A., and A. Donovan. *The Abandoned Ocean: A History of United States Maritime Policy*. Columbia: University of South Carolina Press, 2000.

Graham, I. "Juan Galindo, Enthusiast." *Estudios de cultura maya*, Universidad Nacional Autónoma de México, Facultad de Filosofia y Letras, Seminario de cultura Maya, vol. 3 (1963): 11–35.

Graham, I. *Alfred Maudslay and the Maya: A Biography*. Norman: University of Oklahoma Press, 2002.

Grant, U. S. *Memoirs and Selected Letters: Personal Memoirs of U.S. Grant, Selected Letters 1839–1865*. New York: Library of America, 1990.

Grant, U. S., and J. M. McPherson. *Personal Memoirs of U.S. Grant*. New York: Penguin Books, 1999.

Graves, A. The Royal Academy of Arts; a complete dictionary of contributors and their work from its foundation in 1769 to 1904. London, H. Graves, 1905.

Greene, A. A Glance at New York: Embracing the city government, theatres, hotels, churches, mobs, monopolies, learned professions, newspapers, rogues, dandies, fires and firemen, water and other liquids, &c., &c. New York: A. Greene, 1837.

Griffith, W. J. "Juan Galindo, Central American Chauvanist." *Hispanic American Historical Review* 40, no. 1 (1960): 25–52.

Grutz, J. W. "The Lost Portfolios of Robert Hay." www.saudiaramcoworld.com, March/April 2003.

Hall, C., H. Pâerez Brignoli, et al. *Historical Atlas of Central America*. Norman: University of Oklahoma Press, 2003.

Hall, H. *America's Successful Men of Affairs. An Encyclopedia of Contemporaneous Biography*. New York: New York Tribune, 1895.

Haug, G. H., et al. "Climate and the Collapse of the Maya Civilization." *Science* 299 (2003): 1731–35.

Hawks, R. "The Late John L. Stephens." *Putnam's Monthly Magazine of American Literature, Science and Art* 1 (1853): 64–68.

Hemstreet, C. *Literary New York: Its Landmarks and Associations*. New York and London: Knickerbocker Press, 1903.

Herzog, R. "Über Henry Westcars Tagebuch einer Reise durch Ägypten und Nubien (1823–24)." *Mitteilungen des Deutschen Archäologischen Instituts, Abteilung Kairo* 24 (1969): 201–11.

Hoskins, G. *A. Visit to the Great Oasis of the Libyan Desert*. London, 1837.
Humboldt, A. v., and A. Bonpland. *Personal Narrative of Travels to the Equinoctial Regions of the New Continent During the Years 1799-1804*. London, 1814.
Humboldt, A. v., and H. M. Williams. *Researches, concerning the institutions & monuments of the ancient inhabitants of America: With descriptions & views of some of the most striking scenes in the Cordilleras*! London, 1814.
Humboldt, A. v., and J. Wilson. *Personal Narrative*. New York: Penguin Books, 1995.
Hunt, F., T. P. Kettell, et al. *Merchants' Magazine and Commercial Review*. New York, 1847.
"Incidents of Travel in Central America, Chiapas and Yucatán." *London Quarterly Review* 69 (1842): 52–91.
Jackson, K. T., and D. S. Dunbar. *Empire City: New York Through the Centuries*. New York: Columbia University Press, 2002.
Johnson, R. and J. H. Brown. *The Twentieth Century Biographical Dictionary of Notable Americans*. Boston: Biographical Society, 1904.
Juarros, D., and J. Baily. A statistical and commercial history of the kingdom of Guatemala, in Spanish America containing important particulars relative to its productions, manufactures, customs, &c. &c. &c. London: J. Hearne, 1823.
Kandasammy, L. "From Georgetown to Mahaica: A Brief History of South America's First Railway." *Stabroek News*, Georgetown, British Guyana, 2006.
Kark, R. *American Consuls in the Holy Land, 1832–1914*. Detroit: Wayne State University Press, 1994.
Keith, A. Evidence of the truth of the Christian religion: Derived from the literal fulfillment of Prophecy, particularly as illustrated by the history of the Jews, and by the discoveries of recent travellers. Edinburgh: Waugh & Innes, 1834.
Kemble, J. H. *The Panama Route, 1848–1869*. Berkeley: University of California Press, 1943.
Kingsborough, E. K., A. Aglio, et al. Antiquities of Mexico: Comprising fac-similes of ancient Mexican paintings and hieroglyphics, preserved in the royal libraries of Paris, Berlin and Dresden, in the Imperial library of Vienna, in the Vatican library, in the Borgian museum at Rome, in the library of the Institute at Bologna, and in the Bodleian Library at Oxford, together with the monuments of New Spain by M. Dupaix, with their respective scales of measurement and accompanying descriptions. London: Robert Havell, 1831.
Kuhnke, L., and eScholarship. *Lives at Risk: Public Health in Nineteenth-Century Egypt*. Berkeley: University of California Press, 1990.
Laing, A. *The Sea Witch: A narrative of the experiences of Capt. Roger Murray and others in an American clipper ship during the years 1846 to 1956*. London: Thornton Butterworth, 1933.
Lewis, O., and J. B. Goodman. Sea Routes to the Gold Fields: The Migration by Water to California in 1849–1852. New York: Knopf, 1949.
Lewis, W. J., F. Catherwood, et al. *Report of the Engineers on the Survey of the Marysville and Benicia National Rail Road*. Marysville, CA: California Express, 1853.
Lilly, L., C. S. Henry, et al. *The New-York Review*. New York: George Dearborn, 1837, 1841.
List, T. S. "The American Steam-ship 'Washington.'" 2012. http://www.theshipslist.com/1847/washington.html.
Lockey, J. B. *Diplomatic Futility*. Durham, NC: [n.p.], 1930.
López Cogolludo, D., F. d. Ayeta, et al. *Historia de Yucathan*. Madrid: Jvan Garcia Infanzen, 1688.

Lovell, W. G. *Conquest and Survival in Colonial Guatemala: A Historical Geography of the Cuchumatán Highlands, 1500–1821.* Montréal: McGill-Queen's University Press, 1992.
Madox, J. *Excursions in the Holy Land, Egypt, Nubia, Syria, &c. including a visit to the unfrequented district of the Haouran.* London: R. Bentley, 1834.
Manning, W. R., and United States Department of State. *Diplomatic Correspondence of the United States.* Washington, DC: Carnegie Endowment for International Peace, 1932.
———. Diplomatic Correspondence of the United States Concerning the Independence of the Latin-American Nations. New York: Oxford University Press, 1925.
Martin, S., and N. Grube. *Chronicle of the Maya Kings and Queens: Deciphering the Dynasties of the Ancient Maya.* London and New York: Thames & Hudson, 2000.
McCullough, D. G. *The Path Between the Seas: The Creation of the Panama Canal, 1870–1914.* New York: Simon & Schuster, 1977.
Means, P. A., A. s. d. Avendano y Loyola, et al. *History of the Spanish Conquest of Yucatán and of the Itzas.* Cambridge, MA: The [Peabody] Museum, 1917.
Metropolitan Museum of Art. Bulletin of the Metropolitan Museum of Art 7 (1912).
Miceli, K. L. "Rafael Carrera: Defender and Promoter of Peasant Interest in Guatemala, 1837–1848." *The Americas* 31, no. 1 (1944): 72–94.
Miller, M. E., S. Martin, et al. *Courtly Art of the Ancient Maya.* New York: Thames & Hudson, 2004.
Moorhead, M. L. "Rafael Carrera of Guatemala: His Life and Times." Ph.D. diss., University of California, Berkeley, 1942.
Morison, S. E. *William Hickling Prescott, 1796–1859.* Boston: Massachusetts Historical Society, 1958.
Morley, S. G. *The Inscriptions at Copan.* Washington, DC: Carnegie Institution of Washington, 1920.
Morrison, J. H. *History of American Steam Navigation.* New York: W. F. Sametz, 1903.
Nelson, W. *Five Years at Panama: The Trans-Isthmian Canal.* New York and Chicago: Belford, 1889.
Nevins, A. *The Evening Post: A Century of Journalism.* New York: Boni & Liveright, 1922.
New-York Historical Society. *Proceedings of the New-York Historical Society.* New York: Press of the Historical Society, 1844.
New York (State). Report of the Debates and Proceedings of the Convention for the Revision of the Constitution of the State of New York. 1846. Albany: Evening Atlas, 1846.
Nichols, T. L. *Forty Years of American Life.* London: Longmans Green, 1874.
Noah, M. M. Discourse on the evidences of the American Indians being the descendants of the lost tribes of Israel: Delivered before the Mercantile Library Association, Clinton Hall. New York: J. Van Norden, 1837.
Norman, B. M., C. C. Moore, et al. *Rambles in Yucatán, or, Notes of travel through the peninsula: Including a visit to the remarkable ruins of Chi-Chen, Kabah, Zayi, and Uxmal.* New York: J. & H. G. Langley; Philadelphia: Thomas, Cowperthwait; New Orleans: Norman, Steel, 1843.
Odlyzko, A. "Collective Hallucinations and Inefficient Markets: The British Railway Mania of the 1840s." University of Minnesota, January 15, 2010.
Oran. "Tropical Journeyings." *Harper's New Monthly Magazine* 18 (1859): 145–69.
Otis, F. N. Isthmus of Panama: History of the Panama railroad; and of the Pacific Mail Steamship Company. Together with a travellers' guide and business man's handbook for the Panama Railroad and the lines of steamships connecting it with

Europe, the United States, the north and south Atlantic and Pacific coasts, China, Australia, and Japan. New York: Harper & Brothers, 1867.
Palmquist, P. E., and T. R. Kailbourn. *Pioneer Photographers of the Far West: A Biographical Dictionary, 1840–1865*. Stanford, CA: Stanford University Press, 2000.
Peck, D. T. Yucatán: From Prehistoric Times to the Great Maya Revolt. [N.p.]: Xlibris, 2005.
Pendergast, D. M. *Palenque: The Walker-Caddy Expedition to the Ancient Maya City, 1839–1840*. Norman: University of Oklahoma Press, 1967.
Perez-Venero, A. *Before the Five Frontiers: Panama, from 1821–1903*. New York: AMS Press, 1978.
Philbrick, N. *Sea of Glory: America's Voyage of Discovery, the U.S. Exploring Expedition, 1838–1842*. Waterville, ME: Thorndike Press, 2004.
Philological Society (Great Britain). *The European Magazine, and London Review*. London, 1782.
Podgorny, I. "'Silent and Alone': How the Ruins of Palenque Were Taught to Speak the Language of Archeology." *Comparative Archaeologies*, part 2 (2011): 527–53.
Poe, E. A. "Review of New Books." *Graham's Magazine* (1841): 90–96.
Polk, J. K., and M. M. Quaife. *The Diary of James K. Polk During His Presidency, 1845 to 1849*. Chicago: McClurg, 1910.
Prescott, W. H. *History of the Conquest of Mexico, and History of the Conquest of Peru*. New York: Modern Library, 1936.
Prescott, W. H., and C. H. Gardiner. *Literary Memoranda*. Norman: University of Oklahoma Press, 1961.
Prescott, W. H., and R. Wolcott. *The Correspondence of William Hickling Prescott, 1833–1847*. Boston and New York: Houghton Mifflin, 1925.
Reed, N. A. *The Caste War of Yucatán*. Stanford, CA: Stanford University Press, 2001.
Restall, M., and F. G. L. Asselbergs. *Invading Guatemala: Spanish, Nahua, and Maya Accounts of the Conquest Wars*. University Park: Pennsylvania State University Press, 2007.
Rhodes, R. *John James Audubon: The Making of an American*. New York: Knopf, 2004.
Ridgely-Nevitt, C. *American Steamships on the Atlantic*. Newark: University of Delaware Press; London: Associated University Presses, 1980.
Río, A. d., and P. F. Cabrera. Description of the ruins of an ancient city: Discovered near Palenque, in the kingdom of Guatemala or, A critical investigation and research into the history of the Americans. London, 1822.
Roberts, J. L. "Landscapes of Indifference: Robert Smithson and John Lloyd Stephens in Yucatán." *Art Bulletin* 82, no. 3 (2000): 544–67.
Robertson, W. *The History of America*. London: A. Strahan, 1803.
Robinson, T. *Panama: A Personal Record of Forty-Six Years, 1861–1907*. New York: Star and Herald, 1907.
Rodríguez, M. *A Palmerstonian Diplomat in Central America: Frederick Chatfield, Esq*. Tucson: University of Arizona Press, 1964.
Salmon, F. "Storming the Campo Vaccino: British Architects and the Antique Buildings of Rome after Waterloo." *Architectual History* 38 (1995): 146–75.
Schele, L., and P. Mathews. *The Code of Kings: The Language of Seven Sacred Maya Temples and Tombs*. New York: Touchstone Books, 1998.
Schlesinger, A. M. *The Age of Jackson*. Boston: Little, Brown, 1945.
Severn, J., and G. F. Scott. *Joseph Severn: Letters and Memoirs*. Burlington, VT: Ashgate, 2005.
Seward, W. H., and F. W. Seward. *Autobiography of William H. Seward, from 1801 to*

*1834 with a memoir of his life, and selections from his letters from 1831 to 1846*. New York: Appleton, 1877.
Sharer, R. J., and S. G. Morley. *The Ancient Maya*. Stanford, CA: Stanford University Press, 1994.
Shaw, D. W. *The Sea Shall Embrace Them: The Tragic Story of the Steamship Arctic*. New York: Free Press, 2002.
Spears, J. R. *Captain Nathaniel Brown Palmer, an Old-Time Sailor of the Sea*. New York: Macmillan, 1922.
Starkey, P., and J. Starkey. *Travellers in Egypt*. London and New York: Tauris, 1998.
Stephens, J. L. *Incidents of Travel in Central America, Chiapas, and Yucatan*. New York: Harper & Brothers, 1841.
———. Incidents of Travel in Egypt, Arabia Petraea, and the Holy Land. Norman: University of Oklahoma Press, 1970.
———. *Incidents of Travel in Greece, Turkey, Russia, and Poland*. New York: Harper & Brothers, 1838, 1854.
———. *Incidents of Travel in the Russian and Turkish Empires*. London: R. Bentley, 1839.
———. *Incidents of Travel in Yucatan*. New York: Harper & Brothers, 1843.
———. John Lloyd Stephens Papers, 1795–1882. BANC MSS Z-Z 116, The Bancroft Library, University of California, Berkeley.
Stephens, J. L., and F. Catherwood. *Incidents of Travel in Central America, Chiapas and Yucatan*. London: A. Hall, Virtue, 1854.
Stephens Family Papers, New York Historical Society.
Stevens, J. A., B. F. DeCosta, et al. *The Magazine of American History with Notes and Queries*. New York: A. S. Barnes.
Sutcliffe, A. C. Robert Fulton and the "Clermont"; the authoritative story of Robert Fulton's early experiments, persistent efforts, and historic achievements. Containing many of Fulton's hitherto unpublished letters, drawings, and pictures. New York: Century, 1909.
Thomas, H. *Conquest: Montezuma, Cortés, and the Fall of Old Mexico*. New York: Simon & Schuster, 1993.
Tillett, S. *Egypt Itself: The Career of Robert Hay, Esquire, of Linplum and Nunraw, 1799–1863*. London: SD Books, 1984.
Tomes, R., and Making of America Project. *Panama in 1855: An account of the Panama rail-road, of the cities of Panama and Aspinwall, with sketches of life and character on the Isthmus*. New York: Harper & Brothers, 1855.
United States. Board of Consulting Engineers on Panama Canal, J. F. Wallace, et al. *Report of the Board of Consulting Engineers for the Panama Canal*. Washington, DC: U.S. Government Printing Office, 1906.
United States. Congress., F. P. Blair, et al. *The Congressional Globe*. Buffalo, NY: Hein, 2007.
United States. Department of State. Mediation of the Honduran-Guatemalan boundary question, held under the good offices of the Department of State, 1918–1919. Washington, DC: U.S. Government Printing Office, 1919.
———. Message from the President of the United States, transmitting, in response to the resolution of the Senate of the 18th ultimo, a report of the secretary of state, with accompanying papers, in relation to the capitulations of the Ottoman Empire. Washington, DC: U.S. Government Printing Office, 1881.
Von Hagen, V. W. John Lloyd Stephens Collection, 1946–47. New-York Historical Society, Von Hagen Papers, New York.